Werner Tzscheetzsch

Lernprozeß Jugendarbeit

Ausbildung jugendlicher Gruppenleiter

Handbuch kirchlicher Jugendarbeit
Band 2

Herausgegeben von Günter Biemer

Werner Tzscheetzsch

Lernprozeß Jugendarbeit

Ausbildung jugendlicher Gruppenleiter

Herder Freiburg · Basel · Wien

Satz: Fotosatz Leingärtner, Nabburg
Druck und Einband: Freiburger Graphische Betriebe 1985
ISBN 3-451-20242-5

Inhalt

Vorwort

Der zweite Band des Handbuches für kirchliche Jugendarbeit ist die Frucht von Praxiserfahrungen und wissenschaftlichen Untersuchungen. Das Praxisfeld kirchlicher Jugendarbeit kenne ich seit meiner Kindheit: in der Pfarrei St. Johann in Freiburg war ich Mitglied einer Jungschargruppe und später dann Pfarrjungscharleiter. Im Stadtdekanat Freiburg wurde ich in einer dreijährigen Amtszeit mit den Aufgaben eines ehrenamtlichen Dekanatsjugendleiters des BDKJ vertraut. Hier gewann ich meine ersten grundlegenden Erfahrungen in der Ausbildung jugendlicher Gruppenleiterinnen und Gruppenleiter. Nach Abschluß meines Theologie- und Pädagogikstudiums konnte ich in einer fünfjährigen Berufstätigkeit als Bildungsreferent des BDKJ die Fragen der Aus- und Weiterbildung ehren- und hauptamtlicher Mitarbeiter auf der Planungs- und Koordinationsebene einer großen Diözese kennenlernen. Hier war ich gefordert, die praktische Arbeit theoretisch zu fundieren und weiterzuentwickeln. Bei diesem Bemühen wurde mir immer deutlicher, wie sehr die praktische Arbeit methodisch differenziert ist, wie wenig aber Zeit und Mühe für die Begründung von Zielen und Inhalten einer qualifizierten Ausbildung jugendlicher Gruppenleiterinnen und Gruppenleiter aufgewendet wird. Um so mehr war ich daran interessiert, mich in Form einer wissenschaftlichen Arbeit mit dieser Begründungsproblematik auseinanderzusetzen.

Eine wichtige Hilfe für das Verständnis gegenwärtiger Praxis bietet die Aufarbeitung der Geschichte aus der Vergangenheit. Die Sichtung des Archivmaterials und der Literatur zur Entwicklung der Gruppenleiterausbildung in der Zeit von 1945 bis 1983 bestätigt eine Praxiserfahrung: die theologischen Inhalte wurden im Verlauf der Zeit zugunsten der pädagogischen Fragestellungen zurückgedrängt. Mein Anliegen besteht folglich darin, Theologie und Pädagogik gleichermaßen in die Überlegungen zur Gruppenleiterausbildung einzubeziehen und mit Hilfe der in der Erziehungswissenschaft gewonnenen Strukturverfahren für die Ausbildung fruchtbar zu machen.

Beim Lesen der Arbeit kann der Eindruck entstehen, daß die fachwissenschaftliche Begründung und Durchführung der Ausbildung die Jugendlichen überfordern könnte. Doch die Ausbildungsleiter auf Diözesan- und Dekanatsebene brauchen den Durchblick und Überblick für ihre Arbeit; deshalb scheint es mir notwendig, Ziel- und Anspruchsperspektiven deutlich zu benennen. Die Differenzierung und Vereinfachung muß für die jeweiligen konkreten örtlichen Ausbildungssituationen erfolgen. Hier sind die Leitungsteams gefordert, die für solche Ausbildungsgänge qualifiziert sind und sie verantwortlich verwirklichen können.

Wenn ich im pädagogischen Teil des Buches vor allem auf die Erkenntnisse der Curriculumforschung zurückgreife, so geschieht das deshalb, weil m. E. eine Vielzahl der dort gewonnenen Ergebnisse nach wie vor Gültigkeit hat[1], obwohl die curriculare Diskussion als Modetrend weitgehend verstummt ist.

Die Arbeit wurde im Sommersemester 1984 von der Theologischen Fakultät der Albert-Ludwigs-Universität Freiburg als Dissertation angenommen. Sie wäre sicher nicht zustandegekommen ohne die gleichbleibend intensive Begleitung und Unterstützung von Professor Dr. Günter Biemer, dem ich nicht nur für die fachliche Hilfe, sondern auch für manches persönliche Wort der Ermutigung zu danken habe. Auch Professor Dr. Rudolf Henning hat die Arbeit mit stetigem Interesse verfolgt; ihm danke ich für die Übernahme des Korreferates.

Die Arbeit ist mit Hilfen vieler zustandegekommen: Bernd Börger vom Jugendhaus in Düsseldorf öffnete mir bereitwillig das Archiv des Jugendhauses und gab mir manch weiterführenden Hinweis. Die bischöfliche Studienstiftung Cusanus-Werk unterstützte mich durch ein einjähriges Graduiertenstipendium. Dem Erzbischöflichen Ordinariat in Freiburg danke ich für einen namhaften Druckkostenzuschuß.

Meine Frau hat großen Anteil am Gelingen dieser Arbeit, der nicht ohne weiteres sichtbar ist. Ohne ihre Bereitschaft, manches Mal auf meine dringend notwendige Mitarbeit in unserer Familie zu verzichten, wären kaum die für das wissenschaftliche Arbeiten erforderlichen Freiräume geschaffen worden.

Ein Wort des Dankes richte ich auch an Frau Heidi Röhrl, die das Schreiben des Manuskriptes besorgte, und an Frau Sabine Oehler, die mir beim Lesen der Korrekturen behilflich war. Stud. theol. et paed. Matthias Kaune erstellte die Register.

Oberried, im Januar 1985 Werner Tzscheetzsch

0.1 Zur Bedeutung des „Personalen Angebots" in der kirchlichen Jugendarbeit

Während der Vollversammlung der Gemeinsamen Synode der Bistümer in der Bundesrepublik Deutschland vom 7. bis 11. Mai 1975 (7. Sitzungsperiode) wurde der Beschluß „Ziele und Aufgaben kirchlicher Jugendarbeit" verabschiedet. Dieser Synodenbeschluß geht davon aus, daß jugendliche Gruppenleiterinnen und Gruppenleiter „den unverzichtbaren Kern der Verantwortlichen bilden"[2], die die kirchliche Jugendarbeit tragen und mit Leben erfüllen. Diese jugendlichen Mitarbeiter zählen zum „personalen Angebot" der kirchlichen Jugendarbeit. Die Notwendigkeit, diese jugendlichen Mitarbeiter für ihre Aufgabe eigens zu befähigen und zu schulen, betont der Synodenbeschluß gleichzeitig[3].

An diesen Überlegungen und Forderungen wird der Ausgangspunkt meiner Arbeit deutlich, die die Entwicklung eines – sowohl theologisch als auch pädagogisch legitimierbaren – Ausbildungsrahmens für die Qualifikation jugendlicher Gruppenleiterinnen und Gruppenleiter zum Ziel hat.

Das Buch gliedert sich in fünf Teile: Zunächst stelle ich die *Veränderungen im Leitbild und in der Ausbildung der jugendlichen Gruppenleiterinnen und Gruppenleiter* im Rahmen der kirchlichen Jugendarbeit dar. Der Rückblick beginnt mit der Zeit des Aufbaus nach dem Zweiten Weltkrieg und zeigt die Entwicklung bis in die jüngste Zeit. Bei der Darstellung beschränke ich mich auf Grundsatzaussagen und Rahmenpläne sowie auf Theoriebeiträge, zumal die Darstellung der geschichtlichen Entwicklung der verschiedenen Mitgliedsverbände des BDKJ und ihrer Ausbildungskonzeptionen jeweils eine eigene Arbeit erfordern würde. Allerdings wird die Ausbildungssituation in KJG und KFG exemplarisch während der Zeit zwischen 1957 und 1967 vorgestellt.

Ich gehe aber davon aus, daß gerade die Beschäftigung mit den Rahmenleitlinien und ihren Leitideen besonders geeignet ist, die Veränderung der Erwartungen an jugendliche Gruppenleiter im Verlauf der Geschichte festzustellen.

Im zweiten Teil der Arbeit stelle ich die *theologische und pädagogische Bedeutung der Leitungsfunktion* der Jugendlichen in der kirchlichen Jugendarbeit dar, um aus dieser fachwissenschaftlichen Analyse Grundorientierungen zu gewinnen, die bei der Begründung eines Ausbildungsrahmens behilflich sind.

Der dritte Teil der Arbeit wendet sich der Frage nach geeigneten *Qualifikationswegen für die Gruppenleiterausbildung* zu. Nach einem Rückblick in die Curriculumdiskussion und auf bisher entworfene curriculare Elemente für die außerschulische Jugendarbeit[4] werden offene, handlungsorientierte Curricula für die Ausbildung jugendlicher Gruppenleiter als angemessene Lehr/Lernwege vorgestellt.

Im vierten Teil wird die *Notwendigkeit der Leitideen* begründet. Dazu werden „Anspruch und Verheißung Jesu" als Maßstab kirchlicher Jugendarbeit erläutert und in einem didaktischen Strukturgitter mit den Grundbefindlichkeiten menschlicher Existenz sowie den Handlungsdimensionen im Bereich der kirchlichen Jugendarbeit in Beziehung gesetzt. Dabei entstehen vier für die Gruppenleiterausbildung bedeutsame Strukturpläne.

Der fünfte Teil bietet *Handlungsorientierungen* für die Umsetzung der in der Arbeit gewonnenen Erkenntnisse in die Praxis: Konkrete Vorschläge für die Entwicklung und Überprüfung von Lernwegen im Feld kirchlicher Jugendarbeit und ein Beispiel aus der Ausbildung der Ausbilder dienen dazu.

0.2 Vermittlung von Theorie und Praxis

Als religionspädagogische Arbeit ist dieses Buch so angelegt, daß es sich als Handlungsorientierung für aufgegebene Praxis verwenden läßt. Ich gehe dabei davon aus, daß Religionspädagogik eine „Handlungswissenschaft von der Praxis für die Praxis“[5] ist. Der Religionspädagogik ist immer Praxis vorgegeben, in unserem Falle die Praxis kirchlicher Jugendarbeit. Als Handlungswissenschaft wendet sich die Religionspädagogik an die Personen, die in der Praxis handeln, indem sie die vorgegebene Praxis reflektiert und aus dieser Reflexion Handlungsorientierungen für die anstehende Praxis gewinnt[6].

Für wen ist dieses Buch geschrieben? Es wendet sich an alle ehren- und hauptamtlichen Mitarbeiter der kirchlichen Jugendarbeit in den Mitgliedsverbänden des BDKJ und in den Diözesen, die für die Aus- und Weiterbildung jugendlicher Gruppenleiterinnen und Gruppenleiter Verantwortung tragen. Darüber hinaus ist die Arbeit für diejenigen interessant, die sich mit der jüngeren Geschichte der kirchlichen Jugendarbeit in der Bundesrepublik Deutschland beschäftigen wollen; natürlich suche ich auch das Gespräch mit religionspädagogischen Wissenschaftlern, die sich ihrerseits ebenfalls mit der kirchlichen Jugendarbeit und deren Theorie auseinandersetzen.

Wenn es Aufgabe der Religionspädagogik ist, für den Bereich kirchlicher Jugendarbeit Theorieelemente zu entwickeln, die die Praxis verändern helfen, so muß sie sich auch den kritischen Rückfragen aus der Praxis stellen. Auch dieses Buch ist auf die Rückmeldungen aus der Praxis angewiesen, um so den Fortgang der Theorieentwicklung weiter zu ermöglichen.

1 Die Geschichte des Leitbildes und der Ausbildung der jugendlichen Gruppenleiter/innen seit dem Zweiten Weltkrieg

1.1. Die Phase des Aufbaus (1945-1956)

Der Zusammenbruch des Dritten Reiches im Jahr 1945 bedeutete für die während der Zeit des Nationalsozialismus verbotenen kirchlichen Jugendverbände die Möglichkeit eines Neubeginns[1]. Wie allerdings dieser Neubeginn aussehen sollte, war zunächst weitgehend offen. Die Jugendlichen konnten aus eigenem Erleben nicht mehr auf die Erfahrungen des vom Nationalsozialismus zerschlagenen Katholischen Jungmännerverbandes und des bündischen Gruppenlebens zurückgreifen: Sie „kannten jedoch die Hitlerjugend. Wenngleich sie nicht alle Erscheinungsformen der Staatsjugend negativ empfunden hatten und das Umdenken sich erst nach und nach vollzog, so waren sie in ihrer Mehrheit dennoch offen für das Neue. Wie dieses aber auszusehen hätte, darauf wußten sie keine Antwort. So blieb die Ausarbeitung der künftigen Konzeptionen im katholischen Jugendraum wesentlich dem Klerus und früheren Jugendführern, die jetzt mit dem Gewicht von Erwachsenen auftraten, überlassen"[2]. Der Mann der ersten Stunde war Prälat Ludwig Wolker, der vom 9. 11. 1926 bis zur Auflösung des katholischen Jungmännerverbandes im Jahre 1939 Generalpräses des katholischen Jungmännerverbandes war und von 1939 bis zu seiner Ernennung zum Direktor des Jugendhauses Altenberg 1945 als Leiter der „Bischöflichen Hauptstelle für katholische Jugendseelsorge und Jugendorganisation in deutschen Diözesen" dem Beirat für Jugendseelsorge beim Bischof von Mainz angehörte[3].

Die Zeit des Aufbaus in den Jahren 1945 bis 1956 war gezeichnet von der Entscheidung für das Laien- und Jungführertum als Apostolat und Diakonat im Sinne der Katholischen Aktion, von den am Grundsatz „Es lebe Christus in deutscher Jugend" orientierten Erwartungen und Aufgaben der Jugendführerinnen und der Jungführer und von einer auf die religiöse Persönlichkeitsbildung ausgerichteten Führerschulung. Diese Optionen sollen im folgenden ausführlich dargestellt werden.

1.1.1 Entscheidung für ein Laien- und Jungführertum als Apostolat und Diakonat

Ludwig Wolker wendet sich im Advent 1945 mit einem Brief aus dem Haus Altenberg an die katholische Jugend: „Der Rufer von Altenberg grüßt Euch, Ihr Freunde im Land, grüßt Euch mit neuem Gruß in alter Treue!

Altenberg! Es ist lange her, und dunkle Zeit liegt dazwischen. – Dom und Kloster Altenberg haben eine lange und wechselvolle Geschichte durchlebt, Jahrhunderte sind darüber hingegangen. Seit dem letzten Mal, da wir uns in Altenberg sahen und sprachen, das sind erst wenige Jahre. Und doch ist es so, als ob nochmal ein ganzes Jahrhundert dahingegangen wäre. So völlig anders sind die Dinge geworden. Trümmer über Trümmer liegen um uns. Zerschlagenes Land, zerschlagenes Volk, zerschlagenes Reich! Ein dämonisches Werk des Unterganges. Wir vermögen es noch kaum zu fassen; müssen es fassen im Sinne des Untergangsevangeliums, das die Kirche zu Ende des Kirchenjahres uns gab.

Jugend aber, Jugend der Kirche, sei gegrüßt mit dem Evangelium des Aufgangs, mit dem ersten Wort des Advents: ‚Ad te levavi! – Zu Dir erhebe ich meine Seele; mein Gott, auf Dich vertraue ich'. – Und mit dem Adventsruf des Apostels: ‚Brüder! Ihr wisset, die Stunde ist da, vom Schlafe aufzustehen; denn jetzt ist unser Heil näher als damals, da wir zum Glauben kamen. Die Nacht ist vorgerückt, der Tag Christi bricht an!'"[4].

Gleichzeitig teilt Ludwig Wolker mit, daß das Haus Altenberg vom Kölner Erzbischof der Deutschen Katholischen Jugend als ihr Haus zurückgegeben wurde und nach dem Beschluß der Bischofskonferenz vom 9. November 1945 zur Bischöflichen Hauptstelle für Jugendseelsorge und Jugendorganisation in den deutschen Diözesen eingerichtet wird[5]. Damit folgte die Deutsche Bischofskonferenz der Empfehlung einer bischöflichen Kommission, die am 6. November 1945 einen Beschluß zur Jugendfrage vorlegte, in dem sie den Aufbau der kirchlichen Jugendseelsorge nach den bischöflichen Richtlinien von 1936 forderte, wobei gleichzeitig eine zeitgemäße Überarbeitung dieser Richtlinien von der Bischofskonferenz in Fulda in Auftrag gegeben worden war[6]. In diesem Beschluß fordert die bischöfliche Kommission neben dem Aufbau der katholischen Jugend als einer „Körperschaft der aktiven jungen Katholiken", „als eine wohlgeordnete Einheit in Mannes- und Frauenjugend"[7] nach dem Prinzip des kirchenorganischen Aufbaus nach Diözese und Pfarrei unter einheitlicher kirchlicher Leitung, die bei aller Vielgestaltigkeit katholischer Jugendarbeit die Einheit gewähren sollte, die Förderung und Ausbildung von Jungführerinnen und Jungführern: „Als eine vordringliche und entscheidende Aufgabe soll von den bischöflichen Jugendämtern in Verbindung mit der Hauptstelle eine systematische Klerusschulung und der systematische Aufbau des Apostolats (Diakonats) der Jungführer und Jungführerinnen mit allem Nachdruck durchgeführt werden"[8]. In ihrer Septembertagung in Salmünster hatten die Diözesanjugendseelsorger das Prinzip des Jungführertums hervorgehoben: „Diakonat und Jungführertum sind das doppelte Gesicht ein und derselben Sache. Im Hinblick auf die Jugendseelsorge: Jugend*helfer*. (In den vergangenen ‚Verbotsjahren' konnte nur vom Jugendhelfer gesprochen werden.) Ein verstärkter Einsatz und eine verstärkte Schulung der Jungführer ist notwendig. Ohne das aktive Element der Laienführung ist ‚katholische Jugend' nicht aufzubauen. Es ist gefordert

a) vom Sinn der katholischen Aktion, die in der Jugend grundgelegt werden muß;
b) von dem Mangel an Jugendseelsorgern;
c) von der Psychologie der Jugend her;
d) von den Erfordernissen einer Bewegung der Jugend her;
e) von der Auffassung der Militärregierung her.

Die Schulung des Jungführertums ist für männliche und weibliche Jugend getrennt durchzuführen, aber in enger Verbindung miteinander, sowohl in den Prinzipien, wie auch in der Form der Durchführung"[9].

Im Dezemberbericht der bischöflichen Hauptstellen für katholische Jugendseelsorge und Jugendorganisation in den deutschen Diözesen wird darauf aufmerksam gemacht, daß aufgrund der Verfolgung der katholischen Jugendorganisationen durch das NS-Regime der Grundsatz des Jungführertums zurücktreten mußte und das Jungführertum als Diakonat der Jugend der Kirche aufgebaut werden mußte[10]. Damit waren aber auch Chancen gegeben: „Der Gedanke des Diakonats hat aber aus der Not zu einer Vertiefung und religiösen Durchdringung geführt, die eine gnadenhafte Entwicklung bedeutet. Wir werden das Jungführertum von der Kirche auch jetzt und mehr denn vorher als Diakonat betrachten und entwickeln. Von der Jugend her gesehen in der Körperschaft katholische Jugend muß dem Grundsatz des Jungführertums neu Raum gegeben werden. Von einem Aufbau der Schulung des Jungführertums hängt die kommende Entwicklung ganz wesentlich ab"[11].

Für den Aufbau der katholischen Jugendarbeit nach dem Zweiten Weltkrieg wird damit auf das Prinzip des Jungführertums zurückgegriffen, das 1928 während des fünften Verbandstages des Katholischen Jungmännerverbandes in Neisse von Ludwig Wolker ins Leben gerufen war[12]. Bei diesem Verbandstag hatte Ludwig Wolker unter dem Motto „Jungführer an die Front!" dem Wort Jungführertum einen „besonderen neuen Sinn" unterlegt: „Der *Jungführer als verantwortlicher Führer einer Gemeinschaft junger Menschen:* als Gruppenführer, als Vereinsführer, als Führer der Bewegungen in Bezirk, Diözese und Reich"[13]. Neben der technischen und organisatorischen Verwaltungsaufgabe im Verband wurde jetzt die persönliche Führeraufgabe betont: „Hier ist persönlich verantwortliche Führung einer Gemeinschaft junger Menschen die wesentliche Aufgabe, das Amt. Und das möchten wir als besonders typisch für unseren Jungmännerverband herausarbeiten und hinstellen: Nicht erwachsene von außen kommende Führer, sondern *aus der Jugend selbst herausgewachsene, mit Führereigenschaft begabte Kameraden führen die Kameraden, einen kleineren oder größeren Kreis, führen im vollen Sinne der Verantwortlichkeit; haben damit maßgebenden und richtungsgebenden Einfluß auf diese jungen Menschen, haben vom Präses her die Autorität des Führers*"[14]. Bereits bei diesem Verbandstag hatte Ludwig Wolker das „Diakonische Prinzip" des Jungführertums betont: „Und darum brauchen wir die *Jungführer vor die Gruppen,* brauchen sie so lebendig wie das organisatorische System. Verein und Versammlung ist künstlich aufgebaute Gemeinschaft, die, je größer sie sind, desto weniger das Jugendleben der einzelnen erfüllen können. Freundeskreis und Gruppe ist natürliche Gemeinschaft. Nur in ihr kann das alles lebendig werden, nur sie kann all das geben, was in jedem einzelnen katholischen Jungmann und damit in der Masse lebendig werden soll, das vollbewußte katholische Jugendleben. *Beides zusammen* (Organisation und persönlich verantwortetes Führersein, W.T.), *das ergibt unser Führertum.* Alle unsere Jungführer, an welchen Posten sie stehen, mit welchem Dienst sie den Brüdern dienen, sie alle sollen wissen, daß sie zuerst und zuletzt *nicht Funktionäre* der Organisation sind, sondern zuerst und zuletzt *Diakone im Dienste* Christi.

Wer immer aber im Reich Gottes solche Jungführerdienste leistet, der wird auch den Segen ernten; er wird unberechenbar viel gewinnen an Reife des Menschen in Klugheit, Geistesgegenwart, Tatkraft, Menschenkenntnis und Lebenserfahrung; er wird unberechenbar viel gewinnen an Glaubenskraft und Glaubensmut, an sittlicher Reinheit und Reife; er wird für seine irdische Zukunft viel gewinnen, denn nur ein ganz kleines Mehr an Kraft des Willens wird ihn später in jeder Lage des Lebens vor die anderen stellen. Er wird für seine ewige Zukunft gewinnen, denn der Vater im Himmel sieht es und weiß, was er tut“[15].

Als sich bei der Konferenz der Laienführerschaft aus allen Diözesen und Bünden vom 24. bis 28. März 1947 in Hardehausen der Bund der Deutschen Katholischen Jugend als der Zusammenschluß der katholischen Jugend der deutschen Bistümer konstituierte[16], bekommt die Laienführung im Sinne des Jungführertums ihren eigenen Platz und ihre besondere Bedeutung in den Aufgaben des Bundes zugesprochen, allerdings immer in *Verbindung mit der priesterlichen Leitung.* In der ersten Bundesordnung aus dem Jahre 1948 wird dazu folgendes ausgesagt: „Grundsatz der Führung im Bund ist das Zusammenwirken von Priesterführung und Laienführung. Für die religiös-erzieherische Aufgabe liegt die Führung wesentlich beim Priester unter Mitwirkung des Diakonats der Jugend. Für das Leben und die Aktion des Bundes liegt die Führung wesentlich beim Laienführer unter Mitwirkung und seelsorgerlicher Verantwortung des Priesters. Die priesterlichen Führer werden durch die Kirche bestellt, unter Berücksichtigung des Willens der Jugend, zumal in der übergeordneten Führung. Die Jungführerschaft wird durch Wahl der Jugend berufen im Einvernehmen mit der geistlichen Führung. Grundsatz der Führung im Bund ist das Laienführertum als Jungführertum. Das Alter der Jungführerschaft soll 30 Jahre nicht überschreiten. Ältere Laienführer wirken als Mitarbeiter mit dem priesterlichen Führer zusammen. ... Das Jungführertum anerkennt die Autorität der kirchlichen Führung in den Aufgaben der katholischen Aktion und in der Entscheidung seelsorgerlicher Verantwortung im Bundesleben“[17]. Damit ist eine Aufgabenteilung vorgenommen, die dem Laienführer eher den Schwerpunkt des pädagogischen Bereichs im weitesten Sinne zuordnet, während dem Geistlichen eher der Schwerpunktbereich der Jugendpastoral zukommt[18]. In ihrem Hirtenwort vom 22. August 1947 hatte die Fuldaer Bischofskonferenz auf dieses Zusammenspiel zwischen Laien und Priestern besonders hingewiesen: „Wenn nun in Übereinstimmung mit den Grundsätzen der Katholischen Aktion in der Jugendführung dem Laienführertum wieder ein breiterer Raum gegeben ist, so erwartet die Konferenz, daß dementsprechend der Erziehung zur Ehrfurcht und zur Treue im kirchlichen Geist besonders Gewicht beigelegt werde. ... Wir wünschen und vertrauen, daß die Jungführerschaft in schöner Zusammenarbeit mit den von uns bestellten Jugendseelsorgern, eine glaubensfrohe, sittlich starke Jugend heraufführen helfe“[19]. Die Zuordnung von priesterlicher Führung und Jungführertum beschreibt Ludwig Wolker: „Darum ist auch die Laienführung im Bund, das Jungführertum, nicht eine pädagogische Form, erst recht nicht ein pädagogisches Spiel. Sie ist wohl in einem gewissen Sinn, und zwar sehr bedeutsamen Sinn Diakonat und darum Dienst und Hilfe für Priestertum und Seelsorge. Sie ist aber darüber hinaus echte Führung mit einer eigenständigen Führungsvollmacht, die gegeben ist aus Wahl und Auftrag der verschiedenen Gremien und Einheiten des Bundes, im Rahmen der Bundesordnung und für Stamm und Gliederungen aus deren besonderen Ordnungen; eine Führungsvollmacht, die für die führenden Stellen im Bund, für die Dekanatsführer, Diözesanführer und Bundesführer in Mannes- und Frauenjugend darüberhinaus anerkannt und autorisiert wird durch die Sendung des Bischofs.

Weil es Bund der Jugend ist, kann die Laienführung nicht die gleiche Form und Vollmacht haben wie bei einer Organisation erwachsener Katholiken. Dort muß oder müßte sie im Sinne der katholischen Aktion noch viel klarer und selbständiger herausgestellt und erfüllt werden. Bei einem ‚Jungführertum‘ kann sie das nicht in gleichem Umfang sein. Aber andererseits muß doch gesehen werden, daß es sich im Jungführertum nicht um Knabenjugend und Mädchenjugend handelt, sondern um junge Menschen, die heranwachsend zum Vollalter Christi reifen. Darum muß auch für den Bund der Jugend die Laienführung anerkannt und ernstgenommen werden“[20].

1.1.2 Das Leitbild der Jungführerin und des Jungführers

Der von Ludwig Wolker in seinem Adventsbrief aus dem Haus Altenberg ausgerufene Leitsatz „Es lebe Christus in deutscher Jugend“[21] bestimmt sowohl die Erwartungen, die an die Jungführerin und den Jungführer gerichtet werden als auch die Aufgaben, die in der Jugendführung übernommen werden sollen. In einer der ersten Planungsübersichten für die kirchliche Jugendarbeit macht das Erzbischöfliche Jugendamt der männlichen Jugend in Köln deutlich, daß die wichtigste Aufgabe der kirchlichen Jugendarbeit sein müsse, daß die Jugendlichen junge Christen werden[22]. In der gesamten kirchlichen Jugendarbeit kommt es auf die richtige Rangordnung an: „Der religiöse Lebensbereich steht über allen anderen und muß darum theoretisch und praktisch den größten Raum einnehmen“[23]. Die „Lebensgestaltung in Christus“ ist das Ziel, auf das sich der Jungführer in seiner Arbeit mit Kindern und Jugendlichen verpflichtet. Die Aufgabe für den

Jungführer besteht darin, Kindern und Jugendlichen zu helfen, „daß sie von Anfang an auch aus ihrer Taufe leben, daß am Anfang und am Ende Christus am Ziel steht und als Weg, so daß er den Einzelnen und seine Gruppe zu innerer Christusverbundenheit führt, ob er mit 14-, 17- oder 20jährigen zu tun hat. Er muß schon von Christus ergriffen sein, sonst ist er nicht tauglich als Führer"[24]. Der Bruderdienst des Jungführers, der das Heil seiner Mitbrüder will, vollzieht sich in verschiedenen Weisen: „Das kann geschehen durch das Wort (Wortdienst) und durch das Leben (Beispiel). Das Heil des anderen umspannt das natürliche und übernatürliche Ziel des Menschen"[25].

Die religiös-sittliche Formung der Jungführerinnen und der Jungführer sowie aller Mitglieder des Bundes der Deutschen Katholischen Jugend gewinnt besonders im Rückblick auf die Zeit der Nazi-Herrschaft besondere Bedeutung: „Es hat sich in diesen Tagen ebenfalls wieder bestätigt, daß die religiöse Entscheidung gefordert würde und gefordert werden müßte. Die Welt ist im Grunde in zwei Hälften geteilt: Christen und Nichtchristen. Die ganze Ungesichertheit unserer Zeit und unseres Lebens weist uns darauf hin, daß wir wieder den Glauben bezeugen müssen, um andere überzeugen zu können. Es wird also die Führung zur Entscheidung für Christus die erste Aufgabe der religiös-sittlichen Formung sein müssen"[26]. Als Möglichkeiten dieser religiös-sittlichen Formung werden genannt: die Beschäftigung mit dem Alten Testament (Gott als in der Geschichte Handelnder), Gewissensbildung, Hinführung zum Mitvollzug der Eucharistiefeier, Förderung des Gebetslebens (Bundesgebet, Gruppengebet, Rosenkranz), das Angebot von Exerzitien, Schriftlesungskreise, die „Gute Tat", Erschließung von Taufe und Firmung als Kraftquellen des Lebens[27]. Voraussetzung der religiösen Erziehung in der kirchlichen Jugendarbeit ist die religiöse Haltung des Jungführers selbst. „Er muß sich darum religiös bilden in Glaubensstunden, Vorträgen, Schriftlesen, Lesung geeigneter Schriften und im persönlichen Gespräch mit dem Seelsorger. Muß sich aber auch in Gebet und Sakramentenempfang und stetiger Arbeit an sich selbst mühen um das ‚größere Leben', um sein eigenes Wachstum im Glauben und in der Liebe, und damit auch in der charakterlichen Haltung"[28]. Gerade in der Mitsorge um die religiöse Erziehung erweisen sich der Jungführer und die Jungführerin als Diakon des Priesters, „das heißt, er ist mitverpflichtet und mitberufen in allem zu solcher religösen Erziehung mitzuhelfen. Und damit ist nicht nur die Mitarbeit an der Gottesdienstgestaltung oder an religiösen Veranstaltungen gemeint, sondern die innere Mitsorge für das religiöse Leben des Einzelnen und der Gruppe oder der Abteilung, die sie führen"[29].

Das religiöse Fundament der Bildungs- und Schulungsarbeit soll dazu beitragen, daß junge Persönlichkeiten gebildet werden, die in ihren Gruppen Wertentscheidungen verdeutlichen und vertreten: „Angesichts der inneren und äußerlichen Heimatlosigkeit großer Teile der deutschen Jugend kommt der Sammlung der jungen Generation in Gruppen ganz besondere Bedeutung zu. Hier vereinigen sich junge Menschen um ein gemeinsames Ziel und können so zu echten inneren Bindungen geführt werden. Die Jugendgruppen und -verbände, die diese Arbeit tragen, leisten damit eine für die innere Gesundung des Deutschen Volkes entscheidend wichtigen Dienst, der noch mehr als bisher das öffentliche Interesse verdient. Insbesondre scheint uns unerläßlich eine nachdrückliche Förderung in der Ausbildung und der geistigen Weiterführung solcher Persönlichkeiten, die in ihrem Lebenskreis und ihrer Jugendgruppe eine verantwortliche Führung auszuüben fähig sind"[30]. Die Bundesleitung des BDKJ vertritt die Überzeugung, daß gerade der Begriff „Jungführer" für solche Persönlichkeiten charakterisierend ist: „Der totale Niederbruch im geistig-sittlichen Bereich fordert eine umfassende Erziehungs- und Bildungsarbeit. Weniger wesentlich ist die Vermittlung einer Technik der Gruppenleitung und die Unterweisung in bestimmten Methoden, als vielmehr eine ganzheitliche – religiös-sittliche, berufsethische, sozialpolitische und musische – Geistesbildung und Haltungsbeeinflussung: wirkliche Persönlichkeitsbildung. Darum verlangt unseres Erachtens Schulungsarbeit (in diesem ganzheitlichen Sinne der Lebensschule) ein geistig-wissenschaftliches, welt- und lebensanschauliches sowie religiöses Fundament. Viele Bildungsarbeit scheint heute im ‚luftleeren Raum' zu erfolgen. Aus diesen gleichen Überlegungen sprechen wir bei uns auch bewußt vom ‚Jungführer', weil wir in diesem Begriff am besten das gefaßt sehen, was wir anstreben: eine durch die ganze Seinshaltung überzeugende, vorbildliche Persönlichkeit. In dem Begriff ‚Leiter' sowohl wie ‚Funktionär' ist uns zu sehr nur Tätigkeit, eben die Ausübung eines Amtes enthalten. Keine Sorge: das Wort ‚Jungführer' ist in der katholischen Jugendbewegung verankert, so lange es sie gibt: und weil wir es nicht dem ‚Führer verdanken' sehen wir auch keine Veranlassung, es ihm nachträglich zu opfern"[31]. Jungführerinnen und Jungführer, die sich der Bildungsarbeit des Bundes als einer Erziehung verpflichtet wissen, die Elternhaus, Schule und Beruf ergänzt und vertieft, und die tragenden Elemente des Bundes (Schriftlesung und Schrifterklärung, Mitvollzug der Liturgie und sakramentaler Lebensgestaltung, Gewissensbildung im Geist der Nachfolge Christi, Weltverständnis und Weltgestaltung im Sinne des Apostolats[32] mitvollziehen, zeichnen sich durch Grundhaltungen aus, die immer wieder überprüft werden müssen.

Auf der Jahreskonferenz der Jungführerschaft vom 22. bis 28. April 1951 in der Jugendburg Gemen werden folgende *Grundhaltungen* als besonders wichtig betont: die Grundhaltung der Ehrfurcht (sich entwickelnd als Liebe zu den Dingen, die sich im Staunen und im Wundern entfaltet, als Ehrfurcht vor den Menschen und als Ehrfurcht vor Gott), die Grundhaltung des Wohlwollens (verstanden als Wohlwollen von Mensch zu Mensch als Vorbedingung für echte Liebe), die Grundhaltung der Wahrhaftigkeit (der die Echtheit, die Treue, die Zuverlässigkeit, die Beständigkeit und die Lauterkeit zugeordnet werden) und schließlich die Grundhaltung der Hochherzigkeit (zu dieser Grundhaltung wird der Begriff der Reinheit hinzugenommen, der nach Auffassung der Konferenz hier wieder als alter Begriff mit neuem Leben erfüllt werden könnte)[33]. Oskar Neisinger entfaltet in seinem 1955 erschienenen Handbuch für die Jungführerbildung folgende Grundhaltungen: die Liebe zu Christus, die Liebe zu seiner Kirche, die Liebe zur Jugend, die

Treue zur Welt, die Liebe zum eigenen Leben und die Bereitschaft zum ehrlichen Kampf für die Wahrheit[34]. Ludwig Wolker sieht als wesentlich religiöserzieherische Aufgabe des Jungführers die Führung zu den Gnadenmitteln der Kirche (verstanden als Erfüllung der religiösen Pflichten wie Sonntagsmesse, Sakramentenempfang, tägliches Gebet, Gemeinschaftsgebet, Teilnahme am Religionsunterricht, Teilnahme an religiösen Gemeinschaftsveranstaltungen in Pfarrei und im Bund), die Führung zur Gemeinschaft der Gruppe, die Führung zu den Zeitschriften (damit verbunden die Anleitung zum Gebrauch guter Bücher, zum Gebrauch der Heiligen Schrift), die Führung zur rechten Haltung (in Familie, im Beruf, in der Schule, im Milieu des Jungen) und schließlich die Führung zur Aktivität im Reich Gottes und zum apostolischen Geist (in Familie und Beruf, in Caritas und sozialer Hilfe, in politischer Interessenweckung und Aktivierung)[35]. Die „Weisen" einer solchen Erziehung sind nach Ludwig Wolker das Wort in der Gemeinschaft und das Gespräch in der Gemeinschaft, das persönliche Wort, der persönliche Dienst (insbesondere die Wachsamkeit hinsichtlich der Haltung, des Umgangs, der Lektüre und der Freizeitbeschäftigung derer, die dem Jungführer anvertraut sind und die Hilfsbereitschaft, die sich besonders bei Familien-, Berufs- und Gruppenkonflikten zeigt) und schließlich das Gebet für die eigenen Gruppenmitglieder[36].

In der Aufbauzeit nach dem Zweiten Weltkrieg werden *bereits 14-jährige* Jugendliche zu Werkwochen für Jungscharführer eingeladen[37].

In der Jugendlichkeit der Führer wird eine besonders geeignete Voraussetzung zur Führungsaufgabe gesehen: „Nichts kann ersetzen die Kraft der Erfahrung aus der eigenen Jugendzeit. Hier liegt die besondere Eignung des Jungführers zu seinem Auftrag. Er ist selbst noch jung. Ihn beschäftigen selbst noch intensiv die Fragen jugendlichen Lebens. Der geringe Abstand vom Alter der ihm Anvertrauten macht es ihm leicht, ihre Nöte, Freuden, Ängste und Fragen zu verstehen"[38]. Oskar Neisinger sieht in der jugendlichen Verfassung der Jungführer die Chance, daß Jungführer selbst den rauhen und manchmal auch taktlosen Umgang mit Menschen leichter ertragen und sich nicht aus der Fassung bringen lassen, daß sie in guter sportlicher Verfassung sind und so bei Spielen, Fahrten und Sportveranstaltungen mithalten können, daß die Jungen eine Mahnung, einen Rat, eine Kritik, einen Tadel, eine Wegweisung, eine Anregung viel ernster und aufgeschlossener aufnehmen würden, wenn sie von einem jungen Menschen gegeben werden; daß das persönliche Beispiel, das Vorbild der Haltung in privatem und religiösem Leben auf die mit dem Jungführer verbundenen jungen Menschen unvergleichlich stärker wirken würden als das Vorleben der Eltern, Priester, Lehrer und Meister; daß der Jungführer in der Lage sei, eine Gemeinschaft zu gründen und zu führen, die nicht als getarnte Verlängerung von Schule und Religionsunterricht zu verdächtigen sei; und schließlich, daß der Jungführer im Gegensatz zu vielbeschäftigten Erwachsenen noch genügend Zeit für Geprächе mit den Kindern und Jugendlichen aufzubringen vermöge[39]. Die Aufgaben der Führung soll der Jungführer „in eigener Initiative, Selbständigkeit und Verantwortung erfüllen; (er) muß aber auch die einzelnen Mitglieder seiner Gruppe dabei zu selbständiger und eigenverantwortlicher Mitarbeit führen"[40]. Diese Führung zur Selbständigkeit wird auch unter dem Gesichtspunkt gesehen, daß dadurch Gruppenmitglieder für ihre spätere Aufgabe als Führerin oder Führer vorbereitet werden können[41]. Durch diese gezielte „Nachwuchsarbeit" soll einer späteren Überforderung der Jungführerin und des Jungführers durch die mit der Führung verbundenen Aufgaben schon rechtzeitig vorgebeugt werden.

1.1.2.1 Das Postulat einer qualifizierten Ausbildung der Jungführer und die Rolle des erwachsenen Mitarbeiters

Bereits 1952 wird in der Stammordnung der Mannesjugend auf die drohende Überforderung der Jungführer hingewiesen: „Die Jungführerschaft darf in Maß und Dauer ihrer Führungsaufgabe nicht überfordert werden. Es soll rechtzeitig Nachwuchs herangebildet, rechtzeitig auch Führerwechsel vollzogen werden. Auf Berufsausbildung und Fortbildung, Gesundheit und Familie ist entsprechend Rücksicht zu nehmen"[42]. Deshalb ist die Gruppe der Führer wichtig, in der die Jungführer „auch persönlich zu enger Gemeinschaft zusammenwachsen, nicht nur durch die gemeinsame Arbeit und die gemeinsamen Führerabende, sondern gelegentlich durch eine ‚einfache Fahrt der Führerschaft' o.ä.... Solche kameradschaftliche Verbindung und gegenseitige brüderliche Hilfe wird die Jungführer auch in schwierigen Verhältnissen und über Krisen und Enttäuschungen hinweg in der Treue zum Werk und in der Freude des Dienstes erhalten"[43].

Allerdings wird für den Bereich der Erziehungs- und Bildungsarbeit das Prinzip „Jugend führt Jugend" von Karl Pehl bezweifelt: „Eigentliche Erziehungs- und Bildungsaufgaben kann Jugend nicht für Jugend übernehmen. Die erwachsene Generation muß die heranwachsende bilden. Noch dazu wird es bei der heute so komplizierten und verworrenen Lebenslage den Führern und Führerinnen kaum möglich sein, den fast Gleichaltrigen echte Antworten zu geben auf ihre Fragen. Sie sind ihnen wohl voraus an gutem Willen, können auch ihr Bildungsstreben vorantreiben und durch ihr Beispiel fördern. Sie haben aber in der Regel selbst nicht das Wissen und die Erfahrung zur rechten Antwort, noch fällt ihnen etwa ohne weiteres die geschickte Art in den Schoß, dieses oder jenes Gewußte weiterzugeben. Eine Führerschule könnte entscheidend weiterhelfen, wenn sie systematisch vorginge und zeitlich ausreichend wäre. Wie oft aber können sich die Führer und Führerinnen nicht einmal für einen gelegentlichen Kurs freimachen"[44]! Jungführer und Jungführerinnen müssen für die Bildungsarbeit die Hilfe des erwachsenen Mitarbeiters in Anspruch nehmen, ihre eigentlichen Aufgaben liegen in der Führung der Gruppe als Lebensgemeinschaft, denn dort brauchen sie „keinen ‚Kaplan' oder Lehrer oder Lehrerin zu spielen. Sie können in der Lebens- und Erlebnisgemeinschaft der Gruppe das ihnen Gemäße tun"[45]. Das Heranziehen von Erwachsenen in die kirchliche Jugendarbeit darf das Prinzip des Jungführertums aber nicht schmälern, *zwischen Führerschaft und erwachsenen Mitarbeitern im Bund muß deutlich geschieden werden.*

Willy Bokler legt auf diese Unterscheidung besonderen Wert: Nach den Texten der Stammordnung und der Bundesordnung sind Mitarbeiter *„erfahrene Laien, die als Erwachsene Sachaufgaben im Bund erfüllen.* Ihr Standort im Organisationsgefüge ist an der Seite des Jugendseelsorgers. ... Eigentliche Führungsaufgaben übernehmen sie nicht oder höchstens stellvertretend.... Zwischen Jungführern und Mitarbeitern ist klar geschieden und sollte auch in aller Zukunft die Unterscheidung deutlich bleiben“[46]. Gleichwohl sieht auch Bokler die Überforderung der Jungführer in den Bildungsaufgaben: „Der Jungführer ist in der Regel den fast Gleichaltrigen nur an gutem Willen und Bildungsstreben voraus. Er kann die Anliegen, Schwierigkeiten und Bildungslücken seiner Kameraden zwar benennen, kann ihren Bildungsgang auch anregen, organisch vorwärtstreiben und durch sein Beispiel ernsthaft fördern. Er kann aber unmöglich alle Bildungsgüter, die gefragt oder fällig sind, so kennen und so zu eigen haben, daß er sie vermitteln kann. Noch weniger kann ihm die Kunst der erziehlichen Lehre und Unterweisung abgefordert werden. Dafür hat er durchweg weder die entsprechende Begabung noch Ausbildung. Zudem fehlt es ihm an Zeit und Mitteln für die ausgleichende Selbstbildung. Was ihm durch Führerschulung und Führungsschrifttum des Bundes vermittelt werden kann, ist anerkennenswert, aber für diese Aufgabenstellung unzureichend.“[47]. Auch Klemens Tilmann stellt fest, daß die Jungführer keine didaktische Ausbildung besitzen[48]. Darüberhinaus würden manche Jungen und Mädchen ihre Gruppen nur deshalb führen, „weil kein anderer da ist, weil der Kaplan sie dazu gedrängt hat und sie gutwillig ja gesagt haben. Praktisch geht es manchmal im Augenblick nicht anders, aber es genügt im Grunde nicht. Der Vorsprung, *das Gefälle zwischen Jungführer und Gruppe fehlt.* Darum wird das Gruppenleben spannungslos und langweilig“[49]. Ohne diesen Vorsprung sieht Klemens Tilmann die Auszehrung der Jungführerarbeit, denn ohne ihn „kommt es zum Kurzschluß, entweder zum sanften, der sich in Spannungslosigkeit und Lahmheit des Gruppenlebens auswirkt und den Jungführer zermürbt, oder zum kräftigen, indem er seine Arbeit hinwirft, sich ausgenützt fühlt und für sein weiteres Leben vom Laienapostolat nichts mehr wissen will oder zumindest nicht gern an seine Tätigkeit als Jungführer zurückdenkt“[50]. Die Jungführerin und der Jungführer sind ohne entsprechende Qualifikation und ohne die Hilfe erwachsener Mitarbeiter überfordert. Sie sind alleine nicht in der Lage, die wichtigsten Themen zu bearbeiten, die „in der Bildung des jungen Menschen seiner Lebensgestaltung und Selbstwerdung, seinem Hineinwachsen in Gott, die gottgegebene Weltordnung und die vorgefundene Umwelt dienen“[51]. Deshalb ist eine der wichtigsten Forderungen dieser Zeit, daß das notwendige Können in systematischen Kursen den Jungführerinnen und Jungführern vermittelt wird und daß jeder Führer und jede Führerin Schulungskurse besucht[52]. In einer Ansprache während der Jahreskonferenz der Jungführerschaft 1951 hatte Ludwig

Wolker bereits das Bild einer systematischen und aufeinander aufbauenden Führerschulung entworfen: „Wir müssen daran denken, die Jungführerbildung zu erweitern, zu intensivieren, systematisieren, so daß in einer obersten Schule, Diözesanschulen und Bezirksschulen ein sinngemäßer Aufbau der Schulung aufgebaut (sic!) wird.... Wenn wir sehen, wie viele Aufgaben angegriffen werden müssen, das kann doch nur, wer etwas weiß. Wenn man Wissen und Kraft in sich aufgenommen hat. Das geht nicht mit Wochenendkursen, auch nicht mit 3 - 4tägigen Kursen. Wir werden dazu kommen müssen, daß wir längerfristige-systematische Schulungen durchführen"[53]. Die Forderungen nach qualifizierter Ausbildung durchzieht die ganze Zeit des Aufbaus kirchlicher Jugendarbeit nach dem Zweiten Weltkrieg[54].

1.1.3 Die Aufgabe des Jugendseelsorgers als Initiator und Träger der Führerschulung und der Führerbildung

Der Aufbau der kirchlichen Jugendarbeit nach dem Zusammenbruch soll „kirchenorganisch"[55] erfolgen. Aufgrund dieser Entscheidung kommt der *Gemeinde als Ort der Jungführerbildung* wichtige Bedeutung zu: „Der Kern aller Jungführerbildung ist der Diakonats- und Jungführerabend, – monatlich – in jeder *Gemeinde.* Hier ist die erste Stelle, wo eine Jugend heranwächst, die die Kirche als ihre Aufgabe erkennt und sieht"[56]. Aufgrund der Ansiedlung der Jugendarbeit in der Pfarrei steht die Aufgabe des Priesters außer Frage. „In einer Jugend, die Jugend der Kirche sein will, wird der vom Bischof bestellte Jugendseelsorger der Pfarrei auch der priesterliche Führer im Bund sein. Seine Entscheidungen, die aus seelsorgerlicher Verantwortung kommen, werden anerkannt. Dabei aber wird er selbst nie vergessen, daß sein Erziehungsziel der *mündige* junge Christ bleibt.... Gerufen ist überall die religiöse erweckende und ernsthaft formende priesterliche Kraft, die immer wieder wagt, immer wieder vertraut und nie müde wird"[57].

Voraussetzung für das priesterliche Mitwirken in der kirchlichen Jugendarbeit ist aber eine entsprechende Ausbildung, die schon 1945 von den in Salmünster versammelten Diözesanjugendseelsorgern gefordert worden war[58]. Dabei ist die wichtigste Erziehungsaufgabe des Priesters die Persönlichkeitsbildung der Führerinnen und Führer. Aufgrund des partnerschaftlichen Zusammenwirkens von Laienführerschaft und priesterlicher Führung soll der Jugendseelsorger nie selbst Gruppenführer werden, sondern als Seelsorger, Freund und Berater der Jugend und geistlicher Führer klären, lenken, stärken und fördern[59]. Der persönliche Kontakt und die persönliche Führung der Gruppenführerinnen und Gruppenführer ist gerade deshalb wichtig, weil „die Führungsaufgaben, die ihnen (den Jungführerinnen und den Jungführern, W.T.) mit der Leitung ihrer Gruppen zugewiesen werden, zunächst für jeden Jungführer eine starke Überforderung (sind), die nur sehr langsam durch eine intensive und der Qualität nach sehr hochstehende Jungführerschulung abgebaut werden kann. Jeder Jungführer nimmt durch die Übernahme seiner Aufgabe teil an der priesterlichen Existenz des Jugendseelsorgers, erhält Last und Verantwortung von nicht geringem Maße. Er ist in diesem Augenblick hineingestellt in die Kampfsituation zwischen Christ und Antichrist und damit dem Widersacher in viel höherem Maße preisgegeben, als dies in seinem bisherigen Leben der Fall war. ... Daraus ergibt sich, wie notwendig der Kontakt des Seelsorgers mit seinen Jungführern und -führerinnen ist, damit er, soweit es in seiner Macht steht, jenes Maß an Geborgenheit und religiöser wie menschlicher Hilfeleistung vermittelt, daß der Jungführer den ihn an sich überfordernden Aufgaben mit der Gnade Gottes gewachsen bleibt“[60]. Dabei wird der Jugendseelsorger der Pfarrei sein besonderes Augenmerk auf die persönliche Situation der einzelnen Führerinnen und Führer legen, die er durch Gespräch, durch gemeinsame Essen, gemeinsame Erlebnisse wie Wanderungen und ähnliches, durch herzliche Beziehung zur Familie der Jungführerin und des Jungführers kennenlernt[61]. Der Jugendseelsorger nimmt Rücksicht auf die Entwicklung der jugendlichen Führerinnen und Führer, auf die Berufsausbildung, die häuslichen Verhältnisse und persönlichen Veranlagungen und scheut auch nicht davor zurück, vor einer übergroßen Aktivität, die zum Nachteil der Entwicklung in der Schul- und Berufsausbildung der jugendlichen Führer beiträgt, zu bewahren[62].

Die Führerschaft soll zu einer Lebensgemeinschaft mit dem Ziel religiöser und apostolischer Fortbildung zusammenwachsen, wobei in diese Lebensgemeinschaft nicht nur die im Augenblick Führenden aufgenommen werden sollen, sondern all diejenigen, die zu einer größeren Verantwortung fähig sind: „Darunter sind sowohl ‚mögliche künftige Führer‘ wie auch ‚ausgeschiedene einstige Führer‘; es sollen aber auch die wertvollen Jungen und Mädchen nicht ausgeschlossen werden, die zwar kein eigentliches Führertalent besitzen, aber vermöge ihres seelischen Tiefgangs und ihres klaren und feinen Empfindens als ‚Katalysatoren der Gemeinschaft‘ wirken“[63]. In diesem Kreis soll all das behandelt werden, was für die besondere Bindung an Gott, also die Religiösität, wichtig ist[64]. Diese Bildung einer „Kernschar“ hilft dem Jugendseelsorger „auch mit einer begrenzten Kraft ein Maximum für das Reich Gottes zu erreichen“[65]. Neben dieser planmäßigen Arbeit für das Apostolat im Bereich der Führerschulung soll der Jugendseelsorger sich „als Priester der ihm anvertrauten Jugend wissen und darum als erstes in seiner Jugendarbeit sich soviel Zeit reservieren, daß er die *Jugendgottesdienste* samt Predigt und Ansprache jeweils gründlich vorbereiten und gut gestalten kann“[66]. Der Grundsatz der Pastoral im Bereich der kirchlichen Jugendarbeit heißt für den Priester selbstloser Dienst: „Mit einem ‚l’état c’est moi!‘ (Der Staat bin ich, W.T) kommt man in der Jugendgemeinschaft bestimmt nicht weiter. Das Vorbild und die Weisung des Herrn hierzu ist dagegen so wunderbar gegeben beim Bericht über die Fußwaschung (Joh. 13, 12 ff.). Wir wollen andererseits aber auch in der Erziehung der Jungführerschaft darauf besonders hinarbeiten, daß nicht Ehrgeiz, Eitelkeit und Geltungssucht die Triebfeder des Führenwollens sind, daß vielmehr das Führen zum selbstlosen Dienen wird, aus der Liebe der Brüder, aus dem familienhaften Miteinander und Füreinander von Brüdern und Schwestern“[67].

1.1.3.1 Die Führerrunde in der Pfarrei als Ort der Aus- und Weiterbildung

Die Bundesordnung von 1948 weist die Führerrunden als erziehliche Gemeinschaften der Jungführerbildung aus. Die Bundesordnung von 1955 betont den Schulungsaspekt der Pfarrführerrunde: „Die Pfarrführerrunde dient der Schulung und Weiterbildung der Führungsgemeinschaft in der Pfarrei. Sie findet wenigstens monatlich statt, und zwar grundsätzlich getrennt nach Mannes- und Frauenjugend. Sie wird geleitet vom Jugendseelsorger"[68]. Sie wird ergänzt durch die Führerrunde auf Dekanatsebene sowie durch die Kurse der Diözesen und der Hauptstelle für Jugendseelsorge[69]. „Zur Teilnahme (an der monatlichen Führerrunde, W. T.) sind alle aktiven Jungführer verpflichtet, sollen aber auch die Nachwuchskräfte, Fachwarte, Aktionsbeauftragten und Mitarbeiter herangezogen werden"[70]. In der Führerrunde ist „die Führerschaft nicht handelnd, sondern empfangend tätig. In ihr soll sie nicht debattieren und entscheiden, sondern sich anregen und bilden lassen. Es geht um die Vermittlung von Wissen, Haltungen und Fertigkeiten. Es geht um die Schulung und Bildung der Führenden, die glaubwürdig werden sollen, die stets ‚eine entscheidende Nasenlänge' voraus sein müssen. Es geht um ihre apostolische Erweckung und Befähigung, die sie im Diakonat des Reiches Gottes froh und sicher macht"[71]. Gerade deshalb ist *„die hervorragendste und vornehmste Aufgabe... die Vorbereitung* und *Durchführung der monatlichen Führerrunde.* Die Durchführung verlangt eine klare Tagesordnung... Wir beginnen mit dem Lied und dem Gebet. Es schließt sich eine kurze Schriftlesung an, es folgt das Hauptthema und die Aussprache, danach Zusammenfassung und Schlußfolgerung und das Schlußgebet"[72]. Dabei dient die Führerrunde insbesondere der Bearbeitung der Jahresaufgabe und des Jahresthemas, die jeweils ausführlich detailliert für die Führerrunden in den Führerzeitschriften ausgearbeitet werden und somit für die Hand des Jugendseelsorgers als vorbereitendes Material zur Verfügung stehen und gleichzeitig die Selbstbildung der Jungführerin und des Jungführers ermöglichen. Auch in der Pfarrführerrunde gilt für den Jugendseelsorger der Grundsatz der Subsidiarität: „Alles, was der Jungführer, was ein Führungsgremium selbst machen kann, soll ihm überlassen, soll ihm auch einmal wagend anvertraut werden"[73].

1.1.4 Inhalte der Führerschulung: Priorität der religiösen Persönlichkeitsbildung

Die an den Jungführer und an die Jungführerin gerichteten Erwartungen und die ihnen gestellten Aufgaben verlangen in erster Linie die Bildung einer christlichen Persönlichkeit, die in der Lage ist, im Sinne des Diakonats Weltverantwortung und Bruderdienst aus dem Glauben zu übernehmen. Deshalb ist es für den Priester notwendig, Jungführerinnen und Jungführer viel Zeit und persönliche Mühe zu schenken, „daß sich ihr Menschsein bildet und formt und ihr Christsein über den engen Pflichtstandpunkt hinaus einer letzten Hingabe an den Herrn fähig wird“[74]. Das „technische Wissen“, das für die Leitung einer Gruppe notwendig ist, soll während einer Werkwoche oder entsprechender Schulungswochenenden auf Dekanats- bzw. Diözesanebene erworben werden[75]. Ungleich wichtiger ist jedoch die *Persönlichkeitsbildung* in den pfarrlichen Führerrunden und auf Kursen: „Jungführertum besteht doch nicht in ein paar Kniffen und gewandten Manieren. Possenreißer brauchen wir nicht, wir brauchen Jungführer aus Berufung und Gnade“[76]. Um ein solches Führertum heranzubilden, sind die Glaubensstunden in der Pfarrei als Orte der Glaubensverkündigung unverzichtbare Bestandteile der kirchlichen Jugendarbeit und der Jugendführerbildung: „Die Glaubensstunden sind das alles unterbauende Fundament unserer ganzen Jugendarbeit und auch der Jungführerschulung. Ohne regelmäßige und planmäßige Glaubensverkündigung in der Pfarrei trifft die Führerschulung leicht ins Leere. Wir bekommen keine Führerschaft, die im Glauben und in der Liebe lebendig ist und die Jugend der Kirche zu Glaube und Liebe führen kann. Durch keine Betriebsamkeit darf sich der Priester dieses Kernstück seiner Jugendarbeit entwinden lassen“[77].

Wichtige inhaltliche Klammer der Bildungsarbeit in den Führerrunden waren jeweils die von der Bundesebene festgelegte *Jahresthematik und Jahresaufgabe.* In den Zeitschriften für die Jugendführung wurden für die Führerrunden jeweils für einen Jahreskreis, der von Oktober bis September des Folgejahres dauerte, konkrete Themenvorschläge und Erarbeitungshilfen gegeben. Von 1950-1956 wurden dabei folgende Jahresthemen angegeben: „Christus“, „Heimat, Volk und Staat“, „Beruf und Berufung“, „Kirche“, „Das christliche Menschenbild“ und schließlich „Das christliche Weltbild“. Diesen Jahresthemen waren Jahresaufgaben zugeordnet: „Gewissensbildung“, „Bildung zum Apostolat“, „Freizeit“, „Nachbarschaft“, „Weltmission“ und „Presse-Apostolat“[78]. Die Veröffentlichung der ausgearbeiteten Stoffverteilungspläne für die Führerrunde soll nach Prälat Ludwig Wolker „die Pforte öffnen zu einem heiligen Jahr vermehrter und verinnerlichter, geschulter und planmäßiger Jugendarbeit in Gruppe und Gemeindejugend“[79]. Darüberhinaus soll der Jahresplan vermeiden helfen, „daß unsere Gemeinschaften ziel- und planlos in den Tag hineinleben“[80]. Dementsprechend werden die Jahrespläne als Bildungs- und Aktionspläne ausdifferenziert für die verschiedenen Ebenen der kirchlichen Jugendarbeit und des Bundes der Deutschen Katholischen Jugend: in Führerschaft, Jungschar, Jungenschaft, Jungmannschaft und in Frohschar, Mädchengruppe und Frauenjugend.

Die Planung für das *„Diakonat der Jugend“* (Jungführerbildung) der Erzdiözese Köln aus dem Jahre 1945 weist fünf wesentliche Bereiche des Dienstes auf, denen dann für verschiedene Altersstufen (14-16jährige; 20-25jährige und älter) bestimmte Aufgaben zugeordnet werden. Diese fünf Bereiche sind: Die Berufung zur Jüngerschaft Christi; Leben und Dienst in der Jugend der Kirche und der Gemeinde; Altardienst; Liebesdienst und Weltdienst in Familie, Beruf und öffentlichem Leben[81]. Diesen Bereichen werden für die verschiedenen Alterstufen jeweils unterschiedliche Aufgaben, Haltungen, Ausbildungserfordernisse zugeordnet. Dabei sind alle Aufgaben, Haltungen, Ausbildungsverpflichtungen gegründet im besonderen Diakonat des Christen[82].

1954 legt das Erzbischöfliche Jugendamt Köln wiederum einen Führerbildungsplan vor, der auf Bundesebene diskutiert wird[83]. In diesem Führerbildungsplan (auf drei Jahre angelegt) wird zwischen Führernachwuchsbildung, der Grundschulung der in Verantwortung stehenden Führer und der Aufbauschulung unterschieden. Für die Grundschulung werden drei wesentliche Aufgabenbereiche genannt:

– der der Persönlichkeits- und unmittelbaren Gemeinschaftsbildung,
– der der Wissensvermittlung und
– der der Fertigkeitsvermittlung zur Durchführung der Führungsaufgabe[84].

Die Grundschulung weist drei Zielbereiche auf, die in drei Themenkreisen – einem Jahreskreis entsprechend – in den Führerrunden der Gemeinden und des Dekanats und bei Gemeinschaftstagen der Pfarrjugend erarbeitet werden sollen. Diese Zielvorstellungen lauten im ersten Zielbereich:

Junge Christen sollen lebendiger gemacht werden im Leben der Gnade, bewußter gemacht werden in Freude der Bejahung der sichtbaren Kirche heute, bereiter gemacht werden für das Apostolat in der Jugend der Kirche und darüberhinaus im deutschen Raum, im europäischen Raum und in der Welt und wacher gemacht werden, als Söhne in ihren Familien zu stehen[85].

Im zweiten Zielbereich geht es darum, junge Christen bereit und fähig zu machen, im Bund der Deutschen Katholischen Jugend Verantwortung zu übernehmen[86].

Im dritten Zielbereich sollen die jungen Christen auf ihre Weltverantwortung vorbereitet werden, das heißt lernen, den Beruf aus katholischer Sicht zu leben; die Ehe und das Priestertum und den Ordensstand als Aufgabe zu erkennen; die Weltöffentlichkeit als Boden zu bejahen, auf dem das Leben der Christen sich bewähren muß und die Kultur als Ausdruck der geistigen Grundhaltung zu erkennen[87].

In den monatlichen Führerrunden in der Pfarrei sollen im *ersten Jahreskreis* die Themen „Jüngerschaft und Nachfolge", „Gebet", „Gehorsam und Ordnung", „Wahrhaftigkeit", „Glaube, Hoffnung und Liebe", „Zucht und Maßhalten", „Treue und Durchhalten", „Maria, Patronin des Bundes", mit dem Ziel behandelt werden, „daß der Jungführer lebendig an der Gnadenwirklichkeit steht, sein Jungführertum als Jüngerschaft erkennt und aus dieser Erkenntnis seine Verantwortung in der Jugendgemeinschaft freudiger bejaht"[88].

Im *zweiten Jahreskreis* werden in der monatlichen Führerrunde die Themen behandelt, die dazu helfen, „die Gemeinschaft des Bundes der Deutschen Katholischen Jugend besser zu verstehen, die Aufgaben und das Ziel des Bundes zu erkennen und Fertigkeiten zu erwerben, Gemeinschaft zu bilden und Aktionen zu leiten"[89]: „Jugendgemeinschaft als Bildungs- und Aktionsgemeinschaft", „Der Bund der Deutschen Katholischen Jugend in geschichtlicher Schau", „Der Bund vor Gott", „Stil und Form", „Der Jungführer privat“, „Der Jungführer und seine Jungen“, „Liturgische Bildung in der Jugendgemeinschaft“, „Die katholischen Erwachsenen-Organisationen“ sind die Themen[90].

Die Themen des *dritten Jahreskreises* sollen dazu helfen, „den Jungführer zu bilden, vertiefte Einsicht zu gewinnen in das *soziale Leben* – in *Familie, Beruf, Volks- und Staatsleben.* Ziel ist, durch *Einsicht und Beispiel* lebendige *Verantwortung* mitzutragen in der Jugendführung“[91]

Diesen Zielen werden folgende Themen für die Führerrunden zugeordnet: „Die Erde untertan oder der Erde untertan? (Mitarbeiter Gottes in der Heiligung der Welt)“, „Die christliche Bedeutung des Berufes“, „Von Geschlecht zu Geschlecht – Jungführer und Mädchen“, „Über allem die Liebe – Ehe und Jungfräulichkeit“, „Heimatland – Gottes Land – Heimat und Volk“, „Du verantwortest das Grundgesetz – Jugend ein junges Staatsvolk“, „Christliche Sozialordnung“, „Einer trage des anderen Last – Jugend und Caritas“[92]. Als unverzichtbarer Bestandteil aller Führerrunden wird die Schriftlesung angeführt, die zu Beginn der inhaltlichen Erarbeitung stehen soll.

Die Führerrunden auf dem Boden des Dekanates sind als vier Wochenendschulungen im Jahr geplant, bei denen neben Information aus dem Leben des Bundes, der Weltkirche, der Bundesrepublik Deutschland, Europas und der Welt, eine Einführung in den jeweiligen Sonntag gegeben wird, thematische Fragen entsprechend des Jahreskreises behandelt werden und in Singrunden Lieder eingeübt werden[93]. Die Einführung in den jeweiligen Sonntag ist jeweils mit liturgischer und theologischer Bildung verknüpft. Darüberhinaus sollen die Führerrunden auf Dekanatsebene, die vom Dekanatsjugendseelsorger vorbereitet werden, „alle Führer, Jungschar-, Jungenschafts-, Pfarrführer usw. zusammen(führen). Ein Stück der größeren Weite des Bundes muß hier sichtbar werden, die größere Gemeinschaft will hier erlebt werden“[94].

Für die Pfarreien werden dann noch Gemeinschaftstage empfohlen, die der Erholung, der Besinnung und der Zusammenarbeit mit den Eltern dienen sollen[95].

Obwohl die persönliche Bildung des Jungführers und der Jungführerin im Vordergrund der Arbeit steht, werden in der Praxis der Führersausbildung auch Themen wie „Werken in der Jungschar“, „Singen“, „Heimstundengestaltung und Vorbereitung“, „Wanderkunde – Fahrt und Lager“, „Jungscharpsychologie“, „Sport“, „Werkmaterial für den Führer“, „Elternabend – Theater“ und ähnliches behandelt[96].

1.1.4.1 Erlebnisorientierung als methodisches Prinzip der Ausbildung

Wenn die Schulung der Jungführerinnen und Jungführer in erster Linie Persönlichkeitsbildung sein soll, bei der Haltungen vermittelt werden, hat das Konsequenzen für die Art und Weise, wie Jungführerinnen und Jungführer ausgebildet werden. Klemens Tilmann, der die Grenzen der Möglichkeiten gerade darin sieht, daß die Jungführer keine didaktische Ausbildung haben (vgl. 1.1.2.1), stellt die Frage, was ein junger Mensch überhaupt wirkungsvoll mündlich weiterzugeben vermag[97]. Tilmann geht davon aus, daß nur das vom Jungführer weitergegeben werden kann, *was er selbst erlebt hat:* „eine gelesene Gedankenfolge, grundsätzliche Wahrheiten, die ihm ohne Erlebnismoment mitgeteilt worden sind, werden ihm nie so zu eigen, daß er sich bei einer Weitergabe wohl fühlt und sie ihm infolgedessen gelingt"[98]. Die Kernfrage aller Jungführerbildung ist die, wie der Jungführerin und dem Jungführer geholfen werden kann, seine eigenen Möglichkeiten und Grenzen zu erweitern: „Der eine Weg ist der der Schulung und Ausbildung, sei es, daß man ihn mehr und mehr die praktische Arbeit lehrt, Lieder, Spiel usw., sei es, daß man ihm Stoff zum Weitergeben beibringt. Aber das darf nicht alles sein, es ist nicht einmal die Hauptsache. Da es die eigentliche und wichtigste Möglichkeit des Jungführers ist, Erlebtes anderen zum Erlebnis werden zu lassen, ist es entscheidend wichtig, daß wir dem Jungführer selbst die rechten Erlebnisse vermitteln.

Wir müssen uns klar sein, daß sich der Jungführer selbst im Werden befindet und es seine wichtigste Aufgabe ist, in der richtigen Weise zu wachsen und zu reifen. Er muß selbst sein Alter richtig durchleben. Dafür braucht er Raum und Zeit. Er braucht die Möglichkeit zum zweckfreien Spiel der Kräfte. Er muß sich ausstrecken nach dem, was er jetzt innerlich braucht; nach dem, was schön, kostbar und lebenswert ist, und es sich in Erlebnis und Begegnung aneignen können. Der Junge wird also für seine Führungsaufgabe in tieferer Weise durch das bereitet, was er selbst erlebt an Wirklichkeiten, die für ihn entscheidend sind, als durch das, was man ihn für seine Gruppenarbeit lehrt"[99].

Schon aufgrund dieser Überlegung wird verständlich, warum gerade dem *Jugendseelsorger in der Pfarrei als Erlebnisvermittler* in der Gemeinschaft der Führenden besondere Bedeutung zukommt. Aber auch für die Kursarbeit, in der Jungführerinnen und Jungführer auf ihre Aufgabe vorbereitet werden, muß der Grundsatz *„Lernen durch Tun"* besonders beachtet werden. „Alle Stoffdarbietung muß diesen Grundsatz beherzigen. Der Jungführer selbst soll ja niemals Lehrer oder Dozent in der Jugendgemeinschaft werden, darum darf aber auch bei einer Schulung nicht vergessen werden, daß er selbst lernen will und lernen muß durch Tun"[100]. Wenn die Ausbildung in dieser Weise erfolgt, kann er in der Gruppenarbeit die Aufgabe der Erlebnisvermittlung und der Erlebnisübertragung übernehmen: „Zum ersten gehört alles, was die Gruppe gemeinsam tut, von der Schneeballschlacht bis zum Lied, vom gemeinsamen Gebet bis zum Sommerlager. Zur zweiten gehört das, was, nachdem es ihm selbst zum Erlebnis geworden oder in ihm Gestalt angenommen hat, er nun sagt oder vorlebt. Solches vermag er anderen zum Erlebnis werden zu lassen. Überschreitet er diese beiden Funktionen, will er mehr, so überschätzt er seine Möglichkeiten, und was herauskommt, ist eine schlechte Religionsstunde, ein nicht gekonnter Vortrag, eine nachgemachte Predigt. Er übernimmt sich, wird unecht und treibt die Gruppe auseinander"[101].

Auch für die Behandlung des von der Bundesleitung vorgegebenen Jahresthemas und der Erarbeitung der Jahresaufgabe wird das Erlebnisprinzip als methodische Möglichkeit im *Unterschied zum streng sequentialen Vorgehen* in der Schule als wichtig erachtet. Bei der Vorstellung des Jahresthemas „Kirche" und der Jahresaufgabe „Freizeit" im Jahr 1953 wurde im Vorspann des Jahresplanes vermerkt: „Gewarnt werden muß davor, den Plan aufzufassen wie den Lehrplan einer Schulklasse: Nichts gegen die Methode der Schule. ... Die Aufgabe der Gemeinschaft ist eine andere. Unseren Heimstunden und Arbeitskreisen muß es vor allem darauf ankommen, *Erlebnisse zu gestalten*. Es geht nicht zuerst um Wissensvermittlung über die Kirche, sondern um die Weckung von Liebe, Begeisterung, Freude, Ehrfurcht, Hingabe zur Kirche. Es geht nicht um theoretische Überlegungen zum Thema Freizeit, sondern um den Anstoß, für uns und die Brüder Freizeit lebendig und froh zu gestalten"[102]. Alle Wege der Bildung der Führerschaft, wie zum Beispiel das persönliche Gespräch zwischen Jugendseelsorger und Führern, die monatliche Führerrunde der Pfarrei, Gemeinschaftstage der Führerschaft in der Pfarrei, die Führerrunde im Dekanat an Wochenenden, die Kurse in den Dekanaten und Diözesen und die Einkehrtage und Exerzitien sollen vom Erlebnisprinzip her gestaltet werden[103].

1.2 Die Phase der erziehungswissenschaftlichen Erweiterung des Leitbildes und der organisatorischen Konsolidierung der Ausbildung (1957-1967)

1957 existierte der Bund der Deutschen Katholischen Jugend zehn Jahre. Gleichzeitig erscheinen die „Oberhirtlichen Richtlinien für die katholischen Jugendseelsorge Deutschlands", die auf den 1936 von den deutschen Bischöfen veröffentlichten „Richtlinien für die katholische Jugendseelsorge" und den 1945 herausgegebenen „Richtlinien für die kirchliche Jugendseelsorge und Jugendorganisation" aufbauend, die Grundlage der kirchlichen Jugendarbeit darlegen[104]. Die Richtlinien weisen die Jugendarbeit als „Pflichtaufgabe der ordentlichen Seelsorge" aus, wobei die Mitarbeit von Jugendlichen und erwachsenen Laien als unentbehrlich bezeichnet wird: „Begründung, Weihe und Kraft erhält diese Mitarbeit aus der Offenbarungslehre vom mystischen Leibe Christi und der Tatsache des Allgemeinen Priestertums[105]. In den *„kirchlichen Lebensgemeinschaften* der Jugend schließen sich nach Alter und Geschlecht diejenigen Jugendlichen zusammen, die gewillt sind, ihr Leben religiös zu vertiefen (Glaubens- und Lebensschule der jungen Christen) und sich für ihre besonderen Aufgaben in Familie und Beruf, Kirche und Volk apostolisch zu schulen (jungkatholische Aktion und missionarisches Laienapostolat).

Aus diesen Lebensgemeinschaften der Jugend erwachsen dem Seelsorger alsdann auch jene jugendlichen Helfer und Mitarbeiter, ohne deren Einsatz und Beispiel ihm die wirksame Durchführung der *allgemeinen Jugendseelsorge* auf die Dauer kaum möglich sein wird (Kerngemeinschaften)"[106].

Während durch die Herausgabe der Oberhirtlichen Richtlinien die Grundvoraussetzungen und Grundlagen kirchlicher Jugendarbeit von Seiten des kirchlichen Amtes gesichert sind, zeigen sich in der Praxis der kirchlichen Jugendarbeit richtungsweisende Wandlungen. Kirchliche Jugendarbeit im BDKJ sieht sich in Konkurrenz gesetzt zu den Angeboten an Jugendliche durch immer besser ausgestattete Bildungsinstitutionen der Städte und Gemeinden[108]. Diese Entwicklung zeigt sich in einem Mitgliederschwund, der besonders und vor allem den Stamm[109] des BDKJ trifft[110]. Aufgrund dieser neuen Situation wurden strukturelle Veränderungen im BDKJ vorgenommen: Die Stämme Mannesjugend und Frauenjugend wurden in zwei Gliedgemeinschaften verwandelt, „die nun gleichberechtigt als Gliedgemeinschaften mit den übrigen den Bund bildeten.“[111] Die Fortentwicklung des Stammes in zwei Gliedgemeinschaften KJG und KFG hat Konsequenzen für die Ausbildung der Jungführerinnen und der Jungführer: Die neuen Gliedgemeinschaften bestimmen selbständig die Inhalte der Ausbildung ihrer Mitarbeiterinnen und Mitarbeiter (1.2.4.5 und 1.2.4.6). Die Schulungsaufgaben differenzieren sich und passen sich der gewandelten strukturellen Situation im BDKJ an (1.2.4).

Anläßlich des zehnjährigen Bestehens des BDKJ halten die Bundesführerin Theresia Hauser und der Bundesführer Dr. Gerhard Schreeb während der Laienführerschaftskonferenz vom 6.-11-Mai 1957 in Berlin einen Rückblick auf die Entwicklung des BDKJ[112]. In diesem Rückblick werden gleichzeitig Postulate für die zukünftige Arbeit im BDKJ entwickelt. Diese betreffen das Leitbild der Jungführerin und des Jungführers (1.2.1). Aus der Analyse einer zu jungen und deshalb oft auch überforderten Führerschaft, die auf ihre Aufgabe nur unzureichend vorbereitet wird (1.2.2), ergeben sich Forderungen nach dem Einsatz des erwachsenen Mitarbeiters in der kirchlichen Jugendarbeit, der Qualifizierung der priesterlichen Mitarbeiter und der Entwicklung einer pädagogischen Theorie kirchlicher Jugendarbeit (1.2.3).

1.2.1 Korrekturen im Leitbild: Vom „natürlichen“ Führungsbegriff zur Führung als Aufgabe sozialer Verantwortung

In ihrem Referat anläßlich des zehnjährigen Bestehens des BDKJ betonen die Bundesführerin Theresia Hauser und der Bundesführer Dr. Gerhard Schreeb eine entscheidende Wandlung im Führungsverständnis:

„Gegenüber einem früheren Führungspathos tritt das Bewußtsein einer sozialen Verantwortung in den Vordergrund“[113]. Immer mehr setzt sich die Einsicht durch, daß zur Führung in der kirchlichen Jugendarbeit nicht allein das „Charisma des Führertums“ ausreicht. „Gewiß gründet das Charisma des Führertums (wie übrigens auch das des Lehrertums) auf einer Urbegabung, die nicht erlernbar ist. Aber mit der Begabung allein ist es nicht getan. Die nüchterne Alltagsarbeit verlangt ein Wissen und Können, das nur entstehen kann, wenn die Begabung durch Praxis, Lehre und Bildung ausgiebig fundiert wird“[114]. Damit unterscheidet sich die jetzt formgewinnende

Führungsauffassung entscheidend vom Führungsverständnis der Jugendbewegung, die das Führertum als persönliche Erwählung und Sendung durch das Schicksal des einzelnen verstand[115].

„Früher sprach man viel von Charisma und Idealismus. Heute ist man damit sehr vorsichtig. Sachgerechtigkeit ist das neue Wort: Der Führer muß seine Aufgabe sachlich gut lösen. ... Aber der Jugendführer muß wissen, daß es *mit* aller Sachlichkeit um den personalen Einsatz geht, um einen Teil des eigenen Ich mit allem Wollen und Können und in der Gefahr, einmal falsch zu schalten. Die Führung über Menschen ist nicht nur erlernbare Technik. Sie geschieht durch Menschen, die – ein wenig voraus und besser überschauend zwar – selbst auf dem Wege sind“[116]. Auch Hubertus Halbfas stellt fest, daß die charismatische Führerbegabung der Jugendbewegung den Gegenwartsanforderungen nicht mehr genügt: „Neben der unabdingbaren Persönlichkeitsbildung muß ein gediegenes Maß an Wissen und Können das natürliche Führertalent fundieren. Die Lebendigkeit und Wirksamkeit unserer Jugendorganisation steht und fällt mit der Qualität ihrer Führerschaft sowie der zeitgerechten Inspiration, Hilfe und Leitung des Seelsorgers und erwachsenen Mitarbeiters“[117].

Gleichwohl bleibt das Jungführertum die tragende Säule kirchlicher Jugendarbeit: „Jungführertum bedeutet die Führung von Gemeinschaften der Jugend durch die Jugend selbst; der Jungführer ist dabei nur wenige Jahre älter als seine Kameraden. ... Er versteht sein Amt als Dienst an den jüngeren Brüdern, als ein Apostolat Hand in Hand mit dem Priester am Aufbau des Reiches Gottes in Kirche und Welt.

Katholisches Jungführertum weiß sich folglich nicht in unabhängiger Verantwortung. Weil es selbst die Bindung an Gott und alle übergeordnete Autorität anerkennt und auch die Reife und Erfahrung des Erwachsenen sucht, darf es für die eigene Führungsarbeit ernsthafte Anerkennung beanspruchen“[118].

Die Persönlichkeitsbildung der Jungführerinnen und der Jungführer ist weiterhin eine wichtige Grundaufgabe kirchlicher Jugendarbeit, zumal *der „personale Kontakt“ zwischen Führenden und Geführten die entscheidende Dimension der Jugendführung* darstellt[119]. Diese personale Beziehung kann der Jungführer nur dann aufbauen, wenn er sich selbst personal entfaltet: „Die Verantwortung für seine Gemeinschaft kann ihm niemand abnehmen. Damit diese Gemeinschaft personale Züge trägt und die einzelnen in ihrer Wesenstiefe angesprochen werden, ist das größte Gewicht auf die personale Selbstverwirklichung des Jugendleiters zu legen“[120]- Der Jungführer muß sich um eine Autorität bemühen, die mehr in seiner Person als im Jungführeramt begründet ist[121]; und gerade deshalb, weil Menschen auf die Person des Jungführers resonant sind, steht die Bemühung um die Verwirklichung des christlichen Menschenbildes in der Person des Jungführers im Vordergrund. Ziel ist, „daß er vor dem kritischen Blick der Jugendlichen bestehen kann. Das schließt die Forderung ein, auch als Mensch, in Beruf und Umwelt seinen Mann zu stehen – korrespondierend mit dem Bedürfnis der Gruppe, von ihrem Führer etwas lernen zu können“[122]. Die notwendige Autorität erwächst aus der Ehrfurcht vor den dem Jungführer anvertrauten jungen Menschen, aber auch durch die Verbundenheit mit ihnen: zum „zielklaren Führungswillen" muß die Ehrfurcht vor dem Menschen kommen, „die das Geheimnis des anderen achtet und durch keine Neugier in dessen Innenleben einzudringen wünscht. ... Ehrfurcht ist aber nicht auf den Menschen begrenzt, sondern bestimmt die Gesamteinstellung des Jungführers zur Schöpfung und zu Gott. ... So sehr die Ehrfurcht auf den richtigen und notwendigen Abstand zum Mitmenschen schaut, so notwendig ist andererseits die *Verbundenheit* mit jedem einzelnen in der Gemeinschaft."[123]

Der Gruppenleiter und die Gruppenleiterin sind im Kontakt mit ihren Jungen oder Mädchen *personales Du:* „Einmal als Verkörperung der sich entfaltenden personalen Werte, welche die Jüngeren sich noch nicht in gleichem Maße aneignen konnten; zum anderen als Gegenpol für personale Einzelbeziehungen, die zumindest zwischen jedem zur Gruppe gehörenden Jungen oder Mädchen und den Leitern geknüpft sein sollen. Eine häufige Ursache für das Abwandern Jugendlicher aus den Gemeinschaften bzw. für grundsätzliche Abständigkeit ist darin zu sehen, daß niemand die betreffenden jungen Menschen in ihrer Personenmitte angesprochen hat, was allerdings über die Erweckung anfänglicher Sympathien oder das Winken mit Vorteilen hinausreicht"[124]. Im personalen Dialog mit dem jungen Menschen „kommt dem Führer die Bedeutung eines *Kristallisationskerns* zu. Nicht durch Zwang, auch nicht durch besondere Lockungen und berechnende Versprechungen hält er die Gruppe zusammen. Er trägt sie durch seinen Einfluß als Mensch und Christ, sollte jedoch immer offen sein für die Einzelinteressen und Eigentendenzen der Mitglieder; immer darauf bedacht, das Gruppenschicksal mehr und mehr in die Hände aller zu legen. Die Existenz des Jugendleiters und sein eigener Einsatz dürfen nie die ausschließliche Möglichkeitsbedingung für die Existenz der Gruppe sein. Von da wird verständlich, daß in der Praxis viele lebendige Gemeinschaften in dem Augenblick zusammenfallen, wo der Leiter sich aus ihnen zurückziehen muß, die Nachfolgerfrage jedoch nicht zu lösen und der Lebenswille der Gruppe mangels Selbständigkeit der Einzelnen zu gering ist"[125]. Pädagogisch besonders bedeutend ist die Vorbildwirkung des Jugendführers[126]: „Ein Jungführer, der im Leben seiner Leute Platz und Geltung findet, ist nicht nur gelegentlich, sondern immer – und zwar grundsätzlich, ob er es weiß oder nicht – in seinem ganzen Verhalten Beispiel. Seine Aufgabe ist allerdings nicht, einzelne ‚gute Beispiele' vor aller Augen zu demonstrieren, sondern aus seinem innersten Denken und Handeln heraus beispielhaft zu *sein*. Die große Wirkkraft des Jungführertums liegt darin, daß es durch sein Beispiel überzeugt und führt. ... Sie (die Beispielhaftigkeit, W. T.) ist die wichtigste Voraussetzung für jedes erzieherische Tun. Sie darf nicht bewußt von Fall zu Fall angenommen werden, sondern muß mit größter Selbstverständlichkeit absichtslos gelebt werden. Das heißt, der Jungführer darf sich nicht begnügen, in diesem und jenem beispielhaft zu sein, sondern muß danach streben, durch sein Gesamtverhalten Beispiel zu werden. Und zwar darf sich niemand einbilden, solche Beispielhaftigkeit schon darzustellen, aber die

Sehnsucht muß doch daraufgehen, selbst in der Beherrschung und Gestaltung der einsamsten Stunden Beispiel zu sein"[127].

Das Bemühen, *Vorbild zu sein* und das Wissen, „wie wenige Schritte der Jugendleiter in seiner personalen Reife den Jugendlichen nur voraus ist, kann ein wirksames ethisches Motiv bedeuten, seine Selbstbildung voranzutreiben. Dieser Drang zur inneren und äußeren Vervollkommnung kann durch äußerliche Beweggründe starke Auftriebe erhalten, etwa durch das Bewußtsein, daß er in jeder Lage das darstellen muß, was die Gruppe von ihm verlangen darf; durch die innere Integrität, die ihn auch dann gut und vorbildlich sein läßt, wenn niemand auf ihn schaut; oder ganz einfach durch die Furcht, er könne sich vor seinen Jugendlichen ‚blamieren'"[128]. Der Jungführer hat aber nicht nur die Aufgabe selbst Vorbild zu sein, sondern er ist seinen Gruppenmitgliedern auch bei der Suche nach eigenen Vorbildern behilflich[129].

Die wichtigste Bedeutung allerdings hat der Jugendleiter „als Bindeglied im Prozeß des *personalen Rückbezuges zu Gott.* Die moderne Seelsorge ist sich darüber im klaren, daß die religiöse Bildung des Einzelnen heute weniger denn je durch eine Aufwertung von Institutionen zu erreichen ist, sondern nur auf dem Wege über christliche Persönlichkeiten. Das Vorbild eines lebenswerten christlichen Lebens; das Sichtbarwerden des Göttlichen im personalen Du, ist im Idealfall vielleicht während eines religiösen Gesprächs wirksam; die wortlose Katechese des Beispiels und die in Worte gefaßte Verkündigung am Heimabend – das alles bereichert die Idealwelt des Jugendlichen, macht es ihm leichter, seinen Glauben zu vertiefen, seine eigene Frömmigkeitsform zu finden, über die Inkarnation des christlichen Menschenbildes in einem Älteren, der sich um die Nachfolge Christi bemüht, einen eigenen personalen Bezug zu Gott zu schaffen"[130].

In der Festlegung auf ein Leitbild des Jungführers und der Jungfüherin als „personales Angebot"[131] werden „fast beängstigend hohe Ansprüche an die Persönlichkeit des Jungführers"[132] deutlich. Paul Hastenteufel benennt als solche Ansprüche die *„personale Bildung* im Sinne des Zustandes, als eine bestimmte Entwicklungshöhe; aber auch im Sinne des ‚Werde, der du bist' *als Prozeß menschlicher Reifung"[133]. Zu den Ansprüchen gehören auch die erzieherische Befähigung,* die sich besonders in der alltäglichen Praxis zeigt, weniger in einem angehäuften theoretischen pädagogischen Wissenszuwachs; die Liebe zum „Zögling", die Opferbereitschaft, der Versuch, die Gruppenmitglieder und ihre Probleme zu verstehen, Gerechtigkeit, die mit der Demut „als Wissen um die eigene Begrenztheit und Bereitschaft, sich brüderlich zurechtweisen und von Erfahreneren zurechtweisen zu lassen"[134] gepaart ist.

Neben den Ansprüchen an die Person des Jugendführers werden auch *Ansprüche für seine Aufgabe* als Gruppenleiter deutlich: Franz Pöggeler fordert Organisationstalent, Übung in der Methodik und Sachkenntnis in einem Wissengebiet, so daß der Führer zeigen kann, daß er auch in der Lebenswirklichkeit Fuß gefaßt hat; darüberhinaus sind Tatenergie und schöpferische Phantasie besonders wichtig[135]. Dazu kommen die Aufgaben der Kooperation mit Eltern, Jugendseelsorger und den anderen Jungführerinnen und Jungführern in der Gemeinde [136]. Je mehr sich auch in der kirchlichen Jugendarbeit eine Definition der Pädagogik als „Erziehung als Lebenshilfe“[137] durchsetzt und damit ein Verständnis von Hilfe, das den Jugendlichen zum Selbststand und zur Selbstverantwortlichkeit geleitet[138], um so mehr wird auch die Rolle des *Gruppenleiters als „Befähiger seiner Gruppe“* bedeutungsvoll: „Befähiger meint, sozialer Mittelpunkt sein, bei dem im Wesentlichen alle wechselseitigen Beziehungen (Interaktionen) zusammenlaufen und verknüpft werden. Durch ihn geschieht über die Koordination hinaus eine Integration der Meinungen, Interessen, Erwartungen der einzelnen und der Gruppenregeln und -normen. Er ‚befähigt‘ jeden einzelnen persönlich und für die Gemeinschaft der Gruppe durch Wegweisung, Wegbereitung, Wegbegleitung. Das Fernziel ist, sich entbehrlich zu machen“[139]. Dieses gruppenpädagogische Verständnis der Aufgabe des Gruppenleiters impliziert, daß er sich selbst als Lernender versteht. „Darin liegt sein ganz persönlicher Gewinn: die Erkenntnis der eigenen Fähigkeiten und Grenzen, die Ausbildung der gemeinschaftsfördernden Haltung und der Menschenführung, der geistigen Beweglichkeit und der Fertigkeiten, der lebendige Vollzug des Glaubens, vor allem aber der Mut zum personalen Wagnis und damit der Gewinn der Liebesfähigkeit“[140].

1.2.1.1 Erwartete Eigenschaften der Führerinnen und Führer in den einzelnen Altersstufen im Bund der Deutschen katholischen Jugend

Erwartungen an die Frohscharführerin und an den Jungscharführer

In die Altersstufe der Frohschar gehören die zehn- bis vierzehnjährigen Mädchen. Die Frohscharführerin soll nicht jünger als 17 Jahre sein: „Bis dahin braucht ein Mädchen Zeit, die eigenen Probleme zu klären, die Umwelt kritisch zu unterscheiden und werten zu lernen und selbstlos Verantwortung zu übernehmen. Der altersmäßige Abstand von den Zehn- bis Vierzehnjährigen ist außerdem groß genug, aber nicht zu groß, um die Fragen und Sorgen und Erlebnisfreude noch aus eigener Erfahrung zu kennen und darauf eingehen zu können“[141]. Als natürliche Voraussetzungen soll die Frohscharführerin Gesundheit mitbringen, um bei den „wilden Spielen“ der Mädchen mitmachen zu können und Wanderungen zu überstehen, sie soll Zeit am Nachmittag haben, um die Gruppenstunde abhalten zu können, sie soll kontaktfreudig und aufgeschlossen sein, Selbstvertrauen besitzen, Führungswillen zeigen und schließlich ihr Christsein ernstnehmen[142]. „Die Übungen des Betens und der Nächstenliebe, die andächtige Mitfeier der Heiligen Messe und die Kraft der Sakramente helfen ihr dabei. Sie unterstützen und entfalten auf die Dauer Eigenschaften, die der Führung der Gruppe sehr zugute kommen, wie Zuversicht, Gelassenheit, Geduld, Ehrfurcht und

Hochgemutheit«[143]. Darüberhinaus braucht die Frohscharführerin praktisches Können wie Singen, Erzählen, Spielen, Basteln, Wandern und Sport, Feste feiern und Kummerkastenbetreuung[144].

Zu den Aufgaben der Frohscharführerin gehört die verantwortliche Vorbereitung und Durchführung der *Gruppenstunden* und der gemeinsamen Unternehmungen der Gruppe; das Aufrechterhalten der Verbindung mit den Gruppenmädchen und den Eltern und Lehrern; die Bereitschaft, mit den ihr zugänglichen Mitteln und Gelegenheiten ihr Wissen und Können ständig zu bereichern; die Mitarbeit in den Führerinnenrunden der Pfarrei und des Dekanates und die Teilnahme an Kursen der Diözesanführung; das regelmäßige Durcharbeiten der Führungszeitschriften; das Benutzen der Führerbibliothek sowie das Anlegen einer Stoffsammlung[145].

Für den *Jungscharführer* wird ein Alter von mindestens 16 Jahren gefordert[146]. Die Aufgabe des Jungscharführers besteht darin, aus Jungen zukünftige tüchtige katholische Männer werden zu lassen[147]. Der Jungscharführer soll sich deshalb um eine vorbildliche Haltung in Familie, Beruf, Freizeit, Pfarr- und Bürgergemeinde bemühen und die persönliche Bindung an Christus suchen. Neben der Schriftlesung im Neuen Testament übernimmt der Jungscharführer freiwillig religiöse Verpflichtungen und beteiligt sich an Exerzitien[148]. Zu seinen Aufgaben gehört, neben der vertrauensvollen Zusammenarbeit mit den Führungsgremien der Pfarrei, der persönliche Kontakt zu seinen Gruppenmitgliedern, die gewissenhafte Vorbereitung und Leitung der Heimabende, die aktive Mitarbeit in Führerrunden und bei Schulungen in der Pfarrei, die Einbindung in die Maßnahmen der KJG und des BDKJ in der Pfarrei und auf Dekanatsebene[149]. Selbstverständlich sind auch für den Jungscharführer die bei der Frohscharführerin genannten praktischen Voraussetzungen notwenig. Die Jungführerin und der Jungführer, die für die Jungen und Mädchen Autorität darstellen und von ihnen Anerkennung bekommen, wahren Abstand und gehen keine allzu enge Kameradschaft ein: »Der Ton für Gespräche und Befehle bleibt aber vornehm und freundlich. Es wird nie kommandiert, nie geschulmeistert und nie in Zimperlichkeit Sorge geäußert“[150].

Die Jungführerin in der Mädchengruppe – Der Jungführer in der Jungenschaft

In den Mädchen- und den Jungenschaftsgruppen treffen sich Jugendliche im Alter von 14-18 Jahren. Für diese Altersgruppe ist es besonders wichtig, daß der Jungführer die leibliche, seelische und geistige Situation und die daraus resultierenden *Verhaltensweisen* verstehen lernt[151]. F. Pöggeler beschreibt die Führungsprobleme dieser Altersgruppen folgendermaßen: „Es geht jetzt nicht so sehr um die Freude am bloßen Zusammensein und an der Kühnheit der altersgemäßen Unternehmung, sondern vielmehr um das ‚Aufwerfen‘ und ‚Bewältigen‘ von Problemen. Das Zusammensein wie die Alterslage und das Leben werden jetzt zum Anlaß und Gegenstand der Reflexion, auch der Kritik. Es kommt nunmehr auf wirkliche, nämlich geistig-seelische Überlegenheit des Führers an – er muß Könner im Führen sein, ein ‚*Führungs-Techniker*', wobei das Wort ‚Techniker' in einem durchaus positiven Sinne aufzufassen ist. Jugendliche im Reifealter ordnen sich nicht mehr ‚selbstverständlich' ein – sie wollen Ein- und Unterordndung sinnvoll motivieren und Beweise dafür haben, daß Führung nötig ist. Führung ‚ergibt sich' nicht mehr, – wie in der Altersgruppe vorher; sie wird bewußte Aufgabe mit manchen Schwierigkeiten. Der ‚Führungs-Techniker' muß über ein gutes Maß intellektueller Schärfe ebenso verfügen wie über eine gewisse charakterliche Geformtheit, über Beispielhaftigkeit in der Selbstbeherrschung oder Selbstführung. Das Zusammensein muß von lockenden Werten getragen sein. Führung meint jetzt Hinwendung auf Werte, Hilfe des Führers beim Auffinden und In-Besitz-Nehmen der Werte. ... Die Suche nach den Werten, nach einem lohnenden Ziel ist ein eminent methodisches Problem, eine Frage des rechten Weges; insofern könnte man auch vom ‚Führungs-*Methodiker*' sprechen"[152]. Das Verhältnis der Führer zu den Mitgliedern ihrer Gruppen ist betont kameradschaftlich. Die Kenntnis des Milieus, in denen sich die Jungen und Mädchen aufhalten, ist unerläßlich: „Der Jungführer muß sich bewußt sein, daß er seine bedeutsamste Einflußchance nur im Kontakt mit allen Lebens- und Interessenbereichen durch einen persönlichen Einsatz für jeden einzelnen finden kann"[153]. Besonders wird die Notwendigkeit eines Vorsprungs an Lebensreife („des reicheren Lebens") betont[154]. Dazu ist vor allen Dingen auch die persönliche Gestaltung des eigenen Glaubenslebens wichtig, das sich im Gebet, in regelmäßiger Gewissenserforschung und somit in der Gestaltung einer eigenen christlichen Lebensordnung zeigt[155].

Die Jungführerin in der Frauenjugendzeit – Der Jungführer in der Jungmannschaftzeit

Mitglieder der Frauenjugend und der Jungmannschaft sind über 18 Jahre alt. Gerade deshalb ist hier die entsprechende Lebensreife unabdingbare Voraussetzung für das Jungführersein: „Entscheidend für die Führungskraft in dieser Altersstufe ist die charakterliche Reife, die geistige Lebendigkeit und apostolische Verantwortungsbereitschaft des Jungführers. Der Altersvorsprung wird entbehrlich. Gleichaltrige sind nun befähigt, den Kreis zu leiten. Auf wesentlich ältere Personen sollte man für diese Aufgabe nie zurückgreifen"[156]. Da die Aufgaben der Gruppe jetzt auf alle Teilnehmer verteilt werden können, ist weniger die vitale Überlegenheit gefordert als vielmehr die Kraft einer apostolisch lebendigen Persönlichkeit[157]. Franz Pöggeler stellt für die Jugendlichen nach dem 16. Lebensjahr einen verstärkten Drang nach Selbstführung und Selbstbestimmung als alterstypische Erscheinung fest: „Sie läßt es angeraten erscheinen, das Moment der Fremdführung, überhaupt des mehr oder weniger passiven Geführtwerdens, nicht zu stark zu betonen, ebenso wenig das Moment der Über- und Unterordnung und des Gehorsams. ... Jetzt ist eine sozusagen unauffällige, diskrete Art der Führung angebracht, ein partnerschaftlicher Umgangsstil, der die Gleichheit des Interesses und der Verantwortung betont. Der Führer wirkt dadurch überzeugend, daß er Anleitung zur Selbstführung der Jugendgemeinschaft gibt, sein Führersein in den Hintergrund stellt, ohne doch auf Führung zu verzichten“[158].

1.2.1.2 Beginnender Einfluß der Gruppenpädagogik auf das Leitbild der Jungführerin und des Jungführers

Im Referat von G. Schreeb und T. Hauser zum Thema „10 Jahre Bund“ im Jahre 1957 wird auf die „zu geringe Auswertung der Gruppenpädagogik hingewiesen“[159]. In den Folgejahren wird dieses Thema in der kirchlichen Jugendarbeit in der Auseinandersetzung mit herkömmlichen Führungsleitbildern in der theoretischen Diskussion aufgegriffen:

„Die nüchterne Art von Gruppenpädagogik und Soziologie (hat) uns ... aus einer zu starken Verhaftung an eine gewisse Führungs-‚*Mystik*‘ gelöst, aus einer Überschätzung der Führer-Individualität. Von der klassischen Jugendbewegung her sind wir es gewohnt, daß in Deutschland Führertum manchmal zu einseitig aus *irrationalen* Kräften und nicht aus nüchternen sozialen Gegebenheiten heraus erklärt worden ist...“[160]. Willi Bokler stellt 1961 fest, daß die Gruppenbildung und Gruppenpädagogik „zwar nicht die alleinige, aber doch eigentlich entscheidende Form der Bildungswege des Bundes (sind)“[161]. *Gruppenführung im Sinne der Gruppenpädagogik* erweist sich als eine erlernbare Fähigkeit, bei der es auch auf bestimmte Methoden und Techniken der Beeinflussung des Lebens in einer Gruppe ankommt[162].

Je mehr sich der Einfluß der Gruppenpädagogik bemerkbar macht, um so mehr wird auch die Aufgabe des Jugendführers betont, die Gruppenmitglieder zu selbständig handelnden Menschen zu erziehen, die immer mehr in die Lage versetzt werden, das Gruppenleben entscheidend mitzugestalten. Folglich ist der Jungführer nicht mehr ein Führungsgenie, „das alle in seinen Bann reißt ..., sondern vielmehr der aufgeschlossene Menschenkenner, der es als seine höchste Aufgabe ansieht, *Regisseur der Selbstführung der Gruppe* zu sein und nicht der ‚Mann der einsamen Beschlüsse‘, an dem alle Verantwortung hängt und dessen Willensregungen von den Geführten wie dunkle Orakel blind bejaht werden“[163].

Der gruppenpädagogische Grundsatz, *mit der Stärke des einzelnen* zu arbeiten[164], wird auch für die Jugendgruppenarbeit fruchtbar gemacht: „Der Jugendgruppenleiter hat nicht mehr die Aufgabe, alle oder auch nur viele Gruppenstunden selbst zu bestreiten. Er wird nur noch gelegentlich eine Gruppenstunde selbst durchführen, wenn nämlich deren Thema seinem besonderen Interessengebiet, seinem geistigen Vermögen oder handwerklichen Können entspricht. Die eigentliche Führungsaufgabe des heutigen Gruppenleiters besteht jedoch darin, die Interessenbereiche, Möglichkeiten und Eignungen der *anderen* Mitglieder im engen und weiten Gruppenverband ausfindig zu machen und sie in rechter Weise zu mobilisieren. Es gibt noch genug Menschen neben ihm, von denen jeder wenigstens in *einem* Bereich, in *einem* Sektor der Gruppe helfend dienen kann. Die Aktivierung solcher Kräfte ist pädagogisch und psychologisch wertvoller als die Ausschließlichkeitsführung durch einen einzelnen. Auf diesem Wege erst entsteht die zeitgemäße und notwenige Form der Zusammenarbeit, die dort, wo auch *mehrere* gemeinsam ein Thema erarbeiten, zum eigentlichen ‚team-work' heranreift"[165].

Für den Bereich der *Frohschararbeit* fordert Margret Huda ein Selbstverständnis der Frohscharführerin als Gruppenpädagogin[166]. Auch Hildegard Lüning beschreibt für die Frohschararbeit die Vorzüge der Gruppenpädagogik[167]. Demnach bildet die Grupe ein Übungsfeld für das Miteinanderumgehen, sie bietet Raum für eigenverantwortliches Handeln jedes einzelnen Gruppenmitgliedes, sie erzieht zum Gespräch und verschafft Raum für Experimente, sie gibt den Kindern Raum für Entscheidungen und setzt gleichzeitig Grenzen, sie erzieht somit zur Kritikfähigkeit und fördert sinnvollen Gehorsam, gewährt Betätigungsfelder für soziale und apostolische Dienste, arbeitet die Einflüsse auf, denen die Kinder in der alltäglichen Umwelt begegnen und kommt schließlich den Bedürfnissen der Kinder nach Erlebnis- und Erfahrungsbereicherung in der Gemeinschaft Gleichaltriger entgegen[168]. *Somit wird die Gruppenarbeit zu einer die anderen Erziehungsfelder ergänzenden Erziehungsform,* bei der Gruppenerfahrungen den jungen Menschen helfen, „die Überbetonung des Individual- und Konkurrenzprinzips in unserer Gesellschaft auszugleichen und grobe Formen der Vorgesetzten- und Untergebenenrolle zu differenzieren.

Gesellschaftlichem Desinteresse, persönlichkeitsverarmender Indifferenz und Verantwortungsfremdheit im öffentlichen Raum wird entgegengewirkt durch das Wecken und Einüben von Sozialaktivitäten und sozialer Gestaltungsfähigkeit"[169].

Damit sind die ersten Impulse gegeben, auch in der Führerbildung verstärkt gruppenpädagogisch-gruppendynamische Inhalte zu berücksichtigen[170].

1.2.2 Probleme des Jungführertums: Verjüngung der Führerschaft, Führermangel und die Gefahr der ständigen Überforderung

„Es ist eine Tatsache, daß wir einen erschreckenden Führermangel zu verzeichnen haben und daß die Führerschaft immer jünger wird. Die Altersschicht, aus der die Führerschaft kommen sollte, fehlt weitgehend. Die Jugendlichen schrecken vor der Übernahme einer Aufgabe zurück, die so anspruchsvoll und differenziert von ihnen zu leisten wäre. Mit dem ständigen Anwachsen der Aufgaben wird die Führerschaft überfordert. ... Die zu junge Führerschaft unterliegt der Gefahr des zu frühen Verbrauchs, der Resignation und der Müdigkeit. Viele Führer sind zu Funktionären geworden. Eine ‚Häresie des Terminkalenders' hat sich breit gemacht"[171]. Diese Situations-

beschreibung geben Bundesführerin Theresia Hauser und Bundesführer Dr. Gerhard Schreeb anläßlich ihres Rückblickes auf die zehnjährige Geschichte des BDKJ 1947-1957. Während der Hauptversammlung vom 14.-19. Oktober 1957 im Haus Altenberg wird ein Bericht über die Situation der Führerinnen des Bundes vorgelegt, der von ganz ähnlichen Erfahrungen ausgeht. Als Gründe, sich intensiv mit der Situation der Führerinnen auseinanderzusetzen, werden angegeben:
„1. Die Verjüngung der Führerschaft und ihre Überforderung durch die Jugendarbeit. 15- und 16-jährige Mädchen werden bereits Gruppenführerin. Ihr begeisterungsfähiges Alter führt zur voreiligen Übernahme und Übergabe von Verantwortungen, die sie nicht meistern können. Nach ein, zwei Jahren sind sie erschöpft und resignieren in einem Alter, wo für sie die fruchtbare Arbeit in und an der Jugend eigentlich erst beginnt.
2. Die mangelhafte Vorbereitung, die den Führerinnen zuteil wird, und der Wunsch, ihnen Angebote der Hilfen zu machen, die ihre Arbeit an der Jugend in den Gruppen besser und weitgehender unterstützen. Diese Hilfen sollten sich nicht nur auf mehr oder weniger zutreffende Beobachtungen stützen können, sondern sie sollten auf einer gründlichen Kenntnis der tatsächlichen Situation basieren und die jeweiligen Voraussetzungen des Alters, der Schul- und Berufsausbildung berücksichtigen.
3. Das Bedürfnis nach einem besseren Einblick in das Leben der Gruppenführerin: Ihr Alter; ihre Schulbildung; ihr Beruf und wieviel Stunden dieser sie am Tag beansprucht; welche Literatur sie liest; vor allem welche Wünsche sie hat an die verschiedenen Stellen, die ihre Arbeit unterstützen wollen: Seelsorger, Diözesan- und Gliedgemeinschaftsführung; welche Anregungen sie geben möchte für die Hilfen durch Kurse, Schrifttum und Veranstaltungen“[172].

Um die Situation zu erheben, werden über die Diözesanführungen an ausgewählte Dekanate Fragebogen verteilt. Die Auswertung von 775 zurückgekommenen Fragebogen [173] ergibt: Die Vorbereitung auf die Führungsaufgaben durch Pfarrei und Dekanat ist nicht ausreichend[174]. Die Bereitschaft zur autodidaktischen Erarbeitung entsprechender Kenntnisse für die Gruppenarbeit ist groß [175]. Auch die Unterstützung für die alltägliche Gruppenarbeit erweist sich als unzureichend[176], wobei allerdings die Führerrunden als ständige Hilfe den wichtigsten Platz einnehmen[177]. Die Führungszeitschrift „Die Jungführerin“ wird als für die Praxis nicht besonders hilfreich eingestuft[178].

Die erhobene Situation findet folgende Interpretation:

„Die Führerinnen übernehmen sich. Zu der zeitlichen Überlastung durch den Beruf kommt eine fast als aufregend zu bezeichnende Belastung durch Doppel- und dreifache Dienste an der Jugend. Mehr als die Hälfte aller Führerinnen hat neben der Gruppenführung noch weitere Verantwortungsbereiche auf sich genommen: Pfarr- und Dekanatsführung, Kassen- und Zeitschriftenverwaltung, Leitung von Arbeits- und Interessenkreisen; Verwaltung der Bücherei und des Schaukastens, Seelsorge- und Fürsorgehilfe,

Mitarbeit an anderen Gruppen und vieles andere“[179]. Im Hinblick auf die Führerschulungen wird die Vermutung geäußert, „daß die Führerschulungen mehr oder weniger ohne Systematik im Stoffplan angesetzt und durchgeführt werden“[180]. Darüber hinaus zeigt die Fragebogenaktion, daß von den 775 antwortenden Führerinnen immerhin 179 unter 17 Jahre alt und nur wenige Führerinnen älter als 25 Jahre sind[181].

Im Hinblick auf die „Mannesjugend“ vermutet Paul Hastenteufel, daß der Prozentsatz der über 25-jährigen Führer noch erheblich geringer sein dürfte, „da die Erfordernisse des Berufs bzw. Studiums, aber auch die Interessenverlagerung auf Anliegen der Erwachsenenverbände stärker in Erscheinung treten“[182].

Als zusätzliche Schwierigkeit für die Mitarbeit junger Führerinnen und Führer werden die anspruchsvoll formulierten Inhalte der Bildungsarbeit in der kirchlichen Jugendarbeit gesehen: 1958 wird der Bildungsplan als zu schulisch und zu akademisch beurteilt[183] und 1959 wird hervorgehoben, „daß die Jahresthematik in der Vergangenheit zu schwer gewesen sei. Der Jungführer ziehe sich von der Behandlung dieser Aufgaben zurück und überlasse sie dem Seelsorger als dem nach seiner Meinung Zuständigen“[184].

Der Mangel an Jungführern und Jungführerinnen wird folgendermaßen konstatiert: „Die Klage, daß Jugendgruppenleiter kaum mehr in der benötigten Anzahl zu finden seien und daß die wenigen Bereitwilligen nur noch in Ausnahmefällen der gestellten Aufgabe halbwegs gerecht werden können, stellt keine Seltenheit mehr dar, sondern ist zumeist die Regel geworden. Freilich wird mit der flüchtigen Bemerkung, dieser Mangel datiere allein aus dem schwindenden Opfergeist der Jugend, generell ein ungerechter Vorwurf ausgesprochen. Die Jugend einer hochindustrialisierten, mit allen Massenmedien ausgestatteten Welt stellt an einen Leitenden und Führenden notwendigerweise Ansprüche, die ein Gleichaltriger oder nur um wenige Jahre Älterer nicht mehr zu erfüllen vermag. Gleichwohl erwarten auch immer viele verantwortliche Erwachsene von ihrem Gruppenleiter, daß er als ‚Hans-Dampf-in-allen-Gassen‘ singen und musizieren, erzählen, vorlesen, laienspielen, inszenieren, basteln, Feste arrangieren, organisieren und ungezählte Bildungsthemen vermitteln kann!“[185]. Dabei tritt Hubertus Halbfas der Meinung entgegen, daß der Jungführermangel mit dem Fehlen von Gymnasiasten in der Jugendarbeit zu begründen sei: „Es ist falsch, zu glauben, der Gymnasiast sei normalerweise der geeignetere (Jungführer W. T.). ... Intellektuelles Sachwissen ist von charakterlicher und religiöser Beispielkraft oft weit entfernt und gibt nicht einmal die Garantie höherer Geistigkeit. Der Gymnasiast ist darum bei der Auswahl des Jungführernachwuchses keineswegs vorzugsberechtigt. Folgende Überlegungen bekräftigen diese Ansicht: 1. Es gibt unzählige Berichte über sitzengebliebene Jungführer, über Familienskandale und verpfuschte Berufswege. Wer mit Leib und Seele in jungen Jahren eine Jungengemeinschaft führt, wird in seiner Gedankenwelt davon so stark in Anspruch genommen, daß ihm die Freiheit für andere Pflichten nur unvollkommen bleibt. Von allen Berufen verträgt das gerade der Gymnasiast mit seinen täglichen Schularbeiten und periodischen Klassenarbeiten am wenigsten. Besonders der etwas leistungsschwache Schüler wird durch die erhöhte Aktivität in der Gruppe einen Ausgleich für das schulische Versagen suchen. 2. Der durchschnittliche Abiturient ist achtzehn oder neunzehn Jahre alt. Wer Verantwortung kennt, wird niemandem in der Oberprima zumuten, seine Gruppe dann noch zu führen. Bestenfalls kommen nur Obersekundaner und Unterprimaner als Jungführer in Frage. Bei solcher Praxis ist die Jugendarbeit aber ständigem Wechsel unterworfen, ohne daß sie sich je in Ruhe und gerader Linie fortentwickeln kann“[186].

Die *Überlastung der Führerschaft* durch vielfältige Verpflichtung birgt die Gefahr der Veräußerlichung in sich, so daß kein Raum bleibt zur Glaubensvertiefung: „Bei den Mitgliedern unserer Jugendgemeinschaften ist es im Durchschnitt nicht gelungen, ‚Geschmack am Glauben‘ zu vermitteln, weil das zündende Vorbild von Führerschaft und Erwachsenenwelt fehlt und weil in den Bundesordnungen zuwenig diesbezügliche zentrale Forderungen aufgestellt sind“[187].

Die Überforderung der Führerschaft zeigt sich jedoch nicht nur in der Überforderung des Gruppenleiters vor Ort, sondern auch in der *institutionellen Überforderung der Führungskräfte auf Diözesan- und Bundesebene*[188]. Diese Überforderung, „die Weitläufigkeit des Instanzenweges, das durch zwischengeschaltete bürokratische Systeme verstärkte Abstandsbewußtsein zwischen ‚ganz oben‘ und ‚ ganz unten‘ mit Auswucherungen bis zur Resignation verhindern den lebendigen Kontakt zwischen Bundes- oder Diözesanführung und dem kleinen Gruppenführer, der sich irgendwo um christliche Erziehung in einer lebendigen Gemeinschaft bemüht“[189].

Mancherorts stagnierte die praktische Arbeit und eine notwendige Neuorientierung auch infolge des Dirigismusphänomens: viele warten auf Weisungen „von oben“, „auf eine den Zeitumständen gemäßere Form der gesamten Jugendarbeit von den Dachorganisationen aus, was einschließt, daß sie von ‚oben‘ auch gleich die neuen Programmvorschläge samt Materialsammlung erwarten“[190]. Die ständig perfekteren Angebote der Diözesen und des Bundes gehen an der Realität der Pfarrei vorbei und berücksichtigen die Probleme der Leiterinnen und Leiter vor Ort wenig, zumal für die Erfahrungsdarstellung aus der Pfarrei wenig Raum in Führungszeitschriften gegeben wird und so eine wichtige Realität in der Diskussion fehlt[191].

Auch in der *außerkirchlichen Jugendarbeitsdiskussion* wird der Mangel an geeigneten Jugendgruppenleitern beklagt. „Eine größere Anzahl von Jugendleitern würde das Angebot vervielfachen und entsprechend mehr Jugendliche an die Verbände und ihre Aufgaben binden. Schon heute müssen wir uns fragen, ob es in absehbarer Zeit überhaupt noch junge Menschen geben wird, die einerseits ihren beruflichen Verpflichtungen ganz nachkommen und andererseits in Jugendverbänden nebenamtliche Tätigkeiten ausüben“[192].

Als Gründe für diese Entwicklung wird die mangelnde Akzeptanz der Jugendarbeit z.B. in Wirtschaftsbetrieben aufgeführt[193]. Darüberhinaus hat der Jugendführer im gesellschaftlichen Raum ein ausgesprochen schlechtes Image, zumal seine Wirksamkeit nicht nachgewiesen werdend kann: „Dabei soll nicht verschwiegen werden, daß ein Teil der Jugendführer selbst zu diesem ungünstigen Bild beiträgt, zum Beispiel jene, die über ihrer Jugendarbeit Beruf, Schule, Familie und auch sich selbst vernachlässigen, oder jene, die in falsch verstandenem missionarischen Eifer außerhalb der Jugendarbeit ungerechtfertigt rigorose ethische Forderungen durchsetzen wollen, und jene, denen der zeitgerechte Absprung in die Erwachsenengesellschaft nicht gelingt oder denen Jugendarbeit tatsächlich zur Kompensation irgendwelcher Schwächen geworden ist“[194].

Zudem stehen die programmatischen Vorstellungen der Gliedgemeinschaften des BDKJ z.T. nicht mit den Möglichkeiten und Fähigkeiten der Jugendführer in Übereinstimmung. Neben der verstärkten Ausbildung der Jugendführer ist auch die realistische Formulierung der Programme durch die Streichung von überhöhten Erwartungen an den Jugendführer zu fordern: „Überhöhte Forderungen, die die Verbände an ihre Jugendführer stellen, ermuntern diese nur, ihre Möglichkeiten und Grenzen zu überschreiten. Dies führt dann nicht selten zu Resignation oder Überheblichkeit. Weder dient dies den Zielen pädagogischer Jugendführung, noch fördert es Amt und Autorität des Jugendführers“[195]. Hermann Giesecke stellt vor allem *widersprüchliche Erwartungen an den Gruppenleiter* fest, die ihn ohne entsprechende Ausbildung überfordern müssen. Neben den Erwartungen des Verbandes und der eigenen Gruppenmitglieder treten oft völlig gegensätzliche Erwartungen der „nicht öffentlichen Meinung“, die durch die Erwachsenen, wie z. B. Pfarrer, Eltern, Lehrer, Nachbarn etc. repräsentiert werden. Dazu kommen die Erwartungen, die der Gruppenleiter selbst an seine Arbeit hat[196]. Die Widersprüche zwischen den unterschiedlichen Erwartungen „sind in der konkreten Realität nicht auflösbar. Fügt der Gruppenleiter sich den Erwartungen des Milieus, so gerät er sehr wahrscheinlich in Widerspruch zu denen seiner Gruppe (falls das Milieu nicht schon eine entsprechende Selektion der Mitgliedschaft vorgenommen hat) sowie ganz sicher zu denen der öffentlichen Meinung“[197]. Dieses Leben in grundsätzlich nicht aufhebbaren Widersprüchen zeichnet nach Hermann Giesecke in der Regel erst das Erwachsenenalter aus: „Der Gruppenleiter steht also in einer Erwachsenensituation, und Jugendgruppenleiterbildung ist insofern eine Form der Erwachsenenbildung“[198]. Die vielfältigen Überforderungen des Jugendgruppenleiters legen zumindest *ein höheres Alter der Führerinnen und Führer* nahe: „Das Alter der Jugendgruppenleiter sollte für den Normalfall zwischen 20 und 25 Jahren liegen. Solange wir ausschließlich mit 16- bis 18jährigen Knaben und Mädchen, die gerade selbst um die Phasenaufgabe ihrer Reifezeit ringen, die Jugendarbeit bestreiten wollen, ist die Verkinderung nicht aufzuhalten. Jugendliche dieses Alters sollen und dürfen natürlich Verantwortung übernehmen – aber die eigentlich pädagogische Führung der Gruppe übersteigt schlechthin ihre Kräfte“[199]. Allerdings ist diese Forderung von Hubertus Halbfas insofern kritisch zu befragen, als allein durch den Einsatz älterer Gruppenleiterinnen und Gruppenleiter die steigende Qualität der Arbeit noch nicht gewährleistet ist, zumal für den erwachsenen Mitarbeiter nicht Leitungsfunktionen, sondern Beratungsfunktionen denkbar sind, die die Mitarbeit junger Gruppenleiterinnen und Gruppenleiter ermöglichen und erleichtern helfen[200].

Eine *Entlastung* des einzelnen jugendlichen Mitarbeiters kann durch verstärkte Teamarbeit erfolgen[201]. Für Hubertus Halbfas zeigen sich Lösungswege auch durch eine stärkere Erlebnisorientierung in der Führerschulung, in der Führungsgemeinschaft, weil nur durch konkrete, das Leben der jungen Menschen betreffende Aufgaben „eine Hineinnahme jugendlicher Aktivität in das Gemeinschaftsleben und eine ganzheitliche Bindung ihres Lebens im Interessen- und Lebensraum der Gruppe“[202] möglich wird. Jungführer lernen dabei, in ähnlicher erlebnisvermittelnder Weise mit ihren eigenen Kinder- und Jugendgruppen umzugehen. Der *Führerrunde* in der Pfarrei als Führergemeinschaft, dem erwachsenen Mitarbeiter und dem Jugendseelsorger fallen angesichts der Überforderung entscheidende stützende Aufgaben zu, wobei dialogfähige Erwachsene (Jugendseelsorger und Laien) in der Führungsgemeinschaft Modell für die Team-Kooperation sind, so daß die Jungführerinnen und Jungführer die Vorteile der Teamarbeit kennenlernen[203].

1.2.3. Konsequenzen aus der Erkenntnis der Situation

1.2.3. Der Ruf nach dem erwachsenen Mitarbeiter in der kirchlichen Jugendarbeit als Antwort auf gestiegene Anforderungen an jugendliche Gruppenführerinnen und Gruppenführer – Überlegungen zu seinem Einsatz und zu seiner Ausbildung

Die 1957 durchgeführte Analyse der Situation der Führerinnen im BDKJ erbringt als eine Konsequenz die Forderung nach der *Mitarbeit des Erwachsenen*, neben der des Seelsorgers auch die des Laien: „Die Mitarbeit des Erwachsenen ist bereits in der Person des Seelsorgers gegeben. Sie soll aber erweitert werden durch die verstärkte Hinzuziehung von erwachsenen Laien, die zum Teil aus der Jugendarbeit kommen und deren reiche Erfahrung oft ungenützt ist. Ihre Mitarbeit würde sich sowohl erstrecken auf Vortragstätigkeiten und Leitung von bestimmten Maßnahmen und Aktionen wie auch auf die ständige Beratung des Führungskreises“[204]. Hubertus Halbfas betont besonders den subsidiären Charakter der Mitarbeit Erwachsener in der kirchlichen Jugendarbeit im Sinne der Hilfe zur Selbsthilfe[205]. Dabei weist er dem erwachsenen Mitarbeiter überwiegend Sachaufgaben, aber keine reinen Führungsaufgaben zu[206]. Demnach soll der erwachsene Mitarbeiter Gruppenpatenschaften übernehmen (Begleitung von Jungführern in ihrer Arbeit mit ihrer Gruppe), Arbeitskreise leiten, technische Hilfen (z. B. Versicherungsfragen) anbieten und entsprechender Beratung und schließlich als freier Mitarbeiter mit entsprechendem sachlichen Wissen für bestimmte Arbeitsthemen der Jahrespläne, die von den Gruppen behandelt werden sollen, zur Verfügung stehen. Eine besondere Art der Mithilfe der erwachsenen Mitarbeiter besteht darin, daß sich ein Kreis besonders unter alten und kranken Menschen findet, die den Jugendseelsorger und die kirchliche Jugendarbeit durch ihr Gebet unterstützen[207].

Bundespräses Peter Nettekoven weist darauf hin, daß in den späten fünfziger Jahren und zu Beginn der sechziger Jahre die Entwicklung der Mitarbeit Erwachsener ständig weitergegangen sei. „Vieles, was in der Jugend heute geleistet werden muß, ist ohne die Hilfe des erwachsenen Mitarbeiters undenkbar. Auch bei der Jugend hat sich das Verlangen nach dem erwachsenen Mitarbeiter und dem Fachmann erheblich verstärkt. Wer glaubwürdig und sachlich richtig etwas zu sagen hat, wird gerne angenommen“[208].

Auch für die spezifischen Führungsaufgaben auf Diözesan- und Bundesebene und in den Mitgliederverbänden des BDKJ und im BDKJ selbst wird die Mitarbeit von Erwachsenen, die durch Wahlen in diese Aufgaben hineingestellt werden, immer erforderlicher[209]. Neben der direkten Mitarbeit von Erwachsenen in der Jugendarbeit ist der Kontakt mit Erwachsenen und ihren Organisationen wichtig: „Die Führungsstellen des Bundes auf allen Ebenen sind gehalten, die Verbindung mit Elternhaus und Schule zu suchen, Kontakt zu halten mit katholischen Erwachsenenorganisationen, mit den Bildungseinrichtungen und Einrichtungen der kirchlichen Jugendhilfe. Dieser Kontakt ist um so dringender notwendig, als viele Aufgaben, die heute auf die Jugend zukommen, nur dann sinnvoll und wirkungsvoll gelöst werden können, wenn sie in Zusammenarbeit mit dem Erwachsenen aufgegriffen werden“[210]. Je mehr sich die Jugendarbeit als eine eigenständige Erziehungsinstitution versteht, die auch Korrekturen in der Erziehung leisten soll, um so mehr zeigt sich die Überforderung der ehrenamtlichen Jugendführer allein: „Das ‚Jugend-führt-Jugend‘-Ideal, das seinerzeit Millionen mitriß, ist heute lediglich noch eine verstaubte Relique, verehrt nur noch von Jugendlichen einer vergangenen Epoche.

Die Anforderungen an die Qualität der Jugendarbeit sind also gestiegen. Die logische Reaktion der Betroffenen: Die Jugendarbeit, und das heißt in erster Linie Gruppenarbeit, muß eben qualitativ verbessert werden. Und hier setzt die Tätigkeit des ‚erwachsenen Mitarbeiters‘ ein – das heißt, hier soll sie in Zukunft einsetzen, wenn es ihn in ausreichender Zahl gibt“[211].

Besonders für die Pfarrführerrunde in der Gemeinde wird die Mitarbeit des Erwachsenen gefordert, da er in der Lage ist, die Arbeit kontinuierlich zu begleiten: „Daß dort ein Erwachsener fruchtbar mittun sollte, lehrt die Erfahrung. Unsere Jungführer wollen den Kontakt mit dem reifen, gläubigen Laien; unsere Jungführer fühlen sich in ihrer Aufgabe bestärkt, wenn man sie wert erachtet eines Arbeitskontaktes mit reifen Erwachsenen; bei Kaplanswechsel kann dieser Erwachsene eine gewisse Tradition in der betreffenden Pfarreijugend (BDKJ) gewährleisten, kann auch dem Geistlichen ein Wort überlegter Kritik sagen, kann schließlich auch als Erwachsener und Laie die Belange der Jugend in den Erwachsenenorganisationen der Pfarrei und Gemeinde wirkungsvoller unterstützen als der Jungführer – und hat . . . mehr reifen Überblick über das Alltagsgewirr, wird also besser und klarer am Terminkalender der Pfarrjugend bauen können als unsere Jugendführer allein"[212].

Mit dem verstärkten Einsatz erwachsener Mitarbeiter stellt sich auch das Problem ihrer Ausbildung.[213]. Allerdings liegen zu dieser Zeit für *die Ausbildung von erwachsenen Mitarbeitern* noch wenig Erfahrungen vor[214]. „Erst allmählich bilden sich da und dort Mitarbeiterkreise (von erwachsenen Mitarbeitern, W. T.), die sich regelmäßig mit der Pfarrjugendführung treffen oder mit der Pfarrführung einer Gliedgemeinschaft. In irgendeiner Form sollten solche Zusammenkünfte stattfinden, damit ein Austausch der Erfahrungen möglich ist. Oft ist auch eine Aufmunterung notwendig, damit sich der gute Wille nicht zu früh verbraucht. Für ehemalige Führungskräfte aus den Verbänden ist Information notwendig, damit sie nicht so weiter arbeiten, wie sie es ‚damals' gewohnt waren. Die diffizilen Probleme, die sich immer wieder ergeben können, wenn junge Menschen mit Erwachsenen zusammenarbeiten, sollten offen angesprochen werden"[215].
Auch *für die Führerschulung* werden die erwachsenen Mitarbeiter entdeckt. Josef Seuffert nennt besonders Psychologen, Soziologen, Pädagogen, Ärzte, Rechtsanwälte und Fürsorger als geeignete Ansprechpartner für die Führerschulungen in der Pfarrei. Sind die Erwachsenen einmal als Experten zur Führerrunde eingeladen worden, so fällt es hernach auch den Jungführern leichter, sich mit Einzelfragen an sie zu wenden[126]. Auch Lehrer sind geeignete Ansprechpartner für die Mitarbeit bei Führerschulungen, bei denen sie dann über die Psychologie der einzelnen Altersstufen, über praktische Pädagogik und Methodik (z. B. Gesprächsführung) und ihr jeweiliges Sachgebiet (z. B. Naturkunde) berichten können[217].

1967 betont die Katholische Jungmännergemeinschaft die Unentbehrlichkeit des qualifizierten erwachsenen Mitarbeiters: „Er hat als Fachmann, Berater, Förderer und ggfls. als Leiter seinen festen Platz in der KJG als partnerschaftlicher Mitarbeiter. Welch großartige Bildungshilfe diese partnerschaftliche Zusammenarbeit für den Jungführer ist, hat sich überall dort gezeigt, wo sie bereits praktiziert wird[218].

1.2.3.2. Erwartungen an die Mitarbeiter des Jugendseelsorgers in der Führerbildung – Konsequenzen für die Ausbildung der Priester

Für den Priester in der Pfarrgemeinde stellen sich drei Aufgabenschwerpunkte im Hinblick auf die Jungführerschaft: Die Suche nach Führernachwuchs, die Persönlichkeitsbildung des Führers und der Führerin sowie deren pädagogische Begleitung. Bei der Suche und Auswahl muß der Jugendseelsorger die charakterlichen und religiösen Voraussetzungen der Jungen und Mädchen berücksichtigen und darauf achten, daß im Laufe der Zeit „die so ausgewählten Jungen und Mädchen zu einer Kernschar heranwachsen. Das Ziel muß sein, daß in jeder Pfarrei eine Kernschar besteht"[219]. Die wichtigste Aufgabe des Jugendseelsorgers in der Pfarrei bleibt die Persönlichkeitsbildung der Führerinnen und Führer, die sich insbesondere in der religiösen Formung des jungen Menschen zeigt[220]. Dazu gehört auch, daß der Priester die sich in der Jugendarbeit engagierenden jungen Menschen begleitet: „Die Hilflosigkeit und Resignation vieler Führer und Führerinnen kommt zum großen Teil daher, daß mit viel Eifer und Versprechungen um sie geworben wurde, daß sie sich aber bald alleine gelassen fanden. Das Betreuen beginnt eigentlich schon damit, daß man weder einen jungen Mann noch ein junges Mädchen verantwortlich werden läßt, bevor sie nicht an einer ordentlichen Schulung teilgenommen haben. Selbst zur Führung einer Frohschargruppe gehört ein wenig Grundkenntnis der Pädagogik und Psychologie. Betreuen heißt ferner, eine offene Tür und einen offenen Bücherschrank haben. Eine offene Tür, damit der Führer immer wieder kommen kann, um mit dem Priester über seine Gruppe, über seine Arbeit und über sich selbst zu sprechen. Einen offenen Bücherschrank, damit er sich für seine Gruppenstunden und auch für sich selbst daraus etwas entleihen kann . . . Sicher gehört zu dieser Betreuung auch, daß der Jugendseelsorger immer wieder in die Gruppen seiner Führer schaut und ihnen dadurch sein Interesse zeigt. Nicht vergessen, sondern mit Nachdruck an dieser Stelle erst genannt, sei der Dienst des Priesters in der Führerrunde. Man kann nicht einfach sagen, er sei darin für die geistlichen und kirchlichen Dinge zuständig, etwa z. B. für das Schriftgespräch. Jeder Verantwortliche ist dies ebenfalls. Was dem Jugendseelsorger zukommt, ist, daß er im Gespräch hilft, z. B. die Tiefe eines Schrifttextes zu finden und die konkrete Anwendung in das Leben der Jugendlichen zu vollziehen“[221]. Dabei wird der Priester all das, was Jugendliche in Eigenverantwortung übernehmen können, sie auch in Eigenverantwortung übernehmen lassen[222]. Neben der Sorge um den Jugendlichen als Führer einer Gruppe wird sich der Jugendseelsorger auch der persönlichen Entwicklung der einzelnen besonders verpflichtet wissen[223].

In der *Führerschulungsarbeit*[224] selbst hat der Priester die Aufgabe, „die Führungskräfte pädagogisch zu qualifizieren. Dies ist heute notwendiger als zur Zeit der Jugendbewegung“[225].

Der spezifische Beitrag des Jugendseelsorgers zur Schulung besteht im praktischen religiösen Tun in der Gemeinschaft (würdige Feier der Eucharistie, Einführung in die Liturgie), in Vertiefung des religiösen Wissens der Führer (Förderung der lebendigen Christusverbundenheit und der lebendigen Christusnachfolge) und schließlich in praktischen und methodischen Handreichungen. Der junge Führer soll lernen, sein Leben als „vorbildlicher Christ“ zu führen, durch die Tat lebendiges Beispiel für die Gruppenmitglieder zu sein, und zwar ohne in den Fehler zu verfallen, sich als „Ersatzkatechet oder Schmalspurtheologe“[226] aufzuführen. Besonders wichtig sind die Hinweise, wie der Führer in seiner Gruppe religiöse Fragen behandeln kann: „Es wird meistens darauf ankommen, das rechte Wort am rechten Platz zu sagen. Auf Fahrten und am Lagerfeuer, im persönlichen Gespräch mit einzelnen Jungen, bei bestimmten Schwierigkeiten und Nöten, die der Führer bei seinen Jungen wahrnimmt und bei vielen anderen Gelegenheiten kann der Führer mit verstehenden Worten und Hinweisen den Jungen helfen. Die

Jungen müssen nur wissen, daß ihr Führer für sie immer da ist. Aber auch hier gilt der Grundsatz: Je weniger sich jemand aufdrängt, desto vertrauenswürdiger wird er. Das den Führern klar zu machen, ist eine lohnende Aufgabe für den Priester"[227].

Im Hinblick auf die *Jungführerinnenbildung* innerhalb der KFG hat der Priester folgende Bildungsinhalte zu vertreten:

„1. Religiös-kirchliches Leben: Glaubensverkündigung und Anleitung zum religiösen Leben. Ziel: Die Führerin als mündiger Christ in dieser Welt.

2. Leben in dieser Welt: Sinnfrage des Lebens; Hinführung zu Ehe, Familie, Jungfräulichkeit in Welt und Kloster, Beruf und Arbeit. Ziel: Existentielle Bewältigung des Alltags.

3. Führungsaufgaben der KFG: Missionarisch-apostolische Ausrichtung, persönliche Hilfen für die individuelle Führung der anvertrauten Mädchen. Erschließung der Aktion aus Jahresthema und Jahresaufgabe"[228].

Wenn der Jugendseelsorger die an ihn gerichteten Erwartungen im Hinblick auf die Führerausbildung erfüllen soll, ist auch die Frage nach seiner *Qualifikation* in dieser Hinsicht zu stellen. 1959 wird bei der Laienführerschaftskonferenz betont, daß neben einer intensiven Diskussion um die Führerbildung im Bund besonders „ein intensives Bemühen um eine entsprechende Ergänzung für die Ausbildung der Seelsorger"[229] notwendig ist. 1961 wird die besondere Bitte an die Bischöfe gerichtet, „für die Studierenden der Theologie schon während der Studienzeit, besonders aber im Priesterseminar Vorbereitungen auf die Aufgaben in der Jugendseelsorge stärker in den Studienplan einzubeziehen und besondere Jungpriesterkurse einzurichten, damit die mit der Jugendseelsorge beginnenden Neupriester von Anfang an eine rechte Sicht der Jugendseelsorge und -erziehung in ihre Arbeit einbringen"[230].

1.2.3.3. Die Forderung der Professionalisierung der Jugendführung

Die Bundesführung des BDKJ stellt anläßlich ihrer Reflexionen und Zukunftsüberlegungen aufgrund der zehnjährigen Geschichte des BDKJ 1957 fest, „daß manche Akzente unserer Arbeit anders oder zumindest betonter gesetzt werden müssen. Das gilt besonders für die Sachbereiche der Führerbildung, die Pädagogik, der Methoden, der Ansprache der nichtorganisierten Jugend, der politischen Bildung, der Erziehung zur internationalen Verantwortung, der Kerngemeinschaft und der Apostolatserziehung"[231]. Angesichts der Vielfalt der Aufgaben, der sich die Jugendarbeit jetzt gegenüber sieht und der damit einhergehenden verstärkten Anforderungen an die Führenden in der kirchlichen Jugendarbeit „wird eine größere Schicht von hauptamtlichen Mitarbeitern und Mitarbeiterinnen erforderlich. Diese sollen an der künftigen Bildungsstätte des Bundes in langfristigen Kursen ausgebildet werden"[232]. Diese *Bildungsstätte des Bundes* – die am 1. April 1959 eröffnete *„Akademie für Jugendfragen"* in Münster – wurde besonders von Franz Pöggeler befürwortet: „Zum mindesten für die Bildung der oberen

Führungsgruppe des BDKJ (für haupt- wie ehrenamtliche Führende) kann eine Jugend-Akademie die Stätte werden, an der nicht nur Forschungsergebnisse erarbeitet, sondern auch gelehrt und in die Praxis ‚übersetzt' werden. – Das sollte betont akademisch geschehen, d. h. im Streben nach grundsätzlicher, objektiver Wahrheit, die sich allseitig rechtfertigt. Sagen wir es deutlich: Die derzeitige Führer-Bildung muß aus dem puren Praktizismus heraus, wenn sie neue Impulse empfangen soll"[233]. Diese Jugendakademie soll nach der Auffassung von Franz Pöggeler eine „Berufs-Akademie" für hauptamtliche Führungskräfte werden. „Denn auf die Dauer bleibt der Erfolg der umfassenden Jugendarbeit nur gesichert, wenn es sich lohnt, in ihr hauptamtlich mehrere Jahrzehnte zu arbeiten. ... Wir kennen das Schreckbild des ‚Berufs-Jugendlichen'; wir wissen auch, daß man nicht bis ins Alter in gleicher Weise hauptamtlicher Jugendführer bleiben kann, wie man hauptamtlicher Jugend-Lehrer ist, denn Jugendführer wird immer wieder aufgefrischt durch die Initiative der selbstgewählten, jungen Führer aus den Reihen der Gleichaltrigen. ... Wir sehen aber nicht ein, daß es in der freien Jugendarbeit nicht auch den erwachsenen, ordinierten Führer geben soll. Er wird stets auf das Vertrauen der Jugend angewiesen sein und seine Führungsautorität nicht gegen den Willen der Jüngeren ‚verselbständigen' können; denn noch ist Jugendführung auf höherer Ebene heute so kompliziert und aufgabenreich geworden, daß man den Hauptamtlichen nicht entbehren kann"[234]. Die verstärkte Beschäftigung von Hauptamtlichen soll nicht den jugendlichen Führer überflüssig machen, denn „wie ... immer das Problem der hauptamtlichen Mitarbeiter, ihrer Gewinnung und Ausbildung, gelöst wird, der Schwerpunkt der Jugendarbeit in den Verbänden ruht auf den Schultern des ehrenamtlichen Mitarbeiters"[235]. Die Einrichtung einer zentralen Ausbildungssätte für die kirchliche Jugendarbeit nimmt bei der Hauptversammlung des BDKJ im Oktober 1957 konkrete Formen an. Denn dabei wurde beantragt, „für die langfristige Ausbildung ehrenamtlicher Jungführer/Jungführerinnen und Mitarbeiter und für langfristige Grund- und Aufbaukurse aller hauptamtlichen Mitarbeiter in Jugendseelsorge, Jugendpflege und Jugendführung eine katholische Jugendakademie unter dem Titel Ludwig-Wolker-Akademie zu gründen"[236]. Die Einrichtung einer solchen Akademie war nicht unumstritten[237]. Es wurde intensiv darüber diskutiert, ob die oberen Leitungskräfte des Bundes durch ihre Hauptamtlichkeit so prägend wirken, daß sich das Hauptamtlichkeitsprinzip bis hin in die Pfarrei durchsetzen würde: „Institutionalisiert man die Jugendgemeinschaft und macht man sie ganz ‚bewußt' zum ‚Arbeitsfeld' mit starren Systemen, Zwecksetzungen und Angestellten, dann unterdrückt man ‚wohlmeinend' den freien Gestaltungswillen der Jugend und drängt die beweglichsten Kräfte ab"[238]. Deutlich wird also die Gefahr gesehen, daß durch hauptamtliche Jugendarbeiter die kreativen Kräfte der ehrenamtlichen jugendlichen Mitarbeiter zurückgedrängt werden könnten[239]. Besonders gilt das nach Aussagen der kritischen Gruppe 57 auch für die Leiter auf Dekanats- und Diözesanebene: „Vom Führer als Voraussetzung für seine Tätigkeit ein ‚Studium' zu verlangen, ist nicht nur unnötig, sondern auch schädlich. Er gerät in die Gefahr, der Jugend in onkelhafter Manier gegenüberzutreten und einer echten Jugendgemeinschaft wesensfremdes Autoritätsverhältnis zu begründen. Er ist weder wirklicher Jugendführer noch richtig ausgebildeter Jugendpfleger. Ebenso dient man dem Bund nicht durch Einstellung hauptamtlicher ‚Führer', die vielleicht sogar ein Examen als Jugendpfleger aufweisen müssen. Solche Kräfte mögen für Spezialaufgaben im Bereich der Jugend bitter notwendig sein (z. B. Jugenderholungswerk, ländliche Seminare, Flüchtlingsbetreuung, Heimleiter), in einer Gemeinschaft, die aus dem freien Willen der Jugend entspringt und sozusagen eine Selbstveranstaltung der Jugend mit pädagogischer Nebenfunktion ist, sind sie fehl am Platze, ausgenommen in der Bundesführung als Referenten und Berater für bestimmte Fragen. Es muß zu einer katastrophalen geistigen Einlinigkeit führen, wenn die Diözesanführungen vorwiegend mit Angehörigen sozialpädagogischer Berufe besetzt sind oder einfach auch nur mit hauptamtlichen gesinnungstüchtigen Funktionären"[240]. Gleichwohl begrüßt auch die Gruppe 57 die Einrichtung einer Akademie, allerdings als Ort des gegenseitigen Gesprächs und der Begegnung, das unbelastet von den Sorgen um die alltäglichen Fragen des Bundes dort stattfinden könnte[241].

Die konstituierende Sitzung für *die katholische Jugend-Akademie* findet am 29./30. 12. 1958 in der westfälischen Wohlfahrtsschule in Münster statt; am 1. April 1959 nimmt die Akademie ihre Arbeit auf. In den Kursen der Jugend-Akademie sollen angesprochen werden „a) Akademiker, die beruflich mit der Jugendhilfearbeit in Verbindung kommen werden, b) Absolventen der Jugendsozial- und Jugendwohlfahrtsschulen nach einigen Jahren der Praxis, c) haupt- und ehrenamtliche Kräfte der katholischen Jugendseelsorge, Jugendführung und Jugendhilfe"[242].

Die Notwendigkeit des *hauptamtlichen Engagement in der kirchlichen Jugendarbeit* wird nach 1958 immer stärker diskutiert. Gerade die Aufgabenerweiterung im pädagogischen Bereich der Jugendarbeit[243] macht den Einsatz von hauptamtlichen Leitern erforderlich: „Daß diese Aufgabe (der pädagogischen Leitung, W. T.) kein Jugendlicher erfüllen kann, liegt auf der Hand, in größeren Gruppenverbänden, wie etwa in Pfarreien, Gemeinden u. a., wird diese verantwortliche Führungsgabe jedoch auch nicht mehr der Erwachsene nebenberuflich erfüllen können. Auch in den konfessionellen Jugendverbänden wird für eine in die Breite gehende Jugendarbeit das Diakonat des hauptberuflichen Jugendleiters erwogen werden müssen"[244].

Die Vorstellung, daß hauptamtliche Pädagogen in der Jugendarbeit tätig sein sollen, gewinnt auch im Bereich der evangelischen Jugendarbeit immer mehr Bedeutung. Dabei wird vor allen Dingen der Gesichtspunkt der ‚Beratung' gesehen: „Der Satz ‚Jugend muß von Jugend geführt werden!' ist heute in Subjekt, Objekt und Prädikat nicht mehr zutreffend. Von ‚der Jugend' zu reden, ist heute nicht mehr möglich. Junge Erwachsene wollen auch nicht mehr geführt, sondern beraten werden. An die Stelle des Jugendführers ist der *beratende Partner* getreten. ‚Beraten' heißt nicht einfach ‚gewähren lassen'. Weiterführender Rat ergibt sich nur aus einer wirklichen Auseinandersetzung. Der Berater muß Autorität, das heißt persönliches und sachliches Gewicht haben, wenn er wirksam arbeiten will. Dazu ist ein Heranwachsender nur in bestimmten Grenzen und in engem Kontakt mit lebenserfahrenen und aufgeschlossenen Erwachsenen in der Lage. Es ist ein Unsinn, daß wir 17jährige sehr oft mit ihren Gruppen allein lassen müssen. . . . Anspruchsvollere Jugendarbeit stellt höhere Ansprüche an den Jugendleiter und damit an seine Ausbildung und an seine finanzielle Einstufung. . . . Da das Klima und die Wirksamkeit der Jugendarbeit immer stärker von ihren hauptamtlichen Mitarbeitern bestimmt werden wird, ist es dringend geboten, den Beruf des Jugendleiters und der Jugendleiterin aus dem Bereich des Zweitrangigen, Dilletantischen, Verspielten und Überflüssigen herauszurücken"[245]. Gerade *im Hinblick auf die Begleitung von jugendlichen Gruppenleitern* soll der hauptamtliche *Mitarbeiter seine besondere Aufgabe sehen.* „In der Sorge um die Bildung der Jugendgruppenleiter kann nicht verschwiegen werden, wie erheblich heute die Diskrepanz ist zwischen dem Erziehungsanspruch einerseits, den die Entwicklung der Industriegesellschaft an den außerschulischen Erziehungsraum stellt, und der Wirklichkeit des Jugendgruppenleiters andererseits. Diese Diskrepanz läßt sich durch eine vermehrte Kurstätigkeit nicht überbrücken. Vielleicht liegt eine Möglichkeit zielbewußter und kontinuierlicher Hilfe in der vermehrten Anstellung hauptamtlicher, gut vorgebildeter Kräfte durch Jugendverbände sowie Stadt- und Landkreise"[246].

Wenn der hauptamtliche Mitarbeiter in erster Linie beratende Funktion übernehmen soll[247], dann muß er in der Lage sein, trotz seiner persönlichen Überzeugung immer wieder zu einem ehrlich Fragenden und Ratlosen zu werden[248]. Sein Ziel ist, *die Entscheidungsfähigkeit der Jugendlichen zu fördern.* Deshalb sollte der hauptamtliche Mitarbeiter auch nicht „zuerst Vertreter seiner Institution und deren Dogmatik sein, ob Partei, Gewerkschaft, Kirchengemeinde oder Jugendorganisation. Wir sehen in ihm lieber erst den Berater, den Partner, den Anwalt des Jugendlichen, den er zu verstehen sucht. Es ist demnach sehr leicht möglich, daß sich Auffassung und Wege des Leiters mit den Erwartungen der ihn anstellenden Behörde nicht dekken. Aus diesem Grunde kann Jugendarbeit nicht ohne weiteres ein Reservoir sein, aus dem Nachwuchs für eine Erwachsenenorganisation zu schöpfen ist. Hier sollen nicht Jugendliche für die eingefahrenen Formen der Erwachsenen passend gemacht werden"[249]. In solchen Aufgabenumschreibungen für den hauptamtlichen Mitarbeiter drückt sich ein verändertes Funktionsverständnis der Jugendareit aus: Jugendarbeit ist jetzt dazu da, „jungen Menschen eine Hilfe zu geben, zur Befähigung erwachsen zu sein, das heißt an ihrer Welt selbst zu bauen. Von hier aus sieht der Leiter hoffentlich das heute nur als Modell, aber nicht als Muster. Das Heutige ist nicht Maßstab, sondern Trainingsfeld"[250].

Das Desiderat, hauptamtliche Mitarbeiter für die Jugendarbeit zu gewinnen, erfüllt sich mit den späten 60er und in den 70er Jahren sowohl im Bereich der offenen Jugendarbeit[251] als auch im Bereich der kirchlichen Jugendarbeit[252]. Gleichwohl bleiben die wichtigsten Träger der Jugendarbeit die Ehrenamtlichen[253]. Mit dem Einsatz hauptamtlicher Mitarbeiter sollen die ehrenamtlichen Mitarbeiter unterstützt werden. Die quantitative Erhöhung der hauptamtlichen Stellen bringt eine qualitative Veränderung der Praxis mit sich: „Forderung nach mehr Fachlichkeit, wissenschaftsorientierte Praxis, Verfeinerung spezieller psycho- und sozialtherapeutischer Methoden, einschlägige Qualifikation der Mitarbeiter, Abgrenzung von anderen Leistungs- und Arbeitsfeldern des Erziehungs- und Bildungsbereichs“[254]. Jugendarbeit profiliert sich auch aufgrund der immer bedeutender werdenden Fachlichkeit zur eigenständigen *„dritten Erziehungsinstitution" neben Elternhaus und Schule/Betrieb*[255].

1.2.3.4. Das Desiderat einer Theorie der (kirchlichen) Jugendarbeit

Im Zusammenhang mit der Forderung nach einer Akademie für die kirchliche Jugendarbeit und nach Professionalisierung im Bereich der kirchlichen Jugendarbeit stellt vor allem Franz Pöggeler das bisherige Defizit einer Theoriebildung für den Bereich der (kirchlichen) Jugendarbeit fest: „Will man Sinn, Wesen und Wirkweise der freien Jugendarbeit heute – ein sehr komplexes, umfassendes und vielschichtiges Gebilde! – recht klären, kommt man nicht umhin, sie gründlich und stichhaltig (und das heißt wissenschaftlich!) zu erforschen“[256]. Gerade weil in der erziehungswissenschaftlichen Diskussion Erziehungs- und Bildungsprobleme vor allen Dingen unter schulischer Rücksicht behandelt würden, sei für die Jugendarbeit eine eigene Theoriebildung zu fordern, die die spezifischen Faktoren dieses Feldes berücksichtigen. Im Hinblick auf die Arbeit der Jugendakademie in Münster schlug Franz Pöggeler die Entwicklung einer Pädagogik vor, „die die Hauptfragen und -gebiete der allgemeinen Pädagogik, z. B. die Erzieher-Zögling-Relation, die Erziehungsmittel, Möglichkeiten und Grenzen der Erziehung, pädagogische Antinomien, Wesen und Ziele der Erziehung usw., an der Jugendarbeit exemplifiziert; der Führer-Mannschafts-Bezug etwa ist etwas anderes als das Lehrer-Schüler-Verhältnis, und die Methodik einer Fahrt oder eines Heimabends unterscheidet sich erheblich von der Methodik des Erstlese- oder des Naturkunde-Unterrichts in der Volksschule“[257]. Ähnlich Karl Holzamer drei Jahre später: „Die Erziehungswissenschaft wird heute noch allzusehr gefangen (sic!) in der – wenn auch wichtigen – Schulpädagogik. Die doch eigentümliche Aufgabe, wie sie in der organisatorischen Erziehungs- und Bildungsarbeit der Jugend selbst gelöst und erfüllt werden soll, wird wenig gestreift oder gar dargestellt. Dabei deuten ja die Begriffe Jugendführung und Jugendbildung etwas von diesem Unterschied zur Schulpädagogik, von der Bildungs-, Erziehungs- und Führungsarbeit an, die eigentlich in einer Jugendgemeinschaft zu leisten ist“[258].

Drei Jahre nach der Aufnahme der Arbeit in der Jugendakademie in Münster kritisiert Franz Pöggeler, daß Jugendarbeit nach wie vor kein Forschungsschwerpunkt der Erziehungswissenschaft darstellt: „Zweifellos ist die Jugendarbeit für die moderne Wissenschaft noch weithin ein Niemandsland; das gilt in besonderem Maße für die Erziehungswissenschaft, die am meisten hier zu tun hätte. So weit wir sehen, gibt es heute noch keine umfassende Theorie der Jugendführung, die sich etwa neben Theorien der Schulerziehung, der Berufsbildung oder der Erwachsenenbildung sehen lassen könnte“[259]. Dabei könnte Jugendführung „eine ebenso solide, zünftige und saubere Tätigkeit sein wie Unterricht. Leider hat sich ein Teil unserer heutigen Erziehungswissenschaft noch nicht zur Anerkennung dieses Gedankens bequemen können und betrachtet die freie Jugendarbeit bestenfalls als eine Randarabesque im pädagogischen Leben, wenn nicht gar als Ausdruck pädagogischen Dilletantismus. . . . Aus manchen starren Vorstellungsklischees ist das Phänomen der Jugendführung gottlob durch die moderne *Gruppenpädagogik* und *Gruppensoziologie* herausgehoben worden“[260]. Trotzdem seien in der Jugendarbeit doch noch Bedenken gegen eine Theorie, die vor allem auch methodische Überlegungen zur planvollen Jugendarbeit enthalten müsse, festzustellen[261]. Auch Hubertus Halbfas kritisiert „den Mangel allgemein grundgelegter Ordnungsvorstellungen über Möglichkeiten und Grenzen heutiger Jugendarbeit. Nach wie vor regiert der Freistil. Wenn allerseits Kenntnis und Übereinstimmung gegeben wäre über die Alterstrukturierung lokaler Führungsverantwortung, Führungsgemeinschaft und Führungsbildung, Gruppenarbeit und informelle Jugendarbeit, dann dürfte damit mehr Kontinuität der Arbeit gewährleistet sein, als sie durch personelle Veränderungen gefährdet ist“[262]. Deshalb ist „eine umfassende Theorie der Jugendarbeit und Führerbildung . . . ein dringendes Desiderat“[263]. Franz Pöggeler sieht darüberhinaus eine in der Jugendarbeit selbst verankerte Theoriefeindlichkeit: „Sie hat vielleicht ihren tiefsten Grund in dem Mißtrauen dagegen, gerade in einem Bereich, in dem Jugendliche nun ‚endlich einmal‘ etwas selbst und aus eigener Initiative tun, wiederum präformierte, von Erwachsenen geschaffene Verhaltens- und Urteilsschablonen anwenden zu müssen. Bei der Theoriefeindlichkeit der Jugendarbeit mag bisher auch eine Neigung zum pädagogischen Irrationalismus, zur methodischen Improvisation oder zum eindeutigen Utilitarismus mitgewirkt haben, auch der Wunsch, in der Jugendarbeit ‚etwas ganz anderes‘ zu bieten, als in Schule, Familie und Berufsausbildung“[264].

Die 1964 von C. Wolfgang Müller, Klaus Mollenhauer, Hermann Giesecke und Helmut Kentler vorgelegten vier Versuche zu einer Theorie der Jugendarbeit[265] werden von Franz Pöggeler für den Bereich kirchlicher Jugendarbeit referiert, wobei diesen Versuchen der Vorwurf gemacht wird, daß sie den Praktiker in ein Begriffswirrwarr verstricken, der Franz Pöggeler wenig hilfreich zu sein scheint[266]. Dabei scheine Theorie nichts anderes zu sein, als die Reflexion vorgegebener Praxis, die von Praktikern in einer Art Selbstrechtfertigung betrieben werde: „Nicht selten ist Unzufriedenheit mit der eigenen Praxis oder überhaupt mit dem derzeit erreichten Entwicklungsstand der Jugendarbeit der Anlaß. Eben weil die Jugendarbeit – im Vergleich zu anderen Bereichen – noch wenig entwickelt ist, ist sie um so dringender auf Theoriebildung angewiesen“[267].

Trotz der eher negativen Einschätzung der vorgelegten Theorieversuche bieten diese entscheidende Impulse für alle nachfolgenden Theorieanstrengungen der Jugendarbeit[268], insofern hier die Rahmenbedingungen für eine pädagogische Theoriebildung der Jugendarbeit formuliert sind. Danach muß eine solche Theorie folgendes leisten:

„(a) Sie muß die wesentlichen Faktoren, die die Praxis bestimmen, berücksichtigen. Dabei ist sie auf die öffentliche Diskussion über Aussagen angewiesen, weil es keine Möglichkeit gibt, diese Faktoren allein, am ‚grünen Tisch' zu ermitteln.

(b) Sie muß ‚praktikabel' sein; das heißt nicht etwa, daß sie eindeutige Rezepte für die Praxis abgeben muß, sondern daß sie den Spielraum des Rationalisierbaren soweit wie möglich ausfüllt, so daß die pädagogische Entscheidung sich innerhalb eines klaren, pädagogisch-theoretisch aufgehellten Rahmens bewegen kann.

(c) Ihre Ergebnisse müssen sich der fachwissenschaftlichen Überprüfung stellen. Sie muß jene ihrer Aussagen korrigieren, die sich durch den Fortschritt der fachwissenschaftlichen Erkenntnisse als unrichtig erweisen. Damit erhält die pädagogische Theorie ein prinzipiell dynamisches, auf Korrigierbarkeit hin angelegtes Moment.

(d) Sie muß sich von ihren ausdrücklichen oder impliziten voluntativen Elementen her kritisieren lassen. Durch diese Elemente, die, wie wir sehen, konstitutiv für eine pädagogische Theorie sind, erhält jede pädagogische Theorie ein Moment des Relativen: Es gibt über denselben Gegenstand grundsätzlich verschieden ‚angemessene' Theorien.

(e) Sie muß sich von erziehungsphilosophischen Erörterungen überprüfen lassen.

(f) Ihre Argumentation muß schlüssig und überzeugend sein. ‚Wissenschaftlich' ist eine pädagogische Theorie dann zu nennen, wenn sie *alle* diese Forderungen erfüllt, mit anderen Worten: wissenschaftlich ist eine pädagogische Theorie dann, wenn sie wissenschaftlich kontrollierbar bleibt – sowohl im Hinblick auf ihre Argumentationsweise wie auch im Hinblick auf die Richtigkeit ihrer einzelnen Aussagen“[269].

In der kirchlichen Jugendarbeit wurde die Theoriebildung intensiviert und zeigte ihre ersten Ergebnisse im „Bildungskonzept kirchlicher Jugendarbeit“[270], „das seit 1969 von Jugendseelsorgern und Sozialwissenschaftlern erarbeitet und im November 1971 auf der Hauptversammlung des BDKJ vorgestellt wurde“[271]. Diese Arbeit fand im Synodenbeschluß über Ziele und Aufgaben kirchlicher Jugendarbeit eine überzeugende Fortführung[272].

1.2.4 Differenzierung der Schulungsaufgaben, der Schulungsinhalte und der Schulungsformen (Aufgabenteilung zwischen BDKJ und Gliedgemeinschaften – Nachwuchsführerschulung – Persönlichkeitsbildung – Jahresplan und Jahresthema)

1.2.4.1 Die dringende Notwendigkeit der Führerschulung als Antwort auf die vielfältigen Anforderungen und Überforderungen

Aufgrund des veränderten Führungsverständnisses[273] wird 1965 für die Ausbildung die *systematische Führerschulung* gefordert:

„So wesentlich für die katholische Jugendarbeit eine sittlich-religiöse Bildung des Führers ist, so unzureichend bleibt sie, wenn nicht ein gerütteltes Maß an Wissen und Können das natürliche Führungstalent und menschliche Format ergänzen"[274]. Hubertus Halbfas vermißt eine umfassende Konzeption der Führeraus- und -weiterbildung: „Leider ist die Ausbildung und Schulung dieser Führungskräfte, entsprechend der Systemlosigkeit der möglichen Angebote, ein stückhaftes, mehr oder weniger zusammenhangloses Bemühen: nur selten gelingt es trotz eifriger Teilnahme an Kursen, Arbeitstagungen, Exerzitien usw., jenen geschlossenen Überblick über das Ganze zu vermitteln, der allein befähigen kann, mit Maß und Plan an einer Stelle des Bundes zu arbeiten, ohne die Wertschätzung und Achtung für die übrigen Aufgabenbereiche zu verlieren"[275]. Deshalb erfordert die Schulung der Führerinnen und Führer „ein erhebliches Niveau praktischen und theoretischen Bemühens, das sowohl den persönlichen Interessen des Jugendführers, als auch den Belangen der modernen Jugendarbeit entgegenkommen muß. Das ‚Fragen-lernen' ist zu üben. Solides methodisches Können innerhalb der einzelnen Aktivitäten muß vermittelt werden. Vor Aufnahme einer Gruppenführung ist immer ein Grundkurs zu absolvieren, der die pädagogische Fragestellung angesichts der Gesellschaft und Kirche auf den heutigen Jugendlichen hin erfassen hilft. In der weiteren Schulung darf bei allem Vorrang das ‚Was' innerhalb christlicher Bildung die Frage nach dem ‚Wie soll ich es tun?' nicht zu kurz kommen"[276]. Allerdings wird auch die Forderung erhoben, daß die Schulungen nicht nur kognitiv strukturiert sein dürfen, sondern auch einen Beitrag zur emotionalen Bildung leisten sollen[277].

Schon 1957 waren – nicht zuletzt aufgrund der weitergreifenden Reflexion über 10 Jahre der Jugendarbeit – die Forderungen nach Erarbeitung von *Grundplänen für die Führerbildung* und die Forderungen nach *langfristigen Führerkursen* für Mannes- und Frauenjugend gestellt worden[278]. Aufgabe der Führerschulung sollte es demnach sein, „den Charakter des jungen Menschen zu beeinflussen, seine sozialen Haltungen zu wecken und zu fördern und ihn für die Bewältigung der verschiedenen Lebensprobleme instand zu setzen"[279]. In der postulierten Ausbildung der Führerschaft „genügt nicht mehr allein das Einüben der gewohnten Dinge wie Singen, Spielen und ähnliches. Sie muß befähigt werden zur Gesprächsführung, zur Diskussionsleitung in der Gruppe, in der Versammlung und bei größeren Veranstaltungen. Sie muß geschult werden für die organisatorische und technische Durchführung aller neuen Formen moderner Jugendarbeit, wie etwa von Kursen, Seminaren u. ä. Sie muß fähig gemacht werden für die Vertretung des Bundes im jugendpolitischen Bereich"[280]. Als die Hauptaufgabe jeder Jungführerbildung sieht Hubertus Halbfas eine Wertvermittlung an, die „das Leben des Menschen unter die Herrschaft Christi führt"[280]. Nach wie vor wird zwischen Führer*bildung* und Führer*schulung* unterschieden; letztere als Vermittlung von technischen Fertigkeiten und methodischen Übungen sowie als Ort reiner Wissensvermittlung. Die Führerbildung wird als das Umfassendere verstanden: „Sie sieht den ganzen Menschen und meint vor allem die Formung der religiösen Persönlichkeit. Diese Bildung hat die Vermittlung der Glaubenswahrheiten zum Inhalt, und zwar nicht so gesehen, daß die Führerinnen zu ‚kleinen Theologinnen' ausgebildet werden, sondern sie sollen dahin geführt werden, daß sie eine, ihrem Lebensalter entsprechende Ausweitung und Vertiefung ihres Glaubens erfahren und aus dem Glauben zu leben lernen. Das alles sollte nicht zuerst in theoretischer Vermittlung geschehen, sondern durch das gemeinsame Tun, den gemeinsamen Vollzug religiösen Lebens."[282]. Allerdings gehören zur Führerbildung und zur Führerschulung – so betont Karl Holzamer – „auch eine Reihe rein technischer, formaler und äußerer Dinge hinzu. So kann jemand selbstverständlich in einer noch so kleinen Gemeinschaft nur tätig sein, wenn er gewisse Formen auch mit einiger Sicherheit handhabt, mindestens bei der Führung der Altersgruppierungen, in denen eine Führung notwendig ist"[283].

Franz Pöggeler plädiert dafür, das *Prinzip der Vielfalt* auch für die Führerbildung anzuwenden[284]. Es weist darauf hin, daß die Führerbildung – „im pädagogischen Geschehen noch keineswegs so selbstverständlich wie etwa Lehrerbildung oder Ausbildung jugendpflegerischer Berufe (ist). Feste Institutionen der Führerbildung sind im Grunde nur wenige vorhanden, etwa Diözesanhäuser, Häuser bestimmter Jugendverbände und schließlich die ‚Akademie für Jugendfragen'. Es fragt sich, ob und inwiefern überhaupt an eine *feste Institutionalisierung der Führerbildung* gedacht werden kann. – Nach unserer Ansicht ist sie nicht nur möglich, sondern nötig; es geht auf die Dauer nicht an, daß die Jugendführung ‚von der Hand in den Mund' lebt und sich einfach damit zufriedengibt, daß die Führer wechseln wie die Tauben im Schlag. Wohl ist ein gewisser, in Grenzen natürlicher Führerwechsel eine chronische Erscheinung; aber selbst dann, wenn jemand nur vier oder fünf Jahre Führer ist, lohnt es sich, ihm eine Person- und sachgerechte Führerbildung zu vermitteln und darüber hinaus einen ›Stamm‹ länger Tätiger, in höhere Führungsränge aufsteigender Führer als festen Bestand zu bilden. – Kurzum: Führerbildung muß sich vertikal und horizontal gliedern d.h.: So viele Institutionen und Organisationen, Stile und Formen der Jugendbildung es gibt, so viele Arten der Führerbildung sind berechtigt (horizontale Gliederung); zudem gibt es in jeder Form eine Bildung der unteren, mittleren und oberen Ränge (vertikale Gliederung)"[285]. Diese vertikale Gliederung der Führerbildung umfaßt die Grundbildung der Führer, die Bildung der mittleren Führung und die Bildung der Spitzenkräfte[286]. Führerbildung wird nicht nur verstanden als Vorbereitung für das Führeramt und Begleitung während der Führertätigkeit, sondern als Lebensbildung, die den Jungführer befähigt, „nicht nur in der Jugendgemeinschaft, sondern später auch im sozialen und Berufsleben führend tätig zu sein“[287].

1.2.4.2 Differenzierung der Träger der Führerbildung: Die Aufgabenverteilung zwischen BDKJ und den Gliedgemeinschaften

Während Franz Pöggeler 1963 noch davon ausgeht, daß die Grundbildung der Führerschaft für alle Gliedgemeinschaften des BDKJ gemeinsam durchgeführt werden könnte[288], zeigen sich in der Vorlage der Strukturkommission des BDKJ zur Hauptversammlung 1966 ganz unterschiedliche Meinungen: „Die Auffassungen und Praktiken im Bereich der Führerbildung sind so unterschiedlich, daß eine genaue Analyse die Arbeitsmöglichkeit der Kommission überfordert hätte. Extreme Meinungen wollen beispielsweise die gesamte Führerbildung in der Pfarrei als BDKJ-Aufgabe verstanden wissen, andere sprechen grundsätzlich alles den Gliedgemeinschaften zu. Die meisten suchen eine mittlere Lösung, wobei notwendige Absprachen oder Festlegungen fehlen, was nun der Bund und was die Gliedgemeinschaften zu tun haben“[289]. Aufgrund ihrer Beratung kommt die Kommission zum Ergebnis, »daß die Führerbildung grundsätzlich Aufgabe der Gliedgemeinschaften ist. Sie bilden ihre Führerinnen und Führer aus in der Methode für die Bereiche und Aufgaben, in denen die jeweilige Gliedgemeinschaft tätig ist oder ihre Schwerpunkte hat“[290]. Dem BDKJ wird ein subsidiärer Führerbildungsauftrag zugesprochen, der vor allem durch Fachkurse für alle Gliedgemeinschaften verwirklicht wird[291].

Den *Diözesanführungen des BDKJ* wird die Aufgabe zugewiesen, die BDKJ-Führungskräfte auf Pfarreiebene (Pfarrjugendführung) und auf Dekanatsebene (Stadt- bzw. Dekanatsjugendführung) auszubilden[292].

Für die *Dekanatsjugendführungen des BDKJ* wird als Hauptaufgabe die begleitende Schulung der Pfarrjugendführungen und in Abstimmung mit den Gliedgemeinschaften auch die Ausbildung der Führerschaft der Gliedgemeinschaften gesehen. Darüber hinaus obliegt der Dekanatsführung die Durchführung von Führertagen und Führertreffen[293]. Die *Bundesebene* ist verantwortlich „für Angebote von Kursen und Tagungen zur Weiterbildung der Führungskräfte der Gliedgemeinschaften, Diözesen und Landesstellen, der hauptamtlichen Mitarbeiter auf allen Ebenen in ihren Sachgebieten, soweit nicht ausreichende Angebote der Diözesen, Gliedgemeinschaften und Landesstellen vorhanden sind, der Führung der Großstädte und der Multiplikatoren der unteren Ebene, falls dort keine Schulungsmöglichkeit besteht. Darüber hinaus soll die Bundesführung Führungszeitschriften, Informationsdienste und Arbeitsmaterial für die Führungskräfte herausgeben“[294]. Hubertus Halbfas erweitert den Aufgabenkatalog der Diözesan- und Bundesebene auf die Durchführung von Pastoralkonferenzen für Jugendseelsorger und verantwortliche Laienführer, auf jährliche Jungführerexerzitien und auf Kurse und Lager zur Jungführerschulung, bei denen die Arbeit der Pfarr- und Dekanatsführerrunden wesentlich erweitert und ergänzt werden soll durch praktische, pädagogische und führungstechnische Fragen[295].

1.2.4.3 Die Nachwuchsführerschulung

Um von vornherein die drohende Überforderung des Jungführers möglichst gering zu halten, ist eine gezielte Auswahl des Jungführernachwuchses besonders wichtig. Im Anschluß an Peter R. Hofstätter formuliert Hubertus Halbfas drei Kriterien der Führereignung aus psychologischer Sicht: Die *Tüchtigkeit* eines Gruppenmitgliedes und sein Beitrag zur Gruppenarbeit, die *Fähigkeit, sich seiner Umwelt und deren Regeln anzupassen,* und ausgeprägtes *Selbstvertrauen*[296]. Aus pädagogischer Sicht fordert Halbfas charaktervolle Menschen mit Haltungs- und Zieltreue, wobei ein an Werten sich orientierender Charakter auch immer die Religiosität miteinschließe[297].

Besonders verantwortlich für die Erziehung und Heranbildung junger Führer sind Seelsorger, erwachsene Mitarbeiter und die älteren Jungführer.[298] Die Sorge um die nachwachsende Führerschaft beginnt bereits mit dem Eintritt eines Jungen oder Mädchens in eine Gruppe. Besonders wichtig ist dabei, die Gemeinschaftswilligkeit und Verantwortungsfähigkeit zu fördern, wobei dieser Weg über „eine solide, zielklare Taterziehung (führt), die an Aufgaben und Gruppenämtern Treue im kleinen übt, das Selbstvertrauen stärkt und die Liebe zur Sache begründet. Das Recht zu mißlungenen Versuchen muß großzügig eingeräumt sein. Ohne Fehler kann niemand Erfahrung und Eigenstand gewinnen“[299]. Für die 14/15jährigen sollen *Nachwuchsführerrunden* eingerichtet werden, in denen an die zukünftigen Jungführer deutliche Forderungen zu richten sind und sie lernen, die an sie gestellten Aufgaben und Erwartungen zu erfüllen. „Die Erziehung des Jungführernachwuchses soll streng sein in allen Fragen der Haltung, großzügig bei jugendlichem Übermut und ausgelassenem Sinn. ... Immer deutlicher sollen die Jungführer erkennen, daß ihre Aufgabe im Dienen liegt.“[300]

Im Rahmen der Persönlichkeitsbildung in der Nachwuchsführerschulung sollen Standardthemen behandelt werden, die Hubertus Halbfas in drei große *Themenkomplexe* gliedert. Der *erste Themenkreis* „Gott – das religiöse Leben“ umfaßt Gebetserziehung, Schrifterziehung, eucharistische Erziehung, Bußerziehung, Gewissensbildung und Apostolatserziehung. Der *zweite Themenkreis* „Mensch – Das sittliche Leben“ beinhaltet die göttlichen Tugenden, Glaube, Hoffnung und Liebe; die Kardinaltugenden, Opfererziehung, Sexualerziehung, Gehorsam, Demut, Dankbarkeit und Wahrhaftigkeit, Treue und Ehre. Der *dritte Themenkreis* „Welt – der Sozialbezug des Lebens“ umfaßt die Bereiche Elternhaus, Familienerziehung; Schule, Beruf und Berufserziehung; Erziehung und Gemeinschaft durch Gemeinschaft; staatsbürgerliche Erziehung und schließlich die Erziehung zu mündiger

Gliedschaft in der Kirche[301]. Diese Themen sollen auch zur Weiterbildung der im Amt stehenden Führer in entsprechender Weise behandelt werden[302].

Die katholische Frauenjugendgemeinschaft schlägt für die Nachwuchsführerinnenschulung fünf Aufgabenbereiche vor. Im *ersten Aufgabenbereich geht es um die Pflege geistiger Interessen (Besprechung von Zeitungen und Zeitschriften, Bücher und Filmen – Hören und Beurteilung von Schallplatten, Rundfunk- und Fernsehsendungen; Kunstbetrachtung, Geschmacksbildung). Die zweite Aufgabe* ist die Vermittlung praktischen Könnens (einfache Basteleien, Einüben von Liedern und Kanons und die Weitervermittlung, Einüben von Vorlesen und Erzählen, Kennenlernen von Stegreifspielen und Scharaden, Einübung der Umgangsformen, Übungen des Vorbetens und des Liedanstimmens im Gottesdienst, Lernen des Umgangs mit Fahrplan, Telefon, Wanderkarten und ähnlichem). Im *dritten Bereich* „Einführung in die Verantwortung für eine Gruppe" wird die Motivation zum Führerinnensein erörtert, der Aufbau einer Gruppenstunde sowie pädagogische Fragen der Gruppenarbeit behandelt. Im *vierten Aufgabenbereich* „Persönlichkeitsbildung" soll ein Beitrag dazu geleistet werden, daß sich die Führerinnen selbst kennenlernen, wobei die Charakterbildung eine besondere Rolle spielt. „Die Gruppe im Bund" ist der *fünfte Aufgabenbereich* überschrieben, bei dem es um das Kennenlernen der Führungsämter im BDKJ, den Aufbau des BDKJ, die Grundpflichten der Mitglieder des BDKJ und das Kennenlernen der Führungszeitschrift „Die Jungführerin" geht[303]. Als eine besondere Möglichkeit der Vorbereitung der Frohscharführerinnen auf ihre Aufgaben sieht die KFG die „Assistenz" einer Nachwuchsführerin in der eigenen Gruppe an der Seite ihrer Gruppenführerin vor: „Zunächst wird sie kleine Aufgaben und Verantwortung selbständig übernehmen, z. B. Lied- und Spielauswahl, Spielleitung und Einüben von Liedern und anderes. Was in der Nachwuchsschulung erlernt wird, muß hier praktisch zum Einsatz kommen. Hin und wieder sollte die Gruppenführerin einer solchen Assistentin den Gruppenabend einmal ganz überlassen. Vorteile dieser Assistenz sind: Die Mädchen können ihre Fähigkeiten erproben und einüben; sie können sich Erfahrung sammeln in allen Aufgaben und Arbeiten einer Gruppenführung, ohne schon alleine selbständig die Verantwortung tragen zu müssen. Damit ist die Gelegenheit gegeben, sich langsam und allmählich auf die selbständige Gruppenführung vorzubereiten und sich dabei auch die notwendige Sicherheit zu erwerben"[304].

1.2.4.4 Die Führer-/Führerinnenrunde in den Pfarrgemeinden: Die gliedgemeinschaftsübergreifende Aufgabe der Persönlichkeitsbildung

Unbestritten bleibt die Aufgabe der gemeinsamen Führerbildung aller Führer und Führerinnen der in der Pfarrei tätigen Gliedgemeinschaften: „Bei der gemeinsamen Führerbildung in der Pfarrei liegt der Schwerpunkt auf der

Persönlichkeitsbildung der Glaubensschulung. Dazu kommt die Suche und Betreuung von Nachwuchskräften, vor allem durch den Jugendseelsorger"[305]. Als Maßnahme zur Persönlichkeitsbildung der Jungführer hat die Pfarrführerrunde erzieherliche Aufgaben: „Den Vorrang behauptet die religiöse Bildung, die zu einer wachen Verantwortungswilligkeit und Reife im Glaubensleben und einer vorbildlichen Lebensgestaltung aus Christus führen soll. Reine Schulaufgaben der Fertigkeitsvermittlung gehören normalerweise nicht zum Arbeitsplan der Führerrunden, obgleich es außerordentlich zu begrüßen ist, wenn der Jugendseelsorger auch hier praktische Hilfe leisten kann"[306]. Als Schwerpunktaufgaben für die Bildungsaufgaben in den Führerrunden nennt Hubertus Halbfas die Erziehung apostolischer Verantwortung, die Erziehung zur Nächstenliebe und Caritasarbeit und die liturgische Erziehung zur Eucharistiefeier als Lebensmittelpunkt der Jugendarbeit"[307].

Methodisch schlägt Hubertus Halbfas vor, ein Thema zur Persönlichkeitsbildung in ca. 30 Minuten durch Vortrag oder im Gespräch zu erarbeiten und daran anschließend eine Aufgabe zu stellen, die der persönlichen Lebensgestaltung der Jungführer dient. Daran anschließen soll sich ein Informationsgespräch, bei dem wichtige Neuigkeiten aus dem Leben des Bundes auf Pfarrei-, Dekanats- Diözesan- und Bundesebene mitgeteilt werden sollen. Schließlich soll ein wissensvermittelndes Thema zur Führungspraxis behandelt werden, das von einem älteren Jungführer oder erwachsenen Mitarbeiter gestaltet wird. Im Monatskalender soll eine Vorschau auf kommende Ereignisse gegeben werden. Die Führerrunde soll dann mit einem Gebet schließen[308]. Die Thematik der Führerrunden soll so gehalten sein, „daß sie

a) im Zusammenhang mit der gesamten in der Pfarrei betriebenen Persönlichkeitsbildung übereinstimmt (Glaubensstunden, Exerzitien, Vorträge, Seminare), wobei Wiederholung zu vermeiden, aber Vertiefung der vor größeren Kreisen behandelten Themen anzustreben ist,
b) die Verantwortlichen speziell anspricht, also vor allem Probleme aufgreift, die sich den Verantwortlichen besonders stellen
c) Jahresthema und -aufgabe als ‚roten Faden' erkennen läßt,
d) eine der jeweiligen Bedingungen entsprechende Mischung aus Wissen- und Einstellungsvermittlung aufweist"[309].

1966 wird von Josef Seuffert empfohlen, die *Pfarrführerinnenrunde und die Pfarrführerrunde* zusammenzulegen, da die Themen gemeinsam seien und der Zeitaufwand des Jugendseelsorgers geringer[310]. Die besondere Bedeutung der pfarrlichen Führerrunde ergibt sich aus der besonderen Stellung der Pfarrei in der Kirche: „In ihr wird die Kirche Ereignis. Die Kirche existiert auch in der Diözesankirche und in der Weltkirche, diese haben sogar einen theologischen Vorrang. Aber nirgends wird Kirche so vital wirklich wie in der Pfarrgemeinde. Das gleiche gilt auch für den BDKJ und seine Gliedgemeinschaften. Die Pfarrgemeinschaften sind die lebentragenden Zellen. Der Kern dieser Zellen ist die Führungsgemeinschaft. Darum ist die Pflege dieser Führungsgemeinschaft die wichtigste Einzelaufgabe, die es im BDKJ überhaupt gibt“[311]. Damit wird wiederum die besondere Bedeutung der Gemeinschaft der Führenden betont. „Es muß in dieser Gemeinschaft nicht nur die Besinnung auf die Ziele und Ideale möglich sein, sondern eine periodische ‚Manöverkritik‘ über die jeweils geleistete Arbeit; da muß in brüderlich-schwesterlicher Liebe und Härte geredet werden können, ohne daß man sich grün für rot vormacht. Im Leben jeder Jugendgemeinschaft staut sich in bestimmtem Zeiträumen allerhand Unmut und Resignation – in einer Art ‚Räubersynode‘ könnte man sie entladen. Gemeinschaft der Führenden meint aber noch mehr: nämlich Erlebnis der *Elite*, der Erwählung, der Sendung und Berufung. Zwar soll man mit dem Wort ‚Elite‘ vorsichtig hantieren; aber man sollte sich auch nicht scheuen, es anzuwenden. Es ist mehr Aufgabe als Privileg. Ein Führer, sei er nun jünger oder älter, ist nicht denkbar, ohne daß er seine Mission spürt. Ja, Führung soll den jungen Führer auch *menschlich* befriedigen, er soll wissen, daß er nicht mehr ‚irgendwer‘ ist. Von jungen Führern darf man nicht nur *fordern,* man muß sie auch persönlich fördern“[312].

Die *methodische Gestaltung der Pfarrführerrunde* wird zum Teil mit Liedern und Schriftlesungen erweitert[313]. Wichtiges Material für die Führerrunden in der Pfarrei bleiben nach wie vor die Bundeszeitschriften[314]. Ein wichtiges Element der Führerbildung in der Pfarrei ist die Einrichtung einer Führerbücherei, in der neben den Satzungen und Ordnungen des BDKJ und seiner Gliedgemeinschaften Werkbücher und Arbeitsmaterialien, die Zeitschriften des Bundes und der Gliedgemeinschaften und schließlich eine Chronik der Jugendarbeit in der Pfarrei zu finden sind[315]. Schließlich soll die Führerrunde auch methodisch unterschiedlich gestaltet werden, wobei insbesondere die Methoden der Gruppenpädagogik Anwendung finden sollen, aber auch Besichtigungen und soziographische Untersuchung über die Situation in der Pfarrgemeinde eine wichtige Rolle spielen[316].

Wichtig bleibt die Erlebnisorientierung der Führungsgemeinschaft[317].

1.2.4.5 Die Inhalte der Ausbildung der Führerinnen innerhalb der katholischen Frauenjugendgemeinschaft (KFG)

1960 werden in der Zeitschrift „Die Jungführerin“ ausgearbeitete *Bildungspläne* für die Ausbildung der Führerinnen in den verschiedenen Altersstufen vorgelegt. Der Bildungsplan für die Frohscharführerinnen[318] sieht acht Bildungsbereiche vor. Im *ersten Bereich* geht es um den Bund der Deutschen Katholischen Jugend, wobei thematisch die Gemeinschaft des Bundes, seine Geschichte, sein Aufbau nach dem kirchenorganischen Prinzip, seine Führungsstellen auf den verschiedenen Ebenen, seine Zielsetzungen und Forderungen, seine Gliedgemeinschaften, sein Schrifttum und die Zusammenarbeit von Priestern und Laien im Bund behandelt werden sollen. Der *zweite Bereich* thematisiert die Beziehung zwischen Führerinnen und ihrer Gruppe, wobei hier neben der Selbsterziehung der Führerin insbesondere die Gemeinschaft der Frohschargruppe, die psychologische Situation der

Frohscharmädchen und Berufsmöglichkeiten für Mädchen erörtert werden sollen. Der *dritte Bereich* umfaßt die Methodik des Aufbaus und der didaktischen Möglichkeiten der Gruppenstunde im Frohscharalter. Im *vierten Bereich* soll religiöses Grundwissen vermittelt werden, wobei Themen wie „Jesus Christus unser Herr", „Die Kirche Jesu Christi", „Das persönliche Gebet", „Gewissensbildung – Bußsakrament, persönliche Beichte", „Eucharistie", eine Grundeinführung in liturgische Handlungen und schließlich der Umgang mit der Heiligen Schrift (einschließlich der Möglichkeit des Bibelgesprächs und des biblischen Spiels) behandelt werden sollen. Der *fünfte Themenbereich* behandelt „Unser Apostolat", während es im *sechsten Bereich* um die Situation der Diözese und ihrer Besonderheiten geht, auch um die Kirche im Dekanat und die Geschichte der Pfarrei. Der *siebte Bildungsbereich* umfaßt die politische Bildung (dabei kommen der Aufbau einer Gemeinde, die Mitverantwortung des Bürgers, das Jugendschutz- und Arbeitsschutzgesetz, der Umgang mit der Zeitung zur Sprache). Schließlich geht es im *achten Bereich* um das Kennenlernen von Büchern und Zeitschriften für die Frohscharführerin und für das Frohscharmädchen[319]. Die Kurse für die Frohscharführerin sollen ausdrücklich auf die „zehn- bis vierzehnjährigen Mädchen... eingehen und pädagogische und methodische Hilfe bieten"[320]. Dabei sollen auch die Umwelt des Frohscharmädchens (Eltern und Schule), das religiöse Leben des Frohscharmädchens, das Verhalten der Geschlechter zueinander, die geheimen Miterzieher und die Gestaltung von Freizeiten bei Wochenenden und bei Frohscharferienlagern in die Schulung einbezogen werden[321].

Auch der Bildungsplan für die *Mädchenführerin* umfaßt acht Themenbereiche. Im *Themenbereich 1* „Der Bund der Deutschen Katholischen Jugend" werden die verschiedenen Arbeitsmöglichkeiten des Bundes wie Interessengruppen und Arbeitsgemeinschaften, Werkwochen, Ferienwoche, Exerzitien und ähnliches, die verschiedenen Gremien des Bundes und ihre Funktionen, die bischöfliche Hauptstelle in Düsseldorf und das Diözesanjugendamt, andere Jugendverbände und der Jugendring sowie der Weltbund der Katholischen Frauenjugend vorgestellt. Im *Themenbereich 2* „Die Führerin und ihre Aufgaben" geht es um den Sinn der Gemeinschaft, um die psychologische und berufliche Situation der Mädchen, um den Sinn der Arbeit und der Verantwortung im Beruf und um die Familie. Der *dritte Themenbereich* „Lebensfragen" soll sich mit Themen wie Freundschaft – Liebe – Ehe – Kloster, mit den Medien, mit der Mode, dem Sport, dem Wohnen und der Geschmacksbildung beschäftigen. Das „religiöse Grundwissen" ist Inhalt des *vierten Themenbereiches* (besonders thematisiert werden das Verhältnis zu Christus, das betrachtende Gebet, die tägliche Stille; das Leben aus den Sakramenten, die drei göttlichen Tugenden; marianische Haltung und Frömmigkeit; die Kirche als fortlebender Christus; das Kirchenjahr; die tägliche Schriftlesung). Im *fünften Themenbereich* zum Apostolat geht es um eine Erläuterung der Teilnahme am Lehr-, Hirten- und Priesteramt der Kirche und um die Ermöglichung des Apostolats im Alltag. Im *sechsten Themenbereich*, der Informationen zur Diözese beinhaltet, soll das Leben und

Wirken einzelner Persönlichkeiten und der Heiligen der Diözese erläutert sowie die soziologische Struktur der Diözese vermittelt werden, der *siebte Themenbereich* „Politische Bildung“ beinhaltet die Stellung der Frau in der politischen Verantwortung, die Europafrage, die Regierungs- und Parteienstruktur in der Bundesrepublik Deutschland, die Teilung Deutschlands, sowie die Situation der DDR. Im *achten Themenbereich* sollen schließlich Bücher und Zeitschriften für die Mädchenführerinnen und die Mädchen ihrer Gruppe vorgestellt werden[322].

1965 werden bei der Bundeskonferenz der KFG als zusätzliche Inhalte der Grundausbildung der Mädchenjugendführerinnen insbesondere die Gruppenpädagogik (einschließlich der praktischen Gruppenführung und der Aufbau der Gruppenstunde) und die Theologie der Pfarrei genannt[323].

Für die Schulung von *Führerinnen für Frauenjugendgruppen* werden sieben Themenbereiche ausgearbeitet. Der *erste Themenbereich* umfaßt wieder Informationen über den BDKJ, außerdem über kirchliche Erwachsenenorganisationen und über die Mitarbeit in der Pfarrgemeinde. Im *zweiten Themenbereich* geht es um die Wandlung von der festen Gruppe zur Arbeitsgemeinschaft und zum Interessenkreis (praktische Mädchenbildungsarbeit zur Vorbereitung für Ehe und Familie, Jungfräulichkeit in der Welt und im Kloster). „Lebensfragen“ sind der Schwerpunkt des *dritten Themenbereiches* (Krisenpunkte im Frauenleben). Der *vierte Themenbereich* soll „religiöses Grundwissen“ vermitteln (die vier Kardinaltugenden, die gelebte Messe, die Wiederkunft Christi und das Weltgericht, das Geheimnis des Kreuzes, das Beten mit der Kirche, die Situation der Kirche in der Welt und die tägliche Schriftlesung). Im *fünften Themenbereich* „Unser Apostolat“ soll das Laienapostolat in der Erwachsenengesellschaft behandelt werden (in der Ehe und in der Familie, im Beruf, in der Katholischen Aktion, in der Kerngemeinschaft, in den Säkularinstituten). Der *sechste Themenbereich* beinhaltet die politische Bildung, wobei jetzt Themen wie „Die christliche Sozialordnung“, „Die Lehre des dialektischen Materialismus“, „Die Zeit des Nationalsozialismus“ vorgestellt werden sollen. Ein *siebter Themenbereich* sieht Bücher und Zeitschriften für die Frauenjugend vor[324].

Neben den Bildungsplänen für die Frohscharführerinnen, die Mädchenführerinnen und die Führerinnen der Frauenjugendgruppen sind Bildungspläne für die Pfarrführerinnen und die Dekanatsführerinnen des Bundes vorhanden, die die spezifischen Aufgaben auf Pfarr- bzw. Dekanatsebene zum Inhalt haben[325].

Franz Pöggeler sieht 1963 eine der wichtigsten Aufgaben der Führerinnenbildung, „den Mädchen die Werte des Mädchenseins *bewußt* und *attraktiv* zu machen. Dabei darf die Mädchenbildung nicht an antiquierten ‚Leitbildern‘ des Mädchenseins klebenbleiben. Der Wandel der Mädchen-‚Leitbilder‘ der Vergangenheit muß gründlich illustriert werden, schon um die Fülle der fraulichen Wirkmöglichkeiten zu erschließen“[326]. Neben den sich wandelnden Leitbildern soll auch das „überzeitlich gültige Normbild des Mädchen- und Frauseins“[327] vermittelt werden. Außerdem plädiert Franz Pöggeler dafür, in der Führerinnenbildung besonders auch die Tatsache „eines besonders frühen Gereift- und Erwachsenenseins vieler Mädchen“[328] zu berücksichtigen.

1.2.4.6 Inhalte der Führerausbildung innerhalb der Katholischen Jungmännergemeinschaft (KJG)

Bei einer Arbeitstagung der Diözesanjungscharführer in Mainz einigten sich die Teilnehmer auf den Entwurf eines Schulungsplanes für Jungscharführer der KJG, der sechs Themenschwerpunkte enthält. Im Bereich „Persönlichkeitsbildung“ sollen die religiösen Beziehungen des Jungführers („Freundschaft mit Gott“) sowie seine Persönlichkeitsstruktur und seine Umwelt thematisiert werden. Ein zweiter Themenschwerpunkt behandelt die Stellung der Jungschar innerhalb der KJG nach der Jungscharordnung. Im Bereich „Religiöses Leben in der Gruppe“ geht es drittens um das religiöse Gespräch und das Gebet in der Gruppe, den Gottesdienst, die Behandlung des Kirchenjahrs in der Gruppe, die Vorstellung des Patrons der KJG Thomas Morus. Der vierte Schwerpunkt „Psychologisch-pädagogisches Wissen“ beinhaltet Informationen über das „Robinsonalter“, den Beginn der Reifezeit, die Bedeutung des Vorbildes, die Führung zur Mitverantwortung, die Zusammenarbeit mit den Eltern und über die Erziehungsmittel. Im fünften Schwerpunkt „Gruppenpraxis“ werden praktische Hilfestellungen von der Gestaltung der Heimstunde bis hin zur Ersten Hilfe und zu Rechtsfragen gegeben. Der sechste Schwerpunkt umfaßt das „Staatsbürgerliche Wissen“. Hier sollen insbesondere die Grunddaten der Deutschen Geschichte der letzten hundert Jahre, der Aufbau der Bundesrepublik Deutschland und das Grundgesetz vorgestellt werden[329].

Für den Bereich der Jungenschaftsführerschulung gelten die gleichen Themenkreise, allerdings in alterspezifischer Erweiterung[330]. Ein Grundkurs für Jungenschaftsführer sollte persönlichkeitsbildende Grundreferate, Information über die Geschichte und den Aufbau der katholischen Jugendverbände, Fragen der Jugendkunde, Information über die Aufgaben der Jungenschaft innerhalb der KJG, religiöse Information und religiöses Leben, Gottesdienst- und Feiergestaltung, Singen und Festgestaltung, Spiel und Sport, Erzählen und Vorlesen, Rundgespräch und Diskussion, Fahrt und Lager, sowie Materialhinweise und Organisationsfragen beinhalten[331]. Als Grundraster für alle Führerbildungsmaßnahmen innerhalb der KJG werden die Persönlichkeitsbildung und Haltungsvermittlung, die Wissensvermittlung und die Fertigkeitsvermittlung angesehen sowie die Vertiefung des Glaubens in Einkehrtagen und Exerzitien[332]. Im Bereich der *Persönlichkeitsbildung und Haltungsvermittlung* kommt es darauf an, „Anregungen zur Selbsterziehung und Selbsterkenntnis zu geben. Weiter geht es um die Weckung und Stärkung der Glaubensfreude und Glaubensbereitschaft. Um die persönliche Entscheidung des jungen Menschen für seinen Glauben geht es. Aus dieser Entscheidung aber will Haltung werden, Haltung, die bekennt, wirbt und Zeugnis ablegt“[333]. Im Bereich der *Wissensvermittlung* soll

Verständnis für die geschichtliche Situation und ihre Problematik, in der die jungen Menschen leben, geweckt werden. Deutlich wird gefordert, daß der Jungführer „ein bestimmtes Maß an Wissen aus den Bereichen der Religion, der Pädagogik, der Soziologie und der Jugendkunde mitbekommen (muß). Für die Führung der Gruppe ist dieses Grundwissen unerläßlich“[334]. Die *Fertigkeitsvermittlung* „für die verschiedenen Gebiete der Jugendführung und für die verschiedensten Ämter in der Jugendgemeinschaft sind brennend notwendig, wenn die Führer nicht einer Hilflosigkeit verfallen wollen, die auf Dauer die Arbeit des Führers unmöglich macht“[335].

1.2.4.7 Jahresplan und Jahresthema des Bundes der Deutschen Katholischen Jugend als Orientierung für die inhaltliche Ausgestaltung der Führerbildung

Die von den Führungsorganen des BDKJ auf Bundesebene beratenen und beschlossenen Jahresthemen und die Jahresaufgaben des BDKJ geben „der Bildungsarbeit eines Jahres in den Gruppenstunden, Versammlungen, Treffen, Kursen und religiösen Veranstaltungen einen deutlichen und für niemanden zu übersehenden Akzent“[336]. Allerdings dürfe das Jahresthema „niemals dahin mißverstanden werden, als benenne es den gesamten Bildungsstoff des Jahres. Es setzt nur einen Schwerpunkt, wenn man will, auch einen Konzentrationspunkt. Es hebt eine Wahrheit, meist Glaubenswahrheit, hervor, von der die Führungsorgane des BDKJ meinen, daß sie mit Nachdruck verkündigt, überdacht oder herausgestellt werden müsse. Unberührt bleiben dabei zunächst alle die Stoffe und Lehrinhalte, die um der entwicklungspsychologischen und heilsökonomischen Eigengesetzlichkeit willen zu lehren, zu besprechen und anzueignen sind. Unabhängig davon sind auch die Akzente und Wertkonzentrationen, die sich aus der methodischen und pädagogischen Differenzierung der einzelnen Gliedgemeinschaften ergeben“[337]. Wichtiger Vermittlungsort für die Umsetzung des Jahresthemas in die Praxis ist die Führerrunde in der Pfarrei[338].

In den Jahren 1957-1967 werden folgende Jahresthemen behandelt: „Du kannst die Welt verändern“; „Jesus Christus ist der Herr“; „Brot für das Leben der Welt“; „Die Wahrheit wird Euch frei machen“; „Damit die Welt glaube“; „Arbeit und Arbeitswelt“; „Freizeit – Freie Zeit“; „Präsenz der Kirche in der Welt“; „Die Freiheit wagen“[339].

Die entsprechenden Jahresaufgaben lauteten: „Bibellesung“; „Sozialhilfen“; „Dienst am Gottesdienst“; „Wir dienen der Wahrheit“; „Dienst am Nächsten“; „Der Andere am Arbeitsplatz“; „Zeit haben und frei sein“; „Bereit zur Verantwortung“; „Wir werben für unsere Zeitschriften“[340].

Die Durchsicht der Jahresthemen[341] zeigt, daß von 1961/62 an, mit der Themenstellung „Arbeit und Arbeitswelt“, solche Themenbereiche aufgegriffen werden, die über den religiös-kirchlichen Bereich hinaus auch den gesellschaftlichen Raum miteinbeziehen[342]. Darüber hinaus macht sich in der Formulierung der Jahresthemen der Konkurrenzdruck anderer Bildungsbereiche auf die kirchliche Jugendarbeit bemerkbar[343], weil jetzt auch Inhalte benannt werden, die die Lebenssituation junger Menschen unmittelbar betreffen. Damit deutet sich bereits die Entwicklung an, daß die Inhalte der kirchlichen Jugendarbeit „zum Gegenstand des Interessenausgleichs zwischen dem BDKJ als Verband einerseits und den Jugendlichen andererseits"[344] werden.

1.2.4.8 Situationsanalyse und induktiver Ansatz als Ausgangspunkte der Ausbildung

1959 beklagt die Bundeskonferenz der Mannesjugend *die fehlende planvolle Arbeit* in der kirchlichen Jugendarbeit, was vor allem darauf zurückzuführen sei, daß eine gute Analyse der Situation junger Menschen fehle[345]. Als Konsequenz wird die Notwendigkeit betont, „die soziologische und pädagogische Jugendsituation zu untersuchen und brauchbare Unterlagen zusammenzustellen"[346]. Für die Führerschaftsbildung wird die Orientierung am jeweiligen „Milieu" der jungen Menschen gefordert: „Je mehr aber die Bildungsarbeit konkrete Verwirklichung zeigen soll, desto mehr muß sie nach dem Milieu spezialisiert sein, auch wenn die Grundthemen gemeinsam sind"[347]. Diese Orientierung am „Milieu" ist vor allen Dingen um der Glaubhaftigkeit der kirchlichen Jugendarbeit willen geboten. Diese Glaubhaftigkeit stellt sich nur dann ein, wenn die junge Generation „in der natürlichen Eigengesetzlichkeit ihrer Lebensgebiete ernstgenommen wird und diese Lebensgebiete nicht nur als Mittel betrachtet werden, um die Jugend anzulocken"[348]. Hubertus Halbfas kritisiert im Hinblick auf die Jahresthemen des Bundes der Deutschen Katholischen Jugend die mangelnde Orientierung an der konkreten Lebenssituation junger Menschen: „Solange es keine induktive Führerschulung gibt, die auf Pfarrebene vom Phänomen ausgeht, um von dort das Gültige zu erfragen, kann auch keine Verantwortung für aktuelle Gegebenheiten des Alltags plausibel gemacht werden. Die Stoffvorlagen der Führerzeitschriften sind leider zum größten Teil deduktiv konzipiert"[349]. Darüber hinaus seien die Jahresthemen so formuliert, daß sie die Lebenswirklichkeit der Jugendlichen kaum beträfen[350]. Deshalb sei es notwendig, daß auch die Planung und Durchführung von Schulungen für Gruppenführer und Gruppenführerinnen die Situation der Adressaten ausdrücklich in den Blick nehme. „Soll eine Planung nicht utopisch sein, dann darf sie nicht losgelöst von den örtlichen Voraussetzungen und Gegebenheiten zustandekommen. So muß insbesondere für die Themen- und Referentenwahl die Situation der Führer, deren Alter, Führungsaufgaben, Erfahrung und Bildungsstand gesehen und berücksichtigt werden"[351]. Die Themenauswahl für die Führerschulung darf deshalb nicht danach gerichtet werden, welche Referenten sich gerade anbieten, sondern muß sich vielmehr am *Bildungsbedürfnis der Führer*, an den Bildungszielen der jeweiligen Gliedgemeinschaft und an den Erfordernissen der Situation orientieren[352]. Bei der Themenzusammenstellung ist darauf zu achten, daß die Aufnahmefähigkeit der Teilnehmer und das richtige Verhältnis von Theorie und Praxis genauso bedacht werden, wie der Aspekt der systematischen Stoffbewältigung[353]. „Eine Schulung muß, wenn sie nachhaltige Wirkung haben soll, für den Teilnehmer zum Erlebnis werden. Das wird sie aber nicht, wenn z.B. nur theoretische Erörterungen zum Thema Gruppenpädagogik oder Jugendpsychologie aneinandergereiht werden“[354].

Unter methodischem Aspekt werden zwar Referate noch immer als wichtige Vermittlungsmöglichkeit von Wissensstoff angesehen, gleichzeitig wird aber die Notwendigkeit der praktischen Einübung betont, z.B. in musischen Arbeitsgruppen, beim Einsatz von Medien (Film, Dias, Tonband) und der Anwendung von gruppenpädagogischen Methoden. Darüber hinaus wird auf die grundsätzliche Bedeutung der Reflexion und Auswertung der Lernprozesse hingewiesen[355].

1.2.4.9 Differenzierung der Schulungsformen in der Führerausbildung

Den gestiegenen Ausbildungsanforderungen entspricht eine Ausfaltung der Führerbildungsmaßnahmen in ganz unterschiedliche Formen der Ausbildungsangebote. Die „Kommission Bildung der Verantwortlichen“ schlägt 1967 eine einheitliche Terminologie für die Benennung der Schulungsmaßnahmen vor[356]. Die unmittelbare Führerbildung basiert auf der „Runde der Verantwortlichen in der Pfarrei (Führerrunde, Führerinnenrunde)“ mit dem Schwerpunkt der Persönlichkeitsbildung. Darauf aufbauend werden Kurse (Bildungsveranstaltungen mit geschlossener Thematik), Seminare (gemeinsames Erarbeiten von Bildungsinhalten und -methoden unter fachkundiger Anleitung), Grundkurse (Kurse der Gliedgemeinschaften zur Vermittlung von Grundkenntnissen), Aufbaukurse (Kurse der Gliedgemeinschaften zur Weiterbildung), Fachkurse (Kurse mit spezifischer Thematik in der Trägerschaft des BDKJ oder einer Gliedgemeinschaft – dann allerdings auch zugänglich den Mitgliedern anderer Gliedgemeinschaften), Spezialkurse (Kurse mit Teilnehmerbegrenzung auf bestimmte Zielgruppen hin), Werkwochen (Kurse oder Seminare mit geschlossener Thematik), Studientagungen (Behandlungen eines Themenkreises mit qualifizierten Teilnehmern) und Akademiekurse (Veranstaltungen ausschließlich in der Trägerschaft einer Akademie) angeboten[357].

Für die Ausbildung der Führerinnen und Führer ergibt sich sowohl für die Katholische Frauenjugendgemeinschaft als auch für die Katholische Jungmännergemeinschaft die Zweiteilung in Grund- und Aufbaukurse[358].

Diese Angebote der Aus- und Weiterbildung sollen ständig ergänzt werden von Einkehrtagen und Exerzitien für Führerinnen und Führer[359].

Die geschilderte Differenzierung der Ausbildung jugendlicher Gruppenleiterinnen und Gruppenleiter beschreibt eine Regel, die auch heute noch ihre Gültigkeit hat. Die Mitgliedsverbände des BDKJ übernehmen in eigener Verantwortung die Ausbildung ihrer Mitarbeiterinnen und Mitarbeiter, wobei dem BDKJ als Dachverband die Aufgabe zukommt, die Rahmenrichtlinien der Ausbildung zu bestimmen[360] und vor allem im jugend- und gesellschaftspolitischen Bereich eigene Kursangebote zu machen. Formal war damit die Diskussion über die Ausbildung zu einem vorläufigen Abschluß gekommen. Inhaltlich und methodisch kommen in den folgenden Jahren durch die Suche nach grundlegenden Orientierungen für die kirchliche Jugendarbeit entscheidende Impulse dazu[361].

1.3 Die Phase der gruppenpädagogischen Vertiefung der Ausbildung (1967-1975)

Seit 1967 war die Jugend in der Bundesrepublik Deutschland in Bewegung und Unruhe geraten: Studentenrevolte und außerparlamentarische Opposition sind die Stichworte, die das Rebellieren der Jugend gegen herrschende Zustände bezeichnen. Diese Unruhe war auch innerkirchlich zu spüren. „Unvorhersehbare Ereignisse und Faktoren hatten eine neue Situation geschaffen: die großen kriegerischen Auseinandersetzungen in Biafra und Vietnam, der Einmarsch der Russen in die Tschechoslowakei, die Protestbewegungen von Jugendlichen und zumal von Studenten, Probleme der kirchlichen Zensur (Entzug der Lehrbefugnis für Prof. H. Halbfas, Auseinandersetzung um den ‚holländischen Katechismus'), Erscheinen der päpstlichen Enzyklika ‚Humanae vitae', lebhafte Diskussion über die ‚Demokratisierung' der Kirche"[362].

Die innerkirchliche Diskussion führte zum Ergebnis, daß von 1971-1975 eine Gemeinsame Synode der Bistümer der Bundesrepublik stattfinden konnte[363], die sich mit den anstehenden kirchlichen und gesellschaftlichen Fragestellungen auseinandersetzen sollte und Perspektiven für die nächste Zukunft der katholischen Kirche in der Bundesrepublik Deutschland erarbeiten sollte.

Im Rahmen der Synode wurde der Bereich „kirchliche Jugendarbeit" von Anfang an mitbedacht, so daß in der 7. Vollversammlung vom 7.-11. Mai 1975 der Beschluß über „Ziele und Aufgaben kirchlicher Jugendarbeit" gefaßt werden konnte und somit eine grundlegende Orientierung auch für die Aus- und Weiterbildung der ehrenamtlichen Mitarbeiter in der kirchlichen Jugendarbeit geschaffen wurde (1.3.5.).

Die gesellschaftliche Situation griff der BDKJ mit verschiedenen Grundsatzpapieren auf, die aus seiner Sicht Stellung nehmen zum Bildungsverständnis innerhalb der kirchlichen Jugendarbeit[364], zu gesellschaftspolitischen Fragen[365], und die die Grundsätze kirchlicher Jugendarbeit vorstellen[366].

Nachdem im Rahmen der Bildungsreformdiskussion (und damit der Diskussion um die Einrichtung von Ganztagsschulen) die außerschulische Jugendarbeit eine Marginalposition einnahm[367], war es um so wichtiger geworden, in einem eigenen Entwurf die *Zielvorstellungen eines Bildungskonzeptes* kirchlicher Jugendarbeit darzulegen. In diesem Bildungskonzept wird die *Bedeutung der Gruppe* für die Jugendarbeit besonders betont.

Gruppe und reflektierter Gruppenprozeß sind sowohl Ziel als auch zentrales methodisches Mittel in der Jugendarbeit. Die Gruppe „ist Instrument der Vermittlung von sozialen und politischen Einstellungen und Fähigkeiten. Sie (Gruppe und reflektierter Gruppenprozeß, W.T.) sind der Ort und die Möglichkeit der Reflexion kollektiv-unbewußter Verhaltensweisen. Hauptziele der reflektierten Gruppe sind die Emanzipation des einzelnen und die Gruppenidentität. Dem dient die Sensibilisierung für den anderen, eine stete Statusflexibilität und Dauerreflexion“[368]. Hier wird deutlich, welchen großen Stellenwert die Erkenntnisse aus Gruppenpädagogik und Gruppendynamik im Bereich kirchlicher Jugendarbeit gewinnen konnten. Dies hat wiederum Auswirkungen auf das Leitbild der Gruppenleiterinnen und Gruppenleiter (1.3.1.) und auf die Inhalte der Ausbildung (1.3.3.). In einem Exkurs wird die Geschichte des Begriffs „Gruppenführer“ in der kirchlichen Jugendarbeit kurz dargestellt (1.3.2.).

Innerverbandlich hat sich der *BDKJ zum Interessenvertreter junger Menschen* gewandelt: „Nach dem Bundesfest 1965 begann man im BDKJ, sich stärker auf dessen Rolle als ein Sprecher der jungen Generation zu besinnen und ein neues Selbstverständnis als Partner anderer Organisationen in der Gesellschaft zu entwickeln. Der BDKJ sollte mehr Korrektiv gesellschaftlicher Kräfte als ein Parteigänger sein“[369].

Als Dachverband verschiedener Mitgliedsverbände übernimmt der BDKJ keine pädagogischen Aufgaben hinsichtlich der Aus- und Weiterbildung der Mitarbeiter in den Jugendverbänden (ausgenommen die BDKJ-Mandatsträger)[370]. Schließlich fällt in diesen Zeitraum die Veröffentlichung eines ersten Theorieentwurfs zur Jugendarbeit in der Bundesrepublik Deutschland, die die Spezifika einer emanzipatorischen Jugendarbeit (im Gefolge der Kritischen Theorie) herausarbeitet und deutlich macht, wie wenig Jugendarbeit bislang Thema von Forschung und Wissenschaft war[371].

Davon ist die kirchliche Jugendarbeit sogar besonders betroffen, weil für sie eine entsprechende Theoriebildung noch weitgehend fehlte. „Die Folge davon ist, daß die Mehrzahl der hauptamtlichen Mitarbeiter, die in den kirchlichen Dienst genommen werden, während ihrer Ausbildung kaum Gelegenheit hatten, sich mit der Zielsetzung kirchlicher Jugendarbeit auseinanderzusetzen, da sie sich fast ausschließlich mit pädagogischen Theorien befassen, die aus dem Marxismus abgeleitet wurden oder von der Ideologie der wertneutralen Bildungsarbeit ausgehen. Dieses Theoriedefizit ist sicher auch ein Grund für die Verunsicherung der kirchlichen Jugendarbeit während der letzten zehn Jahre gewesen“[372].

1.3.1 Vom Gruppen „führer“ zum Gruppen „leiter“

In den Jahren 1957 bis 1967 wurde eine Veränderung im Leitbild des Gruppenführers sichtbar: Führung als eine Aufgabe sozialer Verantwortung war weniger ein Charisma als vielmehr von einer grundlegenden Persönlichkeitsbildung der Führenden abhängig. Dazu wurden aus der Gruppenpädagogik erste Ansätze für die kirchliche Jugendarbeit rezipiert[373], von 1968 an kann eine deutliche Veränderung des Führungsstils im BDKJ festgestellt werden: „Der Führungsstil im BDKJ hat sich weithin gewandelt. Aus dem ‚Jungführer' Wolker'scher Prägung ist der Gruppenleiter geworden, vielfach schon der erwachsene Leiter (DPSG) oder Mitarbeiter (KJG), der weniger Führer, mehr Berater der jungen Leute bei ihren Unternehmungen ist. Er versteht sein Wirken als partnerschaftliche Hilfe. Er will die jungen Menschen vor allem befähigen, die pluralen Spannungen zu bewältigen, andere Gesinnungen, Formen und Strukturen zu toleriern, soziale Verhaltensweisen einzuüben. An die Stelle eines autoritären oder patriarchalischen Führungsstils ist der partnerschaftliche getreten; der Allroundführer wurde vielfach durch das Team ersetzt, das für die Leitung eines Gesamtbereichs der Pfarrei, der Stadt und Diözese fast selbstverständlich geworden ist"[374]. Als theoretische Orientierung für die pädagogischen Überlegungen im Rahmen kirchlicher Jugendarbeit hat nun eindeutig die Gruppenpädagogik Priorität gewonnen. Gruppenpädagogik wird in diesem Zusammenhang als eine auf alle Altersgruppen und alle pädagogischen Bereiche anzuwendende Methode aufgefaßt: „Sie ist im weitesten Sinne des Wortes eine ‚sozialpädagogische Maßnahme', die überall da Anwendung findet, wo ein mit der Methode der Gruppenpädagogik vertrauter Gruppenleiter eine Gruppe von Menschen leitet. Die Methode dient dem Menschen, dem es mit ihrer Hilfe ermöglicht werden soll, als Individuum und als Mitglied von Gruppen konfliktfreier zu leben"[375]. Die Gruppenpädagogik wendet den Blick der Verantwortlichen auf die Aufgaben eines *ausgebildeten* Gruppenleiters und ist ausschlaggebend für die Veränderung der Bezeichnung „Gruppenführer" hin zu „Gruppenleiter"[376]. „Betrachtet man sich nämlich das normale Gruppenleben, stellt man fest, daß der Gruppenführer, Jungscharführer usw. diese Bezeichnung zu Unrecht auf sich bezieht; vielmehr trifft sie auf den ‚Ersten' der Gruppe zu, der diese kraft besonderer Wahl oder auch stillschweigender Übereinkunft ‚anführt'. Mit dieser inhaltlichen Verlagerung des Begriffs ‚Führer' auf den ‚Anführer' wird der Begriff und die Stellung des ‚Leiters' ins rechte Licht gerückt: Mit ihm wird jede in mittelbarer Führungsfunktion stehende Person umrissen. Die gesamte neuere Gruppenpädagogik verwendet diesen Begriff, der wörtlich das Verfügbarmachen von Anleitungen und Materialien zum Denken und Tun beschreibt"[377]. Der gruppenpädagogisch orientierte Leiter „einer wirklich personenbezogenen, ‚demokratischen' Gruppe ist nicht Alleskönner, geschweige denn Alles-allein-Macher, sondern Motor, Anreger, Entwickler und Förderer"[378].

In den Mittelpunkt der Aufgaben des Leiters treten die Kinder und Jugendlichen selbst und weniger die normativen Ansprüche von außen: „Die pädagogischen Bemühungen der Führerschaft haben sich in der Vergangenheit zu sehr an Bundesordnungen, Bildungsplänen, Jahresthemen, Richtlinien und Verbandsprogrammen orientiert. Die Führungen konnten sich zudem in stärkerem Maße auf ihre Autorität der Wahl oder des Amtes, der bischöflichen Beauftragung und der Sendung berufen. Die heutige Führerschaft weiß, daß sie nur die Autorität der Sachgerechtigkeit und Brüderlichkeit in Anspruch nehmen kann"[379]. Dieses Führungsverständnis bestimmt die Anforderungen, die an den Jugendgruppenleiter gestellt werden müssen: „Der Jugendleiter ist bereit und in der Lage, von sich selbst abzusehen und das zu akzeptieren, was der Jugendliche an bewußten und unbewußten Fragen mitbringt. Nicht das Finden von Lösungen und Verteilen von Rezepten ist das Wichtigste im Handeln des Jugendleiters; wichtiger ist seine Aufgeschlossenheit für die Menschen und Situationen. Der Jugendleiter ist nicht zuerst der Vertreter einer Institution, eines Mitgliedsverbandes, sondern er ist zunächst der Vertreter von Jugendlichen; er ist ein Partner und Berater"[380].

Den gruppenpädagogischen Leiter zeichnet vor allen Dingen die Haltung der Akzeptanz gegenüber den Gruppenmitgliedern aus, die sich aus der Würde des Menschen ergibt[381]. Diese Haltung konkretisiert sich im Umgang mit den Gruppenmitgliedern, wobei der Gruppenleiter die Mitglieder schützt, sie vor Bloßstellung und Abwertung bewahrt, zu eigenen Entscheidungen verhilft, Mehrheitsentscheidungen transparent und ertragbar macht, den Minderheiten Schutz gewährt und die Konflikte, die sich in der Gruppe ergeben, aufnimmt und bearbeitet sowie der Gruppe zu eigenen Entscheidungen verhilft[382].

Schließlich wird der Gruppenpädagogik nicht nur Bedeutung für die kleine Gruppe zugesprochen. „Auch die anderen möglichen Gesellungsformen brauchen eine pädagogische Leitung, die sich an dem Prinzip der Gruppenpädagogik orientieren sollte. Ebenso ist das Leitungsteam, das partnerschaftlich die Leitung aller Gesellungsformen wahrnehmen will, eine Gruppierung, die sich der Methode der Gruppenpädagogik bedienen sollte"[383].

1.3.2 Exkurs: Zur Geschichte und Entwicklung des Begriffes „Gruppenführer" in der kirchlichen Jugendarbeit

Bis 1967 wurde im Bereich kirchlicher Jugendarbeit für den Jugendgruppenleiter der Begriff „Führer" wie selbstverständlich verwendet. Im Bericht der Bundesführung des BDKJ zur Hauptversammlung 1967 wird eine Änderung vorgeschlagen: „Die Kommission ‚Bildung der Verantwortlichen' arbeitet an einer Vorlage... zur Bildung und Gewinnung der Verantwortlichen im BDKJ. Die Kommission empfiehlt, Begriffe der Gruppenpädagogik (Führer, Leiter, Mitarbeiter) in den offiziellen Sprachgebrauch des BDKJ einzuführen"[384]. Hinter dieser Feststellung steht eine längere historische Entwicklung. Diese Veränderung der Begriffe ist relativ spät, hatte doch schon Josef Hederer 1959 in seiner Dissertation „Jugendgemeinschaften und ihre Führer" festgestellt, daß der Begriff des Jugendführers nur bis zum Ende des Zweiten Weltkrieges eine bedingte Gültigkeit hatte[385].

In der kirchlichen Jugendarbeit wurde aber am Begriff „Führer" aus folgenden Gründen festgehalten: Mit der Bezeichnung „Führer" wurden andere Aufgabenstellungen verbunden als mit dem aus der Jugendbewegung stammenden Führerbegriff. Zudem erschien der Begriff „Führer" den Akteuren kirchlicher Jugendarbeit bis 1967 weit weniger ideologisch vorbelastet als es dem heutigen Betrachter angesichts der Rückerinnerung an die Zeit des Nationalsozialismus erscheinen mag[386].

Dieser Exkurs soll einen kurzen Rückblick auf die Verwendung des Begriffs in der (katholischen) Jugendbewegung geben.

1.3.2.1 Der Begriff des Jugendführers vor dem Ersten Weltkrieg – dargestellt am Beispiel der Wandervogelbewegung

Am 4. November 1901 wurde in Steglitz bei Berlin der Verein „Wandervogel – Ausschuß für Schülerfahrten" gegründet, der als Vereinsziele die Pflege jugendlicher Wanderlust, die Sensibilisierung für die Natur, Kenntnisvermittlung über die deutsche Heimat, die Förderung der Selbständigkeit der Wanderer und die Abwehr seelischer und körperlicher Gefährdungen junger Menschen (z.B. durch Nikotin und Alkohol) gibt[387].

Die *erste Phase der Wandervogelbewegung* (nach Josef Hederer: 1895-1905) war nicht von Führern im allgemeinen Sinne bestimmt, sondern durch „Gründer, Einzelpersönlichkeiten, deren Namen noch heute ein ganzes Programm bedeuten, und ohne deren Wirkung die Jugendbewegung nicht vorstellbar wäre"[388] (Hermann Hoffmann, Karl Fischer, Siegfried Copalle, Fritz Meyen, Richard Weber u.a.). Erst die *zweite Phase der Jugendbewegung* (1904-1911) ist von der Suche nach einem allgemeien Führerbild geprägt: „Nach der Einigung der Bünde ist es dann so weit, daß ein anerkanntes Bild vom Jugendführer entsteht, das auch von der schul- und wissenschaftlichen Pädagogik akzeptiert wird"[389].

Die Mitglieder der Gruppen „waren in der Regel zwischen zwölf und neunzehn Jahre alt. Kinder unter zwölf Jahren waren den Strapazen langer Wanderungen körperlich nicht gewachsen"[390]; „der Gruppenleiter war meistens drei bis sechs Jahre älter als seine Gefolgschaft, doch gab es Ausnahmen nach unten und nach oben; eine feste und ständige Regel war nicht vorgeschrieben. Ein Altersunterschied von mehr als sechs oder sieben Jahren wurde allgemein als zu groß angesehen; die Verschiedenartigkeit der Interessen und der allgemeinen Anschauungen von Führer und Gruppe könnte sich ungünstig auswirken. Andererseits hielt man es nicht für wünschenswert, daß der Führer und seine Gefolgschaft gleichaltrig wären, denn Führen erfordere größere Reife und Erfahrung, mehr Wissen und möglichst auch mehr Körperkräfte; außerdem setze es einen gewissen Respekt voraus, den der Jugendliche gewöhnlich einem etwas Älteren bereitwilliger entgegenbrächte"[391].

Hermann Giesecke sieht eine Hauptleistung der Wandervogelbewegung in der Entwicklung eines neuen Modells des pädagogischen Bezugs: „Vorher konnte man sich als pädagogischen Bezug nur Variationen des Familienmodells, genauer: des Vater-Kind-Verhältnisses vorstellen. Die Beziehungen von Lehrer-Schüler, Meister-Lehrling und Vorgesetztem-Untergebenen in der Armee waren als dem Familienverhältnis analog konstruiert.

Sogar das körperliche Züchtigungsrecht des Lehrers oder Meisters wurde in diesem Zusammenhang begründet. In den Gleichaltrigen-Gruppen der Jugendbewegung nun war dieses Modell nicht mehr zu realisieren; an seine Stelle trat die Gruppe der Gleichberechtigten, die ihre Autorität wählt. Auch wenn uns heute der charismatische Zug bei der Wahl der Führer befremden mag, so kann doch kein Zweifel daran bestehen, daß damit ein grundsätzlich neues Prinzip in die pädagogische Diskussion eingeführt wurde“[392].

Den pädagogischen Ertrag der Wandervogelbeweung und der bürgerlichen Jugendbewegung vor dem Ersten Weltkrieg faßt Hermann Giesecke folgendermaßen zusammen:

„a) Der ‚normale‘ Sozialisationsprozeß, also der ‚normale‘ Prozeß des Erwachsenwerdens kann nicht mehr allein durch Schule und familiäre Erziehung gewährleistet werden, vielmehr muß ein ‚außerschulischer Bereich‘ dazukommen.

b) In diesem Bereich sind altershomogene Gesellungsformen (‚jugendgemäße Gemeinschaften‘) das dominierende Sozialprinzip: Die jugendliche Gleichaltrigen-Gruppe lebt im Windschatten und in kritischer Distanz zu den Erwachsenen, ohne mit deren Normen total zu brechen. Sie übernimmt Erziehungsaufgaben ohne die Anwesenheit von Erwachsenen: ‚Jugend erzieht sich selbst‘.

c) ‚Jugend wird durch Jugend geführt‘. Die Führungsaufgaben in diesem ‚freien Jugendraum‘ sollen von Gleichaltrigen oder doch wenigstens nicht viel Älteren wahrgenommen werden. Die Erwachsenen garantieren nur die allgemeinen Regeln und Normen, bleiben aber im übrigen ‚vor der Tür‘, also außerhalb der Gruppen – es sei denn sie werden von Fall zu Fall von den Gruppen zur Mitarbeit gebeten.

d) Jugend entwickelt eigene Kommunikationsstile, sowohl verbal (‚Gruppenjargon‘) wie ‚nicht-verbal‘ (eigene Mode, eigene Tänze, Spiele usw.).

e) Das gemeinschaftsstiftende Element ist vorwiegend emotionaler Art: das *Erlebnis* der Gemeinsamkeit weniger die rationale Diskussion. Wo die intellektuelle Diskussion in Gruppen eine Rolle spielt, hat auch sie ihren Grund in der starken Emotionalität der Gruppenbeziehungen und der gemeinsamen Erlebnisse.

f) Als Sozialmodell reicht die kleine, integrierte Gruppe aus; Organisationen wie z.B. überregionale Verbände sind für die Befriedigung der Bedürfnisse nicht notwendig“[393].

Aus dieser Zeit stammen also das Leitbild des gleichaltrigen oder nur wenig älteren Gruppenführers und die Leitidee „Jugend wird durch Jugend geführt“, die bis heute in den Diskussionen über jugendliche Gruppenleiter eine nicht unbedeutende Rolle spielen.

1.3.2.2 Die Zeit nach dem Ersten Weltkrieg: Von der Jugendbewegung zur Jugendverbandsarbeit

Nach dem Ersten Weltkrieg treten in den Jugendbünden die Ideen als Leit- und Zielvorstellungen in den Vordergrund, denn sie unterscheiden die pluralen Gruppierungen: „Bei den konfessionellen Verbänden liegt sie (scil. die Idee, W. T.) im Glauben verankert, bei den übrigen Bünden ist es eine angestrebte Bereitschaft, dem Nächsten in der Gruppe zu helfen und darüber hinaus allen Menschen. Diese allgemeine Menschenliebe ist das hohe Ziel der Bünde“[394]. Die pädagogischen Grundsätze der Jugendbewegung fanden Einzug in die Jugendverbände. Josef Hederer wertet dies als die „bedeutendste Tatsache in der Entwicklung der Jungendgemeinschaft nach dem Ersten Weltkrieg“[395].

1919 wird Burg Rothenfels am Main Zentrum vom Qickborn, einer 1909 gegründeten Gruppierung, die unter der geistigen Leitung von Romano Guardini einen prägenden Einfluß auf die ganze katholische Jugend hatte. 1919 entsteht auf Anregung des Kölner Kardinals Hartmann der Schülerbund Neudeutschland, in dem sich eine katholisch orientierte Zielstrebigkeit mit jugendbewegten Formen verband[396]. 1929 wird die Deutsche Pfadfinderschaft St. Georg (DPSG), die 1931 als Gliederung in den katholischen Jungmännerverband, der seit 1919 als „Verband der katholischen Jugend- und Jungmännervereine Deutschlands“ zur Massenorganisation wurde, aufgenommen; dieser Jungmännerbund sollte nach Ludwig Wolker die allgemeine Jugendorganisation der katholischen Jugend werden. 1920 gründete Karl Mosterts die Deutsche Jugendkraft (DJK).

Der Führungsanspruch in der bündischen Zeit (1919-1929) „zielt auf die ganzheitliche Formung des jungen Menschen. Da nun der jugendliche Führer selber ein Suchender ist, hebt sich Jugendführung ab von den übrigen traditionellen Erziehungsträgern wie Schule und Elternhaus. Hier haben sich Lehrer und Eltern in der Regel bereits ein festes Weltbild zugelegt und wollen dies als richtig erkanntes Gesetz auf den Zögling übertragen. Die bündische Jugend lehnt insgesamt jede übernommene Form und Regel ab“[397]. Ein solches selbständiges Suchen zeigt sich auch eher in den „echten Jugendbewegungen“ zuzuordnenden katholischen Jugendgruppierungen wie Quickborn: Quickborn „sucht nach neuen liturgischen Formen bei der Gestaltung der Gottesdienste und arbeitet neu ihre Glaubenssätze durch. Die Betonung liegt auf der Neubearbeitung, sie selber wollen es neu suchen und entdecken. Das Streben und Suchen soll bis zu den letzten Dingen vorangetrieben werden“[398].

Gegen Ende der 20er Jahre sind ungefähr 50% aller deutschen Jugendlichen Mitglied eines Jugendverbandes. „Aus Jugendbewegung wird Jugendverbandsarbeit. Damit ändert sich auch die Stellung des Jugendführers zur Gruppe und zum Jugendverband. Waren beim Wandervogel und bei der bündischen Jugend z.B. die Führerzeitschriften das Forum, auf dem die verschiedenen Probleme diskutiert wurden, d. h. ein Thema wurde von irgendeinem Führer aufgegriffen und die übrigen nahmen positiv oder negativ dazu Stellung... so sind die Führerzeitungen in den großen Verbänden vor allem dazu bestimmt, Verbandsmitteilungen von der Zentrale nach unten zu geben. Die Diskussion bleibt zwar, wird aber zweitrangig, es geht primär um die Information an die einzelnen Führer. Neben organisatorischen Mitteilungen stehen in immer zunehmendem Maße Vorschläge zur Gestaltung der Gruppen- oder Heimabende. Der Verband versucht den Gruppenführern möglichst viele Hilfsstellungen zu leisten. Dadurch sinkt wiederum die Selbständigkeit und Verantwortlichkeit des Gruppenführers. In zunehmendem Maße werden auch voraussichtliche Risiken von ihm genommen und durch die Zentralen merkantilen Versicherungsgesellschaften übertragen. So steht die Stabilität und institutionelle Verankerung des Jugendverbandes im umgekehrten Verhältnis zur Spontaneität und Aktivität des Gruppenführers. Ein Faktor ist freilich nicht organisierbar: Das gute Verhältnis zur Gruppe, der persönliche Kontakt zu den Mitgliedern. Und hierin liegt auch die Schwäche der großen Jugendverbände. Mag auch der Verband nach außen hin wohlgeordnet und geschlossen dastehen, Leben wird nur geschaffen in den kleinen Gruppen durch den persönlichen Einsatz der Führer. Dieser schwache Punkt soll nun durch planmäßige Schulung der Jugendführer wettgemacht werden. In den Dienst dieser Ausbildung stellen sich auch die Behörden (Ministerien und Jugendämter), halboffizielle Stellen (Handwerkskammern und kaufmännische Organisationen) und freie Verbände (Rotes Kreuz, Bauernbund). Die öffentliche Jugendpflege, wie sie am stärksten im Land Preußen ausgebaut ist, arbeitet eng mit den freien Jugendverbänden zusammen“[399].

Im Blick auf die Jugendführung zu Beginn der dreißiger Jahre kann festgestellt werden, „daß bei den großen Jugendverbänden, als da sind katholische und evangelische Jugendgemeinschaften, Arbeiterjugend (sozialistische und kommunistische Organisationen) und berufsständische Verbände, ein ausgebautes Schulungsprogramm für die Jugendgruppenführer vorhanden ist. Dieses Programm sieht sowohl Themen der allgemeinen Jugendführung, pädagogische, psychologische, soziologische Probleme, als auch und zwar in der Überzahl – praktische Unterweisungen zur Gestaltung der Gruppenzusammenkünfte vor. Die Gesamtverantwortung der Verbände tragen in der Regel Erwachsene. Bei den konfessionellen Verbänden sind es die Geistlichen der Kirchen, bei der Arbeiterjugend die Funktionäre der Parteien und Gewerkschaften und bei den berufsständischen stehen die Verbandsgremien der Erwachsenenverbände hinter den Jugendabteilungen“[400]. Diesen Befund unterstreicht Paul Hastenteufel für den Bereich kirchlicher Jugendarbeit: „Die Bildung und Ausbildung der Jungführer wurde auf Jahre hinaus zu einer Hauptaufgabe der Verbände. Die Wege, auf denen sie sich vollzog, waren die gleichen wie in der allgemeinen Laienbildung. Hinzu kam jedoch das prägende Klima der Elite, das verpflichtende Bewußtsein des Herausgehobenseins als einzelner und in der örtlichen oder regionalen Führungsgemeinschaft“[401]. So entwickelte die Führerschaft im Laufe der Zeit ein eigenes Selbstverständnis ihres Wesens und ihrer Sendung: „Daß der Jugendführer sein eigenes christliches Menschenbild zu verwirklichen hat, indem er anderen dient und hilft, ist der Kern dieses Selbstverständnisses, das freilich aus einem positiven Bewußtsein des Laie-Seins gespeist wurde“[402]. Die Jahre 1928 bis 1933 wurden für die gesamte kirchliche Jugendarbeit in Deutschland zu einer Zeit, in der in zunehmendem Maße Laienführer eine wesentliche Rolle spielten. „*Jung*führer nannte man sie in den großen katholischen Verbänden, nicht Jugendführer. Darin kommt zum Ausdruck, daß sie selbst noch jung, unfertig waren, und nach Vervollkommnung streben mußten. Das Wort hat also bei allem stolzen Anspruch auf das Amt eines Führenden noch etwas Bescheidenes. Ganz im Gegensatz zu jener anderen Führeridee, die um 1930 schon Millionen verhexte“[403].

1.3.2.3 Die Zeit des Nationalsozialismus: Zerschlagung der katholischen Jugendorganisationen – Geburtsstunde der kirchlichen Pfarrjugend

Während 1929 die Hitlerjugend nur einen ganz geringen Teil der Mitglieder deutscher Jugendgemeinschaften hatte, stieg seit 1931 ihre Mitgliederzahl ständig. Schon bald nach der „Machtergreifung“ im Januar 1933 erfolgte die „Gleichschaltung“ der evangelischen Jugend durch ein Abkommen zwischen dem Reichsjugendführer Baldur von Schirach und dem neu ernannten Reichsbischof Ludwig Müller. Eine solche Gleichschaltung der katholischen Jugendverbände gelang nicht. Baldur von Schirach drängte deshalb darauf, daß sich die katholischen Jugendorganisationen auf ihren seelsorgerischen Bezirk beschränkten und auf den kostspieligen und seines Erachtens unnötigen Verwaltungs- und Führungsapparat der Generalpräsides und Sektretäre verzichteten. „Wenn der Geistliche jedes Ortes die Jugend als Teil seiner Gemeinde kirchlich betreut, hat die Kirche ausreichend Gelegenheit, ihr religiöses Erziehungsziel auszuüben“[404]. Im Zuge der diktatorischen Beherrschung aller Bevölkerungsbereiche wurden am 23. Juni 1935 alle konfessionellen Jugendverbände verboten. Dieses Verbotsjahr wird zum *Geburtsjahr der kirchlichen Pfarrjugend:* Bischöfe richten Diözesanjugendämter ein, die zukünftig die kirchliche Jugendarbeit als außerordentliche Seelsorge betreiben sollen[405]. In dieser Zeit des Umbruchs erweist sich der „Laiengedanke“ wie er durch Pius IX. schon in seiner Enzyklika „Ubi arcano“ vom 23.12.1922 aufgeführt worden war, als außerordentlich fruchtbar: Laien sollen teilnehmen am hierarchischen Apostolat der Kirche. „Daß die Abfälle und Versager gegenüber den manchmal heroischen Opfern für die Kirche und Jugendgemeinschaft in dieser Laienschicht kaum ins Gewicht fielen, wird nur verständlich aus dem frühzeitigen Bemühen der Jugendleiter um Gleichberechtigung und Weiterbildung seit etwa 1928. Auch der Gefahr des selbstherrlichen Befehlshabers, die dem konsequent durchgeführten ‚Führerprinzip‘ des neuen Regimes nicht nur latent innewohnte, sind diese jungen Katholiken nicht erlegen. Sie verwirklichten vielmehr im Geist der weiterbestehenden Bundes- und Verbandssatzungen in ihrem

Teilbereich noch ein echtes Stück Demokratie, als dieses Wort in Deutschland nur noch mit Verachtung genannt werden durfte"[406]. In der Zeitschrift „Jugendpräses" wird 1933 formuliert: „Überall das ‚bini ac bini' des Evangeliums und der Apostelgeschichte: Priester und Jungführer, Generalpräses und Reichsobmann, Diözesanpräses und Diözesanleiter, Bezirkspräses und Bezirksleiter, Präses und Präfekt. Überall die Erhebung zu einem Führeramt nach Wahl oder Befragung durch den Präses"[407]. Diese demokratische Legitimation durch Wahl ist ein wichtiger Schutz vor diktatorischen Führern, die Zusammenarbeit zwischen Laien und Priestern Modell der Kooperation. Schließlich wird betont, „daß ein Jugendreich, dessen Glieder würdig und befähigt sind, selbst mitzugestalten, mitzutragen, mitzuführen, mitzuverantworten, weit höher steht als der kommandierte Verein alten Stils, dessen Beerdigung wir doch alle tränenlos beigewohnt haben"[408].

In einer Zeit, da die Maximen galten „Jugend soll durch Jugend geführt werden" und „Wer die Jugend hat, hat die Zukunft" war es von wesentlicher Bedeutung für die katholische Kirche, daß (Jugend-) Kapläne zumindest im innerkirchlichen Bereich, auf den sie beschränkt worden waren, lebendigen Kontakt zu Jugendlichen unterhielten. Diese Jugendlichen waren es häufig, die in der Zeit nach dem Nationalsozialismus und nach ihrer Rückkehr aus der Kriegsgefangenschaft als erste Jugendführer beim Wiederaufbau der kirchlichen Jugendorganisation in vorderster Linie mithalfen.

1.3.2.4 Vom Wiederaufgreifen des Grundsatzes des Jungführertums nach dem Zweiten Weltkrieg bis zur Wandlung des Begriffs durch den Einfluß der Gruppenpädagogik

Da die katholische Jugendarbeit den Begriff Führer nicht in dem autonomen Sinne, wie es in der Jugendbewegung üblich war, verstand, sondern die jugendliche Selbstführung immer ergänzt sah durch die geistige Führung in den religiösen-sittlichen Fragen, die kompetenten Jugendseelsorgern übertragen war, und aufgrund dieses Miteinanders zwischen priesterlicher und laikaler Kompetenz, die sich gegenseitig anerkannten, ergab sich nie ein diktatorisches Führerverständnis.

Die Bundesleitung des BDKJ knüpfte somit in der Phase des Wiederaufbaus kirchlicher Jugendarbeit nach dem zweiten Weltkrieg an die Tradition vor dem Jahre 1935 an und verwendete den Begriff „Jungführer" weiter. Sie wollte gerade damit die positive Haltung einer überzeugenden und vorbildlichen Persönlichkeit repräsentiert sehen[409]. Deshalb konnte der Begriff „Führer" in der kirchlichen Jugendarbeit trotz seiner nationalsozialistischen Verzerrung weiterverwendet werden. Dies zeigt das Geschichtsbewußtsein der damaligen Leitung.

Es fällt auf, daß bei allen Leitungsfunktionen die Mitbestimmung der jungen Menschen hervorgehoben wurde. Die Veränderung der Teminologie von Gruppenführer zum Gruppenleiter ergibt sich aufgrund einer inhaltlichen, fachwissenschaftlich fundierten – an der Gruppenpädagogik orientierten – Veränderung des Leitungsverständnisses in der kirchlichen Jugendarbeit. Allerdings wird auch deutlich, daß zwischen den ersten Ansätzen, gruppenpädagogische Erkenntnisse in die kirchliche Jugendarbeit zu vermitteln (1957)[410] bis zur offiziellen Übernahme der neuen Begriffe [411] ein weiter Weg lag.

1.3.3 Die Priorität gruppenpädagogischer Ziele und Inhalte in der Ausbildung jugendlicher Gruppenleiter/innen

Die Veränderungen in der Leitvorstellung der Gruppenleiter und Gruppenleiterinnen, die durch die Unterscheidung zwischen gruppeneigenen Führern und den beauftragten Gruppenleitern mit gruppenpädagogischen Aufgaben ein deutlich pädagogisches Profil gewonnen hat[412], verändern die Prioritäten in der praktischen Ausbildung. „Wichtiger Bestandteil der ‚Führer'Schulung ist ... das Erkennenlernen des Gruppenprozesses, also die Durchsicht durch das Insgesamt der Wechselbeziehungen zwischen den einzelnen ‚Mitgliedern' und der Gruppe als (relativem) Ganzen einschließlich dem Gruppenleiter, besonders auch die bestimmenden Kräfte unter den Gruppenmitgliedern selbst. Von daher ergibt sich die schöpferische Entwicklung oder wenigstens kritische Sichtung des Programms, das nicht absolut vorgegeben, sondern möglichst weitgehend geistiges Eigentum der Gemeinschaft sein sollte. Ferner die ins casework (Einzelfallhilfe als Methode der Sozialarbeit, W. T.) herüberspielende Förderung der positiven Kontaktmöglichkeiten und damit ein wesentlicher Beitrag zur personalen Selbstentfaltung“[413]. Hermann Steinkamp sieht den Schwerpunkt der Ausbildung und Fortbildung der Verantwortlichen darin, „methodisch adäquat mit Gruppen arbeiten zu lernen. Dies erfordert für die Ausbildungsmaßnahmen selbst eine gruppendynamische Grundorientierung, was u.a. den Einschluß von anzustrebender Verhaltensänderung der Mitarbeiter (Erhöhung sozialer Kompetenz, soziale Sensibilität, demokratisches Verhalten, politische Handlungsbereitschaft usw.) besagt“[414]. Wie anspruchsvoll die Lernzielkataloge für die Gruppenleiterausbildung auszusehen beginnen, wird besonders bei einem als Minimalkatalog bezeichneten Zielspektrum, das Paul Hastenteufel vorstellt, deutlich. Danach sollen folgende Lernziele für einen ehrenamtlichen Jugendgruppenleiter in der Ausbildung erreicht werden:

„1. Anfangskenntnisse der Lern- und Erziehungsvorgänge, der am Erziehungsprozeß Beteiligten, der Merkmale des demokratischen Erziehungsstils, der Sonderziele und -methoden in der Jugendarbeit;
2. Förderung der persönlichen Selbstverwirklichung, namentlich in einem überzeugenden, mündigen Glaubensleben, des kritisch-selbständigen politischen Bewußtseins, eines christlich-brüderlichen Sozialverhaltens, der Lern- und Arbeitstechniken zu ökonomischer Selbstbildung;

3. Übersicht über die Erziehungsziele der Jugendpastoral, über die Organisation der kirchlichen Jugendarbeit, über die Gemeinde und nahestehenden Verbände als Träger der Erziehung;
4. Einführung in soziologische Ergebnisse und Beobachtungen: Der gesellschaftliche Nahbegegnungsraum, Wir und Die-Gruppen, Techniken vorwissenschaftlicher Feldanaylse;
5. Anfangskenntnisse der Entwicklungspsychologie, besonders der Stufe, mit der man arbeitet, Grunderfahrungen der Persönlichkeitspsychologie, Beurteilung von Menschen und Psychohygiene;
6. Beherrschung der gruppendynamischen Grundgesetze, Gruppenbeobachtung und Gruppenbericht, soziologische Struktur der eigenen Gruppe, Aktivierung bei der Erstellung vom Gruppenprogrammen;
7. Ausgestaltung der eigenen Jugendleiterrolle: Bereitschaft zur Zusammenarbeit, besondere Kenntnis wenigstens eines Sachgebiets, Bemühen um überzeugende Partnerschaftlichkeit, Kenntnis der erziehungsrechtlichen Grundlagen, Gesprächsbereitschaft und Fähigkeit zur Beratung“[415].

Auch in den in dieser Zeit entstehenden *Rahmenpläne* für die Mitarbeiterausbildung in einzelnen Diözesen[416] ist die Schwerpunktverlagerung zur Gruppenpädagogik hin deutlich erkennbar. In der Kursbeschreibung für den Grundkurs sogenannter Gruppenassistenten führt der *Paderborner Ausbildungsplan* folgendes aus: *„Der Hauptakzent des Grundkurses für 16/17-jährige liegt im emotionalen Bereich,* im Bereich der persönlichen Erlebnisse. Eine Gruppe ist ständig in Bewegung. Diese Bewegung äußert sich in der Veränderung von Beziehungen, in Konflikten und in Prozessen zwischen den Gruppenmitgliedern. Um das später als Gruppenleiter erkennen zu können, muß man selbst innerhalb einer Gruppe diese Erfahrung gemacht haben. Deshalb ist *‚erlebte Gruppe‘* und nicht ‚Wissen von Gruppenstrukturen‘ Ansatzpunkt der Grundschulung“[417].

Dieses Erleben von Gruppe soll gleichzeitig dazu beitragen, daß der Jugendliche seine Motivation für die Mitarbeit in der kirchlichen Jugendarbeit klärt, daß er erfährt, daß Jugendarbeit Freude macht, und daß er zu spüren vermag, was kirchliche Jugendarbeit mit Kirche verbindet[418]. In der Aufbauschulung für 17/18-jährige wird das Erlebte vertieft und auf den Anwendungsbereich hin erweitert: „Nach dem in der Grundschulung das *Arbeiten in der Gruppe* im Vordergrund stand, tritt jetzt das *Arbeiten mit der Gruppe* mehr in den Vordergrund. Die *Leitungsrolle* soll bewußter, die *Bereitschaft* im Team zu arbeiten verstärkt, werden“[419]. Der *Münchner Rahmenplan* sieht für den Grundkurs für Leiter neben einer Einführung in die Entwicklungspsychologie, die Spielpädagogik und in den Themenbereich „Kirche und Jugendarbeit“ vor allem gruppenpädagogische Inhalte vor (Definition von Gruppe, Gruppenphasen und Gruppenprozeß, Gruppenreflexion und Gruppenbericht, Verhalten der Gruppenleiters in der Gruppe/Leitungsstile)[420]. Im Aufbaukurs sollen dann im Hinblick auf die Gruppenpädagogik vor allen Dingen die Gruppenbeobachtung (Prozeßbeobachtung, Beobachtung von Kooperation und Kommunikation), Gruppenkonflikte und ihre Lösungen sowie Gesprächsführung und Gesprächstechniken erlernt werden[421]. In der Beschreibung der pädagogischen Zielsetzung der Schulung wird betont: „Lernen von Beobachten und Reflexion von Gruppenvorgängen und eigenem Verhalten gehören ebenso zum Wissen eines Gruppenleiters wie die Kenntnis von gruppenpädagogischen Hintergründen und Zusammenhängen“[422]. Die Diözese *Regensburg* übernimmt diesen Begründungszusammenhang nahezu unverändert[423]. Auch die Diözese *Aachen* widmet im Ausbildungskonzept einen breiten Raum der Dimension „Wir-Findung“, in der gruppenpädagogische Inhalte unter den Stichworten „Beziehungen wahrnehmen“, „Beziehungen eingehen und als gestaltbar erleben“ und „Programmgestaltung mit anderen“ benannt werden[424]. Im Erzbistum *Köln* bietet das Rahmenkonzept für die Schulung von Verantwortlichen der Mitgliedsverbände des BDKJ einen Gesamtrahmen für die Gruppenleiterschulung, der sich in drei große Bereiche aufteilt: „Entfaltung des einzelnen“, „Vorgänge in der Kleingruppe“ und „Vorgänge in gesellschaftlichen Gruppen und in der Gesellschaft“[425]. Auch hier haben im Zielbereich „Vorgänge in der Kleingruppe“ gruppenpädagogische Inhalte eine ausdrückliche Gewichtung, die dann durch die Information über die Vorgänge in gesellschaftlichen Gruppen erweitert werden sollen.

Nach den Vorstellungen der *Bundesstellen der KFG/KJG* sollen Gruppenleiter „ein wenig eingeführt werden in grundlegende Erkenntnisse der Wissenschaften, die ihrer Arbeit die theoretischen Grundlagen für die praktische Arbeit geben, z.B.:

1. Der Mensch wird geprägt von seiner Umwelt.
2. Immer lebt der Mensch in einer Gruppe, bzw. in mehreren gleichzeitig.
3. Lebensstil und Normen des einzelnen in der Gruppe werden wesentlich bestimmt von seiner Umgebung und von der Kultur, in der er lebt.
4. Die Entwicklung des einzelnen und die Entwicklung der Gruppe unterliegen bestimmten Gesetzmäßigkeiten.
5. Kein Mensch lernt nur nach der Vernunft, sondern auch nach dem Gefühl“[426].

Die Wissensvermittlung beinhaltet dann entsprechende Informationen über den Gruppenprozeß, über die Beziehungsverhältnisse der Gruppe, über die Prinzipien der Gruppenpädagogik und über die Gruppenprogrammgestaltung[427]. Darüberhinaus wird für die jugendlichen Gruppenleiter eine Fachberatung im Sinne der „Praxisberatung“ durch einen Fachmann oder erwachsenen Mitarbeiter gefordert[428].

1.3.4 Die Systematisierung der Ausbildung

Die Ausbildung der jugendlichen Gruppenleiter erfolgte und erfolgt weithin in Grund- und Aufbaukursen. Diese werden auf überpfarrlichen Ebenen im Dekanats- und Diözesanbereich durchgeführt. Grundkurse haben elementar-hinführende Ziele und Inhalte für künftige Gruppenleiter. Aufbaukurse dienen der Weiterführung und Spezialisierung. Im Band III seines Handbuches der Jugendpastoral entfaltet Paul Hastenteufel ein Ausbildungssystem[429]. Danach sollen die Grundkurse drei Problembereiche berücksichtigen:

„a) Herstellung eines befriedigenden Gleichstandes *(levels)* (unter allen künftigen Gruppenleitern, W. T.) an fachspezifischen Kenntnissen, Fertigkeiten und Erfahrungen;

b) Systematisierung der Bildungsgehalte und Stabilisierung der Lernfortschritte durch kognitive und praktische Zugewinne sowie durch das Erlernen und Ausprobieren optimaler Arbeitstechniken;

c) Öffnung und Befähigung der Teilnehmer zur Selbstkontrolle, Selbststudium, Kooperation und Auswahl zusätzlicher Kursveranstaltungen"[430].

Die *„Aufbaukurse* für Jugendleiter sollen deren Fähigkeiten erweitern, vertiefen und spezialisieren. Auf dem Gebiet der Gruppenführung wird man daher vorhandene Kenntnisse systematisieren, Einzelerfahrungen für alle auswerten und an Bekanntes anknüpfen. Die Besucher der Aufbaukurse sollen schon bei ihrer Entscheidung zur Teilnahme wissen, welcher Kenntnisstand vorausgesetzt wird und welche Lernziele zu verwirklichen sind"[431]. Zeitlich veranschlagt Paul Hastenteufel für eine intensive und systematische Schulung freiwilliger Mitarbeiter ein mehrmaliges Lernkontinuum von 20 - 24 Stunden, das durch 4 bis 8 Stunden individueller Beratung ergänzt werden soll: „Dieses Zeitmaß findet im viertägigen Blockkurs (zuzüglich eines halben Tages für Anreise, Einweisung und erstes ‚Sich-Beschnuppern') eine wirklich optimale Paßform"[432]. Durch solche Maßnahmen soll gewährleistet werden, daß kein Gruppenleiter ohne Vorkenntnisse eine Gruppe übernimmt. Die Jugendleiterlehrgänge sollen dem Jugendleiter zu folgenden Einsichten verhelfen:

„a) Der Jugendleiter soll erfahren, daß er nicht allein steht, und daß seine Arbeit Teil des Heilsdienstes der Kirche ist.

b) Der Jugendleiter soll ferner wissen, daß ihm eine Aufgabe mit eigener Verantwortung übertragen werden soll, für die er sich auf seine eigenen Fähigkeiten stützen muß.

c) Der Seelsorger ist ein fachlicher Partner mit einem klar umgrenzten Auftrag.

d) Der Jugendleiter kann nur das weitergeben, was er selbst lange eingeübt hat. Er muß die Chance bekommen immer wieder verschiedene Möglichkeiten auszuprobieren und zu üben"[433].

Der Systematisierung der Schulung dient der Aufbau eines Kursprogramms zur Ausbildung von Jugendgruppenleitern, das sich in Drei- bis Vier-Jahresplänen für die Jugendleiterausbildung niederschlägt, klar profilierte Kurse anbietet und die jugendlichen Teilnehmer von vornherein in die Planung miteinbezieht: „Die Motivation der potentiellen Kursteilnehmer beginnt bereits bei der Gesamtplanung. Die Wünsche und Vorstellungen sollen methodisch und thematisch in das Planungsnetz eingebaut werden, auch wenn viele Jugendleiter und Nachwuchskräfte einen Teil der Kurse, über deren Gestaltung sie mitberaten haben, wegen der bis dahin vergehenden Zeit gar nicht mehr besuchen werden. *Jugendliche Mitbestimmung bei Kursen setzt die Fähigkeit zu langfristiger Planung,* zumindestens die Lernfähigkeit *bei* der langfristigen Planung *voraus.* Die Mitverantwortung wird weitergeführt in der ‚Manöverkritik' am Ende eines Kurses"[434]. Ein zu entwerfender „Bildungs-Gesamtplan für Jugendleiter und solche, die es werden wollen, setzt die Präzisierung von Lernzielen voraus, die untereinander verflochten und in lerntheoretisch gerechtfertigten Stufen zu erreichen sind"[435]. Besonders wichtig erscheint für die Ausbildung der ständige Praxisbezug[436].

Für den *Gesamtbereich der Ausbildung* von ehrenamtlichen jugendlichen Mitarbeitern sieht Paul Hastenteufel folgende Möglichkeiten:

„a) Gespräche mit hauptamtlichen Fachleuten (Geistlichen, Jugendpflegern und ähnlichen) zur individuellen Beratung,
b) Grundkurse für die pädagogisch-pastorale Praxis,
c) Praxis in der Gruppenarbeit oder im primär sachbezogenen Umgang mit jungen Menschen,
d) Selbststudium nach Anleitung,
e) Kontrolle des Selbststudium und Erweiterung in Aufbaukursen,
f) Arbeitsgemeinschaften nebenamtlicher Jugendleiter zur Bewältigung aktueller pastoraler und pädagogischer Themen,
g) Anleitung und Praxisberatung durch einen Tutor oder erwachsenen Mitarbeiter,
h) Gesprächsrunden der örtlichen Jugendleiter zum Zweck der Wissens- und Kenntnisvertiefung,
i) Informationskurse"[437].

Ergänzt werden kann ein gefächertes Ausbildungsprogramm durch Praktika ehrenamtlicher Jugendleiter in jugendpastoralen Bereichen, die unter Anleitung die Möglichkeit bieten, Erfahrungen im Erziehungs- und Pastoralbereich zu sammeln, Einblick in die Probleme der Planung und Organisation der Arbeit der hauptamtlichen Mitarbeiter zu erhalten und sich so einen Überblick über das breite Feld der Jugendpastoral zu verschaffen[438]. Alle diese Maßnahmen sollen die Fähigkeiten fördern, „mit Kindern und Jugendlichen Situationen für bestimmte Erfahrungen und Einsichten zu schaffen und darin als Reifere zu handeln. In diesem gemeinsamen Lernen müssen die Beziehungen zwischen den einzelnen, der Gruppe und der jeweiligen Leitung sowie den Zielen des Verbandes ständig überprüft werden. Als wichtigstes Erziehungsmittel gilt die Reflexion, mit der jeder und jede Gruppe zu eigenen Regeln finden kann"[439].

1.3.5 Der jugendliche Gruppenleiter als „personales Angebot" – Eine grundlegende Orientierung durch den Synodenbeschluß „Ziele und Aufgaben kirchlicher Jugendarbeit"

Während der siebten Vollversammlung der Würzburger Synode vom 7. bis 11. Mai 1975 wird die Synodenvorlage „Ziele und Aufgaben krichlicher Jugendarbeit" als Beschluß angenommen. Damit wurde das einzige offizielle kirchenamtliche Dokument zur kirchlichen Jugendarbeit, die Oberhirtlichen Richtlinien für die katholische Jugendseelsorge Deutschlands aus dem Jahre 1957[440] durch ein Dokument ergänzt, das den veränderten gesellschaftlichen Verhältnissen Rechnung trägt [441] und das ausdrücklich soziologische, psychologische und erziehungswissenschaftliche Erkenntnisse über die Situation von Jugendlichen in seiner Überlegung miteinbezieht. Die für den Beschluß zuständige Sachkommission 3 „Christliche Diakonie" „wollte eine theoretische Grundlage schaffen, die für den Ausbildungsbereich über Ziele und Methoden kirchlicher Jugendarbeit Auskunft gibt"[442]. Die Zuweisung der Erarbeitung dieses Beschlusses an diese Kommission macht deutlich, daß es vor allen Dingen darum gehen mußte, „den diakonischen Aspekt von Jugendpastoral herauszustellen, der durch den Begriff *Jugendarbeit* (im Sinne von Jugendhilfe, wie er im allgemeinen Sprachgebrauch verstanden wird) gekennzeichnet wird"[443].

Realistischerweise geht der Beschluß davon aus, daß neben den für eine qualifizieirte kirchliche Jugendarbeit notwendigen hauptamtlichen Mitarbeitern dennoch „nach wie vor die jugendlichen Gruppenleiter den unverzichtbaren Kern der Verantwortlichen bilden"[444]. Die jugendlichen Gruppenleiter werden unterstützt durch erwachsene ehren- und hauptamtliche Mitarbeiter, durch die ehren- und hauptamtlichen Verbandsleitungen, durch Dekanats- und Diözesanjugendseelsorger etc.

Diese jugendlichen Gruppenleiter gehören mit den anderen Genannten zum „personalen Angebot": „Darauf nämlich ist gerade der Jugendliche angewiesen. Denn für sein Alter ist eigentümlich, nicht deutlich zwischen Sache und Person, Lehre und Person und auch zwischen Ideologie und Person zu unterscheiden. Ideen und Programme gelten ihm in der Regel soviel wie die Personen, die sie verkörpern. Daher kommt es in der kirchlichen Jugendarbeit entscheidend darauf an, daß die Botschaft Jesu den Jugendlichen in glaubwürdigen Menschen begegnet – in Gleichaltrigen ebenso wie in Erwachsenen, Priestern und hauptamtlichen Mitarbeitern, die den in kritischer Distanz stehenden, fragenden und suchenden Jugendlichen den Zugang zu Glauben und Kirche möglich machen"[445]. Aufgrund dieser Schwerpunktsetzung beim „personalen Angebot" ergeben sich Ziele und Schwerpunkte, die bei jeder Aus- und Weiterbildung von Mitarbeitern – also auch der ehrenamtlichen jugendlichen Mitarbeiter – zu beachten sind:

„– Fähigkeit, Fragen zu hören und auszuhalten,
- Fähigkeit, Fragen und Artikulationen Jugendlicher, insbesondere aus sozialen Randgruppen, auf ihre Hintergründe (tieferliegende Bedürfnisse, Sinnfragen) zu untersuchen,
- Fähigkeit und Bereitschaft mit jungen Menschen originäre Erfahrungen zu machen und zu reflektieren,
- Bereitschaft, im eigenen Glauben zu wachsen und mit anderen hauptamtlichen Mitarbeitern gemeinsame Formen der Glaubensvertiefung zu suchen,
- Grundhaltung der Lernbereitschaft, die auch überkommenes Normen-

verständnis und überkommene Verhaltensmuster in Frage zu stellen bereit ist,
- Kreativität im Entdecken und Erproben neuer Formen des Miteinanderlebens,
- Bereitschaft, mit Werten der Tradition zu konfrontieren; in all dem die Bereitschaft und Fähigkeit, am eigenen Glauben teilnehmen zu lassen"[446].

Für das *Teilgeben an eigenen Glaubenserfahrungen* ist die *Kompetenz der Sinndeutung* besonders gefordert: „Um das Heilsangebot Gottes Jugendlichen nahezubringen, müssen Mitarbeiter die Fähigkeit haben, gemeinsame Erfahrungen mit den Jugendlichen auf ihre möglichen Tiefen- und Glaubensdimensionen hin zu deuten. Sie sollen im Vollzug und in der Reflexion gemeinsamer Erfahrungen deutlich machen können, wie wichtig ihnen Jesus und seine Botschaft ist"[447]. Im pädagogischen Bereich sollen die Mitarbeiter fähig werden, „reflektierte Gruppen" als Grundform des „personalen Angebots" in Form der Gleichaltrigengruppe zu begleiten. Diese reflektierten Gruppen sollen den Schwerpunkt kirchlicher Jugendarbeit bilden[448]. Mit dem Stichwort „reflektierte Gruppe" ist die Form der Gruppenarbeit gemeint, „bei der auch die zwischenmenschlichen Beziehungen einer Gruppe und die dadurch ausgelösten Gruppenprozesse als Hilfe für den Reifungsprozeß des Jugendlichen benützt werden. Dies erfordert eine Reflexion jener gesamten Wirklichkeit, die Gruppe heißt; eine Reflexion also der Gruppe als solcher, ihres Prozesses und der in ihr wirksamen Vorgänge und Beziehungen. Denn die soziale, psychische, geistige und religiöse Entwicklung des Menschen vollzieht sich jeweils in gegenseitiger Abhängigkeit und Beeinflussung, in jenen Gruppen, mit denen er sich weithin identifiziert. Durch solche Gruppen kann wirksame Hilfe gegeben werden, daß sich der einzelne ändert, daß sich das Miteinander aller bessert, daß Kontakt und Zusammenarbeit sich vertiefen, daß man einander besser gerecht wird, daß der einzelne sich selbst und seine schöpferischen Fähigkeiten entfalten kann. Wahrhaftigkeit, Eigenständigkeit, Partnerschaft, Liebe und Solidarität werden so zur Grundlage und zu hohen Werten einer solchen Gruppe, die man aufgrund dieser Methode ‚reflektierte Gruppe' nennt"[449]. Neben den religiösen und pädagogischen Dimensionen der „reflektierten Gruppen" wird auch eine *sozial-politische Dimension* betont. Die „reflektierte Gruppe" strebt „Haltungen und Fähigkeiten an, die im politischen Leben nötig sind: Die Fähigkeit und Bereitschaft, Konflikte anzunehmen und mit ihnen zu leben, legitime eigene Interessen wahrzunehmen und die Möglichkeiten ihrer Durchsetzung abzuschätzen, sich mit anderen zusammenzutun und auch gerechte Kompromisse einzugehen, der Macht kritisch gegenüberzustehen wie auch sie verantwortlich zu gebrauchen, Sachverhalte und geltende Normen kritisch zu kontrollieren. Die ‚reflektierte Gruppe' ist ganz allgemein der Ort und das Medium von zugleich rationaler und emotionaler Bildung, insofern beide Dimensionen des Lernens ständig aktualisiert und miteinander in Beziehung gebracht werden"[450]. Diese anspruchsvolle Grundorientierung muß sich in den Plänen für die Aus- und Weiterbildung der Mitarbeiter niederschlagen[451].

Der Synodenbeschluß zeigt deutlich auf, daß der *Jugendliche selbst wichtigster Mitarbeiter der kirchlichen Jugendarbeit ist,* daß kirchliche Jugendarbeit ohne ehren- und hauptamtliche erwachsene Mitarbeiter nicht auskommen kann und daß die Aufgaben der hauptamtlichen Mitarbeiter vor allen Dingen im Bereich der Aus- und Weiterbildung der ehrenamtlichen jugendlichen und erwachsenen Mitarbeiter und deren Praxisberatung besteht[452]. Diesen Anspruch des Synodenbeschlusses kritisch aufzuarbeiten, ist Interesse und Aufgabe der vorliegenden Arbeit.

1.4 Die Phase der empirischen Situationserhebung und der wissenschaftlichen Fundierung der Ausbildung (1976 - 1983)

Obwohl ehrenamtliche Mitarbeiterinnen und Mitarbeiter den größten Teil der Jugendarbeit gestalten[453], wurden die mit ihrer Tätigkeit auftretenden Fragen und Probleme nur unzureichend in der erziehungswissenschaftlichen – für die kirchliche Jugenarbeit in der religionspädagogischen – theoretischen Reflexion aufgegriffen. In der Mitte der siebziger Jahre veränderte sich dieses Bild: Das wissenschaftliche Interesse wendet sich den jugendlichen Mitarbeitern zu. Zunächst wird versucht, die Situation der Mitarbeiter empirisch zu erheben. Die Ergebnisse dieser Untersuchungen referiere ich, soweit sie die mit dieser Arbeit zusammenhängenden Fragen der Aus- und Weiterbildung der Mitarbeiter betreffen (1.4.1).

Mit dem 1975 verabschiedeten Synodenbeschluß war das Konzept der reflektierten Gruppe zur Leitidee der Gestaltung kirchlicher Jugenarbeit geworden. Hermann Steinkamp, der den Beschluß der Würzburger Synode über die kirchliche Jugendarbeit mitentworfen hatte[454], entfaltet das Konzept der reflektierten Gruppe in gruppendynamischer Sicht und entwickelt einen Ausbildungsrahmen, der ehrenamtliche jugendliche und erwachsene Mitarbeiter, aber auch die Hauptamtlichen zur Mitarbeit in einem gruppendynamischen Konzept kirchlicher Jugendarbeit befähigen soll. Diesen Ansatz stelle ich vor mit der Frage, ob und inwieweit die Schwerpunktverlagerung auf gruppendynamische Arbeitsformen für die Ausbildung jugendlicher Mitarbeiter nicht eine Einseitigkeit bedeutet auf Kosten der theologischen, aber auch der pädagogischen Inhalte der Ausbildung (1.4.2).

Schließlich werden die Ausbildungspläne für Gruppenleiter vorgestellt, die nach dem Erscheinen des Synodenbeschlusses in einzelnen Diözesen der Bundesrepublik Deutschland entstanden sind (1.4.3).

1.4.1 Empirische Untersuchungen zur Situation der Mitarbeiter (Uwe Sielert 1978 – Emnid Bielefeld 1979 – Franz Hamburger u.a. 1982 – Uta Rüppel 1979)

Das Interesse an einer empirischen Situationserhebung wuchs in dem Maße, in dem außerschulische Jugendarbeit im Erziehungs- und Bildungswesen eine größere Beachtung fand[455].

Die ins öffentliche Interesse gerückte und auch entsprechend finanziell geförderte außerschulische Jugendarbeit mußte ihre Maßnahmen durch Erfolgskontrollen und Wirkungsanalysen überprüfen, um ihr eigenes Profil zu rechtfertigen. Auf diesem Hintergrund entstanden empirische Untersuchungen zur Situation der ehrenamtlichen Mitarbeiter[456].

Im folgenden stelle ich die Ergebnisse der Situationsanalyse der Mitarbeiter in den Jugendverbänden Dortmunds (1.4.1.1), in der kirchlichen Jugendarbeit der Erzdiözese Paderborn (1.4.1.2) und im Landkreis Mainz-Bingen (1.4.1.3) vor.

Darüber hinaus werden Untersuchungsergebnisse aus der evangelischen Jugendarbeit (1.4.1.4) referiert, um aus diesen Analysen Konsequenzen für die Erarbeitung eines neuen Ausbildungskonzeptes zu ziehen (1.4.1.5).

1.4.1.1 Die Situationsanalyse der Mitarbeiter in den Jugendverbänden Dortmunds (Uwe Sielert 1978)

Uwe Sielert legt mit seiner Untersuchung[457] die Zusammenfassung einer empirischen Situationsanalyse der Mitarbeiter in den Jugendverbänden Dortmunds vor, die den Hauptbestandteil eines Forschungsprojektes darstellt, das von Januar 1975 bis Januar 1977 an der Pädagogischen Hochschule Ruhr durchgeführt wurde[458]. Die Arbeit befaßt sich „mit der Situation der pädagogischen Mitarbeiter in der bisher umfangreichsten Organisationsform außerschulischer Jugendarbeit, den Jugendverbänden. Dabei sollen die Ergebnisse dieser Studie dazu dienen, Aus- und Fortbildung der ehren- und nebenamtlichen Jugendarbeiter auf dem Hintergrund einer emanzipatorischen Theorie von Jugendarbeit zu verbessern“[459].

Uwe Sielert erhebt zunächst die folgenden allgemeinen Daten:

In der Mitarbeiterschaft dominiert eindeutig der männliche Anteil (71 %) gegenüber den weiblichen Jugendarbeitern (29 %), wobei der größte Anteil weiblicher Mitarbeiter in den konfessionellen Jugendverbänden mit 37 % zu finden ist[460].

„Etwa die Hälfte der Mitarbeiter ist noch keine 22 Jahre alt, und etwa drei Viertel der Jugendarbeiter sind noch keine 30 Jahre alt“[461].

Empirisch belegt wird eine hohe Fluktuation der Mitarbeiter: „62 % aller Jugendarbeiter sind maximal drei Jahre als Mitarbeiter tätig, 16 % sogar nur ein Jahr, 19 % scheiden bereits nach zweijähriger Tätigkeit wieder aus. Ein relativ hoher Prozentsatz von 26 % bleibt genau drei Jahre in der aktiven Arbeit als Jugendarbeiter"[462]. Dabei weisen die geringsten Tätigkeitsdauer Mitarbeiter in den politischen Verbänden auf[463]. Deutlich wird auch, daß der Schwerpunkt der konfessionellen Verbände in der Arbeit mit Kindern liegt und die Zahl der Mitarbeiter mit zunehmendem Alter der Zielgruppe abnimmt[464].

Die Jugendliche, die sich in der kirchlichen Jugendarbeit engagieren, übernehmen in der Regel Funktionen, z. B. als Gruppenleiter für Kindergruppen. Insofern ist die Aus- und Fortbildung von jugendlichen Mitarbeitern zu Gruppenleitern ein wichtiges Feld kirchlicher *Jugend*-arbeit, da andere Formen von Arbeit mit Jugendlichen eher im Abnehmen begriffen sind.

Empirisch bestätigt wird, daß die „meisten Ursachen für das Ausscheiden aus der Jugendarbeit . . . nicht mit der Tätigkeit im Verband oder der eigenen Motivation zusammen(hängen), sondern . . . auf äußere Umstände wie zum Beispiel Eintritt in die Bundeswehr etc. zurückzuführen (sind)"[465]. „Ein Drittel der Nennungen resultiert jedoch aus Frustrationen, die mit strukturellen Gegebenheiten oder mit Interaktionspartner der praktischen Arbeit zusammenhängen"[466]. In den konfessionellen Verbänden geben die Mitarbeiter die Möglichkeit, Freunde zu treffen, Interesse an der Führung von Gruppen und den Wunsch, Sicherheit im Umgang mit anderen Menschen zu gewinnen, als Grundmotive ihrer Arbeit an[467].

Uwe Sielert sieht es als wichtige Aufgabe der Aus- und Fortbildung ehrenamtlicher jugendlicher Mitarbeiter an, sich die Motive bewußt zu machen, die dem eigenen Handeln zugrunde liegen. Für das freiwillige Engagement in der Jugendverbandsarbeit sind nach Uwe Sielert zwei Ebenen von großer, vermutlich gleichberechtigter Bedeutung:

„– Die Hoffnung, die eigene Identität zu finden, in der Kommunikation mit anderen,
– das Bedürfnis, anderen zu einer – wie auch immer gearteten – Identität zu verhelfen"[468].

Die Befriedigung der Bedürfnisse nach sozialem Kontakt, nach gegenseitiger Bestärkung, nach Gemeinschaftserlebnis und ähnlichen haben also eine große Bedeutung und müssen im Rahmen der Ausbildung jugendlicher Gruppenleiter berücksichtigt werden.

Uwe Sielert weist nach, daß die Direktivitätsmaße (d. h. die Einstellung einer Person, die Handlungen anderer Personen nach den eigenen Vorstellungen zu beeinflussen) im Verhalten der Mitarbeiter in den kirchlichen Gruppierungen deutlich niedriger als in fach-sachbezogenen, aber auch politischen liegen[469]. Darüberhinaus weisen Mitarbeiter mit pädagogischer Ausbildung tendenziell einen geringeren Direktivitätsgrad auf als Jugendarbeiter ohne Ausbildung, hauptamtliche Jugendarbeiter unterscheiden sich bezüglich ihres Direktivitätsmaßes nicht von freien Mitarbeitern[470].

Das Ausbildungsniveau der Mitarbeiter in den konfessionellen Verbänden ist im Vergleich zu den anderen Gruppierungen recht hoch:

„Mitarbeiter der konfessionellen Verbände verfügen über die meisten sozialpädagogischen-sozialwissenschaftlichen Qualifikationen“[471].

„Bei *gruppenpädagogischen* und *gruppendynamischen* Qualifikationen liegen die beiden großen konfessionellen Vereinigungen an der Spitze aller Jugendorganisationen. . . . Offensichtlich gehören solche Veranstaltungsthemen gerade bei diesen Verbänden zu den bevorzugten Inhalten von Jugendgruppenleiterausbildungen“[472].

„Die Jugendarbeiter der konfessionellen Verbände verfügen über die meisten Informationen über den sozialen Hintergrund des Jugendlichen“[473].

Uwe Sielert deutet diesen Sachverhalt so, daß durch das Interesse der konfessionellen Organisationen, „den Jugendlichen in seiner gesamten Persönlichkeit beeinflussen zu wollen, (diese Organisationen, W. T.) am meisten an konkreten Lebensbedingungen interessiert sind, die das Verhalten Jugendlicher beeinflussen“[474].

Im Hinblick auf die Aus- und Fortbildung der Mitarbeiter weist Uwe Sielert nach, daß in den fach- und sachbezogenen Verbänden fast die Hälfte der Mitarbeiter noch keine Aus- und Fortbildung mitgemacht hat, während in den konfessionellen Gruppen nur rund ein Fünftel und in den politischen Verbänden rund ein Zehntel der Mitarbeiter noch keine Aus- und Fortbildungsmaßnahmen besucht haben[475].

An den besuchten Kursen wird folgende Kritik geübt: „Als Hauptmangel der bisherigen Qualifizierungskurse wird erwartungsgemäß ihre geringe Praxisnähe hervorgehoben. Dabei handelt es sich sicherlich zum einen um ein beliebtes Stereotyp zur Kennzeichnung solcher Veranstaltungen, die keine Handlungsrezepte vermitteln, sondern die Praxis kritisch hinterfragen. Zum anderen geht es jedoch wohl auch um berechtigte Kritik an jenen Wissenselementen, die keinerlei Handlungskompetenz vermitteln“[477].

Für den Versuch, einen Ausbildungsrahmen für die kirchliche Jugendarbeit zu entwerfen, ist die Feststellung Uwe Sielerts wichtig, daß die konfessionellen Qualifizierungsmaßnahmen sich stark auf relativ formale pädagogische Fragen zur allgemeinen Gestaltung der konkreten Gruppenarbeit und zur Gruppenpädagogik beziehen, und erst dann der spezifische Aktivitätskern der religiösen Bildung folgt[478]. In der Praxis der Ausbildung haben also die pädagogischen Fragen einen eindeutigen Vorrang.

Die Mitarbeiter geben in den konfessionellen Verbänden als Gründe, einen Aus- und Fortbildungskurs zu besuchen, an den ersten Plätzen einer Plazierungsskala die folgenden Erwartungen an: Erfahrungsaustausch mit anderen Mitarbeitern (59 %), Kommunikations- und Koordinationsfähigkeit (49 %) und die Vermittlung pädagogischer Qualifikationen (Didaktik und Methodik) (46 %)[479].

Auf die Frage, welche Themen bei zukünftigen Aus- und Fortbildungsmaßnahmen behandelt werden sollen, „rangieren die praktisch-pädagogischen Themen an erster Stelle der Prioritätenskala“[480].

Uwe Sielert sieht neben der Innovationsfunktion der Fortbildung für die praktische Arbeit[481] eine der Hauptaufgaben der Aus- und Fortbildung darin, die hohe Fluktuation der Mitarbeiterschaft zu reduzieren und dadurch zu einer kontinuierlichen Praxis beizutragen. „Das geschieht dadurch,

- daß die nötige herrschaftsarme und angstfreie Atmosphäre geschaffen wird, um Konflikte in allen denkbaren Bereichen anzugehen, und befriedigende Lösungsmöglichkeiten zu erarbeiten;
- daß den Jugendarbeitern ein notwendiges Maß an praktisch anwendbarer Handlungskompetenz vermittelt wird, um die Probleme auf ein erträgliches Maß zu reduzieren;
- daß Qualifizierungskurse für den einzelnen Mitarbeiter einen persönlichen Anreiz darstellen, in Kommunikation mit Freunden die eigene Identität zu entwickeln;
- daß Qualifizierung sich nicht punktuell auf einzelne Veranstaltungen beschränkt, sondern durch eine praxisbegleitende Beratung auch schnelle Bearbeitung aktueller Konflikte ermöglicht“[482].

1.4.1.2 Zur Situation der Mitarbeiter in der kirchlichen Jugendarbeit der Erzdiözese Paderborn (EMNID Bielefeld 1979)

1978 wurde der „Rahmenplan zur Ausbildung der Mitarbeiter in der kirchlichen Jugendarbeit im Erzbistum Paderborn[483] veröffentlicht, der den 1971 eingeführten Rahmenplan fortführen sollte[484]. Die Untersuchung des EMNID-Instituts sollte die Frage beantworten helfen, inwieweit diese Bemühungen um eine konzeptionelle Veränderung der kirchlichen Jugendarbeit zu feststellbaren positiven Veränderungen im Verhalten der Mitarbeiter geführt haben.

Wichtige Ergebnisse im einzelnen sind: Bei der Übernahme einer Gruppenleitertätigkeit sind 47 % der Befragten, die zur Zeit der Befragung aktiv in der Jugendarbeit engagiert sind, bis zu 16 Jahren und 30 % 17 bis 18 Jahre alt[485]. Danach befragt, aus welchen Gründen die Mitarbeiter eine Gruppenleiteraufgabe übernommen haben, geben mehr als die Hälfte (56 %) Spaß und Interesse an der Kindergruppen- und Jugendarbeit an, wobei an zweiter Stelle Kinder- und Jugendarbeit als „sinnvolle Freizeitbeschäftigung“[486] eingestuft wird.

Die Mehrzahl der Mitarbeiter (40 %) üben ihre Leitertätigkeit 3 bis 4 Jahre aus, 21 % bis zu zwei Jahren und 18 % 5 bis 6 Jahre[487].

Ein deutlicher Motivationsverstärker, die Aufgabe als Jugendgruppenleiter zu übernehmen, ist der enge Kontakt zu Kinder- oder Jugendgruppen in Form der eigenen Mitgliedschaft.

In der Paderborner Untersuchung wird deutlich, daß nur einer von vier Befragten, die während der Untersuchung Gruppenleiter waren, nicht diesem Kreis entstammte[488].

„Bestärkt wird die Wichtigkeit der Gruppenmitgliedschaft auch durch ein weiteres Ergebnis bei den ehemaligen Leitern: Diejenigen, die nur kurze Zeit – bis zu einem Jahr – ihre Tätigkeit als Leiter ausübten, sind überdurchschnittlich oft nicht Mitglied einer Kinder- oder Jugendgruppe gewesen"[489].

Die Anregung, eine Gruppe als Leiter zu übernehmen, kommt zum größten Teil aus den Reihen der Gruppenleiter, obwohl EMNID vermutet, daß das Vorbild des Gruppenleiters für ein Gruppenmitglied ein wichtiger Anstoß zur späteren Übernahme der Aufgabe eines Gruppenleiters sein kann[490].

Beendet wird die Leitertätigkeit von einem Drittel der Gruppenleiter aus Zeitmangel, der aus beruflichen Beanspruchungen resultiert[491].

Konflikte mit Mitarbeitern, in der Pfarrgemeinde etc. führen weit weniger häufig zur Beendigung der Leitertätigkeit, als es von den aktiven Gruppenleitern in der Befragung als Ausscheidungsgrund eingeschätzt wurde[492].

Im Erzbistum Paderborn ist die Begleitung der Mitarbeiter durch Gruppenleiterrunden offensichtlich gesichert: „Eine wesentliche Institution, die auch fast überall in der Praxis anzutreffen ist, ist die Gruppenleiterrunde. 88 % der aktiven Leiter sind in ihr Mitglied, 91 % derjenigen die sich fortgebildet haben und schon einmal einen Gruppenleiterkurs besucht haben"[493]. Gleichzeitig wird die hohe Belastung der Mitarbeiter durch Wahrnehmung anderer Ämter durch die empirische Befragung bestätigt: „Eine doppelte oder sogar dreifache Belastung durch Wahrnehmung anderer Ämter im Bereich der kirchlichen Jugendarbeit trifft mehr als die Hälfte der Befragten"[494].

Im Blick auf die Aus- und Weiterbildung wird festgestellt, daß nur jeder vierte Leiter noch keinen Kurs für Jugendgruppenleiter mitgemacht hat, der Grundkurs ist der am häufigsten besuchte Kurstyp[495].

Je höher der Bildungsstand der Jugendgruppenleiter ist, desto aktiver ist auch ihre Beteiligung an Kursen der Aus- und Fortbildung der Mitarbeiter. Ähnlich wie in der Untersuchung von Uwe Sielert nennen die Mitarbeiter als wichtigsten Ausbildungsteil die praktisch-pädagogische Seite: „Hauptsächlich die Methodenseite steht im Vordergrund der Verwertbarkeit für die eigene Arbeit, denn 62 % der Nennungen beziehen sich auf das Kennenlernen verschiedener Techniken, darunter nimmt die Arbeit am Projekt den größten Raum ein. Ansonsten sind die Antworten sehr vielseitig: Praktische Anregungen, neue Spiele werden von 26 % genannt – besonders weibliche Leiter und Jüngere haben dies vermerkt, – sie bilden den zweitgrößten Antwortkomplex"[496].

1.4.1.3 Die Situation der ehrenamtlichen Mitarbeiter im Landkreis Mainz-Bingen (Franz Hamburger u. a. 1982)

Die Untersuchung von Franz Hamburger u. a.[497] dient der Situationsanalyse der ehrenamtlichen Mitarbeiter in 13 Jugendverbänden und in Jugendzentren/Jugendtreffs des Landkreises Mainz-Bingen.

Die Untersuchung zeigt, daß auch hier 48 % der ehrenamtlichen Mitarbeiter unter 21 Jahren alt sind[498]. Hinsichtlich der Tätigkeitsdauer der Mitarbeiter läßt sich für die konfessionellen Verbände feststellen, daß sich von den Mitarbeitern 27 % bis zu 2 Jahren, 33 % bis zu 4 Jahren und 23 % bis zu 7 Jahren in der Jugendarbeit engagieren[499].

Auf die Beziehung zu den jugendlichen Teilnehmern befragt, geben die Mitarbeiter an, „daß sich die jugendlichen Teilnehmer überwiegend eine enge Beziehung zu den Mitarbeitern (wünschen), in der der Mitarbeiter die führende Rolle übernimmt. In ihren Einstellungen bezüglich des eigenen Auftretens gegenüber den Jugendlichen befürworten die Befragten tendenziell ein sozial offenes Verhalten in dem Sinn, daß Mitarbeiter auch persönliche Erwartungen eher zum Ausdruck bringen sollten, als sie zurückzuhalten und ebenso Unsicherheiten eher eingestehen sollten“[500].

Hinsichtlich der Gründe für die Mitarbeit lassen sich folgende Resultate festhalten: „Auf den ersten beiden Rangplätzen – und deutlich abgehoben von den nachfolgenden Motiven – stehen Beweggründe, die die pädagogisch-helfende Funktion des Mitarbeiters herausstellen. Diese Motive können als altruistisch bezeichnet werden, wobei beim vorliegenden Ergebnis zu bedenken ist, daß möglicherweise dem Phänomen der sozialen Erwünschtheit eine gewisse Bedeutung zugesprochen werden muß. Es folgen hierauf Motive, die eigene Bedürfnisse der Mitarbeiter nach sinnvoller Freizeitgestaltung und Geselligkeit zum Ausdruck bringen. Das bedeutet, daß die Jugendarbeiter entsprechende Erwartungshaltungen in ihre Tätigkeit und damit in die Interaktion mit den Jugendlichen einbringen. Insbesondere dem Motiv einer sinnvollen Freizeitgestaltung – sowohl für die jugendlichen Teilnehmer als auch für sich selbst – wird ein hoher Stellenwert beigemessen. Des weiteren sind solche Beweggründe für die Mitarbeiter tendenziell von Bedeutung, die ein Interesse an der Arbeit mit anderen Menschen zum Ausdruck bringen, so besonders das Motiv Interesse an Gruppenleitung. Ein etwas geringeres Gewicht haben Beweggründe, die auf die Verbesserung eigener Fähigkeiten und Fertigkeiten zielen, seien sie nun sozialer Art, wie Sicherheit im Umgang zu gewinnen, oder instrumentell-technischen Charakters. Relativ gering ist dagegen die Bedeutsamkeit des Motivs, sich einen Ausgleich zu Beruf oder Schule zu schaffen, ebenso diejenigen des Motivs der Tradition, d. h. des Arguments, in der Jugendarbeit mitzuarbeiten, weil man früher schon selbst Mitglied war – obgleich dieser Grund im einzelnen Fall sehr gewichtig sein kann. Auf den folgenden Rangplätzen finden sich Motive, die von den Mitarbeitern eher abgelehnt werden, so bemerkenswerterweise der Grund, in der Jugendarbeit mitzuarbeiten, weil man anderen seine Weltanschauung nahebringen möchte. Eine tendenziell stärkere Ablehnung erfahren schließlich die Motive, in der Jugendarbeit das zukünftige Berufsfeld zu sehen oder durch einen Bekannten auf die Tätigkeit aufmerksam geworden zu sein“[501].

In der Untersuchung wird deutlich, „daß jugendliche Mitarbeiter die Jugendarbeit für sich selbst als soziales Lernfeld sehen, als die Möglichkeit, ihre Persönlichkeit auszubilden. So ist der Wunsch, in der Jugendarbeit eigene Fähigkeiten und Fertigkeiten zu verbessern, bei jugendlichen Ehrenamtlichen stark ausgeprägt . . .“[502].

Die Mitarbeiter wünschen sich in ihrer Beziehung zueinander Gemeinschaft, Solidarität und Austausch und sind sich bewußt, daß ohne ihre ehrenamtliche Tätigkeit Jugendarbeit nicht denkbar wäre[503]. Sie bewerten ihr Engagement in der Jugendarbeit ausgesprochen positiv[504].

Zur Fragen der Aus- und Weiterbildung: Zwei Drittel aller befragten Mitarbeiter nehmen regelmäßig an Weiterbildungsveranstaltungen teil[505]. Der gute Ausbildungsstand der Mitarbeiter in den konfessionellen Verbänden wird ausdrücklich betont[506].

Auch in dieser Untersuchung werden von Mitarbeitern für die Ausbildung praktisch-pädagogische Themen formuliert (49 %)[507], wobei sich die Mitarbeiter in den konfessionellen Verbänden „vornehmlich für praktisch-pädagogisches Handlungswissen und für die Auseinandersetzung mit persönlichkeitsrelevanten Themen (Sexualität, Religion)“[508] interessieren.

„Als Motive für den Weiterbildungsbesuch werden etwa gleichermaßen kommunikative Bedürfnisse (Gemeinschaft, Erfahrungsaustausch) und der Wunsch nach Qualifizierung der eigenen Arbeit (Wissenserweiterung, Erwerb pädagogischer Qualifikation) genannt“[509].

Die Erwartungen an die Ausbildung werden für die Mitarbeiter in den konfessionellen Jugendverbänden folgendermaßen präzisiert:

„Die Mehrheit der kirchlichen Ehrenamtlichen zählt zu der Gruppe der Jugendlichen. Ihre Aktivität zentriert sich auf die Leitung von Kinder- und jüngeren Jugendgruppen. Aus dieser spezifischen Zielgruppe heraus wird das Interesse an praktischen Fragen verständlich. Vielfältige Alltagskonflikte und die Unsicherheit über die eigene Rolle bestimmen das Interesse der meist jugendlichen Gruppenleiter. Themen, die den konkreten (Verwertungs-)Horizont überschreiten, sind diesen Mitarbeitern schwer zu vermitteln. Die Gestaltung der wöchentlichen Gruppenstunde füllt sie zumeist vollkommen aus, so daß grundsätzliche Fragen (Politik, Mitbestimmung, Zielsetzung der Jugendarbeit) zu kurz kommen müssen und außerdem nicht auf ihre eigenen Erfahrungen aufbauen können. Diese Tatsache verweist auf zwei grundsätzliche Zusammenhänge; einerseits brauchen die Jugendlichen einen Schonraum, um eine eigene Identität entwickeln zu können . . ., andererseits räumen aber die Gesellschaft und ihre pädagogischen Institutionen den Jugendlichen zu wenig Freiraum ein, Mitbestimmung tatsächlich auszuprobieren. Die Frage ist also, inwieweit es für die Jugendlichen tatsächlich möglich ist, ihre Umwelt aktiv zu ändern. . . .

In den konfessionellen Verbänden rangieren die Bedürfnisse nach Kommunikation noch vor sachorientierten Interessen. Das Lernen im Persönlichkeitsbereich ist für kirchliche Mitarbeiter wesentlich wichtiger als für andere Ehrenamtliche; die Verbesserung der Selbstwahrnehmung und die Auseinandersetzung mit persönlichen Problemen hat bei ihnen einen hohen Stellenwert“[510].

Für alle jugendlichen Mitarbeiter, die in der Untersuchung befragt wurden, gilt, daß die Themen der Weiterbildung einen Bezug zur Ichfindung der Teilnehmer haben sollten[511].

Zusammenfassend wurden für die Aus- und Weiterbildung drei zentrale Lernfelder benannt:

„– die Auseinandersetzung mit der eigenen Person, den persönlichen Eigenschaften und der eigenen Geschichte;
– der Erwerb von Handlungswissen, um Lernsituationen für die Adressaten der Jugendarbeit zu gestalten;
– die Auseinandersetzung mit der gesellschaftlichen Umwelt und der Entwurf von Handlungsmöglichkeiten in dieser Umwelt“[512].

Um möglichst vielen Jugendlichen den Zugang zu einer Ausbildung zu ermöglichen, sollen die verschiedenen Formen (Wochenendkurse, Abendveranstaltungen, etc.) beibehalten werden, wobei allerdings den Wochenkursen insofern Vorrang einzuräumen ist, als sie intensivere Lernerfahrungen ermöglichen[513].

1.4.1.4 Die Ausbildung ehrenamtlicher Mitarbeiter in der evangelischen Jugendarbeit am Beispiel der nordelbischen Kirche (Uta Rüppel 1979)

Uta Rüppel untersucht mit ihrer Arbeit[514] die Intentionen der hauptamtlichen Mitarbeiter der nordelbischen Kirche – der drittgrößten Gliedkirche der EKD –, die diese für die Ausbildung ehrenamtlicher Gruppenleiter angeben[515]. Es werden alle Mitarbeiter interviewt, die im Jahre 1976 einen Grundkursus zur Ausbildung ehrenamtlicher Mitarbeiter durchgeführt haben[516]. Die hauptamtlichen Mitarbeiter werden zum einen durch Tiefeninterviews über ihre Ausbildungstätigkeit befragt, zum anderen werden durch standardisierte Fragen Einzelprobleme der Ausbildung erhoben.

Bei der Frage, welche Themen in der Jugendgruppenleiter-Grundausbildung unbedingt zur Sprache kommen sollen, sind auf Rang 1 vier Themen plaziert, die in den Bereich der *gruppenpädagogischen Inhalte* gehören (die Gruppe im sozialen Umfeld, gruppenpädagogische Methoden, die Rolle des Leiters in der Gruppe, Kreativität)[517]. Auf Platz 2 rangieren die sozialen Bedingungen der Entwicklung, die Ziele der Jugendarbeit in der Gesellschaft, Status und Rollenverhalten, während erst auf Platz 5 die christliche Motivation genannt wird[518]. Auf Platz 13 werden Themen wie Frieden, Zukunft, Sinn des Lebens und Nächstenliebe genannt, auf Platz 19 Leiden und Schuld, auf Platz 20 Themen wie Glück und Wahrheit, wobei allerdings auf Platz 4 herausragend das Thema Angst rangiert[519]. Auffallend bei dieser Befragung der hauptamtlichen Mitarbeiter ist, daß die eindeutig gruppenpädagogischen – also die konkreten praxisbezogenen – Inhalte an oberster Stelle genannt werden, während spezifisch theologische Inhalte wie Schöpfung, Wort Gottes, Sünde, Hoffnung auf Vollendung, Glaube an die Schöpfung etc. am Ende der Liste erscheinen. Uta Rüppel vermutet, daß die Ursache für diese Plazierung darin zu sehen sei, daß gerade die christlichen Themen nicht eindeutig und nicht personal formuliert worden seien[520].

Deutlich wird auch, daß die Mitarbeiter in der Schwerpunktsetzung und in der Erarbeitung der Inhalte für die Grundausbildung sehr frei und selbständig sind[521].

Die Inhalte werden nach den Fragen der Ausbildungsteilnehmer gewichtet, wobei eine Klärung der Motivation zur Mitarbeit in den Grundkursen unterschiedlich intensiv erfolgt[522]. Während eine spezifische Einflußnahme durch Glaubenswissen und Riten meistens abgelehnt wird, bewegt „die Frage nach glaubhaften Formen der Verkündigung, die ins alltägliche Leben einbezogen ist, . . . auch die Hauptamtlichen. Hier fehlen jedoch Modelle, die entlasten können. Die Reflexion von Zielen evangelischer Jugendarbeit findet, wenn überhaupt, nur in sehr geringem Maße in Grundkursen statt. Ehrenamtliche werden nicht über den Stellenwert ihrer Zielvorstellungen für ihr pädagogisches Handeln aufgeklärt. Das hängt vermutlich mit dem insgesamt ungeklärten Zielbereich – sowohl in der theoretischen Reflexion als auch bei den Hauptamtlichen – zusammen“[523].

Für die ehrenamtliche Mitarbeit werden in der Regel Schüler gewonnen werden[524].

Auf die Frage, welche Anforderungen an einen ehrenamtlichen Jugendgruppenleiter im Blick auf die Leitung der Gruppe wichtig seien, nennen die hauptamtlichen Mitarbeiter auf den ersten Plätzen: Sensibilität für Gruppenvorgänge, ständige Fortbildung, Fähigkeit zu beraten, ständiger Kontakt zu anderen Mitarbeitern der Gemeinde, Solidarität mit Jugendlichen, praktische Erfahrungen[525]. Auf den letzten Plätzen dieser Anforderungsskala stehen die Items seelsorgerliche Fähigkeiten, enge Bindung an die Kirche, wesentlich älter als die Gruppenmitglieder, theologisches Wissen, eigene feste Glaubensüberzeugung, evangelische Konfession und regelmäßiger Gottesdienstbesuch[526]. „Bei dieser Gewichtung durch nordelbische Jugendwarte ist auffallend, daß von 19 Anforderungen die rangersten 9 Anforderungen für alle Jugendverbände gleich formuliert werden könnten, also sprachlich kein Bezug zur Institution Kirche hergestellt werden kann . . . Anforderungen, die nach den Dimensionen der Religiösität als rituelle Dimension (regelmäßiger Gottesdienstbesuch, evangelische Konfession), ideologische Dimension (eigene feste Glaubensüberzeugung) und religiöses Wissen (theologisches Wissen) bezeichnet werden können, nehmen die letzten vier Rangplätze ein“[527]. Uta Rüppel geht davon aus, daß aufgrund der Erwartungen, die an Ehrenamtliche gerichtet werden, die Schwerpunkte in den Intentionen bei der Ausbildung durch hauptamtliche Mitarbeiter festgestellt werden können: „Die Anforderungen an die ehrenamtlich tätigen Mitarbeiter selbst sind praxisnah. Das Spezifische evangelischer Jugendarbeit kommt darin wenig zum Tragen. Dies ist seitens der Ausbilder vermutlich pädagogisch und theologisch motiviert. Eine christliche Motivation als Leistung vorweisen zu müssen, bevor ein Jugendlicher ehrenamtlich tätig werden darf, wird zugleich christlichen Einsichten widersprechen. Um so mehr sind Reflexionshilfen und Praxisbegleitung nötig, die auch den Ehrenamtlichen als Jugendlichen in den Blick bekommen“[528].

Die Hauptamtlichen werden danach befragt, welche Ziele sie in der Gruppenleiterschulung verwirklichen wollen. Das Zielspektrum ist eigenwillig akzentuiert und läßt sich nur schwer verallgemeinernd beschreiben[529]. Im Blick auf religiöse Zielsetzungen „ergeben sich dadurch Probleme, daß die

Ziele in überwiegender Mehrheit profan formuliert sind und sich eine religiöse Interpretation nicht ohne weiteres ablesen läßt. Das darf jedoch nicht zu dem Schluß führen, die Zielvorstellungen klammerten weitgehend religiöse Dimensionen aus. Aufgrund der Äußerungen zur Motivation zu Inhalten der Seminare kann angenommen werden, daß Mitarbeiter hier sozialwissenschaftlich formulieren, was sich konvergierend auch theologisch formulieren ließe. Doch verleiht die profane Formulierung vermutlich mehr Sicherheit, da sie weniger angreifbar ist als eine religiöse Terminologie“[530].

In der Zusammenfassung ihrer Untersuchungen charakterisiert Uta Rüppel die durch die Untersuchung zu Tage getretenen Unzulänglichkeiten in der Ausbildung ehrenamtlicher Mitarbeiter im Bereich der nordelbischen Kirche. Eine Hauptursache für die Unzulänglichkeiten sieht sie in der *„Theoriebildung der Jugendarbeit“*, „für die es noch kein Rahmenkonzept gibt, das Handlungsorientierung geben könnte. Bei der Theoriebildung evangelischer Jugendarbeit kommt hinzu, daß pädagogische und theologische Aussagen entweder unvermittelt, alternativ oder einander widersprechend nebeneinander gestellt werden, eine Vermittlung von Zielbestimmungen jedoch nicht gelingt. Die Praxis kirchlicher Jugendarbeit wird zudem weithin von der theologischen Reflexion im Stich gelassen. Dadurch entsteht folgende Wechselbeziehung zwischen wissenschaftlicher Theologie und Praxis: weil Praktiker von der Theologie nur ein knappes Angebot an Hilfestellung erhalten und wesentliche Orientierungshilfen ausbleiben, nehmen sie die Theologie auch immer weniger in Anspruch“[531]. Infolge der unklaren Zielsetzungen entstehen auch Unzulänglichkeiten in der Bestimmung der Inhalte der Grundkurse: „Bislang sind die Inhalte relativ stark an staatlichen Richtlinien orientiert. Theologische Inhalte werden für weniger wichtig erachtet. Inhalte, die zur Klärung der Sinnfrage beitragen, spielen kaum eine Rolle. Das kann damit erklärt werden, daß die Mitarbeiter in der Auswahl der Inhalte praxisorientiert sind. Doch kommt darin gleichzeitig zum Vorschein, daß Gruppenleiter-Schulung nicht auch als Sozialisationsinstanz, als Jugendarbeit mit Ehrenamtlichen begriffen wird, sondern überwiegend die Funktion der Ehrenamtlichen gesehen wird. So zeigt die Handlungsorientierung bei der Wahl der Inhalte, daß die Bedürfnisse der Heranwachsenden zu wenig wahrgenommen werden“[532]. Auch scheint Uta Rüppel das Grundproblem nicht gelöst, „die allgemein pädagogische oder gesellschaftspolitische Motivation mit der Motivation, die aus der christlichen Tradition und der Botschaft Jesu Christi entspringt, so zu vermitteln, daß wechselseitig kein Substanzverlust entsteht“[533]. Gleichzeitig fällt auf, daß die Klärung der Motivation der Ehrenamtlichen zur Mitarbeit weitgehend nicht bearbeitet wird, obwohl doch gerade bei der Motivationsklärung Ansätze zur Hilfe bei der Identitätsfindung Jugendlicher zu finden wären[534].

Aufgrund der festgestellten Unzulänglichkeiten werden folgende Forderungen gezogen:

a) Für die Ausbildung jugendlicher ehrenamtlicher Mitarbeiter sind die schriftlich fixierten Zielvorstellungen evangelischer Jugendarbeit im Blick auf die für die Ausbildung zu formulierenden Ziele zu überprüfen, wobei besonders bei der Herleitung der Ziele der Rückbezug auf Sinnzusammenhänge und Wertvorstellungen stärkere Beachtung finden sollte[535].

b) „Auch in der Gruppenleiter-Schulung sollten neben der Vermittlung von Techniken und Methoden konkrete, altersspezifische Lernaufgaben Ehrenamtlicher bewältigt werden, um der Situation der Ehrenamtlichen als Jugendliche gerecht zu werden. Diese Lernaufgaben sind nach Lebensbereichen der Jugendlichen zu orientieren, sowohl am politisch-sozialen und Freizeitbereich, auch am kirchlichen Bereich christlicher Lebensformen, die durch christliche Überlieferungen Deutungen und Wertmaßstäbe ermöglichen“[536].

c) Um menschliches Leben aus dem Sinn des christlichen Deutungshorizontes zu interpretieren, ist Glaubenswissen erforderlich, wobei in der Ausbildung Erfahrungs- und Glaubenswissen aufeinander bezogen werden sollen: „Um das Glaubenswissen in seiner inhaltlichen Aussage zu konkretisieren, sind Entsprechungen zwischen theologischen und pädagogischen Auffassungen aufzuzeigen, entweder als sich gegenseitig stützendes, korrespondierendes Erwartungsgeflecht, oder die entgegengesetzten Aussagen anderer theologischer und pädagogischer Strömungen“[537].

d) Auch in der theologischen und sozialwissenschaftlichen Forschung muß die Weiterarbeit an einem Rahmenkonzept für die evangelische Jugendarbeit erfolgen, wobei der Stellenwert leitender Wertvorstellungen für pädagogische Prozesse stärker berücksichtigt werden sollte und solche Wertvorstellungen nicht abstrahiert von Schichten- und Soziallagen formuliert werden dürfen[538].

1.4.1.5 Konsequenzen aus den empirischen Untersuchungen für die Ausarbeitung eines Ausbildungskonzepts der kirchlichen Jugendarbeit

Aus dem Überblick über die empirischen Ergebnisse lassen sich für die anstehende Aufgabe, ein Rahmenkonzept für die Ausbildung des jugendlichen Mitarbeiters in der kirchlichen Jugendarbeit zu entwickeln, folgende Konsequenzen ziehen:

a) Jugendliche, die sich in Ausbildungskursen für die Aufgabe als Gruppenleiter qualifizieren lassen, haben die altersentsprechenden Bedürfnisse, mit anderen Jugendlichen Kontakt aufzunehmen, Gemeinschaft zu erfahren, Gruppe zu erleben. Dem Jugendlichen ist in der Ausbildung der Raum anzubieten, in dem die Erfüllung oder besser Kultivierung dieser Bedürfnisse im Blick auf die Erziehungs- und Bildungsziele möglich ist. Jede Ausbildungsplanung muß die *Situation der Jugendlichen* berücksichtigen.

b) Gerade weil Jugendliche die Ausbildungsangebote als eine Möglichkeit zur Ichfindung annehmen, muß die Frage nach der Motivation für ihr Engagement in der kirchlichen Jugendarbeit in der Ausbildung berücksichtigt werden. Eine solche *Motivationsklärung* kann dazu beitragen, sich selbst besser kennenzulernen, sich eigene Ziele zu setzen, Selbstbestimmung einzuüben.

c) Der übereinstimmende Wunsch der Mitarbeiter nach *praktisch-pädagogischer Hilfe* muß ernstgenommen werden, ohne in den Fehler zu verfallen, in der Ausbildung pädagogische Handlungsrezepte auszustellen. Die im konkreten Handlungsfeld der Praxis stehenden Jugendlichen haben einen Anspruch auf eine praktisch-pädagogische Ausbildung, aber auch auf eine Praxisbegleitung, die die im Alltag anfallenden Probleme zu bewältigen hilft.

d) Die Ausbildungsangebote in der kirchlichen Jugendarbeit haben ihren Schwerpunkt nach den empirischen Belegen im pädagogischen Bereich. Für zukünftige Ausbildungspraxis ist das Desiderat anzumelden, *theologische Inhalte in die Ausbildung miteinzubeziehen,* d. h. auch die theologische Bedeutung der Leitungsfunktion herauszuarbeiten und zu zeigen, welche Aufgaben sich aufgrund dieser Überlegungen für jugendliche Leiter stellen und welche theologischen Kategorien für eine Vermittlung in der Jugendarbeit besonders geeignet scheinen. Die Auseinandersetzung mit theologischen Zielvorstellungen kann auch einen Beitrag zur Motivationsklärung und Ichfindung darstellen.

1.4.2 Die „reflektierte Gruppe“ als Ziel und Methode kirchlicher Jugendarbeit: Gruppenpädagogik oder Gruppendynamik?

Der Synodenbeschluß „Ziele und Aufgaben kirchlicher Jugendarbeit“ sieht als eine spezifische Hilfe zur Erreichung der Zielsetzung kirchlicher Jugendarbeit die Gruppenarbeit in Form der „reflektierten Gruppe“[539].

Vom jugendlichen oder erwachsenen Mitarbeiter, der solche Gruppen pädagogisch leitet oder begleitet, wird nach diesen Ausführungen des Synodenbeschlusses erwartet, daß er die innere Dynamik der Gruppe, d. h. die Initiativen der Gruppenmitglieder nicht stoppt, sie vielmehr aufmerksam beobachtet und dabei besonders darauf achtet, wie sich in der Gruppe selbst eine gruppeneigene Leitungsstruktur herausbildet und daß er *mit den gruppeneigenen Leitern zusammenarbeiten kann*[540]. Aufgrund dieser Vorgabe müßten also nach dem Synodenbeschluß Gruppenleiterinnen und Gruppenleiter im Umgang mit der Methode der „reflektierten Gruppe“ ausgebildet werden. Wenn die reflektierte Gruppe Methode und Ziel kirchlicher Jugendarbeit darstellt, muß sie methodisch auch in der Ausbildung jugendlicher ehrenamtlicher Gruppenleiter vorkommen, d. h. in der Gruppenleiterausbildung müssen die Interaktions- und Kommunikationsprozesse und ihre jeweilige Wirkung auf den Lernprozeß Beachtung finden, ja Gruppenprozesse müssen selbst Gegenstand des Lernens werden. Gleichwohl wird zu fragen sein, ob die „reflektierte Gruppe“ nicht zu einer *gruppendynamischen Überfrachtung der Lernprozesse* in der Jugendarbeit und speziell in der Jugendgruppenleiterausbildung führt und letztlich systematisches Lernen – wie es in der Gruppenleiterausbildung wichtig ist – verhindert. Zudem muß beachtet werden, daß es zweifelsohne „zu den schwierigsten Aufgaben der Qualifizierung (gehört), systematisches Lernen und informelle Begegnung befriedigend miteinander zu koppeln“[541], d. h. die Spannung zwischen intentionalem Lernen und Lehren und den Bedürfnissen und Interessen der an der Ausbildung teilnehmenden Jugendlichen in einen vernünftigen Ausgleich zu bringen, stellt eine Anforderung an die Ausbildungsleiter. Es wird auch zu fragen sein, ob die Gruppendynamik die Gruppenpädagogik ausschaltet, wie beide Begriffe in Beziehung zueinander stehen und welches Konzept für die Jugendgruppenleiterausbildung zu favorisieren ist. Für die Ausbildung jugendlicher Mitarbeiter hat der Münsteraner Pastoralsoziologe Hermann Steinkamp den Gedanken der „reflektierten Gruppe“ 1977 entfaltet[542].

1.4.2.1 Das Konzept von Hermann Steinkamp: Jugendarbeit als soziales Lernen – von der gruppenpädagogischen zur gruppendynamischen Konzeption kirchlicher Jugendarbeit

Hermann Steinkamp versteht unter „reflektierter Gruppe“ „nicht in erster Linie einen bestimmten Gruppentyp, sondern eine methodische Leitidee, nach der in Gruppen verschiedenster Art jene agogischen Ziele verfolgt werden, die im weitesten Sinne aus der Dialektik von Individuum und Gruppe (Gesellschaft) und der Notwendigkeit der Vermittlung von Individualität und Kollektivität entstehen“[543]. In der kirchlichen Jugendarbeit soll es seiner Meinung nach in erster Linie darum gehen, „daß das Element der Reflexion des Gruppenprozesses, d. h. insbesondere das Moment der Meta-Kommunikation über die in der Gruppe ablaufenden Prozesse, Ereignisse, Interaktionen und der mit ihnen verbundenen Gefühle und Einstellungen das entscheidende Merkmal darstellt“[544]. Dabei ist davon auszugehen, daß dieses Prinzip der Reflexion in allen Gruppenformen verwirklicht werden kann, also auch z. B. in kurzlebigen informellen Gruppen. Außerdem soll die Kennzeichnung einer Gruppe „als reflektierte Gruppe“ unabhängig von der jeweils besonderen Zielsetzung und Aktivität erfolgen[545]. Infolgedessen ist es auch gar nicht einfach, eine qualitative Grenze zwischen „reflektierten Gruppen“ und „nicht reflektierten Gruppen“ zu markieren: „Wichtig erscheint eine Grundübereinkunft der Gruppenmitglieder über die Notwendigkeit der Selbstreflexion . . . sowie die grundsätzliche Bereitschaft aller Gruppenteilnehmer, sich an den Meta-Kommunikationsprozessen zu beteiligen“[546]. Dabei brauchen sich die Teilnehmer einer Gruppe nicht fallweise künstlich zur Reflexion zu entscheiden, sondern die Reflexion ist selbst ein natürliches Produkt aus dem Verlauf des Gruppenprozesses und resultiert „in aller Regel aus einer Konfrontation der Gruppe durch ein Mitglied, einen gruppeneigenen Leiter, oder einen außenstehenden Berater. Die Fähigkeit zu solcher Konfrontation bzw. die soziale Kompetenz, Gruppen über einen dynamischen Kontrakt zu dieser Reflexionfähigkeit und -bereitschaft zu führen, gehört zu den wichtigsten Qualifikationen des Gruppenleiters, des Gruppenberaters und anderen Mitarbeitern der Jugendarbeit im Sinne des Konzepts der Synodenvorlage“[547].

Diese Ansprüche werfen schon jetzt die Frage auf, wie intensiv die Ausbildung sein muß, die Jugendliche zu solchen Interventionsformen befähigt und ob es überhaupt sinnvoll ist, den in einem Identitätsfindungsprozeß stehenden Jugendlichen mit solchen Ansprüchen zu konfrontieren, zumal in den streng gruppendynamischen Verfahren es ja darum geht, gewohnte Denk- und Verhaltensmuster aufzubrechen, von denen wohl erst nach einer abgeschlossenen Identitätsbildung geredet werden kann[548].

Einen in der Diskussion bisher noch nicht aufgegriffenen Einwand gegen das Konzept der „reflektierten Gruppe“ liefert Heinrich Ebel[549]. In Auseinandersetzung mit dem Konzept von Hermann Steinkamp problematisiert er den Ansatz des Konzepts an der peergroup. Peer-group – so Heinrich Ebel – ist eine informelle Gruppe, die Mitgliedschaft in peer-groups ist relativ flüchtig und partikularistisch. „Im Augenblick der Reflexion muß die ganze *Welt*, der vollständige *Alltag* präsent gemacht werden, sicherlich mit Schwerpunktsetzungen aber prinzipiell zur Gänze. Damit *verzerrt* sich der Freiraum selbst.

Der *spielerische Umgang mit Realität* in einem schmalen Sektor wird zur intentionalen Veranstaltung, die zwar einiges an Legitimation für die Professionalisierung Hauptamtlicher hergeben mag, das Grundbedürfnis des Jugendlichen nach *unreflektierter Annahme* durch die Gruppe aber pervertiert: man kann sich auch hier nicht mehr *ausleben*“[550].

Demgegenüber ist zu fragen, ob nicht gerade die Reflexion des Lebens in der Gruppe dem Jugendlichen wichtige Impulse dafür gibt, wie er sein Leben gestalten und selbst in die Hand nehmen soll, wie er in anderen Lebensbereichen (Familie, Beruf) christlichen Lebensumgang praktizieren kann. Das Erleben von Umgangsformen im Freizeitbereich im Gegensatz zu den sonstigen Sozialisationsbereichen und die Reflexion der für eine solche Kommunikation grundlegenden Bedingungen, können einen wichtigen Lernprozeß darstellen.

Richtig scheint mir, daß kirchliche Jugendarbeit als „reflektierte Gruppe“ eine Engführung und Verkrampfung bewirken *kann*: Aber unverkennbar bringt die Metakommunikation als Reflexion der Interaktion in der Gruppe einen wesentlichen Gewinn für die Mitglieder, zumal wenn sie nach Maßstäben christlichen Verhaltens vorgenommen wird. Besser als von der „reflektierten Gruppe“ wäre es daher von der Gruppe zu reden, die ihren Kommunikationsprozeß auch christlich *verantwortet* und dazu – von Zeit zu Zeit – reflektiert, also der *„christlich verantworteten Gruppe“*.

Der Ansatz „reflektierten Gruppe“ wird auch unter dem Gesichtspunkt kritisiert, daß mit der Methodik der „reflektierten Gruppe“ dem Übergewicht psychologisch-soziologischer Arbeit im Rahmen der kirchlichen Bemühungen Vorschub geleistet werde und die theologische Dimension hinter diesem psychologisch-soziologischen Anspruch verschwinde[551].

Das Konzept der „reflektierten Gruppe“ versteht Hermann Steinkamp als einen markanten Einschnitt in die Methodenentwicklung der kirchlichen Jugendarbeit, nämlich als den Schritt von einer gruppenpädagogischen zu einer gruppendynamischen Methodik. Diesen hält er für notwendig, denn die Gruppenpädagogik sei nur „eine Summe von anthropologischen Grundannahmen, von Techniken und Handlungsmaximen im Umgang mit Gruppen“[552]. Eine systematische Methodologie fehle ihr, „d. h. eine abgeschlossene Reihe von in sich stimmenden Aussagen über Zusammenhang und Zuordnung der verschiedensten Methodenelemente, Grundannahmen und Techniken“[553].

Besondere Kritik übt Hermann Steinkamp an der seiner Meinung nach unterentwickelten Methodologie der Gruppenpädagogik auch hinsichtlich der Leiterrolle, der Funktion des Programms sowie der Hypostasierung der Gruppe, wobei er davon ausgeht, daß hier die Differenzierung der Binnenstruktur nach Beziehungen, Funktion und Rollen einzelner Mitglieder fehlt[554]. Am Beispiel einer Tagung[555] versucht Hermann Steinkamp nachzuweisen, daß durch die Anwendung gruppenpädagogischer Prinzipien der Gruppenleiter in Gefahr stehe, gruppendynamische Situationen z. B. in Anfangssituationen von Gruppen durch vorschnelles Agieren (z. B. durch Stellen von Aufgaben) nicht zu beachten und so die der Gruppe immanente Leitungsfunktion unterzubewerten bzw. diese gar nicht zum Zuge kommen zu lassen. Dadurch wird verhindert, ein Programm aus den wirklichen aktuellen Bedürfnissen der Gruppe herzuleiten. Der wichtigste Kritikpunkt gegenüber der Gruppenpädagogik bleibt aber der, „daß sie die Gruppe als Medium benützt, um vorgegebene pädagogische Ziele ‚besser‘ zu verwirklichen“[556].

Im Gegensatz zur Gruppendynamik, die einen großen Optimismus bezüglich der einer Gruppe innewohnenden Kräfte und Potenzen entwickelt, gehe – so Hermann Steinkamp – die Gruppenpädagogik zu sehr auf Person und Funktion des Leiters ein, trotz der gegenteiligen Beteuerung, ihn überflüssig zu machen, um mit den Stärken der einzelnen und mit der Gruppe zu operieren[557]. Gleichwohl könne man „den derzeitigen Stand der Methodenentwicklung in der angewandten Gruppendynamik durchaus auch als Ausdifferenzierung, Fortschreibung, wissenschaftliche Verfeinerung dessen interpretieren, was als tradierte Praxiserfahrung u. a. in der ‚alten Gruppenpädagogik‘ immer schon in Ansätzen und rudimentär gewußt, geahnt, experimentiert worden war . . .“[558].

Aber Hermann Steinkamp ist nicht fachblind. Vielmehr geht es ihm um die Entfaltung der Sache der kirchlichen Jugendarbeit. So sagt er: „Bis heute gibt es keine empirisch gesicherte Aussagemöglichkeit darüber, ob nicht eine gute ‚handwerkliche‘ Gruppenpädagogik für das Praxisfeld Jugendarbeit adäquater ist als der Versuch, die vielen ehrenamtlichen Mitarbeiter in einem Maße zu gruppendynamischer Arbeit in Gruppen zu befähigen, daß dies bei Abwägung von Chancen und Gefahren vertretbar ist. Sofern gruppenpädagogische Methoden Gruppen und Individuen befähigen, sich in Bewegung zu setzen, d. h. solange sie Dynamik von und in Gruppen nicht einengen, zuschütten oder gar verhindern, sind sie für eine gruppendynamische Jugendarbeit akzeptabel und willkommen"[559].

Die Unterschiede zwischen einem gruppendynamischen und einem gruppenpädagogischen Konzept kirchlicher Jugendarbeit lassen sich nach Hermann Steinkamp zumeist weniger an der Basis kirchlicher Jugendarbeit – in den konkret vor Ort arbeitenden Gruppen – ablesen, als vielmehr an der Gesamtkonzeption kirchlicher Jugendarbeit in überörtlichen Strukturen: „Die Realisierung des Konzeptes der ‚reflektierten Gruppe' wird daher nicht ohne die Veränderung struktureller Bedingungen der Jugendarbeit möglich sein. Eines der wichtigsten Desiderate wäre die kritische Analyse und Veränderung von Organisationsstrukturen in Richtung auf eine wechselseitige Kommunikation zwischen Basis und Spitze"[560]. Die gegenwärtige Praxis kennzeichnet Hermann Steinkamp mit zwei Hauptmerkmalen:

„1. Einbahnkommunikation zwischen Jugendzentrale/Verbandsleitung
2. Reduplikation des ökonomischen Marktmodells von Angebot und Nachfrage"[561].

Zu 1: „Das gruppenpädagogisch orientierte Konzept hatte – folgerichtig – die organisatorisch-strukturelle Konsequenz, daß Organisationszentralen aller Art (Verbandszentrale, bischöfliches Jugendamt) dazu neigten, Programme, Ideen, Aufgaben, Jahreslosung u. ä. für die Basisgruppen zu entwickeln und über die entsprechenden Kanäle an sie zu vermitteln. Dieser Prozeß der Übermittlung verlief in aller Regel ‚einbahnig', d. h. von ‚oben nach unten', aber nicht umgekehrt. Folgerichtig insofern, als die gruppenpädagogischen Grundannahmen genau dies nahelegen: Versorgung der einzelnen Gruppen mit Zielen, Aufgaben, Leitung von ‚außen', damit sie nicht zerfallen"[562].

Zu 2: „In dem Maße, wie die Versorgung der Basisgruppen mit Ideen und Programmen ‚von oben' funktionierte, erlahmten die kreativen Kräfte der Gruppen, selbst nach Aktivitäten zu suchen, die ihren Bedürfnissen entsprachen"[563].

So ergab sich eine Verdoppelung des wirtschaftlichen Marktmodells auf die Jugendarbeit: Vorgabe von Programmen schuf Konsummentalität und lähmte die Kreativität der Basis, meint Hermann Steinkamp. Darauf entwikkelte man immer neue Programme, die die selbst produzierte Lähmung der Gruppe überwinden sollten. Fremdbestimmung des Jugendlichen ist die Folge. In Zukunft hätte sich deshalb besonders der hauptamtliche Mitarbeiter weniger an der Idee des Multiplikators als vielmehr an der Idee und Funktion des Supervisors zu orientieren. Strukturelle Veränderungen wären also Bedingungen dafür, daß das Konzept der „reflektierten Gruppe" – so wie es Hermann Steinkamp versteht – in der Praxis der Jugendarbeit verwirklicht werden kann.

1.4.2.2 Zum Verhältnis der Gruppendynamik und Gruppenpädagogik aus gruppenpädagogischer Sicht

Hermann Steinkamps Ausführungen lassen eine gründliche Auseinandersetzung mit den Aussagen der Gruppenpädagogik vermissen. Die Gruppenpädagogen haben sich ihrerseits ausführlich mit der Verhältnisbestimmung von Gruppendynamik und Gruppenpädagogik befaßt. Schon im April 1970 versuchte Magda Kelber bei einer Tagung[564] der gruppenpädagogischen Arbeitsstätte Haus Schwalbach das Verhältnis von Gruppenpädagogik und Gruppendynamik zu klären[565]. Für den Gruppenpädagogen sowie für den Gruppendynamiker zeichnen sich demnach folgende Gemeinsamkeiten ab:

- Kenntnis über den ständig im Fluß befindlichen Prozeß des Beziehungsgeschehens innerhalb einer Gruppe
- Verwertung der Arbeitsergebnisse der Kleingruppenforschung, die sich mit diesem dynamischen Geschehen in Gruppen befaßt
- verschiedene aktivierende Arbeitsformen, Techniken und Übungen (z.B. Methoden 66, Rollenspiel etc.)[566].

Man braucht nicht den zu eng gefaßten Begriff der Gruppendynamik als Laboratoriumssituation zu übernehmen, wenn man die für die Theorie einer kirchlichen Jugendarbeit positiven Erkenntnisse und Differenzierungen der Gruppenpädagogik in jener Selbstdarstellung festhält: Geht es in gruppendynamischen Laboratorien um die Veränderung der Persönlichkeitsstruktur, so will die Gruppenpädagogik behutsame Wachstumshilfen geben. „Jeder Mensch soll sich nach den in ihm liegenden Möglichkeiten entwikkeln und die Funktion des Gruppenpädagogen liegt darin, ihn zu befreien von Ängsten und Hemmnissen, die ihn an dem ihm gemäßen Wachstum hindern"[567]. Dabei wird die *Programmgestaltung* der Gruppe von den Gruppenpädagogen als wesentliches Hilfsmittel für diesen Wachstumsprozeß gesehen. Im Hinblick auf die Gruppendynamik ergeben sich wesentliche Unterschiede „in der Bewertung von Programm- und Sachinhalten als Hilfe im Prozeß. Die Gruppenpädagogik sieht das ‚Programm' – seine Sachdiskussion, gemeinsame Beschlußfassung, Spiel, Arbeit, Fest, Feier, Tanz usf. – als bewußt gewählte, weil in diesem Augenblick für diese Gruppe oder diesen einzelnen notwendige Hilfe. Dabei werden sowohl der ‚Bildungsgehalt' des Programms als auch seine Auswirkung auf Gruppenstruktur und -prozeß wie auch auf den einzelnen bedacht. Die Analyse des Gruppenprozesses wird zwar – als ‚soziales Programm' als *eine* Möglichkeit neben anderen genutzt, sie steht aber nicht im Mittelpunkt"[586].

Deutliche Unterschiede sind auch zwischen der Rolle des Gruppenpädagogen/Gruppenleiters und des Trainers im gruppendynamischen Training zu sehen: „Steht der Gruppenpädagoge sowohl mitten in der Gruppe wie auch in beruflicher Distanz neben ihr, so bleibt der ‚Trainer' mehr außerhalb der Gruppe. Er überläßt die Gruppe weitgehend sich selbst, während der Gruppenpädagoge den Grad seiner Intervention dem Stand der Gruppe anpaßt und, zumal im Anfangsstadium, beispielsweise in der Weise aktiv wird, daß er Angebote und Normen setzt"[569]. Im Gegensatz zur Gruppendynamik, die Konflikte provoziert, um bestimmte Gruppenerfahrungen zu ermöglichen, nutzt der Gruppenpädagoge „situationsgebundene Konflikte, um allen zu helfen, sie offen und fair austragen zu lernen, aber er provoziert sie nicht um ihrer selbst willen"[570]. In der Gruppenpädagogik beruht die Leitung der Gruppe auf pädagogischer Verantwortung. Deshalb kann sie in der Regel auch nicht von dem – für die kirchliche Jugendarbeit von Hermann Steinkamp favorisierten[571] – gruppeneigenen Führer wahrgenommen werden, „da er als erster und gleich eng mit der Gruppe und ihren Zielen identifiziert ist und sich ihr gegenüber nicht als ihr Erzieher fühlen kann und soll. Der pädagogisch verantwortliche Gruppenleiter wird mit wachsender Reife der Gruppe mehr und mehr zu ihrem Berater"[572]. Diese Beschreibung der Funktion des Leiters entspricht der Aufgabenbeschreibung, wie sie sich im Synodenbeschluß über Ziele und Aufgaben kirchlicher Jugendarbeit vorfindet.

Dabei ist davon auszugehen, daß sich der gruppenpädagogische Leiter durchaus der gruppendynamischen Implikation seiner Arbeit bewußt ist. Vor allem muß er dazu anregen, die Gruppenprozesse meta-kommunikativ aufzuarbeiten, wobei allerdings sehr darauf zu achten ist, daß die Meta-Kommunikation dem Stand der Gruppe entspricht und nicht durch gewalttätige Übungen meta-kommunikative Elemente herbeigeführt werden, die weder dem einzelnen Jugendlichen noch der Gruppe gerecht werden können. In den Vorschlägen von Hermann Steinkamp ist der Entwicklungsduktus von einer spontan vorwissenschaftlich betriebenen kirchlichen Jugendarbeit zur pädagogischen und gruppenpädagogisch orientierten sowie gruppendynamisch reflektierten Jugendarbeit zu sehen. In diesem Trend liegt die Gefahr, daß Spontaneität und Vorläufigkeit durch die Verwissenschaftlichung eingeengt werden.

1.4.2.3 Konsequenzen einer gruppendynamisch orientierten Jugendarbeit für die Aus- und Weiterbildung von ehrenamtlichen jugendlichen Gruppenleiterinnen und Gruppenleitern

Das Konzept von Hermann Steinkamp enthält Vorschläge für die Aus- und Weiterbildung von Gruppenleitern, die als Entfaltung der Anforderungen des Synodenbeschlusses gesehen werden. Wenn die Leitungsfähigkeit nicht nur eine natürliche Begabung ist, sondern Training braucht, müssen entsprechende Lernwege gesucht werden, denn „Leitungskompetenzen müssen lernbar sein"[574]. Hermann Steinkamp plädiert nach der Verfahrensweise der Curriculumplaner für eine Operationalisierbarkeit der zu vermittelnden Qualifikationen: »Sie müssen in präzisen, kontrollierbaren Lernschritten beschreibbar sein und Wege, Zeitaufwand usw. ihrer Erreichung angegeben werden[575].

Für die Entwicklung besonderer Ziele zur Förderung der kommunikativen Kompetenz von Gruppenleitern geht er vom Lernzielkatalog des Synodenbeschlusses aus[576]. Er subsumiert die ersten zwei Zielbeschreibungen des Synodenbeschlusses, nämlich das Erwerben der Fähigkeit, Fragen zu hören und auszuhalten und der Fähigkeit, Fragen und Artikulationen Jugendlicher, insbesondere aus sozialen Randgruppen auf ihre Hintergründe (auf tieferliegende Bedürfnisse, Sinnfragen) zu untersuchen, unter dem Begriff der *kommunikativen Kompetenz.* „Mit kommunikativer Kompetenz ist die Fähigkeit gemeint, die in Kommunikationsprozessen anwesende personale und intersubjektive Gesamtwirklichkeit zu verstehen und zu verarbeiten. Kommunikation heißt aber nicht nur Interaktion, Austausch im Medium der Sprache, sondern meint prinzipiell alle sozialen Situationen und Handlungen, an denen mehrere Individuen beteiligt sind, z.B. auch Kooperationsprozesse, bei denen nicht verbal kommuniziert wird oder Spielsituationen"[577]. Zu der kommunikativen Kompetenz gehört auch „die Fähigkeit, Äußerungen wie Apathie, scheinbar irrationale Aggressionsausbrüche u.ä. Phänomene auf tieferliegende Bedürfnisse, Identitätsschwierigkeiten, Suche nach Sinn zu hinterfragen"[578]. Daß hier die Überforderung eines jugendlichen Gruppenleiters sehr deutlich wird, da dieser ja selbst in der Phase der Identitätsfindung steht, scheint Hermann Steinkamp zu sehen. Aber das wird für ihn nicht zum Anlaß, seine Konzeption zu überprüfen, sondern: „Das Problem, das es zu lösen gilt, bleibt: Angesichts der drohenden Überforderung, die das Lernziel ‚kommunikative Kompetenz' beinhaltet, das Mögliche zu versuchen"[579].

Zu den Lernzielbereichen des Synodenbeschlusses „Fähigkeit und Bereitschaft, mit jungen Menschen originäre Erfahrungen zu machen und zu reflektieren" und „Kreativität im Entdecken und Erproben neuer Formen des Miteinander-Leben" bemerkt Hermann Steinkamp: „Das Training der Fähigkeit sowie die Entdeckung der Bereitschaft, originäre Erfahrungen zu machen und alternative soziale Lebensformen zu experimentieren, muß zunächst bei den Verantwortlichen, den Gruppenleitern selbst erfolgen"[580].

Was das Lernziel angeht, „Lernbereitschaft, überkommene Normen in Frage zu stellen", zu entwickeln, ist darauf zu verweisen, daß zur Normfindung in Gruppen die Distanz zu den eigenen Werten und Normen genügend ausgeprägt werden muß. Diese Distanz ist in der Regel bei dem in einem Wert- und Normfindungsprozeß stehenden Jugendlichen nicht zu finden: „Aus dieser objektiven Schwierigkeit des jugendlichen Gruppenleiters läßt sich unter anderem die Forderung nach Mitarbeit erwachsener Berater in der Jugendarbeit begründen"[581].

Bei dem Lernziel „Bereitschaft, am eigenen Glauben teilnehmen zu lassen", stellt Hermann Steinkamp lediglich fest, daß die Verfasser des Synodenbeschlusses damit zum Ausdruck bringen wollten, „daß alle bisher genannten Qualifikationen eine mögliche religiöse Dimension haben, d.h. offen sind für die Möglichkeit, daß der einzelne den Erwerb und die Ausübung einer solchen Qualifikation als Ausdruck religiös-gläubiger Existenz versteht."[582].

Glaube wird von Hermann Steinkamp als kommunikatives Handeln bzw. Ereignis verstanden und realisiert sich in interaktionellem, diakonischem und gesellschaftlichem Handeln[583]. Dabei sollen die Mitarbeiter vor allem auch die Fähigkeit mitbringen, auf die Erfahrungen der Jugendlichen auf ihre möglichen Tiefen- und Glaubensdimensionen hin zu deuten[584]. Dieser Sinndeutungsaspekt legt nahe, bei der Entwicklung eines Modells für die Gruppenleiterausbildung, die auch im Synodenbeschluß aufzufindenden christlichen Strukturelemente von Sinn, Freiheit, Liebe und Hoffnung als Deutungskategorien inhaltlich einzuführen. Diese Dimension fehlt in den Überlegungen Hermann Steinkamps weitgehend.

Der „Zielfelderplan" von Hermann Steinkamp: Jugendliche als Leiter von Gruppen

Für die Ausbildung von Jugendlichen zu Leitern von Gruppen formuliert Hermann Steinkamp einen Lernzielkatalog auf einem mittleren Konkretisierungsniveau. Der Zielfelderplan zeigt in der horizontalen Ebene die personale Dimension (Ich-Ich; Ich-Kollegen; Ich-Gleichaltrige; Ich-Gesellschaft; Ich-Kirche) und in der vertikalen Linie Funktionsbereiche der Jugendarbeit (Interaktion mit Individuen, Erfahrungswelt der Gruppe, Umwelt der Gruppe). Diese Zielfelder sind nochmals unterteilt: „In der oberen Hälfte erscheint jeweils ein Lernziel, das stärker der Persönlichkeitsentfaltung des Leiters anzurechnen ist; im unteren Teil jedes Feldes ist ein Lernziel formuliert, das im Bereich der (aufgabenbezogenen) Handlungsfertigkeiten als Jugendleiter gehört"[585].

Zielfelderplan A: Jugendliche als Leiter von Gruppen

Gruppenleiter / Jugendarbeit	Ich ↔ Ich (Identität)	Ich ↔ Kollegen Ich ↔ Gleichaltrige	Ich ↔ Gesellschaft Ich ↔ Kirche
Interaktion mit Individuen (in Gruppen), z.B. - Bedürfnisse - Fragen - "Außenseiter"	A1 Eigene Bedürfnisse situativ wahrnehmen und artikulieren lernen - - - - - Bedürfnisse eines anderen unter Verwendung von Metakommunikation herausfinden	A2 Eigene Stärken und Schwächen bei der Aufnahme von Beziehungen kennen, annehmen, ggf. ändern - - - - - Anderen in einem Beziehungskonflikt als Berater helfen können	A3 Eigene familiale bzw. institutionelle Verhaltensmuster kennen und kritisch reflektieren - - - - - Anderen bei ihrer Identifikation/Auseinandersetzung mit Institutionen (Schule/Kirche) Reflexionshilfen geben können
Erfahrungsfeld Gruppe, z.B. - Geborgenheit - Konflikte - Versöhnung - "Sündenbock"	A4 Eigene typische Rollenmuster in Gruppen ("Boß", "Vermittler") kennen und Distanz dazu gewinnen lernen - - - - - In Gruppen(situationen) einfache Rollen identifizieren und zur Reflexion darüber anregen können	A5 Eigenes Konfliktverhalten ("Neigung zu Rückzug", "Nachtragen") erkennen und in seinen Auswirkungen abschätzen - - - - - In Konfliktsituationen Lösungsstrategien anwenden können (z.B. "Versöhnung")	A6 Wichtige Normen und Werte meiner religiösen Sozialisation in ihren Auswirkungen auf mein religiöses Erleben kennen - - - - - Normen und Normentwicklungsprozesse in Gruppen erkennen und in Beziehung zu Normen, z.B. der Kirche, reflektieren
Umwelt der Gruppe, z.B. - Verband - Kirche - Normen der Gesellschaft	A7 Eigene politische Position in bezug zur (religiösen) Identität sehen, verstehen und begründen können - - - - - Konflikte der Gruppe mit Verband/Gemeinderat als Normen- (bzw.ggf.) und Strukturkonflikt erklären	A8 Eigenen Freundeskreis (Arbeitsplatz) in bezug auf seine politisch-ideologische Position kennzeichnen können - - - - - Kirchliche, politsche "Identität der Gruppe" herausbilden und reflektieren können	A9 Eigene politische Option in Auseinandersetzung zu anderen Positionen verstehen - - - - - Mit der Gruppe einen "politischen" Konflikt austragen, d.h. z.B. Solidarität mit anderen Gruppen praktizieren

Aus: H. Steinkamp 1977, 66-68.

Kritik am „Zielfelderplan“ von Hermann Steinkamp: Pädagogische und theologische Gesichtspunkte

Für Hermann Steinkamp ist das Lernen aus der Erfahrung im gruppendynamischen Kontext wichtig: „Lernen aus dem Gruppenprozeß bedeutet eigentlich Lernen aus gemeinsamen, von anderen geteilten Erfahrungen“[586] und: „Lernen aus dem Gruppenprozeß ist in der Regel effektiver als Lernen an Inhalten, die von irgendwoher in die Gruppe transportiert werden“[587].

Für die Strukturierung von Teilzielen einer Gruppenleiterausbildung im Hinblick auf die in einer Gruppe ablaufenden Prozesse scheint mir der Zielfelderplan Hermann Steinkamps durchaus hilfreiche Orientierungspunkte zu liefern. Lernen in der Gruppenleiterausbildung für kirchliche Jugendarbeit darf aber im Blick auf die Maßstäbe des Evangeliums nie allein Lernen aus dem Gruppenprozeß sein: Es fehlt also die Dimension der Offenbarung, des Evangeliums, der Kirche.

Darüber hinaus sollen Jugendarbeiter „über einige grundlegende Kenntnisse zur Funktion außerschulischer Jugendarbeit in der Gesellschaft und im Sozialisationsprozeß des Jugendlichen verfügen, um über den Sinn des eigenen Tuns nachdenken zu können. Dabei ist wesentlich, daß die Informationen nicht im Rahmen einer abstrakten politischen Institutionenkunde vermittelt werden, sondern einen engen Bezug zur Lebenswelt des Jugendlichen, aber auch zur Jugendarbeit erkennen lassen“[588].

1.4.2.4 Konsequenzen für die Ausbildung der ehrenamtlichen Mitarbeiter in der kirchlichen Jugendarbeit: Versuch der Integration von pädagogischen und theologischen Theorie- und Praxiselementen

So sehr für den Bereich der kirchlichen Jugendarbeit und speziell für die Ausbildung jugendlicher Gruppenleiter eine Verbindung von sozialem-kommunikativem Lernen und religiösem Lernen zu fordern ist[589], so wichtig ist unter der Rücksicht dieser Forderung auch die Notwendigkeit, daß der jugendliche Gruppenleiter in die Lage versetzt wird, soziale Vorgänge, damit eintretende Erfahrungen und die Reflexion dieser Erfahrungen sowie die Gewinnung von Handlungsorientierungen für aus Erfahrung resultierendes zukünftiges Handeln im christlichem Sinndeutungshorizont zu interpretieren. Insofern bleibt die kritische Anfrage an den Zielfelderplan von Hermann Steinkamp, in welchen Bereichen das Erlernen dieser christlichen Deutungskompetenz erfolgen soll, wobei nicht verschwiegen werden darf, daß dieser Bereich sicher zu den schwierigsten Lernbereichen in der Gruppenleiterausbildung gehört. Unter theologischen Gesichtspunkten muß für die Ausbildung jugendlicher Gruppenleiter auch die Thematisierung ihrer Aufgabe gesehen werden, als Glaubenszeuge kommunikativ zusammen mit den Gruppenangehörigen über den Glauben sprechen zu können und gerade die Erfahrungen, die sich alltäglich in Gruppen einstellen unter metakommunikativem Gesichtspunkt auch auf ihre möglichen Glaubens- und Tiefendimension hin deuten zu können. Schließlich muß die Forderung des Synodenbeschlusses[590] gesehen werden, daß über Ziele und Aufgaben kirchlicher Jugendarbeit verbindliche Übereinstimmung erzielt werden muß[591]. Eine solche verbindliche Übereinstimmung darf sich aber nicht nur auf das methodische Prinzip (der reflektierten Gruppe) erstrecken, sondern muß auch in der Inhaltsbeschreibung der Ausbildungsgänge deutlich werden.

Deshalb muß in der Ausbildung durch eine Integration sowohl theologischer als auch pädagogischer Theorie-[592] und Praxiselemente die Fähigkeit der Gruppenleiter gefördert werden, eine christlich verantwortete Gruppe zu leiten.

1.4.3 Vergleich neuerer Ausbildungskonzepte (Rahmenpläne) der Diözesen in der Bundesrepublik Deutschland

Nachdem der Synodenbeschluß grundlegende Orientierungen für die kirchliche Jugendarbeit erarbeitet hatte, ist zu erwarten, daß sich die Grundgedanken dieses Beschlusses in den Rahmenkonzepten der Ausbildung niederschlagen. Deshalb vergleiche ich die mir zur Verfügung stehenden – in der Zeit von 1976 bis 1979 entstandenen – Rahmenkonzepte[593] zur Aus- und Weiterbildung der Mitarbeiter.

Vier Entwürfe (I, II, III, IV) machen den *Bezugsrahmen der Konzeption* deutlich: Für drei Pläne (I, III, IV) ist die Kategorie „Personales Angebot“ ausdrücklich der Bezugsrahmen, wobei die im Synodenbeschluß aufgeführten Zielsetzungen der Mitarbeiterausbildung[594] wörtlich in zwei Plänen übernommen werden (I, III). Ebenfalls als wichtiger Grundlagentext wird das Grundsatzprogramm des BDKJ genannt (II, III, IV), dabei wird vor allem das Ziel der personalen Selbstverwirklichung (II, IV) herausgestellt.

Auch die gesellschaftlichen Bedingungen sind eine entscheidende Bezugsgröße der Aus- und Weiterbildung der jugendlichen Mitarbeiter (I, III). Aufgrund der Orientierung an der Kategorie „personales Angebot“ wird Ausbildung als *personenbezogene Bildungsarbeit* verstanden (I, III).

Zur Organisation der Ausbildung: Zwei Pläne (IV, V) sehen einen auf die Gruppenleitertätigkeit vorbereitenden Kurs vor, wobei die Jugendlichen, die diesen Kurs besuchen 16 Jahre (IV) bzw. 14-15 Jahre alt (V) sein sollen. In beiden Plänen wird für diesen Vorbereitungskurs als Hauptaufgabe die Ermöglichung der Erfahrung gemeinschaftlichen Gruppenlebens benannt, um „diese Mitarbeiter für eine künftige Mitarbeit (zu) begeistern und ihnen erste Einblicke für die spätere Arbeit (zu) vermitteln“[595].

Für die Gruppenleitertätigkeit qualifizierende Kurse sind Grundkurse (I, II, III, IV, V) und daran anschließend ein Aufbaukurs I (I, II, III, IV, V) und ein Aufbaukurs II (I, II, III).

Zielsetzung der Grundkurse ist vor allem eine Einführung in die Ziele und Aufgaben kirchlicher Jugendarbeit (I, II, III, IV, V) und eine Grundeinführung in die Gruppenarbeit (I, II, III, IV, V).

Der Aufbaukurs dient dem Kennenlernen der Theorien und Methoden der Jugendarbeit und der vertieften Reflexion der Gruppenprozesse (I), der Erarbeitung der Theorie und Praxis der Gruppenleitung (II), der Reflexion eigenen Verhaltens an den Maßstäben der Werte und Zielvorstellungen kirchlicher Jugendarbeit einschließlich der verantworteten Planung und Reflexion von Gruppenprozessen (III), der Überprüfung der eigenen Werthaltung, eine Auseinandersetzung mit den grundlegenden Inhalten der Jugendarbeit und die Entwicklung schöpferischer Fähigkeiten und der Fähigkeiten der sozialen Wahrnehmung, der Kommunikation, des Treffens von Entscheidungen etc. sowie das Training sozialer Beweglichkeit und Belastbarkeit (IV); schließlich der Reflexion des Selbstverständnisses kirchlicher Jugendarbeit (V).

Im Aufbaukurs II sollen Beratungstechniken, Planung und Organisationsleitung erlernt werden (I). Im Ausbildungsplan für Nordrhein-Westfalen wird die Erprobung und Einübung in gruppenpädagogische Fertigkeiten genannt, wobei eine Auseinandersetzung mit grundlegenden Fragen der Jugendarbeit sowie mit der Bedeutung von Familie, Schule, Beruf, Politik, Freizeit und Kirchen und deren Auswirkungen auf Jugendliche erfolgen soll (II). Der Essener Plan sieht eine Überprüfung der persönlichen Haltung an den Werten und Zielvorstellungen der Kirche vor, darüber hinaus die grundsätzliche Auseinandersetzung mit grundlegenden Fragen der Jugendarbeit sowie die Erweiterung der sozialen Kompetenz der Leiterrolle mit dem Ziel, Gruppen zur Reflexion verhelfen zu können und Gruppenleiter beraten zu lernen.

Als Mindestalter für den Besuch von Grundkursen wird 16 Jahre (I, II, III, V) angegeben. Der Ausbildungsplan von Paderborn sieht ein Mindestalter von 18 Jahren vor (IV).

Beim Vergleich der Ausbildungspläne wird deutlich, daß das Konzept der reflektierten Gruppe insofern aufgenommen wird, als in allen Plänen gruppenpädagogische Inhalte eine gewichtige Rolle spielen und dabei auch die Person des Leiters und seine sozialen und kommunikativen Kompetenzen im Blick auf die zu erwerbende Fähigkeit, Gruppenprozesse wahrzunehmen und zu reflektieren, thematisiert werden sollen. Gleichzeitig fällt schon allein bei der quantitativen Auflistung der Inhalte die Einseitigkeit zugunsten der pädagogischen Fragestellung auf, während theologische Inhalte qualitiv in der Auseinandersetzung mit Zielen und in der Überprüfung der eigenen Werte und der eigenen Zielvorstellungen zu entdecken sind, aber nicht explizit mit operationalisierten Zielsetzungen genannt werden. Insofern bestätigt sich die empirische Analyse[596] der Ausbildungssituation jugendlicher Mitarbeiter auch von den Konzeptionen her, d.h., daß der praktisch-pädagogischen Kenntnis- und Fertigkeitsvermittlung deutlich die Priorität eingeräumt wird.

1.5 Ertrag der historischen Analyse für die Zukunft: Die Grundprobleme der Gruppenleiterausbildung

Die Darstellung der geschichtlichen Entwicklung der Leitbildes und der Ausbildung jugendlicher Gruppenleiterinnen und Gruppenleiter in der kirchlichen Jugendarbeit zeigt immer wieder auftauchende und wiederkehrende gleichbleibende Fragestellungen. Solche Fragen sind die nach den Überforderungen und Chancen jugendlicher Gruppenleiter (1.5.1), nach systematischer Ausbildung (1.5.2), und nach der ehren- und hauptamtlichen Mitarbeit Erwachsener (1.5.4). Im geschichtlichen Durchgang scheint mir die Frage nach einer grundlegenden didaktischen Theorie der Ausbildung auch immer wieder – oft nur in methodischen Überlegungen – gestellt (1.5.3).

1.5.1 Der Mangel an jugendlichen Gruppenleiterinnen und Gruppenleiter, ihre Überforderung und die Chancen ihrer Mitarbeit

Während der Mangel an Gruppenleiterinnen und Gruppenleitern für die kirchliche Jugendarbeit verstärkt Mitte der fünfziger Jahre beklagt wird, verstummt diese Klage in der jüngeren Zeit. Gleichbleibend werden in der geschichtlichen Entwicklung Gefahren der Überforderung jugendlicher Mitarbeiter durch die Übernahme von Leitungsverantwortung gesehen. Diese Überforderung wird in der jüngsten Zeit durch die gruppenpädagogisch-gruppendynamischen Anforderungen an den jugendlichen Leiter besonders deutlich, während in den fünfziger und in den frühen sechziger Jahren eher eine Überforderung durch zu abstrakte inhaltliche Ansprüche konstatiert wird.

Bisher nur hypothetisch sind die Überlegungen, welchen Einfluß die Tätigkeit des Gruppenleiters auf seine eigene Ich-Findung hat. Gerade im jüngsten Kontext gruppendynamischer Jugendarbeit wird im Blick auf die Leiterrolle der Jugendlichen betont, daß zu einer Befähigung der Gruppe zur Metakommunikation eine Leitungskompetenz erforderlich sei, die Jugendliche, die selbst noch im Prozeß der Identitätsbildung steht, sich kaum erwerben können.

Zukünftig sind empirische Untersuchungen erforderlich, die die hypothetischen Vermutungen bestätigen oder widerlegen.

Abgebaut werden muß die auch deutlich werdende Mehrbelastung der jugendlichen Leiter durch Übernahme vielfältiger Funktionen in der kirchlichen Jugendarbeit.

Obwohl diese Gefahr der Überforderung die konsequente Erhöhung des Mindestalters der Gruppenleiter von 16 Jahren auf mindestens 18 Jahre erfordern würde, zeigen auch die jüngsten Ausbildungspläne, daß sechzehnjährige Jugendliche als Adressaten zur Ausbildung eingeladen werden.

Andererseits zeigen die empirischen Analysen, daß jugendliche Mitarbeiter ihre Tätigkeit mit Freude ausüben und ihre Mitarbeit als Beitrag zur eigenen Identitätsfindung ansehen. Sie erwarten von der Ausbildung die Erfüllung ihrer Bedürfnisse nach gelingender Kommunikation in der Gleichaltrigengruppe. Insofern ist die Aus- und Weiterbildung der Mitarbeiter nicht nur ein wichtiges Feld kirchlicher Jugendarbeit, weil hier Funktionsträger herangebildet werden, sondern vielmehr auch weil die Ausbildung selbst Jugendarbeit ist, in der Jugendliche mit ihren Bedürfnissen und Anliegen angenommen werden müssen. Die Aus- und Weiterbildung jugendlicher Mitarbeiter und ihre Tätigkeit kann also durchaus auch als Chance zur Erweiterung der sozialen, kommunikativen und religiösen Kompetenzen der Jugendlichen gesehen werden.

Schließlich wird die Mitarbeit Jugendlicher als entscheidendes Unterscheidungsmerkmal im Blick auf andere Sozialisationsinstanzen hervorgehoben: „Diese Rolle des jugendlichen, ehrenamtlichen Mitarbeites in einer altershomogenen Gruppe stellt ein konstituierendes Element der Jugendarbeit dar, das die Jugendarbeit von allen anderen Sozialisationsfeldern unterscheidet. In dieser Funktion können jugendliche ehrenamtliche Mitarbeiter auch durch hochqualifizierte hauptamtliche Fachkräfte nicht ersetzt werden“[597].

1.5.2 Die Forderung nach systematischen Ausbildungsplänen

Durch die Geschichte der Gruppenleiterausbildung in der kirchlichen Jugendarbeit zieht sich wie ein roter Faden die Bemühung, die Ausbildungsanforderungen in Ausbildungsplänen festzuhalten. Die Entwicklung verläuft von den ersten Planungsübersichten, die als Hauptziel die „Lebensgestaltung in Christus“ angeben bis zum gruppendynamisch orientierten Zielfelderplan, der die sozialen und gruppendynamischen Kompetenzen des Leiters hervorhebt. Dabei fällt auf, daß die geforderte Systematisierung der Ausbildung am ehesten in den Organisationsformen der Ausbildung (Gliederung in Grund- und Aufbaukurse) einheitlich erreicht ist. In den jüngsten Plänen fällt darüber hinaus die Übereinstimmung in den gruppenpädagogischen Inhalten auf. Allerdings lassen die meisten Pläne die erkenntnisleitenden Interessen, die zur Formulierung geführt haben, im Dunkeln. Genausowenig wird die Situation der Jugendlichen ausdrücklich zum Ausgangspunkt der planerischen Überlegungen gemacht. Für die Erstellung zukünftiger Rahmenpläne ist eine Orientierung an den für jede Lehr/Lernplanung bedeutsamen Determinanten wichtig, d.h. die Lebenssituation der jugendlichen Mitarbeiter sowie die an sie gestellten Erwartungen für ihre Aufgabe als Gruppenleiter müssen ebenso beachtet werden wie die Erwartungen der Kirche und der Gesellschaft an Mitarbeiter in der Jugendarbeit. Schließlich wird sich ein solcher Ausbildungsplan an den Erkenntnissen der Fachwissenschaften orientieren müssen, wobei im Blick auf kirchliche Jugendarbeit insbesondere die Theologie (näherhin Religionspädagogik) und die Erziehungswissenschaften relevant sind. Eine solche Orientierung der Ausbildungspläne verhindert die Festschreibung des „Status quo“, insofern vielfältige Analyseergebnisse in den Plan einfließen, die nicht allein die derzeitige Praxis aufgreifen und beschreiben, sondern auch aufgrund wissenschaftlicher Reflexion Handlungsorientierungen für die Praxis ermöglichen.

Für die Gewinnung solcher Handlungsorientierungen ist es unerläßlich, sich über die Leitidee kirchlicher Jugendarbeit zu verständigen und Instrumente zur Überprüfung der Ausbildungspläne in ihrer Stimmigkeit im Verhältnis zur Leitidee zu entwickeln. In jüngerer Zeit ist die Forderung nach verbindlicher Übereinstimmung der Ziele, Inhalte und Aufgaben kirchlicher Jugendarbeit durch den Synodenbeschluß betont worden[598].

1.5.3 Der Mangel an didaktischer Theorie in der Jugendgruppenleiterausbildung

„Das Wort ‚Didaktik' ist in der Jugendarbeit so gut wie nicht daheim. Dabei wäre eines ihrer dringendsten Bedürfnisse die sach- und jugendgemäße Aufbereitung und Auswahl von Lerninhalten nach den Erkenntnissen der Curriculumforschung. So aber nimmt es nicht wunder, daß die in den letzten Jahren angebrochene ‚Verwissenschaftlichung' der Didaktik wieder einmal an der Jugendarbeit vorbeigehen könnte"[599]. So beobachtet Paul Hastenteufel 1973 die Situation, wobei für die Jugendarbeit neuerdings didaktische Entwürfe vorliegen[600] – allerdings nicht für die Gruppenleiterausbildung in der kirchlichen Jugendarbeit. Ein Grund für dieses Defizit, das auch in der Kritik an der mangelnden inhaltlichen Systematisierung der Ausbildungspläne deutlich wurde, ist die Angst, daß für die im Freizeitbereich angesiedelte Jugendarbeit durch Planung, Technik, Verordnung Werte wie Freiheit, Spontaneität, Kreativität und Emanzipation verloren gehen. Die Ausbildung von Gruppenleitern ist aber – auch wenn sie im Freizeitbereich und als Jugendarbeit stattfindet – intentionales Lehren und Lernen. Es muß also darum gehen, solche Lernmöglichkeiten aufzuweisen, die sowohl den spezifischen Bedingungen der Jugendarbeit als auch den Erfordernissen zielgerichteten Lernens gerecht werden[601].

Der Mangel an didaktischer Theorie rührt auch daher, daß die hauptamtlichen Mitarbeiter in der Regel eine sozialpädagogische oder eine theologische Ausbildung haben, d.h. aber, daß sie die für die Planung der Ausbildung notwendige fachliche Qualifikation nicht nachweisen können. Zudem verhindert allzu oft der in der Praxis vorhandene Arbeitsdruck die Möglichkeit der reflektierten und argumentierend begründeten Planung. Für die Zukunft kirchlicher Jugendarbeit – insbesondere aber für die Gruppenleiterausbildung – ist die Beschäftigung mit didaktischen Fragestellungen unumgänglich, auch deshalb, um in der Diskussion mit der außerschulischen nichtkirchlichen Jugendarbeit Gesprächspartner bleiben zu können. Im Blick auf die Gruppenleiterausbildung sind die Ergebnisse der Lehr/Lernplanarbeit aus dem schulpädagogischen Raum von Bedeutung, weil diese wichtige Impulse für Überlegungen der Lehr/Lernplanung geben können. Schließlich verhindert die jugendarbeitsgerechte Entwicklung einer Didaktik die Fehleinschätzung, daß intentionales Lehren und Lernen in der Jugendarbeit allein von den Leitungsteams der Ausbildungsgänge zu verantworten sei, ja sie kann einen Beitrag dazu leisten, solche Teams dadurch zu entlasten, daß sie ihnen qualifizierte Planungshilfen an die Hand gibt.

1.5.4 Die Forderung nach dem ehren- und hauptamtlichen erwachsenen Mitarbeiter in der kirchlichen Jugendarbeit

Der Blick in die Geschichte der Gruppenleiterausbildung hat gezeigt, daß schon seit 1957 die Forderung besteht, hauptamtliche Mitarbeiter in der (kirchlichen) Jugendarbeit einzusetzen. Weiterhin wurde deutlich, daß diese Forderung auch in der Praxis insofern verwirklicht wurde, als sowohl in der nichtkirchlichen offenen Jugendarbeit als auch in der kirchlichen Jugendarbeit die Zahl der hauptamtlichen Mitarbeiter ständig zunahm.

Die Forderung der Mitarbeit ehrenamtlicher erwachsener Mitarbeiter wurde zu Beginn der sechziger Jahre vor allen Dingen im Blick auf die Begleitung jugendlicher Mitarbeiter in den Gruppenleiterrunden gestellt. Diese Forderung wird m.E. auch dadurch verständlich, daß mit abnehmender Priesterzahl die zu Beginn der kirchlichen Jugendarbeit nach dem zweiten Weltkrieg selbstverständliche Aufgabe des Jugendseelsorgers in der Gemeinde, seinen Beitrag zur Persönlichkeitsbildung jugendlicher Gruppenleiterinnen und Gruppenleiter zu leisten, ausfiel.

Das Postulat, ehrenamtliche erwachsene Mitarbeiter in die kirchliche Jugendarbeit einzubeziehen, erweist sich als durchaus aktuell; der Synodenbeschluß fordert ausdrücklich diese Mitarbeit unter der Perspektive der Praxisbegleitung und Praxisberatung[602] der jugendlichen Mitarbeiter.

Als Desiderat für die Zukunft kirchlicher Jugendarbeit ist hier die qualifizierte Ausbildung ehrenamtlicher erwachsener Mitarbeiter anzumelden. Dabei ist sowohl an die erwachsenen Mitarbeiter zu denken, die sich in der Gruppenleiterausbildung beteiligen, aber noch mehr an die, die innerhalb einer Pfarrgemeinde eine Gruppenleiterrunde begleiten, Mitglied im Sachausschuß Jugend des Pfarrgemeinderats etc. sind[603]. Hier eröffnet sich ein Aufgabenfeld für die hauptamtlichen Mitarbeiter, an die unter dieser Rücksicht die Erwartung herangetragen werden muß, sich Grundkenntnisse in der Erwachsenenbildung anzueignen und sich die Fähigkeiten zu erwerben, Qualifizierungskurse für erwachsene Mitarbeiter zu initiieren, die nicht nur die kognitiven Dimensionen des Lernens umfassen, sondern auch auf der Verhaltens- und Einstellungsebene wirksam werden. Das ist deshalb so wichtig, weil der ehrenamtliche erwachsene Mitarbeiter, der Jugendliche zur Reflexion anleiten soll, selbst ein hohes Maß an Selbstwahrnehmung einüben muß und sein Verhalten gegenüber Jugendlichen zu reflektieren bereit sein muß.

Zu den erwachsenen Mitarbeitern der kirchlichen Jugendarbeit zählen auch die Priester, die Aufgaben in der Jugendseelsorge übernehmen. Das schon in den späten fünfziger Jahren angeführte Desiderat, Priestern Ausbildungsgänge anzubieten, die für die Mitarbeit in der kirchlichen Jugendarbeit qualifizieren, hat bis heute an Dringlichkeit nichts verloren.

2 Die theologische und pädagogische Bedeutung der Leitungsfunktion in der kirchlichen Jugendarbeit

Nach dem Durchgang durch die Geschichte der Entwicklung des Leitbildes und der Ausbildung der jugendlichen Gruppenleiterinnen und Gruppenleiter stellt sich die Frage, welche theologischen und pädagogischen Inhalte die Leitungsaufgabe der jugendlichen Mitarbeiter aufweist. Angesichts des gegenwärtigen Diskussionsstandes in Theologie und Pädagogik sollen aus der Beantwortung dieser Frage Orientierungen für zukünftige Praxis der Gruppenleiterausbildung gewonnen werden. Deshalb sollen sowohl theologische (2.1) als auch pädagogische (2.2) Bestimmungen zur Leitungsfunktion Jugendlicher vorgestellt werden, die in eine fachspezifische Beschreibung der Aufgaben aus der Verbindung von theologischen und pädagogischen Überlegungen (2.3) münden.

2.1 Die theologische Bedeutung der Leitungsfunktion

Ausgehend von der pastoralen Aufgabe der Kirche, dem Heil des Menschen zu dienen (2.1.1), und vom Laienapostolat als „personalem Angebot" dieses Heilsdienstes der Kirche (2.1.2) werden die theologische Bedeutung und die theologischen Aufgaben der Leitungsfunktion (2.1.3) so dargestellt, daß die Handlungsdimensionen des Gruppenleiters als „Lehrer des Glaubens" (2.1.3.1), als Vorbild (2.1.3.2) und als Mystagoge (2.1.3.3) deutlich werden. Die Verwirklichung dieser Aufgaben, für die die Gruppenleiterausbildung vorbereiten soll, hängt maßgeblich davon ab, daß das religiöse Leben junger Menschen gefördert, aber nicht überfordert wird (2.1.3.4). Aus der theologischen Analyse werden die Konsequenzen für die Ausbildung gezogen (2.1.3.5).

2.1.1 Die pastorale Aufgabe der Kirche: Dienst am Heil des Menschen

„Die Sendung der Kirche geht auf das Heil der Menschen, das im Glauben an Christus und in seiner Gnade erlangt wird"[1]. Die Begründung für ihren Dienst am Menschen findet die Kirche in Jesus Christus: „Wie aber Christus das Werk der Erlösung in Armut und Verfolgung vollbrachte, so ist auch die Kirche berufen, den gleichen Weg einzuschlagen, um die Heilsfrucht den Menschen mitzuteilen. Christus Jesus hat, ‚obwohl er doch in Gottesgestalt war, ... sich selbst entäußert und Knechtsgestalt angenommen' (Phil 2, 6); um unseretwillen ‚ist er arm geworden, obgleich er doch reich war' (2 Kor 8, 9)"[2]. Im Mittelpunkt der kirchlichen Heilsbemühung steht „der eine und ganze Mensch, mit Leib und Seele, Herz und Gewissen, Vernunft und Willen"[3]. Die Kirche als messianisches Volk ist „für das ganze Menschengeschlecht die unzerstörbare Keimzelle der Einheit, der Hoffnung und des Heils"[4]. Allerdings hat die Heilsvermittlung der Kirche eine endzeitliche Dimension, ihre Zielperspektive ist das endzeitliche Heil, „das erst in der künftigen Weltzeit voll verwirklicht werden kann"[5].

Aufgrund des kirchlichen Auftrages zum Dienst am Menschen bietet das II. Vatikanische Konzil „der Menschheit die aufrichtige Mitarbeit der Kirche an zur Errichtung jener brüderlichen Gemeinschaft aller, die dieser Berufung entspricht. Dabei bestimmt die Kirche kein irdischer Machtwille, sondern nur dies eine: unter Führung des Geistes, des Trösters, das Werk Christi selbst weiterzuführen, der in die Welt kam, um der Wahrheit Zeugnis zu geben; zu retten, nicht zu richten; zu dienen, nicht sich bedienen zu lassen"[6].

2.1.2 Das Laienapostolat als „personales Angebot" des Heilsdienstes der Kirche

Eine spezifische Aufgabe im Heilsdienst der Kirche kommt dem Laien zu: „Es besteht in der Kirche eine Verschiedenheit des Dienstes, aber eine Einheit der Sendung. Den Aposteln und ihren Nachfolgern wurde von Christus das Amt übertragen, in seinem Namen und in seiner Vollmacht zu lehren, zu heiligen und zu leiten. Die Laien hingegen, die auch am priesterlichen, prophetischen und königlichen Amt Christi teilhaben, verwirklichen in Kirche und Welt ihren eigenen Anteil an der Sendung des ganzen Volkes Gottes. Durch ihr Bemühen um die Evangelisierung und Heiligung der Menschen und um die Durchdringung und Vervollkommnung der zeitlichen Ordnung mit dem Geist des Evangeliums üben sie tatsächlich ein Apostolat aus. So legt ihr Tun in dieser Ordnung offen für Christus Zeugnis ab und *dient dem Heil der Menschen.* Da es aber dem Stand der Laien eigen ist, inmitten der Welt und der weltlichen Aufgaben zu leben, sind sie von Gott gerufen, vom Geist Christi beseelt, nach Art des Sauerteigs ihr Apostolat in der Welt auszuüben"[7]. Unter Apostolat wird dabei jede Tätigkeit der Kirche verstanden, die einen Beitrag dazu leistet, daß die Herrschaft Christi über die ganze Erde ausgebreitet und alle Menschen der heilbringenden Erlösung teilhaftig werden[8]. Den Laien „eignet, wenn auch in Verbindung mit der Hierarchie, eine grundsätzlich *selbständige* Verantwortung in der Kirche. Würde, Freiheit, apostolische Sendung eines Christenmenschen sind nicht reserviert für eine führende Kaste"[9]. Das Laienapostolat ergänzt und unterstützt die Hirtenaufgabe in der Kirche: „Als Teilnehmer am Amt Christi, des Priesters, Propheten und Königs, haben die Laien ihren aktiven Anteil am Leben und Tun der Kirche. Innerhalb der Gemeinschaften der Kirche ist ihr Tun so notwendig, daß ohne dieses auch das Apostolat der Hirten meist nicht zu seiner vollen Wirkung kommen kann"[10]. Franz Xaver Arnold stellt deutlich heraus, daß der Laie selbst Kirche ist, „ja, Kirche ist nicht denkbar ohne den Laien"[11]. Die besondere und unvertretbare Aufgabe des Laien wird besonders in seinem sozialen Umfeld deutlich. „Das Apostolat im sozialen Milieu, nämlich das Bemühen, Mentalität und Sitte, Gesetz und Strukturen der Gemeinschaft, in der jemand lebt, im Geist Christi zu gestalten, ist so sehr Aufgabe und Pflicht der Laien, daß sie durch andere niemals entsprechend erfüllt werden kann. In diesem Bereich können die Laien ein Apostolat unter ihresgleichen ausüben. Hier ergänzen sie das Zeugnis des Lebens durch das Zeugnis des Wortes. Hier im Bereich der Arbeit, des Berufes, des Studiums, der Wohnstätte, der Freizeit, des kameradschaftlichen Zusammenseins, sind sie eher imstande, ihren Brüdern zu helfen"[12].

Das „Apostolat unter ihresgleichen" gilt auch für *Jugendliche unter Jugendlichen:* „im wachsenden Bewußtsein der eigenen Persönlichkeit, getrieben von vitaler Begeisterung und überschäumendem Tatendrang, übernehmen sie eigene Verantwortung, begehren sie ihren Anteil am sozialen und kulturellen Leben: Wenn dieser Eifer vom Geist Christi, vom Gehorsam und Liebe gegenüber den Hirten der Kirche erfüllt ist, kann man davon überreiche Frucht erhoffen. *Junge Menschen selbst müssen die ersten und unmittelbaren Apostel der Jugend werden und in eigener Verantwortung unter ihresgleichen apostolisch wirken,* immer unter Berücksichtigung des sozialen Milieus, in dem sie leben"[13]. Insofern sind Jugendliche „nicht nur Adressaten des kirchlichen Dienstes, sondern ebenso seine Träger"[14]. Jugendliche können und sollen in der Kirche Verantwortung übernehmen und so teilhaben am Vollzug des kirchlichen Dienstauftrages[15].

Allerdings erfordert das Tätigwerden im Sinne des Laienapostolats „eine gewisse, der Begabung und der Situation eines jeden gemäße gesamtmenschliche Bildung... Der Laie muß nämlich die Welt dieser unserer Zeit gut kennen, und darum ein Glied seiner eigenen Gesellschaft sein, das für deren Kultur aufgeschlossen ist. Vor allem aber muß der Laie lernen, die Sendung Christi und der Kirche zu erfüllen, indem er aus dem Glauben im göttlichen Mysterium der Schöpfung und Erlösung lebt, gedrängt vom Heiligen Geist, der das Volk Gottes belebt und alle Menschen bewegt, Gott den Vater zu lieben und Welt und Menschen in ihm. Diese Bildung ist als Fundament und Voraussetzung jedes fruchtbaren Apostolates anzusehen"[16]. Besonders wichtig ist dabei die in einem Lernprozeß zu erwerbende Fähigkeit, „alles im Licht des Glaubens zu betrachten, zu beurteilen und zu tun, durch sein Handeln sich selbst mit den anderen weiterzubilden und zu vervollkommnen und so in einen wirkungsreichen Dienst für die Kirche hineinzuwachsen. Diese Bildung, die immer mehr zu vervollkommnen ist, verlangt schon mit Rücksicht auf die wachsende Reife der Person und auf die immer neuen Probleme ein von Tag zu Tag tieferers Wissen und eine entsprechend angepaßte Tätigkeit. Um allen Bildungsansprüchen gerecht zu werden, ist immer die Einheit und Ganzheit der menschlichen Person im Auge zu halten, so daß ihre Harmonie und ihr Gleichgewicht gewahrt und gestärkt werden"[17].

Einen besonderen Beitrag zur Apostolatsbildung bieten die Gruppen und *Vereinigungen der Laien*, wobei zu diesen Gruppierungen die *kirchlichen Jugendverbände* durchaus zu rechnen sind: „Sie sind oft sogar der normale Weg zu einer ausgewogenen apostolischen Bildung. In ihnen finden sich nämlich die theoretische, geistliche und praktische Bildung vereint. Ihre Mitglieder besprechen mit ihren Kameraden und Freunden in kleinen Gruppen Methoden und Ergebnisse ihrer apostolischen Tätigkeit und konfrontieren ihr tägliches Leben mit dem Evangelium"[18].

Das II. Vatikanische Konzil betont besonders, daß die heranwachsenden Jugendlichen in das Apostolat eingeführt und von seinem Geist durchdrungen werden sollen[19]. „Darum kann es nicht anders sein, als daß den christlichen Erziehern auch die Pflicht der Bildung zum Apostolat obliegt"[20].

Das Laienapostolat ist also „Teilnahme an der Heilssendung der Kirche selbst. Zu diesem Apostolat werden alle vom Herrn selbst durch Taufe und Firmung bestellt.

Durch die Sakramente, vor allem durch die heilige Eucharistie, wird jene Liebe zu Gott und den Menschen mitgeteilt und genährt, die die Seele des ganzen Apostolates ist. Die Laien sind besonders dazu berufen, die Kirche an jenen Stellen und in den Verhältnissen anwesend und wirksam zu machen, wo die Kirche nur durch sie das Salz der Erde werden kann"[21].

Begründet in Jesus Christus, in dem Gott Mensch wurde und als Mensch den Menschen begegnete, wendet sich die Kirche als Volk Gottes allen Menschen zu mit der Sendung, den Menschen das Heil zu bringen, wie es sich in Jesus Christus gezeigt hat. Bei dieser Sendung haben die Laien ihren eigenständigen und eigenverantwortlichen Auftrag, zu dem sie durch Taufe und Firmung bestellt sind. Sie leben und verkünden ihr Christsein im Alltag, im gesellschaftlichen Raum, in Schule, Beruf, Familie. Die Verwirklichung des Laienapostolats hängt wesentlich davon ab, ob und wie sich die Laien für diese Aufgabe bilden. Zu dieser Bildung für das Apostolat leisten die Vereinigungen der Laien (z. B. Jugendverbände) einen wichtigen Beitrag, auch diese Vereinigungen haben ihren Anteil an der Sendung der Kirche und dienen in ihrer jeweils spezifischen Form dem Heil der Menschen. Die Laien haben Anteil am priesterlichen, prophetischen und königlichen Amt Christi, einen Anteil, der für die kirchliche Jugendarbeit noch eigens erfaßt werden muß.

2.1.3 Bedeutung und Aufgaben der Leitungsfunktion in der kirchlichen Jugendarbeit. Der Mitarbeiter als Glaubenszeuge, als Vorbild und als Mystagoge

Der Synodenbeschluß über Ziele und Aufgaben kirchlicher Jugendarbeit greift die grundlegenden Aussagen des II. Vatikanischen Konzils über den Auftrag der Kirche auf:

„Der Dienst der Kirche zielt auf das Heil des ganzen Menschen. Deshalb gehört der Dienst an der Welt zu ihrem Wesen, denn darin vollzieht sie ihren Auftrag und beglaubigt ihn“[22]. Für die kirchliche Jugendarbeit stellt sich die Aufgabe, den Heilsdienst der Kirche sowohl in individueller als auch in sozialer Hinsicht zu verwirklichen. In individueller Hinsicht steht der Mensch vor der Aufgabe der Selbstverwirklichung: „Er nennt dieses Ziel Glück, Liebe, Friede, Freude, Heil – und selbst im Scheitern läßt er nicht von diesem Ziel. Die Suche nach diesem Ziel prägt sich beim jungen Menschen besonders darin aus, daß er nach Herkunft, Ziel und Sinn seines Lebens fragt, sein persönliches, unverwechselbares Selbst, seine Identität sucht, sich nach Glück sehnt und von seinen Mitmenschen angenommen sein möchte. Hier muß eine kirchliche Jugendarbeit ansetzen. Sie muß den jungen Menschen erleben lassen, daß gerade der christliche Glaube mehr als alle anderen weltanschaulichen Angebote den Weg zur Selbstverwirklichung freimacht und somit auf seine Frage nach Sinn, Glück und Identität antwortet, die immer auch die Frage nach dem Glück, dem Heil und der Identität aller einschließen muß“[23]. Im Blick auf die soziale Dimension geht kirchliche Jugendarbeit davon aus, „daß es kein christliches Leben abseits von der Gemeinschaft gibt. In Arbeit und Freizeit, in Kunst und Wissenschaft, in Politik und Technik hat der Christ seinen Mitmenschen zu dienen. Kirchliche Jugendarbeit muß um Christi willen zum sozialen und politischen Engagement führen, aber auch das Scheitern in christlicher Hoffnung durchstehen. Denn der Weltdienst der Kirche hat seinen Grund in einer Botschaft, die die letzten Ursachen des Unrechts in der Welt offenlegt, eine endgültige Gerechtigkeit und Freiheit durch Gottes Herrschaft verheißt, der die Welt endgültig angenommen hat“[24]. Insofern ist kirchliche Jugendarbeit „immer zugleich ein Dienst am einzelnen jungen Menschen und ein Dienst an der Gesellschaft, deren Schicksal davon abhängt, wie die Generationen miteinander zu leben und zu arbeiten verstehen“[25].

Der Heilsdienst in der kirchlichen Jugendarbeit verwirklicht sich im „personalen Angebot“[26]. Die kirchliche Jugendarbeit wird lebendig durch Menschen, „die bereit und fähig sind, aus ihrem Glauben an Jesus Christus heraus in der Gemeinschaft der Kirche zu leben. Sie machen sich mit anderen, besonders mit jungen Menschen, auf den Weg, bringen im gemeinsamen Suchen ihre Lebens- und Glaubenserfahrungen ein und unterziehen sie gegenseitig einer kritischen Auseinandersetzung. Ihr neu gewonnener Glaube findet in gemeinsamen Gesprächen, Aktionen und Feiern einen glaubwürdigen Ausdruck“[27]. Dieses personale Angebot findet seine Begründung in Jesus Christus, der als Gottes Sohn einmaliges und letztgültiges personales

Angebot Gottes ist (2 Kor 4, 6): „Durch sein Leben und seine Botschaft hat er uns gezeigt, wer Gott ist. Zugleich machte er uns durch seine Liebe zum Vater einerseits und seine Liebe zu den Menschen andererseits, die sich äußerte in einem vorbehaltlosen Engagement für die Würde jedes Menschen... und für ihre vitalen Bedürfnisse..., deutlich, wer der Mensch ist: nämlich bedingungslos geliebtes, angenommenes Kind des Vaters, der seinen Sohn nicht in die Welt gesandt hat, ‚daß er die Welt richte, sondern daß die Welt durch ihn gerettet werde' (Joh 3, 17)"[28]. Die Kirche repräsentiert als Gemeinschaft der Glaubenden, als Volk Gottes, das durch die Geschichte der Menschheit beständige personale Angebot. Die Kirche ist nämlich „in einer nicht unbedeutenden Analogie dem Mysterium des fleischgewordenen Wortes ähnlich"[29]: „die mit hierarchischen Organen ausgestattete Gesellschaft und der geheimnisvolle Leib Christi, die sichtbare Versammlung und die geistliche Gemeinschaft, die irdische Kirche und die mit himmlischen Gaben beschenkte Kirche sind nicht als zwei verschiedene Größen zu betrachten, sondern bilden eine einzige komplexe Wirklichkeit, die aus menschlichen und göttlichen Elementen zusammenwächst"[30].

Zum personalen Angebot der kirchlichen Jugendarbeit lassen sich also alle Menschen zählen, die Kindern und Jugendlichen in der Kirche als glaubwürdige Christen[31] begegnen – seien es Gleichaltrige oder Erwachsene, seien es Mitarbeiter und Funktionäre der Jugendarbeit (Priester und Laien) oder gläubige Christen ohne besondere Aufgaben im Bereich der Jugendarbeit. Sie alle haben Anteil am „priesterlichen, prophetischen und königlichen Amt Christi"[32], geeint im Heiligen Geist[33], der ihnen die ganz unterschiedlichen Charismen schenkt[34] und sie so zur Mitarbeit an der Heilssendung der Kirche befähigt.

Im Blick auf die Leitungsfunktionen in der kirchlichen Jugendarbeit ist zu fragen, welche spezifischen Aufgaben sich aus der Teilnahme am priesterlichen, prophetischen und königlichen Amt Christi ergeben. Für die Leitungsaufgabe läßt sich folgende Auffächerung vornehmen: Als „Lehrer des Glaubens" sind die Mitarbeiter Glaubenszeugen, die einen Beitrag dazu leisten, Kindern und Jugendlichen Sinn zu erschließen und ihre Erfahrungen aus dem christlichen Sinnhorizont zu deuten, wobei das Teilhaben und Teilgeben des Glaubens einen Ort in der Kinder- und Jugendgruppe findet. Die Teilhabe an der Hirtenaufgabe übernehmen die Mitarbeiter dadurch, daß sie für die Kinder und Jugendlichen Vorbilder sind, die auf Jesus als Urbild verweisen. Am priesterlichen Amt nehmen die Gruppenleiterinnen und Gruppenleiter insofern teil, als sie die Kinder und Jugendlichen spirituell begleiten und ihnen im Bereich ihrer Möglichkeiten die liturgischen Lebensvollzüge der Kirche erschließen.

2.1.3.1 Die einzigartige Bedeutung des personalen Zeugnisses: der Glaubenszeuge als „Lehrer des Glaubens"

Von den Mitarbeitern in der kirchlichen Jugendarbeit wird vor allem die Bereitschaft gefordert, „außer seinen Fähigkeiten, auch die christliche Dimension seines Lebens mit einzubringen"[35]. Die Mitarbeiter sollen also bereit sein, Zeugnis zu geben, jedem Rede und Antwort zu stehen, der nach der Hoffnung fragt, die sie erfüllt (vgl. 1 Petr 3, 15). Mit Zeugnis ist nicht nur ein Wortbekenntnis gemeint, sondern vielmehr auch die Zeugniskraft des ganzen Lebens. Dieses Zeugnisgeben durch den eigenen Lebensvollzug „gehört zu all den anderen Fähigkeiten und Tätigkeiten, die heute von einem Mitarbeiter der Jugendarbeit erwartet werden"[36]. Den Kindern und Jugendlichen, die im Bereich kirchlicher Jugendarbeit Mitarbeitern begegnen, soll deutlich werden, daß der Mitarbeiter „durch sein Verhältnis zu Gott und Jesus Christus wirklich frei geworden ist für ein schöpferisches Anpacken der Lebensaufgabe.... Was die jungen Menschen brauchen, ist das Zeugnis, daß es Menschen gibt, die zu einer souveränen, das Leben meisternden Freiheit befreit worden sind durch die Hingabe an Jesus Christus. Eng verbunden mit diesem Zeugnis der Freiheit ist das der Lebensfreude"[37]. Für die kirchliche Jugendarbeit ist entscheidend, daß das Zeugnisgeben die Situation der jungen Menschen mit einbezieht: „Im Umgang mit dem jungen Menschen greifen neben und mit den Gruppenleitern die haupt- und ehrenamtlichen Mitarbeiter der Kirche den Willen zur Mitverantwortung und MItbestimmung auf und versuchen im Dialog, im Aushalten der gemeinsamen Situation dem jungen Menschen in seiner persönlichen Betroffenheit beizustehen, die konkrete Situation – z. B. Glaubensnot, Berufswahl, Arbeitslosigkeit, Suche nach echter Partnerschaft, politische Ohnmacht – zu bewältigen, die Motive und Grundsätze ihres eigenen Lebens als Erzieher und Erwachsene zu bezeugen. Aus diesem Ineinander ergibt sich ein wirksames religiöses, soziales oder politisches Engagement, eine situationsgerechte Beratung und Hilfe, endlich die Chance eines christlichen Zeugnisses für den Gruppenleiter und erwachsenen Mitarbeiter"[38]. Dabei ist unerläßlich, daß der Zeugnisgebende sich selbst als Person einbringt. „Wer Heranwachsenden Hilfe zur Ausbildung ihrer Person bzw. ihrer Persönlichkeit bieten will, ist selbst als Person bzw. Persönlichkeit gefordert. Er soll offenen Visiers, echt, authentisch, spürbar und anfragbar sein. Er muß nicht alles von sich geben, aber was er gibt von seiner Hoffnung und seinem Glauben soll echt sein"[39].

Teilgeben und Teilhaben am Glauben: die kommunikative Struktur des personalen Zeugnisses

Das lebendige Zeugnis des Glaubens in der kirchlichen Jugendarbeit besteht in Teilgabe des Glaubens und Teilhabe an ihm vor allem in Gruppen. Deshalb darf nicht vergessen werden, „daß Glaubenshilfe und Heilsvermittlung, ohne machbar zu werden, unter denselben kommunikativen Bedingungen erfolgen wie jedes andere menschliche Teilhaben und Teilgeben"[40].

Insofern sich kirchliche Jugendarbeit in Gruppen mit der für Gruppen typischen Interaktion vollzieht, stellt die Maxime des „personalen Angebotes" „einen Maßstab zur Überprüfung eingefahrener Interaktionsmuster zwischen den Generationen in Gemeinde und Kirche dar. Die Maxime wäre freilich verkürzt verstanden, wenn sie ausschließlich auf die Leitungskräfte bezogen wird. Sie bezieht sich sogar in erster Linie auf die Gruppe als solche, so wie das personale Angebot der Kirche aus der Gemeinde, der Gemeinschaft der Glaubenden besteht"[41]. Folglich ist „die Gemeinde" die Bezugsgröße für die kirchliche Jugendarbeit, sie ist der „Verweisort": „Der Christ empfängt das Heil als Hörer des Wortes (Röm 10, 14), aber nicht nur als Hörer (Joh 1, 22), sondern immer auch als Glied des Volkes Gottes, das Jesus Christus bezeugt als das Urbild des Menschen und als Mittler des Heils. So kann die christliche Gemeinde ein Raum sein, wo der junge Mensch leben kann, wo er Ablösung und Bindung zugleich und damit Freiheit erfährt und wo andere mit ihm im gleichen Glauben zusammenleben"[42].

Beim Teilgeben und Teilhaben des Glaubens in Gruppen tritt anstelle des Begriffes der „Verkündigung", mit dem sich eher die Vorstellung eines momologischen Sprechens verbindet[43], der Aspekt der partnerschaftlichen Kommunikation in den Vordergrund der religionspädagogischen Überlegungen: „Andere an meinem Glauben teilnehmen lassen als religionspädagogisches Handeln (z. B. des Gruppenleiters) meint nicht in erster Linie die Vorstellung, der Katechet oder Gruppenleiter sei der einzige (‚vollwertige') Glaubende, der von seinem Glauben als Vollzug und Inhalt den anderen mitgibt. Gemeint ist vielmehr das exemplarische Handeln und Verhalten, das sich als Angebot zur Identifikation, ‚zum Nachmachen' versteht. Wichtig ist das ‚Glaubenteilen' der Gruppenmitglieder untereinander. Dem liegt die Überzeugung zugrunde, daß Glauben nicht nur hinsichtlich der Entstehung seiner Inhalte eine kommunikative Struktur hat, sondern auch hinsichtlich der Möglichkeit seines Vollzugs auf Kommunikation, Teilhabe und Anteilgeben angewiesen ist. Ich kann als einzelner nicht glauben ohne den Glauben der Glaubensgenossen. Wenn das so ist, dann kann man Glaubensvollzug, Glaubenszeugnis, Glauben – Teilen prinzipiell niemals losgelöst von anderem kommunikativen und von interaktionellem Handeln sehen"[44]. Mit der stärkeren Betonung der Kommunikation wird der Anspruch der Sache des Glaubens in keiner Weise herabgesetzt: „Reich Gottes, Gerechtigkeit, Freiheit, Heil, Gemeinschaft, Frieden, alles das, was für das Evangelium zentral ist, zielt hin auf neue Kommunikation zwischen den Menschen in der Kraft Gottes. Die Botschaft Christi eignet man sich nicht durch Hinhören allein an, sondern durch Teilhabe. Der Glaube, um den es geht, wird nicht in erster Linie durch Worte vermittelt; *Mit-Teilung des Glaubens ist zuerst und vor allem eine Frage lebendiger Kommunikation.* Glauben im neutestamentlichen Sinn bedeutet, in Kommunikation mit anderen Glaubenden in der Perspektive Jesu zu existieren"[45].

Den kommunikativen Glaubenszeugen weist die Einstellung aus, „nicht etwa den Willen, den anderen zu bearbeiten, wohl aber einen tief gegründeten Glauben an den einzelnen jungen Menschen; einen Glauben, der jeden in seiner unvertauschbaren Einmaligkeit und in seinem unendlichen, ewigen Wert ernst nimmt“[46].

Dieses Ernstnehmen des jungen Menschen ist deshalb besonders wichtig, weil er sich oft genug nur in seinen partiellen Rollen (z. B. als Schüler, als Auszubildender, als Konsument, als potentieller Wähler, als Tochter/Sohn, als Mitarbeiter) ernstgenommen fühlt. Dagegen kann sich Kirche als Kommunikationsgemeinschaft „auf den einen und ganzen und unteilbaren jungen Menschen einlassen. Indem sie ihn in seiner Einmaligkeit bejaht, ruft sie ihn gleichzeitig zur Identität auf, gibt sie ihm jene die vielen Rollen und Situationen übergreifende Subjekthaftigkeit, gerade dann, wenn sie ihn in die Gemeinde hineinnimmt (und jene Mythologisierung der Jugend, die eher desintegriert und vereinsamt, vermeidet)“[47]. Schließlich kann die Teilgabe des Glaubens durch das Lebendige und kommunikative Zeugnis in den Gruppen kirchlicher Jugendarbeit – verbunden mit dem Engagement für den ganzen Menschen – ein Hinweis dafür sein, daß die Fülle des Lebens nicht im Besitzenwollen, sondern im (Hin-)Geben erlangt wird[48].

Sinndeutung und Sinnerschließung als Aufgabe und Funktion des Glaubenszeugen

Kirchliche Jugendarbeit schafft Räume und Lernfelder, „in denen junge Menschen, junge Christen Leben zu erfahren, zu verstehen und zu gestalten lernen“[49]. Damit greift der Synodenbeschluß die zentrale Kategorie der Erfahrung auf, bei deren Verwendung aber darauf zu achten ist, daß von Erfahrung im eigentlichen Sinne erst dann die Rede sein kann, „wenn das im unmittelbaren Umgang mit der Wirklichkeit des Seienden Erlebte in Bedeutungszusammenhänge bzw. Sinnzusammenhänge gebracht wird“[50]. Diese Sinnerschließung ist zentrale Aufgabe der Mitarbeiter in der kirchlichen Jugendarbeit[51]. Gerade dann, wenn die Erfahrung zur neuen Lebensgestaltung beitragen soll, also verhaltenswirksam werden soll, ist die reflektierende Sinndeutung und die Verarbeitung der Erfahrung durch ordnende Begriffe besonders wichtig[52]. Es kommt also darauf an, die konkrete Lebenswelt des jungen Menschen mit dem Glauben an Jesus Christus in einen erlebbaren und nachvollziehbaren Zusammenhang zu bringen. Grundsätzlich bedeutet das, „das Eingebundensein des Glaubens in die umgebende gesellschaftliche Welt wie auch das Verwiesensein dieser geschichtlichen Menschenwelt auf den Glauben wahrzunehmen ... Damit ist nichts anderes gefordert, als daß die Kirche den Glauben wirklichkeitsbezogen vermittelt, indem sie die heutigen Menschen und ihre vielschichtige und komplexe weltliche Welt ernst nimmt, daß sie mitbetroffen ist von deren Denken und Erfahrungen, deren Verhalten und Hoffnung, deren Fragen und Verzweifeln“[53]. Um diese Vermittlung in der Jugendarbeit wirksam werden zu lassen, ist die Frage nach einer möglichen Verbindung jugendlicher *anthropologischer Grundsituationen* und theologischer Kategorien zu stellen.

Die Ermöglichung von Sinndeutungen I: Zur Korrelation theologischer und anthropologischer Kategorien

In der von G. Biemer vorgelegten theologischen Grundlegung der Jugendpastoral[54] ist der entscheidende Ansatzpunkt die theologische Anthropologie Karl Rahners[55], die mit elementaren Lebenssituationen Jugendlicher in Korrelation gebracht wird. In seinem Entwurf einer theologischen Anthropologie zur Fundierung einer Pastoraltheologie sieht Karl Rahner den Menschen als ein Wesen der Geheimnisverwiesenheit, der Freiheit, der Kommunikation, des Scheiterns und der Zukünftigkeit.

Im Blick auf den jungen Menschen entspricht der theologischen Kategorie Geheimnisverwiesenheit das anthropologische Korrelat der Identitätskrise: „Jugendliche sind Menschen, die sich zum ersten Mal in ihrem Leben in unvermittelter Weise als Wesen der Geheimnisverwiesenheit zu erfahren vermögen. Denn der Verlust der kindlichen Identitätssicherheit, das Infragegestelltsein und die Identitätskrise weisen den Jugendlichen über sich hinaus, lassen ihn nach dem Sinn seines Lebens, nach seinem eigenen Wesen und nach seinen Kräften fragen“[56].

Dieses Infragegestelltsein – die Frage nach dem Sinn – äußert sich in ganz unterschiedlicher Weise: „Wenn Jugendliche Kritik üben, abweichendes Verhalten zeigen, sich auflehnen oder sich alternativ engagieren, können sie damit zum Ausdruck bringen, daß sie in einer ihrem Alter entsprechender Weise nach dem Sinn ihres Daseins fragen, ihre Zukunft als unabdingbar verknüpft mit der gemeinsamen Zukunft ihrer Gesellschaft und der Menschheit begreifen. Aber auch manche Erscheinungsformen der Apathie oder Anpassung können indirekt Ausdruck von Reifeschwierigkeiten sein, hinter dem sich unbewußt und unausgesprochen die gleichen Fragen nach dem Sinn der eigenen Existenz, der Suche nach Glück und mitmenschlichem Angenommensein verbergen können“[57]. In dieser Umbruchsituation ist die Hilfe beim Ablösungsprozeß vom Elternhaus, von den bisher bedeutsamen Bezugspersonen besonders wichtig. Dabei kann dem Jugendlichen gezeigt werden, „daß es nicht nur um eine Umorientierung auf neue Bezugspersonen geht, sondern daß nach dem gefragt werden kann, was das Leben überhaupt soll und daß in dieser umfassenden Ausgesetztheit des eigenen Lebens der Verweis auf das Geheimnis sowohl des eigenen Lebens wie des Lebens überhaupt am Aufbrechen ist“[58]. Und in der Frage nach dem, „was das Leben überhaupt soll, ist der persönliche Bezug zu dem Gott seines Leben für jeden Menschen, auch für den Jugendlichen und für ihn zum ersten Mal in dieser Dringlichkeit enthalten“[59]. In dieser Situation kann dem Jugendlichen die Zusage Gottes verdeutlicht werden, die das Volk Israel in der Heilsgeschichte erfahren hat, nämlich die unbedingte Geborgenheit bei Gott. An solchen Erfahrungen kann sich der Jugendliche selbst festmachen, „indem er seine Identität nicht mehr – zumindest nicht mehr allein – von den wechselnden Bezugspersonen seines sozialen Umfeldes bezieht, sondern indem er beginnt, sein Leben in Selbstverantwortung vor dem Gott Abrahams, Isaaks und Jakobs zu übernehmen“[60]. Der Jugendliche ist offen für Gott, der sich als Lebenspartner des Menschen geoffenbart hat, „,der einem kennt, annimmt, das eigene Selbst zutiefst bestätigt und der dem Selbst bei der Ausformung ... der persönlichen Identität und des persönlichen ‚Lebensglaubens' als unbedingter Garant dienen kann' ... Gott könnte wichtig werden wie nie zuvor"[61].

In dieser Phase des Auf- und Umbruchs von der Kindheit ins Erwachsenenalter erfährt sich der Jugendliche als *leibhaft-geschichtliches Wesen der Freiheit*[62]. Damit einher geht die Erfahrung, eigene Verantwortung übernehmen zu können. In dieser Situation ist von spezifisch christlicher und entscheidender Bedeutung, „daß Jesus durch sein Leiden, seinen Tod und seine Auferstehung die Herrschaft des Todes durchbricht und eine menschlich sonst nicht vorstellbare Freiheit verheißt, die darin besteht, daß Tod nicht Ende, sondern Verwandlungsprozeß bedeutet für alle, die an ihn glauben (Joh 6)"[63]. Für die Gestaltung der Gottesbeziehung des Jugendlichen ist besonders wichtig, daß er Gott nicht als denjenigen kennenlernt, „der durch Normen die Lebensmöglichkeiten und die Lebensfreuden kleinhalten will, sondern der zu den Menschen gesprochen hat, daß sich seine Freude ihnen mitteile und ihre Freude vollkommen werde (Joh 15, 11)"[64]. In diesem Prozeß ist besonders die Erkenntnis und Erfahrung gefordert, daß die Gestaltung der eigenen Freiheit der Verantwortung bedarf und daß diese Verantwortung unvertretbar vom Jugendlichen selbst übernommen werden muß[65].

Die Gruppenleiter bieten in ihren Gruppen einen gestaltbaren Freiraum an. Wenn sie ihre Gruppenmitglieder motivieren, die damit gegebenen Gestaltungsmöglichkeiten anzunehmen, aber auch die daraus resultierende Verantwortung zu übernehmen, stellen sie Erfahrungsfelder her, in denen das einzelne Gruppenmitglied mit sich und mit den anderen in der Gruppe die Erfahrung der verantworteten Freiheit machen kann. Solche Erfahrungsräume bieten sich besonders bei Freizeiten, Zeltlagern, Wanderungen, Wochenendaufenthalten etc. Besonders wichtig dabei ist auch, daß die Erwachsenengemeinde den Jugendlichen innerhalb der Gemeinde solche Möglichkeiten zugesteht und Jugendliche zur Übernahme von Verantwortung anregt. Denn nur dann, wenn auch Erwachsene die sinnvolle Notwendigkeit solcher Freiräume befürworten, sind die Voraussetzungen für Erfahrungen des Freiseins und der damit verbundenen Verantwortung günstig.

Für den Menschen als *Wesen der Kommunikation* ist eine der spezifisch alterstypischen Verwirklichungen im Jugendalter die Suche nach dem Partner des anderen Geschlechts. „Der Freund, die Freundin, der Partner (und das eigene Ich) (werden) als Menschen mit persönlichen, seelischen Problemen und persönlicher Tiefe erfahren"[66].

Die beginnende Gestaltung der Partnerschaft mit dem anderen Geschlecht bringt neue Erfahrungen, die für die Identitätsbildung von besonderer Bedeutung sind. Die Reflexion und die Deutung der Erfahrung der Selbstüberschreitung des einzelnen auf andere Menschen hin und des Sich-gegenseitig-vertraut-machens mit der diesem Vorgang eigenen Tiefe, eröffnet die Transzendenzstruktur auf eine besondere Weise: „Denn wer sich für einen anderen Menschen verantwortlich fühlt und so handelt, wer umgekehrt die Verantwortung und Fürsorge anderer Menschen für sich akzeptiert, hat etwas von der Grundstruktur der Welt als Schöpfung Gottes verwirklicht“[67].

Der Stil des Miteinanderlebens der beiden Geschlechter im Rahmen der kirchlichen Jugendarbeit hängt wesentlich vom „Vorleben“ ab, also davon, wie Gruppenleiterinnen und Gruppenleiter ihre Beziehungen zueinander gestalten[68]. Besonders ist hier auch der erwachsene Mitarbeiter gefragt, der in einer Ehe lebt und bereit ist, über seine Erfahrungen in der Partnerschaft mit Jugendlichen zu sprechen; gerade deshalb ist die *Mitarbeit von Ehepaaren in der Jugendarbeit* und ihr Identifikationsangebot eine wichtige Hilfe, zusammen mit jugendlichen Gruppenleiterinnen und Gruppenleitern die Fragen der Partnerschaft zu reflektieren und sie dadurch zu befähigen, auch mit den Mitgliedern ihrer Gruppen Fragen und Probleme partnerschaftlicher Beziehungen zwischen Frauen und Männern aufzugreifen. In allen bislang aufgeführten Bereichen ist Scheitern möglich. Dieses *Scheitern von Menschen* wird von Jugendlichen intensiv wahrgenommen. Die Erfahrung des Scheiterns machen Jugendliche auch selbst in dem mit Konflikten einhergehenden Ablösungsprozeß vom Elternhaus und in der Partnersuche und Berufswahl. „Bei ihnen stellt sich aber leichter in allem Scheitern ein je neu aufkommender naturaler Optimismus ein, der in gewisser Vewandtschaft zum Heilsoptimismus des christlichen Glaubens steht“[69]. Gerade in dieser Spannung zwischen Optimismus und Scheitern ist die wenig beachtete Eigenschaft der christlichen Glaubensbotschaft wichtig, „daß sie nicht die Welt beschönigt, die Zustände vertuscht, eine Ideologie der Lebensplanung und Weltplanung fordert, vielmehr eignet ihr ideologiekritische Potenz insofern, als durch das Evangelium Jesu Christi alles und jedes in dieser Welt so in Erscheinung treten darf wie es ist, auch das physische Scheitern und das ethische Mißlingen. Die Unheilszustände der Welt werden durch die Offenbarungsbotschaft nicht vertuscht, sondern offenbar gemacht und der Heilung Gottes anheim gestellt“[70].

Auch Karl Ernst Nipkow greift die Frage des Scheiterns des Menschen auf, wenn er als wichtiges Lebensthema junger Menschen *„das schlechte Gewissen als Zeuge von Versagen und Schuld und die Frage nach dem vergebenden Gott“*[71] benennt. Dieser Bereich wird besonders dann bedeutungsvoll, wenn sich der Jugendliche der eigenen unvertretbaren Verantwortlichkeit bewußt wird und erahnt, wie sehr er auf die Barmherzigkeit Gottes angewiesen ist.

In der kirchlichen Jugendarbeit können Gruppenleiterinnen und Gruppenleiter ihren Gruppenmitgliedern Mut dazu machen, eigenes Versagen in der Gruppe zuzugeben, sofern es die Gruppe und ihr Zusammenleben betrifft, aber auch die Erfahrung ermöglichen, daß Versöhnung im Zusammenleben der Menschen unverzichtbar ist und zu neuem Leben befreit. Sie können zusammen mit den Jugendlichen die Konflikte, die sich aus den Ablösungsprozessen vom Elternhaus, in der Partner- und in der Berufswahl ergeben, thematisieren, dabei die individuellen Anteile am Konflikt aufgreifen, aber auch unerschrocken und kritisch deutlich werdende Ungerechtigkeiten z.B. in der Berufs- und Arbeitswelt beim Namen nennen.

Schließlich ist der Jugendliche ein *Wesen der Zukünftigkeit.* Diese theologisch-anthropologische Kategorie erhält gegenwärtig eine besondere Gewichtung, weil die Mehrzahl der jungen Menschen die gesellschaftliche Zukunft eher düster einschätzt[72].

Daß sich dieser Pessimismus nicht in Lebensablehnung und Resignation verwandelt und daß die Hoffnung in die Zukunft durchaus begründet ist, ist die besondere Deutungsaufgabe dieser Zeit: „Wenn Gott die Zukunft des Menschen und der Menschheit ist, reduziert sich die Berechtigung des Pessimismus auf das, was aus den Selbstfabrikaten der Menschheit andauert und existiert. So ist das Evangelium dazu geeignet, den Jugendlichen davor zu bewahren, seine Vorstellungen und Hoffnungen dem Pessimismus negativer Erwachsenenerfahrung opfern zu müssen. Zukunft ist nicht die Verlängerung der Vergangenheit Erwachsener, sondern das offene Lebenspotential neuer Phantasie, Erfindung und Gestaltungsmöglichkeit. Letzten Endes ist die Zukunft das Werk des Geistes Gottes“[73].

In der Jugendarbeit müssen die die Jugendlichen bedrängenden Zukunftsfragen wie das Wettrüsten der Machtblöcke, ökologische Krisen oder das immer weiter auseinanderklaffende Nord-Süd-Gefälle, aber auch ganz alltägliche Erfahrungen der Resignation aufgegriffen werden. Jugendliche Gruppenleiterinnen und Gruppenleiter können zum einen zeigen, wie sie selbst von diesen die Menschheit bedrohenden Gefahren und der alltäglichen Resignation betroffen sind, zum andern auch welche Zukunftschancen sie selber sehen und wofür sie sich einsetzen – zumal ihr Engagement in der Jugendarbeit selbst ein Zeichen der Hoffnung sein kann. Darüber hinaus bieten sich für die Kinder- und Jugendgruppen auch gemeinsame Aktionen z.B. für die Dritte Welt, gegen Kriegsspielzeug etc. an, die Problembewußtsein erreichen und gleichzeitig zeigen, daß eine Veränderung der Welt auch im eigenen Bereich durch kleine Schritte begonnen werden kann.

Die Ermöglichung von Sinndeutungen II: Zum Zusammenhang von Alltags-, Grund- und Glaubenserfahrungen

Karl Ernst Nipkow plädiert dafür, im Lebenslauf und in der Lebenswelt der Jugendlichen den *Zusammenhang von Gotteserfahrungen, menschlichen Grunderfahrungen und Alltagserfahrungen* aufzusuchen[74]. Dabei sei davon auszugehen, daß „die Grundsituation vor Gott“ in menschlichen Grunderfahrungen aufgehen kann; denn „alle Grunderfahrungen und in ihnen die Grundsituationen vor Gott und die möglichen Erfahrungen (sind) in *‚Alltagssituationen‘* und *‚Alltagserfahrungen‘* eingebettet“[75]. Als Alltagsphänomene des Jugendlichen charakterisiert Karl Ernst Nipkow „zum einen die Alltagsroutinen, zum anderen die besonderen Dinge im Alltag: Krankheit oder Arbeitslosigkeit, konkrete Schwierigkeiten mit den Eltern, Verlust eines Freundes, ein aufregendes Erlebnis in der Diskothek usw."[76].

Bernhard Casper entdeckt „Spuren des ganz Anderen" in der Alltagserfahrung: Wenn der Begriff Alltagserfahrung so gefaßt wird, „daß in ihm alles zugelassen wird, was man in der Erfahrung von jedermann bei einem aufmerksamen Zuschauen sehen kann, so scheinen sich schon in der Alltagserfahrung selbst Ansätze für ein Transzendieren der eigentümlichen Totalität der ‚Alltagserfahrung' zu finden"[77]. Im Anschluß an Peter L. Berger[78] sind Zeichen der Überschreitung des Alltäglichen z.B. „das Urvertrauen auf Ordnung, das Aufbrechen der Dimension des Spieles und seiner Seligkeit, die sich auch in alltäglichen Akten äußernde Hoffnung, schließlich dies, daß bestimmte Handlungen auch von dem Alltagsbewußtsein unbedingt verworfen werden, und endlich der Humor ..."[79]. Bernhard Casper sieht darüber hinaus noch andere Situationen, „in denen sich das alltägliche Dasein findet und die in ihm selbst über es selbst hinausweisen, so z.B. die Situation der Langeweile, der Leere, des Ekels, schließlich das Gefühl der Absurdität, das in dem alltäglichen Dasein selbst aufbrechen kann. Auch die Phänomene der Flucht oder zumindest des Fliehenwollens und der Revolte gehören hierher"[80].

Im Hinblick auf die kirchliche Jugendarbeit ergibt sich aus diesen Erkenntnissen die Aufgabe der „Sinnerschließung im Lebenslauf *und* Lebensalltag"[81]. Dabei muß unterschieden werden zwischen der individuell-*persönlichen* und der *gemeinsamen* Lebensthematik junger Menschen. Während im Einzelgespräch und in der Einzelbetreuung bei der kirchlichen Jugendarbeit die persönliche Lebensthematik im Vordergrund steht, ist für unseren Zusammenhang im Blick auf die jugendlichen Mitarbeiter die gemeinsame Lebensthematik wichtig, zumal jede curriculare Planung einer Ausbildung jugendlicher Mitarbeiter diese gemeinsamen Lebensthemen berücksichtigen muß[82]. Karl Ernst Nipkow schaut deshalb auf einige der gemeinsamen Lebensthemen der Jugendlichen mit dem Interesse herauszufinden, ob und in welchen Zusammenhängen die Frage nach Gott auftaucht[83].

Als vielen Jugendlichen gemeinsame Lebensthemen sieht Karl Ernst Nipkow das „Hören von Musik", die „Suche nach Anerkennung und Selbstvertrauen", die „Auseinandersetzung mit dem Wahnsinn der Welt", die „Sehnsucht, gut zu sein und lieben zu können", und schließlich das „schlechte Gewissen als Zeuge von Versagen und Schuld"[84]. In dem Anhören von Musik manifestiert sich der *„Wunsch nach einem anderen Leben und die Frage nach dem alles verwandelnden Gott"*[85]. Die Musikstücke, die Jugendliche hören, berühren oft insofern die religiöse Dimension, als menschliche Grunderfahrungen wie Sterblichkeit, Glück, Frieden thematisiert werden, die mitunter indirekte Verweise auf Gott enthalten[86].

Das zweite wichtige Lebensthema sind *„Anerkennung, Selbstvertrauen und die Frage nach dem ermutigenden Gott"*[87]. Es ergibt sich aus der epochaltypischen Grundsituation des Jugendlichen, der auf der Suche nach seiner Identität ist[88].

Ein weiteres Lebensthema ist *„der Wahnsinn der Welt und die Frage nach* *dem gerechten Gott*"[89]. Wo sich die Spannung zwischen menschlichen Möglichkeiten zum Gutsein und deren Entfremdungen deutlich zeigt (wie z.B. im „Wahnsinn" des Wettrüstens), stellt sich die Frage nach Gott und nach der Verantwortung des Menschen besonders dringlich[90].

Als viertes bedeutsames Lebensthema zeigt sich der *Wunsch, gut zu sein und lieben zu können und darin die Frage nach dem liebenden Gott*[91].

In der kirchlichen Jugendarbeit muß es darum gehen, solche Alltagserfahrungen mit dem Ziel der Lebenshilfe und Weltdeutung zu thematisieren. Darüber hinaus müssen aber auch *den Alltag übersteigende Erfahrungen* wie z.B. die des Festes ermöglicht werden. Wenn solche Erfahrungen zur Sprache kommen, können die in ihnen liegenden Glaubens- und Tiefendimensionen entdeckt werden. „Der undurchschaut bleibende bedrückende Lebensalltag erschließt noch nichts, sowenig wie Tage der Freude und Hochstimmung etwas besagen müssen. Erst wenn dem Betroffenen dämmert, worauf die Oberflächenerlebnisse und Alltagserfahrungen verweisen, setzt tieferreichende Aufmerksamkeit auf die Schicht der *Grunderfahrungen* ein. Und erst diese Fragen, die durch die Oberfläche scheinen, die Probleme, die sich in einer Schicht darunter abgesetzt haben und unbewältigt geblieben sind, die mit dem Sinn des Ganzen zu tun haben, dem Sinn der eigenen Existenz, der Zukunft, des Lebens überhaupt, machen verständlich, wovon die *Glaubenserfahrung* spricht"[92]. Um von den Alltagserfahrungen zu den Grunderfahrungen und ihrer Deutung aus dem Glauben zu kommen, ist die Fähigkeit des Glaubenszeugen gefragt, der zeigen kann, wie Gott und daß Gott den Menschen in ähnlichen Situationen bereits begegnet ist. Der praktisch gewordene Glaube des Christen ermöglicht, die in den biblischen Texten und in den lehramtlichen Texten der Kirche, aber auch in den Festen des Kirchenjahres ausgesagten Glaubenserfahrungen als Erfahrungen in bestimmten Lebenssituationen transparent zu machen: „Den Texten von damals liegt ja ihrerseits bereits ein eigener, in damaligen ‚Situationen' entstandener Erfahrungs- und Verstehenszirkel von Alltags-, Grund- und Gotteserfahrung zugrunde.

Die Texte der Bibel (wie überhaupt der christlichen Tradition) sind Dokumente dieser Glaubenserfahrungen. Sie spiegeln die Versuche der damals von Gott getroffenen Menschen, die neue Erfahrung zu interpretieren, weiterzusagen und ihnen kommunizierbare Gestalt zu geben"[93]. Damit zeichnet sich eine Bewegung der Glaubenstradition ab, die gleichzeitig eine Bewegung *von Person zu Person,* von Generation zu Generation in der Kirche, beginnend von den Anfängen bei den Aposteln, ist. Die Überlieferung ist also primär ein Vorgang der Kirche; denn „Glaube ohne Kirche gibt es nicht"[94]. Die Bibel ist das Buch der Kirche, und ihre Texte sind mehr als ein Niederschlag menschlicher Erfahrungen[95]. Ganz entscheidend ist, ob diese Bewegung den dem Jugendlichen gegenübertretenden Mitarbeiter bewußt und vertraut ist; ob ihm selbst dieser durch die Kirche sich bezeugende und bezeugte Christus etwas zu sagen hat. Nur wenn das persönliche Glaubenszeugnis wenigstens durch einen Teil der Christen – z.B. durch die erwachsenen Mitarbeiter der Gemeinde – sinndeutend lebendig wird, kann darauf gehofft werden, daß die „Bewegung der Tradition" auch in der jungen Generation weitergeht.

2.1.3.2 Der Glaubenszeuge als Vorbild (Die „Hirten" – Aufgabe der Mitarbeiterin und des Mitarbeiters)

Das Christwerden braucht Vorbilder[96]. Der Glaubenszeuge ist Vorbild: „Die Glaubenspraxis der Gemeinde (als Gesamtheit und in diesem Zusammenhang, W. T.), der einzelne glaubende Christ, sind die existentielle Basis für die Überlieferung der Offenbarung im dogmatischen Sinn, sie sind die Probe aufs Exempel, ob aus dieser Hoffnung noch immer gelebt werden kann, die Gott in Jesus Christus den Völkern gemacht hat. Die gläubigen Menschen sind die Übersetzung der christlichen Lehre aus der Theorie in die Existenz der Praxis. Durch sie kommt die Offenbarungslehre, die einst aus der praktischen Erfahrungen einzelner und ganzer Gruppen entstanden ist, wieder in die Praxis. Die glaubenden, liebenden und hoffenden Menschen der christlichen Gemeinschaft sind personifizierte Träger der Offenbarungsüberlieferung. Sie sind somit auch Vorbilder – ob sie es wollen oder nicht –, die auf das Urbild verweisen"[97].

Gruppenleiterinnen und Gruppenleiter sind Glaubenszeugen: Als Leiter von Kinder- und Jugendgruppen haben sie in Zusammenarbeit mit den Priestern Anteil an der Hirtenaufgabe[98], insofern sie als Leiter für die Mitglieder ihrer Gruppen den Glauben lebendig und die Glaubenslehre explizit werden lassen[99], sich dabei selbst als Vorbilder verstehen, aber auch auf andere Vorbilder verweisen, „auf überzeugende Menschen, die von Jesus Christus erfüllt sind"[100]. Sie werden deutlich machen, welchen Stellenwert für sie Jesus Christus als Urbild hat. Dabei ist für kirchliche Jugendarbeit das Vorbild Jesu als „der Mensch für andere" besonders wirkkräftig, denn kirchliche Jugendarbeit konfrontiert den Jugendlichen in den menschlichen Spannungsfeldern zwischen Leib und Geist, zwischen Einzelmensch und Gesellschaft, zwischen Selbstverwirklichung und Weltgestaltung, zwischen Leben und Tod jeweils mit Jesus Christus[101]: „In ihm wird eine neue Wirklichkeit des Menschen und seiner Welt sichtbar, die alle gewohnten Maßstäbe endgültig und unüberbietbar sprengt: eine Selbstverwirklichung, die sich ganz dem unverfügbaren Eingreifen Gottes verdankt"[102]. Die Selbstverwirklichung des jungen Menschen soll an Jesus Christus Maß (Phil 2, 6 - 11) nehmen: „Das wird sichtbar im äußeren Verhalten des Menschen. Der Christ muß sich in das Lebensschicksal Jesu hineinziehen lassen (Röm 6, 1 - 10), er muß das Hauptgebot der Gottes- und Nächstenliebe verwirklichen (Mk 12, 29 - 31), er muß dem Nächsten dienen und sich in der Welt einsetzen, wie Jesus sich den Armen und Schwachen zugewandt hat (Mt 25, 40). Er muß durch sein Leben seine Hoffnung auf Freiheit, Gerechtigkeit und Frieden bezeugen, die aus dem Glauben an die Herrschaft Gottes in Jesus Christus kommt"[103].

Für die Erschließung des Vorbildes Jesu ist besonders hilfreich, daß er in der neutestamentlichen Überlieferung in ganz unterschiedlichen Bildern erscheint, die z.T. durchaus auch widersprüchlich sein können. Allerdings dürfen unsere Bilder von Jesus nicht mit seiner Person verwechselt und identisch gesetzt werden: „Die Person Jesu Christi ist die Richtschnur der ganzen Geschichte, sie ist das Eschaton. Nicht eschatologisch sind die theologischen und moralischen Bilder, die sich insbesondere Christen von ihm abziehen. Viele Bilder von Jesus sind nicht nur kanonisch legitim, sondern auch biographisch notwendig“[104]. Die Aufgabe des Mitarbeiters in der kirchlichen Jugendarbeit wird deshalb besonders auch darin bestehen, diejenigen Bilder von Jesus zu vermitteln, die der jugendlichen Lebenssituation entsprechen; denn „den Nachahmenden müssen Elemente der Ähnlichkeit zwischen ihrer eigenen Situation und der Situation des Vorbildes erschlossen werden“[105].

2.1.3.3 Die Mitarbeiterin und der Mitarbeiter als Mystagogen (Die Einführung in den liturgischen Lebensvollzug der Kirche und in eine der Jugendarbeit entsprechende Spiritualität)

Die jugendlichen Gruppenleiterinnen und Gruppenleiter, die als Glaubenszeugen die Aufgabe des „Glaubenslehrers“ übernehmen und als Vorbilder auf das Urbild Jesu verweisen, können auch Kindern und Jugendlichen die Liturgie der Kirche erschließen. Das beginnt schon damit, daß sie in der Lage sind, situationsbezogen einfache Gebete zu formulieren und diese mit ihrer Gruppe zu beten. Sie können zusammen mit ihren Gruppen Kinder- und Jugendgottesdienste feiern und in diesen „gleichsam spielend die endgültige Gemeinschaft des Heiles“[106] antizipierend erfahren und erfahrbar machen. Solche Gottesdienste haben auch die Aufgabe, „den jungen Menschen zur Teilnahme an der Sonntagsliturgie der Kirche (zu) befähigen“[107]. In der kirchlichen Jugendarbeit sind vielfältige gottesdienstliche Formen möglich, die von den jugendlichen Leiterinnen und Leitern mitgestaltet werden können (z.B. Frühschichten, Meditationen, Wallfahrten etc.)[108]: „Wer die Vielfalt und Anpassungsfähigkeit verschiedener religiöser Formen versteht und erlebt, hat es auch leichter mit der Motivation zur regelmäßigen Mitfeier der sonntäglichen Eucharistie. Viele verstehen dann leichter, daß die Teilnahme nicht davon abhängen darf, ob der Gottesdienst sie direkt persönlich anspricht, ihre ‚Bedürfnisse‘ befriedigt, oder die Gestaltung auf sie zugeschnitten ist. Vielmehr erfahren sie durch die Mitfeier stets aufs neue die persönliche Entscheidung zur Gemeinschaft mit Christus und mit der Kirche, zu der wir alle, Junge und Alte, Progressive und Traditionsbewußte, gehören. In diesem Zusammenhang kann auch das Verständnis für die positive Bedeutung der Gewöhnung im religiösen Leben geweckt werden. Sie stabilisiert die persönliche Glaubensentscheidung und schützt vor den Launen des Augenblicks“[109].

Wenn Gruppenleiterinnen und Gruppenleiter Kindern und Jugendlichen

Sinn erschließen sollen, müssen sie selbst in der Lage sein, die „Spuren Gottes in der Welt" aufzuspüren und zu entdecken[110]. Die Kenntnis darüber und die Sensibilität dafür erwachsen zum einen aus der eigenen Spiritualität, zum anderen aber daraus, daß sich der Mitarbeiter „spirituelle Kompetenz" erwirbt, „d.h. die Fähigkeit, junge Menschen so anzusprechen, daß sie Jesus Christus als die Mitte ihres Lebens finden"[111]. Es geht dabei nicht darum, daß die Mitarbeiter möglichst viel Glaubenswissen anhäufen: „denn davon allein gehen noch keine starken Impulse für die Bewältigung des Lebens aus"[112]. Es reicht aber auch nicht aus, „dem jungen Menschen den Glauben nur als persönliches Ergriffensein, als eine personale Begegnung mit Christus und seiner Gemeinde nahezubringen. Das würde ihn allzu leicht auf seine subjektiven und sehr begrenzten Erfahrungsmöglichkeiten zurückwerfen, den Glauben letztlich auf die Erlebniswelt des Gefühls beschränken und gerade das geistige Suchen und Fragen des jungen Menschen ohne Antwort lassen"[113]. Der jugendliche Gruppenleiter soll also ein Christ sein, der seinen Glauben lebt und die Lebensdeutung des Glaubens aufgrund des selbst erworbenen Glaubenswissens argumentierend offenlegen kann[114]. Er muß z.B. mit seinen Gruppenmitgliedern beten wollen, ein Gebet formulieren können, aber auch erklären können, welchen Sinn das Beten für ihn selbst und im Rahmen der Kirche als Gemeinschaft der Glaubenden hat.

2.1.4 Die Verwirklichung des „personalen Angebots" unter Berücksichtigung der religiösen Situation der jugendlichen Mitarbeiter

Als christliche Grundorientierungen, die sich zur Handlungsorientierung für die kirchliche Jugendarbeit entfalten lassen, sieht Günter Biemer mindestens vier theologische Elemente, die aus den Glaubenserfahrungen der Heilsgeschichte gewonnen werden: Weg, Freiheit, Stellvertretung, Fülle/Überfluß. „Christsein als ein gemeinsamer Weg in der Weggefährtenschaft Jesu Christi und seiner Gemeinde; Christsein als Freiheitsgeschichte, die uralte Anfänge bei den Vätern Israels und die ihren entscheidenden Durchbruch bei Jesus Christus bekommen hat und an der sich immer neue Menschen beteiligen, um sie weiterzuführen und ihre Vollendung zu erleben; Christsein als Stellvertretung in der Weise, daß einer für den anderen eintritt, wenn es im Leben darauf ankommt, weil der eine, der Sohn Gottes, für uns, einen jeden von uns, eingetreten ist; Christsein als Überfluß, weil die Unendlichkeit der Güte und Barmherzigkeit Gottes der Grund der Existenz und der Grund der Hoffnung auf die Vollendung ist und darum von einem solchen Vater her gesehen kein Mangel herrscht, vorausgesetzt, jemand verschließe sein Herz nicht vor der Not"[115].

Die theologischen Prinzipien der Jugendpastoral ergeben Handlungsperpektiven für das „personale Angebot". Sowohl Erwachsene als auch jugendliche Gruppenleiter sind Weggenossen der Jugendlichen: „Das aber beinhaltet, daß sich auf dem Wege offene Gespräche abspielen, keine solchen Gespräche, die nur und direkt resultatorientiert sind, sondern prozeßorientierte Gespräche, denen am Wegcharakter, an der Offenheit liegt. Sprachformen dieser Art sind Anfragen, Fragen nach den Interessen, nach den Ängsten, Fragen nach dem Woher und Wohin. Dazu gehört das Zuhörenkönnen und die Empathie, verstanden als sich Einfühlen und nicht nur Hineindenken in den jugendlichen Gesprächspartner"[116]. Denn gerade in solchen Gesprächen kann die Motivation und die Befähigung erfolgen, das eigene Leben am Weg Jesu zu orientieren[117]. Das Prinzip der Freisetzung, nach dem in der kirchlichen Jugendarbeit die Selbstverwirklichung angestrebt wird, bei der Menschen an ihrer gegenseitigen Freisetzung im Geist Jesu Christi tätig sind und Menschen zu Gott und damit zu sich selbst kommen lassen[118], bewirkt das Verständnis des Mitarbeiters als Befreier, Lotse und Helfer – also „Fähigkeiten und Eigenschaften, die auf dem Weg der Freisetzung des Jugendlichen aus vielfältigen Verstrickungen, Irrwegen und Patt-Situationen, wie sie durch die Umbruchphase vom Kindsein zum Erwachsenensein besonders häufig auftreten können, von unersetzlicher Wichtigkeit sind"[119]. Der jugendliche Mitarbeiter, der eine Gruppe leitet, wird sich auch als Stellvertreter der in seiner Gruppe zusammengekommenen Kindern oder Jugendlichen verstehen. Diese „Stellvertretung ist eine Funktion, die vorläufiger Art ist und zu Ende geht, wenn der Vertretene selbst in die erwarteten Möglichkeiten und Aufgaben eintreten kann"[120]. Schließlich hat der Mitarbeiter die Aufgabe, „Vermittler der Fülle des Lebens zu sein, d. h. die oben angeführte Glaubenszeugenschaft zu realisieren, wobei für die Vermittlung in der kirchlichen Jugendarbeit die Fähigkeit zur Übersetzung in die Sprache der Adressaten und ihre Lebenssituationen besonders wichtig ist[121]. Mitarbeiter, die in dieser Weise tätig werden, tragen ihren Teil zur Erfüllung der Aufgabe der Jugendarbeit bei, „die namenlose Gläubigkeit von jungen Menschen zu einer kirchlich-christlichen Gestalt weiter-/hinzuführen"[122].

Bei allen theologischen Erwartungen und Ansprüchen, die an den jugendlichen Mitarbeiter gerichtet werden, darf nicht übersehen werden, daß der Jugendliche sich selbst auf dem Glaubensweg befindet. Dabei kann auch nicht ausgeschlossen werden, daß zum Engagement in der kirchlichen Jugendarbeit bereite Jugendliche die Fragen des Glaubens nur mit Skepsis aufgreifen und sich manchmal nur unwillig der Mühe unterziehen, miteinander über ihren Glauben zu sprechen. Allerdings ist dieser Unmut oft daher begründet, daß sie offene und authentische Glaubensgespräche noch nicht erlebt haben und die Verbindung von Glauben und Alltag in ihrem eigenen Leben wenig zu realisieren gelernt haben. Gleichzeitig leben die jugendlichen Mitarbeiter mit Altersgenossen zusammen, die sich in „einer Art ‚präkatechumentaler' Situation" befinden: „d.h. die meisten sind zwar getauft, haben aber den Anspruch Christi und seiner Kirche kaum wahrgenommen, geschweige denn, daß sie ihn anerkennen"[123].

Auch Karl Rahner macht darauf aufmerksam, daß sich junge Menschen oft in der Situation „getaufter Katechumenen" befinden[124]. Für die Gruppenleiterausbildung gilt m. E. genauso das, was Karl Rahner für die Mitarbeit Jugendlicher in Gruppen der kirchlichen Jugendarbeit feststellt:

„Die jungen Leute von heutzutage können nicht erst dann in einer solchen Gruppe zugelassen werden, leben, reden und handeln, wenn sie nach den Normen des christlichen Glaubens und der christlichen Lehre vollkommene, dezidierte Christen in absoluter Identifikation mit der Kirche sind. Trotz der Taufe werden die Christen nicht als solche geboren, müssen es vielmehr erst langsam werden, und es ist nicht einmal von vornherein sicher, daß dort, wo guter Wille durch schwere Schuld nicht aufgehoben wird, jeder junge Mensch zu einer schlechthinnigen Selbstidentifikation mit der christlichen Lehre und dem christlichen Leben und zu einem vollen Engagement gegenüber der Kirche gelangen kann. Heute kann es nun einmal so sein, daß auch in den sogenannten christlichen Ländern Menschen, auch bei einer gegenseitig wohlwollenden Begegnung zwischen ihnen und den kirchlichen Institutionen, ‚unterwegs' bleiben, wenn man diesen Weg nach dem beurteilt, was die explizite Lehre des Christentums und der Kirche als Ziel einer religiösen Erziehung und Bildung betrachtet. Es ist gar nicht anders möglich, als daß die christlichen Jugendgruppen in einer erheblichen Anzahl durch Mitglieder gebildet werden, die gewissermaßen getaufte Katechumenen sind, die ein wohlwollendes und interessiertes Verhältnis zur Kirche und deren Angebot in einer solchen Gruppe haben, von denen aber längst nicht feststeht, wie weit ihre christliche und kirchliche Entwicklung gedeihen wird, für die eine solche Gruppe ein günstiges Milieu darstellen soll"[125].

Gleichzeitig soll die durchaus „offene" Grundsituation des jungen Menschen als Chance für das Glaubensgespräch gesehen werden: „Der junge Mensch liebt offene Fragen und subjektive Betroffenheit. Er kann oft von einer punktuellen Entwicklung so fasziniert sein, daß er damit längere Zeit zu leben vermag"[126]. In dieser Offenheit liegen verschiedene Entwicklungsmöglichkeiten: „Im Alter von 16-19 (‚spätere Adoleszenz') wird die Vorstellung von Gott subjektiver und erscheint im engen Bezug zu den eigenen Bedürfnissen. Gott wird zum ‚Vertrauten', ‚Mitwisser', ‚Führer' oder ‚Freund', jemand, der ‚Licht' und ‚Leben' gibt. Man spricht von ihm in der 1. Person: ‚ich' und ‚mein Gott'. Der Eindruck drängt sich auf, daß bis zum Übergang in die Pubertät viele Antworten angelernt und schülerhaft sind, obwohl sich auch hinter ihnen schon ein ‚echtes persönliches Erleben' und ‚persönliche Reflexion' verbergen können. Nun erst rücken ausdrücklich Gott und die eigene Erfahrung zusammen.

Ein anderes Ergebnis ist allerdings auch deutlich. Insgesamt enthüllt sich die Adoleszenz als eine Phase der Unsicherheit und Instabilität. Zweifel können beherrschend werden; Ablehnung Gottes und Entfremdung von der Kirche greifen um sich, wobei Jungen ein größeres Bedürfnis nach intellektueller, Mädchen nach emotionell-existentieller Vergewisserung zu haben scheinen. Unleugbar gerät die Mehrheit der älteren Jugendlichen in eine umfassende religiöse Krise mit ganz ungewissem Ausgang"[127].

Jugendliche – und eben auch diejenigen, die sich zur Mitarbeit in der kirchlichen Jugendarbeit bereit erklären – müssen in ihrer religiösen Grundsituation ernst genommen werden, d. h. auch ihre Zweifel, Fragen, Ängste,

Unsicherheiten mit Glauben und Kirche offen benennen dürfen. Gerade eine solche offene Auseinandersetzung trägt dazu bei, daß jugendliche Gruppenleiterinnen und Gruppenleiter ihre Glaubensprobleme in der Gruppe der Gruppenleiter „aufgehoben“ wissen und diese Probleme nicht unreflektiert und unvermittelt zu Problemen ihrer Gruppenmitglieder erklären, also eigene Schwierigkeiten in die Gruppe projizieren[128].

2.1.5 Konsequenzen aus der theologischen Analyse für die Ausbildung

Die theologische Analyse ergibt für den jugendlichen Mitarbeiter die Aufgabe eines Glaubenszeugen, der in lebendiger Kommunikation mit den Mitgliedern seiner Gruppe Sinn deutet und Sinn erschließt. Als Vorbild verweist er auf das Urbild, auf Jesus. Er eröffnet jungen Menschen Zugänge zum liturgischen Lebensvollzug der Kirche und ist spiritueller Wegbegleiter.

Solche Ansprüche sind nur dann einlösbar, wenn in der Ausbildung die Fragen des Glaubens im Rahmen des Ausbildungsprogramms aufgegriffen werden und Raum für Gebet und Gottesdienst gegeben wird: „Bei Schulungen für ehrenamtliche Mitarbeiter der verschiedenen Ebenen, gleich welchen thematischen Schwerpunkt sie haben, dürfte ... ein ‚geistliches Gespräch‘, das den eigenen Glauben nicht ausschließt, sondern einbezieht, nicht fehlen“[129].

Gerade bei der Motivationsklärung, bei der Frage, warum sich der Jugendliche in der kirchlichen Jugendarbeit engagieren will, wird die Bedeutung des Glaubens, der theologische Anspruch kirchlicher Jugendarbeit miteinzubringen sein. Diese Beschäftigung mit Glaubensfragen muß in den Ausbildungsablauf so integriert werden, daß die jugendlichen Teilnehmer die Verbindung von Glauben und Handeln selbst erfahren, denn „es geht hier nicht um ein herausseziertes oder daraufgesetztes ‚Religiöses‘. Gerade das Mit- und Ineinander der verschiedenen Qualifikationen – z. B. Fragen zu hören und sie auszuhalten, Lernbereitschaft, Analysieren, die Bereitschaft, im eigenen Glauben zu wachsen und andere am eigenen Glauben teilnehmen zu lassen, macht diesen Schwerpunkt kirchlicher Jugendarbeit aus“[130]. Das Leitungsteam einer Ausbildung muß seinerseits Modell für diese Verbindung von Glauben und Leben sein, die Leitungsteammitglieder müssen an ihrem Glauben teilhaben lassen – auch sie sind nicht nur in ihrer Funktion als Ausbilder gefragt, sondern als glaubende Menschen mit eigener Motivation, sich in dieser Aufgabe kirchlicher Jugendarbeit zu engagieren. Neben der inhaltlichen Beschäftigung mit den theologischen Ansprüchen der kirchlichen Jugendarbeit (z. B. anhand der theologischen Aufgaben kirchlicher Jugendarbeit) können durch Tageseinstiege, Abendmeditationen, Nachtgebete etc. geistliche Impulse gegeben werden.

Für die Grundausbildung jugendlicher Gruppenleiterinnen und Gruppenleiter schlage ich vor, zwei einwöchige Kursphasen mit einer dazwischenliegenden Praxisphase anzubieten. In der ersten Kursphase sind mehr die Fragen anzusprechen, die den Jugendlichen *als Person* betreffen, wobei die

Funktion des Gruppenleiterseins aber nicht ausgeblendet wird. In diesen ersten Phasen sind dann die Fragen der Motivation, der Identitätsfindung, die Frage nach dem Sinn kirchlicher Jugendarbeit und nach der Notwendigkeit jugendlichen Engagements zu stellen. In dieser Phase werden die Glaubensfragen eine wichtige Rolle spielen[131].

Neben der Berücksichtigung der theologischen Dimension in den Ausbildungsgängen sollten den Mitarbeitern „Einkehrtage, religiöse Freizeiten, Tage der spirituellen Vertiefung angeboten werden, in denen sie auch eine spirituelle Kompetenz erwerben können, d.h. den Anspruch, der auf der das eigene Leben durchdringende Kraft des Glaubens aufruht, und auf der Sendung der Kirche“[132].

2.2 Die pädagogische Bedeutung der Leitungsfunktion

Die jugendlichen Gruppenleiterinnen und Gruppenleiter in der kirchlichen Jugendarbeit haben einen spezifischen Auftrag, der sich besonders darin zeigt, Kinder und Jugendliche am eigenen Glauben teilnehmen zu lassen und einen Beitrag zur Sinnerschließung für junge Menschen zu leisten. Diese Aufgaben implizieren pädagogisches Handeln. Als „personales Angebot“ wenden sie sich als Partner den in ihren Gruppen lebenden Kindern und Jugendlichen zu und stellen durch ihre Gruppenleitertätigkeit ein Identifikationsangebot für die Kinder und Jugendlichen dar (2.2.1)[133]. Als Leiter von Gruppen stellt sich ihnen die Aufgabe, das notwendige Wissen über Gruppenvorgänge in pädagogisches Handeln im Sinne der Gruppenpädagogik umzusetzen (2.2.2) und die vom Synodenbeschluß „Ziele und Aufgaben kirchlicher Jugendarbeit“ geforderte Hilfe zur Reflexion der in der Gruppe lebendigen Prozesse anzubieten (2.2.3)[134]. Sofern die Leiterinnen und Leiter in einem Mitgliedsverband des BDKJ tätig sind, haben sie sich für die vom Mitgliedsverband vorgegebenen Ziel- und Schwerpunktsetzungen entschieden und müssen diese in altersgerechter Weise den in ihren Gruppen versammelten Kindern und Jugendlichen vermitteln können (2.2.4). Aufgrund ihrer unmitttelbaren Nähe zu Kindern und Jugendlichen erfahren die jugendlichen Gruppenleiterinnen und Gruppenleiter die Freuden, aber auch die Probleme und Nöte, die Kinder und Jugendliche beschäftigen. Hier haben sie die Möglichkeit, für Kinder und Jugendliche als deren Vertreter die Stimme zu erheben und im kirchlichen Raum der Pfarrgemeinde oder des Dekanats, aber auch im politischen Raum der Bürgergemeinde als Stellvertreter die Interessen junger Menschen zu benennen und damit einen eigenständigen Beitrag dazu zu leisten, daß die Anliegen junger Menschen sowohl in der Pfarr- wie auch in der Bürgergemeinde zumindest gehört werden (2.2.5). Eine solche Aufgabenfülle kann den jugendlichen Gruppenleiter auch überfordern. Deshalb ist danach zu fragen, wie sich die Leitungsaufgaben unter Berücksichtigung der epochaltypischen Situation der jugendlichen Mitarbeiter verwirklichen lassen (2.2.6) und schließlich müssen die pädagogischen Konsequenzen aus der Analyse für die Ausbildungsmaßnahmen, die angeboten werden, beschrieben werden (2.2.7).

2.2.1 Die personale Aufgabe: Partner sein und Identifikationsangebot

Die jugendliche Gruppenleiterin und der Gruppenleiter sind Partner der Kinder und Jugendlichen ihrer Gruppen: „In jedem Fall ist der Jugendleiter Gegenpol im personalen Dialog und damit *Partner*. Partnerschaftlichkeit setzt, wenigstens in dem vorwiegend ‚führenden', gereifteren Pol, aktuierte Persönlichkeit voraus. Der mündige Jugendleiter kann kein idealtypischer Abguß *sämtlicher* Möglichkeiten der Selbstverwirklichung im Glauben sein, ebensowenig, wie er sich um prototypische, funktionärhaft verengte Verwirklichung *sämtlicher* soziologisch relevanter Verbands- oder Kirchenziele in seiner Person bemühen sollte. Er kann und darf nur *sich selbst verwirklichen* nach dem Maß seiner personalen Möglichkeiten, in seiner geschichtlichen Um-, Mit- und Lebenswelt. Für den Heranwachsenden, mit dem er in Dialog tritt, ist er selbst ein Stück Welt"[135]. Für den selbst noch im Identitätsfindungsprozeß stehenden Jugendlichen stellt sich die Aufgabe, als Leiter und Partner den Kindern und Jugendlichen gegenüber *echt* aufzutreten. „Mehr als die Summe seines Wissens und seiner Fähigkeiten zählt die menschliche Echtheit des Gruppenleiters. Diese besteht im wesentlichen in der Übereinstimmung des Menschen mit seinen Gefühlen, in der Übereinstimmung mit dem, was er sagt und was er meint, in der Annahme seiner Fähigkeiten und Grenzen als Grundlage dafür, daß er andere zunächst so annehmen kann, wie sie sind"[136]. Dieses Authentisch-Sein des Gruppenleiters im Sinne der Maxime „Du selbst bist die beste Intervention"[137] ist eine bedeutende Voraussetzung für das Gelingen des Gruppenlebens: „Wichtiger als diese oder jene Intervention (Eingriff, Steuerung, gezielter Anstoß) des Gruppenleiters ist die Art selbst, wie er sich in der Gruppe verhält, wie er mit anderen umgeht, wie er sich und andere dazu befreit, sich authentisch zu verhalten"[138]. Die Ermöglichung eines Freiraumes in der Gruppe, in dem jedes Gruppenmitglied sich selbst als angenommen erfährt und dadurch zur echten Selbstmitteilung bereit wird, ist ein Beitrag zur personalen Selbstverwirklichung der jungen Menschen[139].

Die durch die personale Akzeptanz der Gruppenmitglieder deutlich werdende Partnerschaft der Leiterin und des Leiters „setzt identifikatorische Prozesse der jugendlichen Teilnehmer in Gang, die durch die ‚soziale Nähe' des Leiters (Alter, sozialer Status usw.) zweifellos erleichtert werden. Dies bedeutet, daß die positive Identifikation mit dem jugendlichen Gruppenleiter zur Auflockerung von den in anderen Sozialisationsfeldern (Familie, Schule, Beruf) erlebten und nicht bewältigten Autoritätskonflikten und zur Überwindung der dadurch bedingten Resignation beiträgt. Weiterhin vermag dieser Identifikationsprozeß auf dem Wege des Imitationslernens die durch künstlich infantilisierende gesellschaftliche Bedingungen bewirkte passive Konsumhaltung in Richtung auf aktive Beteiligung zu verändern"[140]. Der Leiter muß sich also dieses Imitationslernens bewußt sein, d. h. erkennen können, daß er in seinem Verhalten Modell für das Lernen der Kinder und Jugendlichen in seiner Gruppe ist[141]. Roman Bleistein geht davon aus, daß die Chance der Gruppenleiter, Objekt der Identifikation für die Mitglieder ihrer Gruppe zu sein, ständig wächst, „weil die Väter keine Autoritäten sind, weil sich die Stars als konsumorientierte Identifikationsobjekte mit aller Suggestion aufdrängen. Wird ein Gruppenleiter aber von seinen Gruppenmitgliedern ‚verehrt', so übernehmen sie mehr unbewußt als bewußt seine Anschauungen, Werte und Grundhaltungen. Er trägt dadurch bei zur Identität und Integrität der jungen Menschen"[142]. Neben der lebendigen Verwirklichung abstrakter Ansprüche des Christentums im Gruppenleiter, die er als Glaubenszeuge anbietet[143], erfahren die Kinder und Jugendlichen im Leiter auch die Verlebendigung von Werten, die die Lebensgestaltung in Familie, Schule und Beruf betreffen, und die der Gruppenleiter in seiner Person und seiner Lebensverwirklichung vermittelt; er regt damit zur Nachahmung an[144].

Hermann Giesecke beschreibt – allerdings im Hinblick auf den professionellen Pädagogen – die pädagogischen Bezüge, in denen der Mitarbeiter in der Jugendarbeit für die Jugendlichen personaler Anhaltspunkt sein kann. So kann der Mitarbeiter als Fachfrau/Fachmann in einem bestimmten Gebiet aufgrund seiner Ausbildung oder seiner Interessen oder erworbenen Geschicklichkeit einen fachlichen Vorsprung zum Jugendlichen haben, der diesem wiederum Möglichkeiten bietet, in diesem vom Mitarbeiter beherrschten Gebiet Erfahrungen zu sammeln und Kenntnisse und Fertigkeiten dazuzugewinnen. In gewissem Sinn kann der Mitarbeiter auch von den Jugendlichen lernen, die ihrerseits wieder in bestimmten Gebieten Fachleute sein können.

Ein entscheidender Bereich des Modell-Lernens ergibt sich in der *Gestaltung der Geschlechtsrolle* als Frau oder als Mann, wie sie die Mitarbeiterin bzw. der Mitarbeiter vorlebt. Dabei können gerade im Jugendalter, in dem ja die Frage nach einer eigenen Definition der Geschlechtsrolle vorherrscht, Erfahrungen mit der Ausgestaltung dieser Rolle gemacht werden, wenn die Mitarbeiterin und der Mitarbeiter bereit sind, die eigene Identität als Frau oder als Mann zu leben und in entsprechenden Situationen, in denen Jugendliche nach der Ausgestaltung der Rolle fragen, auch zum Thema innerhalb der Jugendarbeit zu machen[145].

Gerade der Bereich des Teil-haben-lassens an eigenen Fertigkeiten und am eigenen Können, läßt sich auch auf den jugendlichen Gruppenleiter übertragen. Auch im Bereich der Suche nach der eigenen Geschlechtsrolle können jugendliche Mitarbeiter insofern Identifikationsobjekt für Kinder und Jugendliche werden, als sie selektiv, aber authentisch von ihren Überlegungen bei der Ausgestaltung der Geschlechtsrolle berichten. Allerdings dürfte gerade in diesem Bereich die Gefahr der Übertragung der eigenen Probleme auf die Mitglieder der Kinder- bzw. Jugendgruppe besonders groß sein[146].

Im Hinblick auf die Mitarbeit Jugendlicher geht Uwe Sielert davon aus, „daß das Verhältnis Mitarbeiter – Mitglied keine Subjekt-Objekt-Beziehung sein darf, in der ein aktiver ‚Wissender' einen passiven ‚Unwissenden' bearbeitet. Wenn Jugendliche auch gern dieses Verhältnis aus der Schule in Situationen der Jugendarbeit projizieren, sollten die Mitarbeiter bewußt andere Verhaltensweisen zeigen. Als Mitglied der kommunizierenden Gruppen wird der Jugendarbeiter versuchen, selbst das Beispiel eines lernenden, handelnden, genießenden, sich selbst bestimmenden Jugendlichen zu sein. Dazu gehört, daß er Fehler, Schwierigkeiten, eigene Probleme eingestehen kann, ohne Angst zu haben, sich zu blamieren. Die pädagogische Aufgabe des Mitarbeiters ist die des Lernhelfers, der wenig direkt interveniert, sondern Erfahrungsmöglichkeiten vermittelt und die Voraussetzungen schafft für selbstorganisierte Lernprozesse und entsprechendes Handeln. ‚Solidarisch' meint in diesem Zusammenhang die Parteinahme für die Lebensinteressen der Jugendlichen, die im Falle des jugendlichen Mitarbeiters meist mit den eigenen Interessen identisch sind"[147].

2.2.2 Die gruppenpädagogische Aufgabe: Leitung von Kinder- und Jugendgruppen

Die jugendlichen Mitarbeiterinnen und Mitarbeiter sind Leiterinnen und Leiter von Gruppen. Da Gruppen ihre eigenen Gesetzmäßigkeiten haben, ist es unerläßlich, daß die Gruppenleiter Grundkenntnisse dieser Gesetzmäßigkeiten erwerben. Sie sollen lernen, mit den in der Gruppe wirksamen Vorgängen so umzugehen, daß die Kinder bzw. Jugendlichen Chancen zur sozialen Reifung bekommen[148]. Über die Erkenntnisse der Gruppenstrukturen, über hemmende und fördernde Faktoren des Gruppenprozesses soll sich ein Gruppenleiter „stets andern verständlich machen sowie andere verstehen können"[149].

Eine wichtige Aufgabe des Gruppenleiters besteht darin, die je nach Aufgaben und Situationen wechselnden *gruppeneigenen Führer* nach Möglichkeit zu unterstützen. Deshalb sollte er versuchen, „eine zentrale Stellung in der Gruppe zu vermeiden, solange irgendein Mitglied in der Lage ist, die Sache der Gruppe in die Hand zu nehmen und positiv zu beeinflussen. Da wir es in den meisten Gruppen nicht nur mit einem einzigen gruppeneigenen Führer zu tun haben, sondern mit mehreren wechselseitig aktiven und potentiellen, aus jeweiligen Situationen neu erwachsenden gruppeneigenen Führer rechnen können, wird der ausgebildete Gruppenleiter alles tun, um diese in der Gruppe liegenden Kräfte zu verantwortlicher Einflußnahme anzuregen und ihre Wirksamkeit zu fördern"[150]. Wenn die pädagogische Aufgabe des Gruppenleiters darin besteht, alle Gruppenmitglieder zu fördern[151], wird er seine Aufgabe darin sehen, möglichst viele an Entscheidungsprozessen teilnehmen zu lassen. „Er wird darauf achten, daß die Wortgewandten sachlich bleiben. Die Zurückhaltenden wird er ermuntern und den sprachlich Ungeschickten wird er behilflich sein, sich besser und klarer verständlich zu machen.

Jede Form der Unterdrückung wird er deutlich machen und dadurch zu unterbinden versuchen. Er wird dazu besorgt sein, daß Abstimmungen nur nach vorangegangener freier Aussprache durchgeführt werden. Es gilt, Mut zu eigener Meinung zu fördern, vielleicht auf die Gefahr hin, einmal allein zu stehen. Die Minderheit soll durch seine Hilfe lernen, sich der Mehrheit zu fügen und einzuordnen (in Übereinstimmung!). Die Mehrheit soll durch seine Hilfe einsehen, daß ein Mehrheitsverhältnis nicht das Recht zur Unterdrükkung gibt"[152]. Der Gruppenleiter ermöglicht den Gruppenmitgliedern untereinander Freundschaften zu schließen. Im Blick auf den jugendlichen Gruppenleiter muß dabei bedacht werden, daß er diese Haltung nur dann erfolgreich einnehmen kann, „wenn er außerhalb der von ihm geleiteten Gruppe, in seinem privaten Bereich sein eigenes Bedürfnis nach Liebe und Freundschaft genügend erfüllt hat"[153]. Vom Gruppenleiter wird eine selbstkritische Einstellung erwartet, die ihn in Distanz zu seiner Rolle als Gruppenleiter bringt und sein pädagogisches Verhalten kontrollieren läßt, um so den Mitgliedern Eigenbestimmung zu erleichtern[154].

Die Situation der ehrenamtlichen Mitarbeiterinnen und Mitarbeiter in der kirchlichen Jugendarbeit läßt schon allein aufgrund ihres Zeitbudgets eine intensive Ausbildung zum Gruppenleiter im gruppenpädagogisch-gruppendynamischen Sinne nicht zu: Um so wichtiger ist deswegen die konkret vor Ort erfolgende Praxisbegleitung, die dem jugendlichen Gruppenleiter seine Situation reflektieren hilft und damit einen Beitrag dazu leistet, sein Gruppenleitersein zu erleichtern und gleichzeitig zu qualifizieren[155].

Für den jugendlichen Gruppenleiter nützlich sind vor allem Kenntnisse über die Anfangsphasen in Gruppen, über die Gruppenentwicklungsphasen, über Entscheidungsprozesse in Gruppen, um anhand solcher Grundkenntnisse zu einfachen Gruppendiagnosen in der Lage zu sein[156]. Eine brauchbare Hilfe für den jugendlichen Gruppenleiter stellen die einfach formulierten *gruppenpädagogischen Prinzipien* dar:

– Anfangen bei den Bedürfnissen der einzelnen in der Gruppe
– Selbstbestimmung der Kinder und Jugendlichen oder: Sich entbehrlich machen
– Mit der Stärke des einzelnen arbeiten
– Zusammenarbeit ist besser als Einzelwettbewerb (vom individualistischen Konkurrenzdenken zur reflexions-, kooperations- und damit handlungsfähigen Gruppe)
– Orientierung an der Lebenswelt der Kinder und Jugendlichen (die Lebenswelt von Kindern und Jugendlichen zum Thema machen)[157].

Eine bedeutende Hilfe zur Gestaltung des Gruppenlebens ist die Erarbeitung eines *Gruppenprogramms*, bei dem sowohl die Gruppenteilnehmer als auch die Gruppenleiter gleichberechtigt beteiligt sind. Deshalb sollte der Gruppenleiter fähig sein, „die ‚Gruppenstunden' zu planen und zu gestalten – im Sinne der Ziele der Jugendarbeit. Dazu gehören z.B.: Entscheidungen über notwendige Inhalte und Methoden, Motivierung der Mitglieder, Einbeziehung der Teilnehmer in Planung, Vorbereitung und Durchführung der Inhalte, Anstoß von Reflexion und das Zusammenleben, die Arbeitsweise der Gruppe, Organisation von Festen, Ausflügen, Freizeiten und Aktionen usw."[158]. Bei einer solchen Programmgestaltung müssen auch die Bedürfnisse nach unverzweckter Geselligkeit und nach Rekreation ernstgenommen werden, die sich vor allem in der Sehnsucht nach einer Gruppe, in der das Zusammenleben harmonisch verläuft, äußert: „Diese Sehnsucht ... sollte nicht als illusorischer Traum von heiler Welt abgetan, sondern ernstgenommen werden als Suche nach einem hier und heute zu verwirklichenden solidarisch und bedürfnisadäquaten Lebenszusammenhang, der es den Jugendlichen erlaubt, sowohl ihre Regenerations- und Kompensationsbedürfnisse als auch ihre reflexiven und Aktionsbedürfnisse im Rahmen einer Gruppe von Gleichgesinnten, Gleichbetroffenen und Solidarischen zu realisieren ...“[159]. In der Praxis dieser Bedürfnisorientierung geht es dann darum, aus christlicher Perspektive „für die Jugendlichen jeweils ein Mehr an Selbstbestimmung und sozialer Anerkennung, Solidarität, Erlebnis etc. sowohl quantitativ als auch qualitativ zu realisieren“[160].

2.2.3 Die kommunikative Aufgabe: Anleitung zur Reflexion des Gruppenlebens

Nach Maßgabe des Synodenbeschlusses über Ziele und Aufgaben kirchlicher Jugendarbeit ist die methodische Grundform kirchlicher Jugendarbeit die „reflektierte Gruppe“[161]. Nach diesem Konzept ist die Gruppe „selbst ein entscheidender Erfahrungsraum zwischenmenschlicher, sozialer, politischer Realität. Die Bandbreite der hier möglichen Erfahrungen läßt sich nur andeuten: Wechselwirkung von effektiver Zusammenarbeit und befriedigenden zwischenmenschlichen Beziehungen; Angenommensein, Jemandsein; Befreiung von Angst und diffus erlittener Ohnmacht durch Solidarität; Erfahrung klassenspezifischer Verhaltens- und Erlebnismuster und ihrer politischen Auswirkungen usw.“[162]. Der Gruppenleiter soll Hilfen anbieten, die in der Gruppe wirksamen Vorgänge und Beziehungen zu reflektieren, wobei im Hintergrund dieser Konzeption die lerntheoretische und didaktische Maxime „Lernen durch Erfahrung“ steht, die im gruppendynamischen Kontext die Variante erhält: „Lernen aus dem Gruppenprozeß bedeutet eigentlich Lernen aus gemeinsamen, von allen geteilten Erfahrungen“[163]. Jugendliche Gruppenleiterinnen und jugendliche Gruppenleiter können aber nicht dazu befähigt werden, gewissermaßen professionell gruppendynamisch zu arbeiten und in diesem Sinne die Vorgänge in einer Gruppe aufzudecken und sie zusammen mit den Teilnehmern zu reflektieren. Insofern kann es bei der Reflexion des Gruppenlebens nur darum gehen, bei den sich bietenden Gelegenheiten (in metakommunikativer Weise) miteinander über die Vorgänge in der Gruppe zu sprechen. Anlässe für solche Metakommunikation können Erfahrungen von Konflikten, Erfahrungen von Freude anläßlich von Festen, Erfahrungen gemeinsamer Erlebnisse während einer Freizeit usw. sein. Es geht also nicht darum, die Gruppe zu einem ständigen Ort der Reflexion zu machen, sondern die sich spontan bietenden Gelegenheiten zu nutzen, um miteinander das Gruppenleben zu reflektieren. Das Reflexionsniveau wird von den Fähigkeiten der in den Gruppen lebenden Kinder und Jugendlichen bestimmt und davon, welche Sensibilität und Fähigkeiten der jugendliche Mitarbeiter besitzt, andere zur Metakommunikation anzuregen. Schon die Auswertung eines gemeinsamen Spiels, das Gespräch über das Mißlingen einer gemeinsam geplanten Aktion, der Erfahrungsaustausch über die Gestaltung eines Kinder- bzw. Jugendgottesdienstes, die Auswertung der Zusammenarbeit anläßlich eines Zeltlagers u.a. sind in diesem Sinne beginnende Reflexionen über das Gruppenleben. Dabei bietet sich als einfachste Form der Reflexion an, daß die jugendlichen Gruppenleiter entweder nach jeder Gruppenstunde oder besonders dann, wenn sie das Bedürfnis in der Gruppe bemerken, die Möglichkeit zu einem solchen metakommunikativen Gespräch anbieten, so daß zum einen die Fähigkeit der Gruppenmitglieder wächst, sich auf solche Phasen ihrer Gruppenarbeit einzulassen und zum anderen die Sensibilität für das Miteinander in der Gruppe gestärkt wird. Die Bereitschaft zu solchen Reflexionen wird um so mehr wachsen, als die Gruppenleiterin und der Gruppenleiter in der Lage sind, dazu auch spielerisch verschiedene methodische Möglichkeiten (Rollenspiel, Metapher-Meditation, Brainstorming etc.) zu nutzen.

2.2.4 Die Aufgabe der Vermittlung: Vertretung der Ziele eines Jugendverbandes

Jugendliche Leiterinnen und Leiter, die ihre Gruppen im Auftrag eines Mitgliedsverbandes des BDKJ begleiten, sind auch Vertreter der Ziele und Schwerpunktsetzungen des Mitgliedsverbandes[164]. Als „Repräsentant des Trägers der Jugendarbeit“[165] muß die Gruppenleitung (bzw. der einzelne Gruppenleiter) beachten, „daß sie mit einem bestimmten Auftrag, mit einer bestimmten Zielsetzung auf eine bestimmte Gruppe zugeht, sie für eine befristete Zeit begleitet und ihrem Auftraggeber, der völlig außerhalb der Gruppe steht, Rechenschaft schuldig ist. Diese Realität des Auftrags- und Rechenschaftsverhältnisses kann eine Gruppenleitung nur aushalten,

1. wenn der Auftrag, die Zielsetzung des Auftraggebers die eigene Entwicklung wie auch die Identität der Gruppe und ihrer einzelnen Mitglieder stützt und fördert;
2. wenn die Gruppenleitung sich mit dem Auftrag, mit der Zielsetzung des Auftraggebers zu identifizieren vermag;
3. wenn sich die Gruppenleitung in einer ausgewogenen, persönlichen wohlwollenden Nähe von pädagogischem bzw. andragogischem ‚Abstand‘ verhält und sich vor allem als ‚personales Angebot‘ versteht, welches das Beziehungsgeschehen in der Gruppe sowie mit anderen Gruppen fördert und die Fähigkeiten entwickelt, Aufgaben und Probleme selbständig zu lösen“[166].

Wenn die Kinder- bzw. Jugendgruppe in einem Mitgliedsverband des BDKJ eingebunden ist, wird der Gruppenleiter darum bemüht sein, „das Bewußtsein wach zu halten, daß die Gruppe zu einer größeren Gemeinschaft gehört .... Dieses Bemühen stellt sich allerdings nicht in ständigen Aufforderungen, sondern vielmehr in der Befähigung der einzelnen Gruppenmitglieder und damit auch der gesamten Gruppe, sich nach Fähigkeiten zu engagieren, ein von der christlichen Botschaft her bestimmtes soziales Verhalten einzuüben, um mit anderen Menschen und Gruppen in Kontakt zu kommen und zusammenzuarbeiten“[167].

Neben der spezifischen Zielsetzung eines Mitgliedsverbandes des BDKJ sollte der Gruppenleiter die Grundlagentexte kirchlicher Jugendarbeit kennenlernen, um die Globalziele kirchlicher Jugendarbeit vertreten und nachvollziehen zu können[168]. Als wichtiger Basistext gilt dabei der Synodenbeschluß über Ziele und Aufgaben kirchlicher Jugendarbeit, der sich vor allem an diejenigen wendet, „die für die Jugendarbeit Verantwortung tragen: die Räte, die hauptamtlichen Mitarbeiter in den Jugendämtern und Jugendverbänden und an die Einrichtungen für die Ausbildung und Weiterbildung. Er wendet sich ebenso an die Jugendlichen, die die Jugendarbeit der Kirche durch ihren Einsatz mit Leben erfüllen“[169]. Da dieser Grundlagentext, aber auch die programmatischen Aussagen der Mitgliedsverbände des BDKJ oft so formuliert sind, daß sie für die Hand des Jugendlichen nicht geeignet erscheinen, müssen hier in der Ausbildung und in den Leiterrunden entsprechende Übersetzungshilfen gegeben werden, so daß auch der jugendliche Leiter die Inhalte des Textes verstehen lernt und mit eigenen Worten wiedergeben kann. Gerade in der Zusammenarbeit mit Leitern anderer Gruppierungen, mit den Pfarrgemeinderäten, mit dem Pfarrer, aber auch mit den Eltern der in den Gruppen lebenden Kinder und Jugendlichen ist die Kenntnis der Grundlagen kirchlicher Jugendarbeit nützlich, da so die eigene Arbeit und das eigene Engagement in der kirchlichen Jugendarbeit argumentativ begründet werden können und die eigene Motivation entsprechend fachlich orientierte Unterstützung erhält.

2.2.5 Die politische Aufgabe: Stellvertretung und Interessenvertretung

In den Kinder- und Jugendgruppen kommen, – soweit der Gruppenleiter dies zuläßt, aber auch ermöglicht – Themen aus der Lebenswelt der Gruppenmitglieder zur Sprache. So ist festzustellen, welche Probleme, Sorgen, Nöte die Kinder und Jugendlichen bewegen, aber auch welche Erlebnisse und Erfahrungen sie mit Freude erfüllen. Dabei kristallisieren sich auch die für die Kinder und Jugendlichen in dem bestimmten Lebensraum der Pfarr- und Bürgergemeinde bedeutsamen Interessen heraus, die für eine Veränderung oder Verbesserung der Lebenssituation der Kinder und Jugendlichen von Belang sind. Die Gruppenleiter können nur ihrerseits die in ihren Gruppen feststellbaren Interessen in der Gruppenleiterrunde bündeln und so zu einem Überblick über die Interessenlage der Kinder und Jugendlichen in der Gemeinde kommen. Damit ist eine wichtige Basis gegeben, gemeinsam für notwendige Veränderungen und Lebenssituation junger Menschen in der Pfarr- und Bürgergemeinde einzutreten.

Soweit die Kinder und Jugendlichen in der Lage sind, ihre Interessen selbst wahrzunehmen, haben die Gruppenleiterinnen und Gruppenleiter die

Aufgabe, sie zu dieser Interessenwahrnehmung zu ermutigen und mit ihnen zusammen die notwendigen Schritte zu überlegen, um die Lebenssituation an einem bestimmten Punkt (z.B. der Einrichtung eines Kinderspielplatzes, Veränderung der Jugendräume, Erhöhung des Jugendetats etc.) zu verbessern.

Da für die Jugendverbandsarbeit die Interessenvertretung ein konstituierendes Merkmal ist[170], haben die Gruppenleiter – insofern sie einem Mitgliedsverband des BDKJ angehören – auch die Aufgabe, in den entsprechenden Verbandsgremien (Pfarrversammlung, Dekanatsversammlung des Mitgliedsverbandes etc.) die Interessen der Mitglieder ihrer Gruppen wahrzunehmen und so dafür Sorge zu tragen, daß die an der Verbandsbasis artikulierten Interessen weiter transportiert werden, um so den Verbandsleitungen auf Dekanats-, Diözesan- und Bundesebene eine wirksame Interessenvertretung im gesellschaftlichen Raum (Landesjugendringe, Kultusbürokratien etc.) zu ermöglichen. Durch konkrete Aktionen in der Pfarrgemeinde können Kinder und Jugendliche erfahren, welche Bedeutung der Artikulation von Interessen in einem demokratisch strukturierten Gemeinwesen zukommt, Gruppenleiterinnen und Gruppenleiter können innerhalb der verbandsdemokratischen Vorgänge auch die formalen Abläufe demokratischer Entscheidungen mitvollziehen lernen. In dieser Interessenvertretungarbeit kann auch deutlich werden, daß diese Aufgabe für alle Ebenen der Jugendverbandsarbeit von der Basis bis zur Verbandsleitung von Bedeutung ist „Jugendgruppen, Projektgruppen, Jugendverbände können ... auf verschiedenen Ebenen soziale Konflikte ausfechten. Die Konfliktebene, die Konfliktgegenstand wie Konfliktgegner umschließt, umspannt die ganze organisatorische Reichweite der Jugendverbände: von der Kleingruppe bis zum Dachverband der Jugendverbände“[171].

2.2.6 Die Verwirklichung der Leitungsaufgabe unter Berücksichtigung der altersspezifischen Situation jugendlicher Mitarbeiter

Bei der Formulierung der Ansprüche an die pädagogische Aufgabe der jugendlichen Gruppenleiterinnen und Gruppenleiter muß immer berücksichtigt werden, daß eine unaufhebbare Spannung besteht zwischen sachlich legitimierbaren Ansprüchen und der konkreten Lebenssituation junger Menschen. Als besonderes Problem der jugendlichen Leitungstätigkeit wird gesehen, daß der Jugendliche *selbst noch auf der Suche nach seiner Identität* ist und insofern nur bedingt in der Lage ist, Kindern und Jugendlichen planmäßige Lernhilfen anzubieten, zumal die Gefahr der Projektion eigener Probleme auf die Mitglieder der Gruppe besonders groß erscheint[172]. Der im Identitätsentfaltungsprozeß stehende Jugendliche wird als Gruppenleiter mit unterschiedlichen, zum Teil sich widersprechenden Erwartungen konfrontiert. So zwischen verschiedenen Erwartungen stehend, neigt der Jugendliche eher dazu, „sich für die Erwartung zu entscheiden, die die meisten Sanktionen in positiver und negativer Art zur Verfügung hat. ‚Sanktionen' können sein: Anerkennung oder Mißachtung von Seiten der Altersgleichen, der Kinder oder Jugendlichen in der Gruppe, bestimmter Erwachsener oder Bezugspersonen. In der Situation der jugendlichen Verhaltens- und Rollenunsicherheit ist es eine besondere Verführung für den Jugendlichen, seine Zugehörigkeit auf der Seite der Erwachsenen, der Erzieher zu suchen"[173].

In der Zeit des Erwachsenwerdens ist der Jugendliche besonders *auf Anerkennung und Zuwendung angewiesen.* Diese erlebt er in seiner Kinder- bzw. Jugendgruppe. Dabei kann die Gefahr bestehen, daß der jugendliche Mitarbeiter seine Gruppenarbeit zur Flucht vor den anderen Realitäten seines Lebens in Schule, Beruf, Familie benutzt und schließlich zu einer so verzerrten Wirklichkeitswahrnehmung kommt, daß er nur noch die Jugendarbeit für das „wirkliche Leben" hält[174]. Da die jugendlichen Mitarbeiter in ihren Gruppen oft sich vor die Aufgabe gestellt sehen, Sicherheit auszustrahlen, besteht die Gefahr, daß der jugendliche Gruppenleiter seine eigenen Probleme und Schwierigkeiten verdrängt[175]. Eine andere Möglichkeit, sich mit der notwendigen Sicherheit auszustatten ist die, sich den Jugendlichen anzupassen: „Der Gruppenleiter paßt sich total den Jugendlichen an, übernimmt ihre Attitüden, selbst auf das Risiko hin, daß er sie in dem Moment enttäuscht, wo sie eben kein Spiel mehr wollen, sondern einen echten ‚Primus inter pares'"[176]. Oft sehen sich die Gruppenleiter durch die Mitglieder ihrer Gruppen mit Problemen konfrontiert, denen sie nicht gewachsen sind: „Z.B. die Noten mancher Mitglieder, was ihre schulischen Leistungen angeht; oder das Erkennen des Versagens mancher Eltern ihren Kindern gegenüber; oder die Entdeckung, daß er selbst (der Gruppenleiter, W.T.) zum Vorbild der Gruppenmitglieder geworden ist"[177]. Manchmal kann der Gruppenleiter auch das Scheitern einer Gruppe, das u.U. mit seinen Interventionen in der Gruppe überhaupt nichts zu tun hat, als eigene „Schuld" einstufen, und diese negative Erfahrung kann seinen Selbstwerdungsprozeß behindern[178].

Das Gruppenleitersein bietet den Jugendlichen aber auch eigene Chancen: Zum einen kann sich der Jugendliche in der Gruppe als Leiter selbst erfahren und sein Bedürfnis nach Anerkennung und Erfolg befriedigen, d.h. er kann Selbstwertgefühl erreichen und durch die Auseinandersetzung mit anderen Problemen und Erfahrungen seinen Horizont weiten[179]. Die Bereitschaft zu Selbstreflexion und Selbstkontrolle wird durch die Gruppenleitung erhöht, denn sie „kann für den Jugendlichen durch ihren hohen Grad der Herausforderung eine der günstigen Anregungsbedingungen sein"[180]. Schließlich wird die Selbsterfahrung in der Gruppe einen Beitrag zur Identitätsbildung des Jugendlichen leisten, insofern er dort eigene Selbsterfahrung macht und Mut gewinnt, auch schwierige Situationen durchzustehen[181] und Kooperation mit Gleichaltrigen sowie mit Erwachsenen einzuüben[182].

Die am schwierigsten zu lösende Aufgabe für den jugendlichen Gruppenleiter dürfte die sein, die notwendige *Distanz zu seiner eigenen Rolle als Gruppenleiter* zu gewinnen. Gerade deshalb hat die Gruppe der Gruppenleiter entscheidende Bedeutung für das Gelingen der Gruppenleitertätigkeit, weil in ihr zusammen mit in gleicher Weise Betroffenen die Fragen, Probleme, aber auch Erfolgserlebnisse der Arbeit miteinander reflektiert werden können. Solche Gruppen helfen „die eigene Pädagogenrolle zu reflektieren. Die zumindest zeitweilige kritische Distanz zu den eigenen Einstellungen, Motiven zur Mitarbeit und zur Teilnahme an Qualifizierungskursen erhält die Bewußtheit des eigenen Tuns und die Chancen, im Sinne eines Lernhelfers tätig zu werden, der die freie Identitätsentfaltung anderer ermöglicht"[183], zumindest aber nicht behindert. Die Gruppe der Mitarbeiter bietet sich dem Jugendlichen an

„– als Hilfe zu seiner Selbstwahrnehmung und besseren Selbsteinschätzung
– als Möglichkeit, sich mit einem Minimum von Angst zu äußern, vor allem im Blick auf seine eigenen Wünsche und Bedürfnisse, wie auch auf seine eigenen Konflikte,
– als Lernfeld für die Fähigkeit, Kritik anzunehmen und zu geben (Konfliktfähigkeit),
– und damit im Ganzen zu seiner emotionalen und sozialen Stabilisierung"[184].

Zusätzlich bieten die Gruppenleiterrunden als Runden von Gleichaltrigen den Jugendlichen die Möglichkeit, mit anderen Gruppenleiterinnen und Gruppenleitern Freundschaft zu schließen, miteinander Werte und aus ihnen resultierende Normen zu diskutieren, eigene Probleme mit Schule und Beruf sowie Familie zu besprechen; somit kann in der Gruppenleiterrunde selbst auch ein Beitrag zur Identitätsbildung des jugendlichen Mitarbeiters geleistet werden[185].

Solange ehrenamtliche Mitarbeiter im pädagogischen Bereich eingesetzt werden, bleibt die Spannung bestehen, daß sie zum einen mit Verhaltenserwartungen konfrontiert werden, die in der Regel nur an professionelle Mitarbeiter gerichtet werden können, daß sie sich zum anderen aber diesen Verhaltenserwartungen nicht entziehen dürfen, da diese durchaus pädagogisch legitim begründet sind. Dieses Dilemma wird im Bereich der Selbstreflexion besonders deutlich und besteht darin, „daß einerseits die Forderung nach methodisch angeleiteter Selbstreflexion zur Bearbeitung des unbewußten Hilfemotivs pädagogisch gut begründet ist, andererseits diese Selbstreflexion zugleich als Professionalisierungsstrategie helfender Berufe das pädagogische Handeln des ehrenamtlichen Mitarbeiters dem beruflichen Handeln angleichen und dessen Pathologien reproduzieren kann. Dieses Dilemma ist nicht auflösbar. Ein Verzicht auf Ausbildung und Reflexion verbietet sich, weil der ehrenamtliche Mitarbeiter das Alltagshandeln immer schon reflektiert und auf spezifische Techniken der Problembearbeitung zurückgreift"[186]. Je mehr das Zusammensein in den Gruppenleiterrunden der Reflexion des pädagogischen Handelns dienen soll, um so mehr ist dazu die Praxisbegleitung und Beratung von dafür ausgebildeten ehrenamtlichen erwachsenen Mitarbeitern zu fordern[187].

Eine weitere Hilfe zur Bewältigung der Gruppenleiteraufgaben kann darin bestehen, daß die Gruppenleitung nicht von einem Jugendlichen allein, sondern mit einem oder zwei anderen Jugendlichen zusammen in Form einer Teamleitung übernommen wird. Solche Teamleitungen haben auch den Vorteil, daß junge Gruppenleiter, die sich auf ihre Aufgaben vorbereiten wollen, bei einem solchen Team hospitieren können und so durch Teilnahme an den Vorbereitungs- und Auswertungsbesprechungen langsam in den Aufgabenbreich eines vollverantwortlichen Gruppenleiters hineinwachsen können.

Da in weiten Bereichen der kirchlichen Jugendarbiet nach wie vor der ehrenamtliche Mitarbeiter, der auch Jugendlicher ist, die Hauptlast der Gruppenarbeit trägt, sind die Bedingungen, unter denen er diese Arbeit verrichten kann, immer wieder neu zu überdenken und zu überprüfen. Gleichzeitig aber sind die begleitenden qualifizierenden Angebote zu intensivieren, um auf alle Fälle zu verhindern, daß der jugendliche Mitarbeiter durch seine Tätigkeit in der kirchlichen Jugendarbeit in seiner Identitätsentwicklung Schaden nimmt.

2.2.7 Konsequenzen aus der pädagogischen Analyse für die Ausbildung

Die Analyse der pädagogischen Bedeutung der Leitungsfunktion hat ergeben, daß die jugendlichen Gruppenleiterinnen und Gruppenleiter den jungen Menschen in der Gruppe als Person gegenübertreten und ein Identifikationsangebot darstellen. Sie müssen die gruppenpädagogischen Funktionen der Leitungsaufgabe wahrnehmen, wobei es besonders darauf ankommt, Hilfen zur Anleitung der Reflexion des Gruppenlebens zu geben. Als Vertreter eines Jugendverbandes sollen sie dessen Ziele und Schwerpunktsetzungen vermitteln können. Schließlich können sie die Interessen der jungen Menschen in ihren Gruppen als Stellvertreter in den Raum der Pfarr- und Bürgergemeinde einbringen.

Wenn jugendliche Gruppenleiterinnen und Gruppenleiter *den Gruppenmitgliedern als Person gegenübertreten sollen,* ist es unaufgebbar, daß in der Ausbildung Hilfen zur persönlichen Identitätsfindung gegeben werden. Es ist dabei davon auszugehen, daß der Aspekt der Identitätsbildung kein einzelnes Lernziel der Gruppenleiterausbildung sein kann[188], aber in der Strukturierung der Lernprozesse immer mit beachtet werden muß. In der Ausbildung kann also die Situation der Jugendlichen selbst zum Thema gemacht werden. Bei den Lernprozessen in der Ausbildung spielen nicht nur die Funktionen des zukünftigen Gruppenleiters, sondern auch seine persönlichen Bedürfnisse, Fragen, Wünsche eine bedeutsame Rolle. Das Lernen in der Ausbildung soll nicht „die Fortsetzung der ‚Entfremdung' durch Arbeit mit anderen Mitteln sein..."[189]. Dabei muß die von Uwe Sielert „entwicklungspsychologisch begründete und in der empirischen Analyse bestätigte Gleichzeitigkeit der Hoffnung, die eigene Identität zu finden, und des Bedürfnisses, anderen zu einer – wie auch immer gearteten – Identität zu verhelfen, ... als begrüßenswertes Faktum in das Konzept der Mitarbeiterqualifizierung eingehen. Mit der Entfaltung der eigenen Identität werden zugleich die Art und der Inhalt der Identitätshilfen für andere mitbestimmt. Somit können Aus- und Fortbildungskurse durch das Maß der Möglichkeiten zur persönlichen Weiterentwicklung, durch den Inhalt der Identitätshilfen und durch die Form der Vermittlung in starkem Maße die Praxis verändern"[190].

Da in der Ausbildung die jugendlichen Mitarbeiter *zur Arbeit mit Kinder- und Jugendgruppen qualifiziert* werden sollen, ist eine grundlegende gruppenpädagogische Orientierung in allen Ausbildungsangeboten unerläßlich[191]. Die Ausbildung jugendlicher Gruppenleiter und Gruppenleiterinnen muß also gruppenorientiert sein, denn diese Gruppenorientierung „ist in ihrem Kern Befähigung für den Umgang mit Gruppen"[192]. In der Ausbildung sollen die angehenden Mitarbeiter aber nicht nur die Chancen und Möglichkeiten der Gruppenarbeit kennenlernen, sondern auch die entsprechenden Gefährdungen, „die zu erfahren den Mitarbeiter vor ‚Heilserwartungen' bewahren und es ihm ermöglichen, entsprechende Grenzen zu setzen und Korrekturen zu arrangieren. Er muß etwas erfahren haben

- von dem Faktum des Gruppendrucks durch Gruppennormen, zumal sich Gruppennormen in besonderer Weise in ‚Führungspersonen' realisiert sehen wollen, also an ihn besonderen Anspruch richten;
- von der Schwierigkeit, im kommunikativen Lernen die Balance zwischen dem Inhalts- und Beziehungsaspekt, zwischen Kommunikation und Metakommunikation zu wahren,
- von der Gefahr, daß die stabilsierende Funktion der Gruppe umschlagen kann in eine die Aktivitäten lähmende Einbindung in die ‚bergende' Gruppe,
- von der Tendenz von Gruppen, sich nach außen hin abzuschließen"[193].

Die Ausbildung zum Gruppenleiter setzt „methodisch und organisatorisch das Medium Gruppe voraus: jeder Teilnehmer hat die Möglichkeit, an der konkreten Lerngruppe ... Leitungsverhalten zu trainieren"[194]. Schließlich kann in der Ausbildung auch die Reflexion des Gruppenprozesses am Beispiel der Kursgruppe gelernt werden, insofern die Leiter der Ausbildung Sorge dafür tragen, daß der Lern- und Kommunikationsprozeß der Ausbildungsgruppe reflektiert wird und damit am Modell Handlungsorientierungen für die spätere Praxis als Gruppenleiter gewonnen werden[195].

In der pädagogischen Anlayse der Aufgabe des jugendlichen Gruppenleiters wurde auch festgestellt, daß er sich in der Situation sieht, durchaus widersprüchlichen Erwartungen ausgesetzt zu sein. Solche aus widersprüchlichen Erwartungen resultierenden Konflikte, müssen gewissermaßen antizipierend und/oder konkrete Situationen aufgreifend, in der Ausbildung thematisiert werden, „also das, was sie (die Gruppenleiter, W. T.) in ihrer eigenen Praxis an Widersprüchen und Widerständen erleben, aber ohne pädagogische Hilfe in der Regel zunächst falsch deuten"[196]. Die Jugendgruppenleiterausbildung muß die Praxis der Gruppenleitung im Rahmen der Jugendarbeit ständig reflektieren. Das kann sie allerdings nur dann, wenn die in der Ausbildung befindlichen Teilnehmer bereits solche Praxiserfahrungen entweder selbst oder als Mitglied in einer Gruppe oder als Gruppenleiter gemacht haben. Die Ausbildung muß also *situationsorientiert* sein, d.h., „daß nicht ein vorgegebener Themenkanon als Bildungsinstitution, sondern die ‚fragwürdige' Situation der Teilnehmer und das gemeinsame Bemühen um deren Klärung und Verarbeitung bzw. deren Veränderung zum ‚Inhalt' des Lernens wird. Lernen mit Mitarbeitern orientiert sich demnach an Aufgaben, Fragestellungen und Konflikten der spezifischen Alltagswelt des Teilnehmers, die er *in* seiner konkreten Mitarbeit erlebt als Person und als gesellschaftlich-politischer Bürger"[197]. Gerade deshalb schlage ich in dieser Arbeit vor, die Ausbildung in zwei sich aufeinanderbeziehenden Kursen zu gestalten, wobei zwischen beiden Kursen eine Praxisphase liegt, in der es den Teilnehmern möglich ist, Erfahrungen im Umgang mit Gruppen in der Leitungssituation zu sammeln. Die pädagogischen Fragestellungen der Ausbildung sollen in der zweiten Kursphase behandelt werden.

In der Ausbildung haben also „Selbsterfahrung und Einübung interpersoneller Kompetenz ... einen tendenziellen Vorrang vor dem Erwerb abstrakten Wissens und methodischer Detailfertigkeiten"[198]. Unter dieser Rücksicht muß allerdings beachtet werden, daß selbsterfahrungsbezogene Lehrgangsformen „eine außerordentlich intensive emotionale Selbstbeteiligung (auslösen, W.T.), die nicht nur zur kognitiven Auseinandersetzung mit dem Thema motiviert, sondern auch dazu angelegt ist, das eigene Verhalten zu hinterfragen. Damit ist aber ein hohes Maß an Verunsicherung verbunden, das nur dann tragbar ist, wenn die Atmosphäre in der Gruppe relativ repressionsarm ist und jedem die angstfreie Teilnahme ... ermöglicht"[199]. Eine möglichst angstarme Atmosphäre bietet auch die Möglichkeit, „verschiedene Fähigkeiten, Ausdrucksformen und Bedürfnisse der Jugendlichen produktiv aufzunehmen. Dabei handelt es sich nicht allein um ein pädagogisches Mittel, um die Jugendlichen zu einer intensiveren und kontinuierlichen Auseinandersetzung mit den Seminarinhalten zu motivieren, sondern um den Versuch, nicht nur ihre verbalen Fähigkeiten und Orientierungsinteressen in der Seminararbeit zu berücksichtigen, sondern z.B. auch ihre spielerischen, motorischen und technischen Verhaltensbereitschaften aufzugreifen, wie auch ansonsten oft unterdrückte Bedürfnisse nach Erlebnis und sozialer Anerkennung, das Bedürfnis, etwas zu bewirken oder das Bedürfnis nach Solidarität"[200].

Neben der Vermittlung der für die pädagogische Arbeit in Gruppen notwendigen Fertigkeiten und Kenntnisse ist in der Ausbildung auch die Vermittlung von grundlegenden *Kenntnissen über die Funktion kirchlicher Jugendarbeit und die Aufgaben des jeweiligen Mitgliedsverbandes des BDKJ* unerläßlich, um den jugendlichen Gruppenleiter zu seiner Aufgabe der Interessenvertretung und der Vermittlung der verbandsspezifischen Zielsetzungen zu befähigen: „Jugendarbeiter sollten über einige grundlegende Kenntnisse zur Funktion außerschulischer Jugendarbeit in der Gesellschaft und im Sozialisationsprozeß des Jugendlichen verfügen, um über den Sinn des eigenen Tuns nachdenken zu können. Dabei ist wesentlich, daß die Informationen nicht im Rahmen einer abstrakten politischen Institutionskunde vermittelt werden, sondern einen engen Bezug zur Lebenswelt der Jugendlichen, aber auch der Jugendarbeiter erkennen lassen“[201].

Sowohl bei der Auswahl der zu vermittelnden Inhalte als auch bei der Auswahl der anzuwendenden Methoden wird das Leitungsteam die Situation der Teilnehmer konstitutiv berücksichtigen, um jede Überforderung auszuschließen[202]. Je mehr in der Ausbildung auch die Situation der beteiligten Jugendlichen im Blick ist, um so größer scheint mir die Wahrscheinlichkeit, daß eine Überforderung durch zu hohe Ansprüche und entsprechend abstrakte Theorievermittlung vermieden werden kann.

2.3 Die spezifischen Aufgaben des Gruppenleiterseins: Aufgabenbeschreibung aus der Verbindung von theologischen und pädagogischen Überlegungen

Die theologischen und pädagogischen Überlegungen haben Aufgaben für die jugendlichen Gruppenleiterinnen und Gruppenleiter erbracht, die eine Merkmalsbeschreibung der Gruppenleiterfunktion in der theologischen und in der pädagogischen Dimension ermöglichen (2.3.1).

Aus dieser Merkmalsbeschreibung lassen sich Konsequenzen für den Aufbau der Ausbildung ziehen (2.3.2). Schließlich kann die dargestellte geschichtliche Entwicklung unter fachwissenschaftlichen Gesichtspunkten einer Kritik unterzogen werden (2.3.3).

2.3.1 Merkmalsbeschreibung der Gruppenleiterfunktion

Folgende Aufgaben für die jugendlichen Leiterinnen und Leiter lassen sich in der theologischen Dimension beschreiben:
Als *Glaubenszeuge* können die Leiterinnen und Leiter
- sich als Person mit dem eigenen Glauben und der eigenen Lebensgestaltung in die Gruppenarbeit einbringen;
- die in Texten der Bibel und des kirchlichen Lehramtes niedergelegten Glaubenserfahrungen aktualisieren und verlebendigen;
- zum Glaubenteilen in lebendiger Kommunikation die Gruppe ermutigen und anleiten;
- als Voraussetzung zur kommunikationsfördernden Atmosphäre jedes einzelne Gruppenmitglied in seiner Einmaligkeit annehmen;
- zusammen mit den Kindern und Jugendlichen die in die Gruppe mitgebrachten und die in der Gruppe ermöglichten Erfahrungen reflektieren und in der Reflexion Sinn erschließen und Sinn deuten;
- Freiheit und Verantwortung in der Gruppe erfahrbar machen;
- die Kinder und Jugendlichen im Scheitern annehmen und zur Versöhnung ermutigen;
- Konflikte beim Namen nennen und die ideologiekritische Potenz der Frohen Botschaft entfalten.

Als *Vorbilder* können die jugendlichen Leiterinnen und Leiter
- deutlich machen, was ihnen Jesus als Urbild in ihrem eigenen Leben bedeutet;
- den Kindern und Jugendlichen andere Vorbilder zeigen, die auf Jesus als Urbild verweisen;
- kind- und jugendgemäße Jesusbilder entfalten.

Als *Mystagogen* können die jugendlichen Leiterinnen und Leiter
- Kindern und Jugendlichen die unterschiedlichen Gottesdienstformen erschließen und sie zur sonntäglichen Eucharistie einladen;
- die Kinder und Jugendlichen zu einer eigenen Spiritualität begleiten;
- aus dem eigenen Glaubenswissen entsprechende Anfragen der Gruppenmitglieder zu beantworten suchen.

Um diese Aufgaben wahrzunehmen, bemühen sich die Leiterinnen und Leiter um
- prozeßorientierte Gespräche, in denen Fragen ernstgenommen werden und das Zuhören eingeübt wird;
- eine Sprache, die Kindern und Jugendlichen verständlich den Zugang zum Glauben eröffnet;
- die solidarische Begleitung der jungen Menschen in Konfliktsituationen;
- das eigene „Unterwegssein" im Glauben.

In pädagogischer Hinsicht übernehmen die jugendlichen Leiterinnen und Leiter folgende Aufgabe:

Als *Partner und Identifikationsangebot* können die Leiterinnen und Leiter
- den Kindern und Jugendlichen als Person authentisch gegenübertreten;
- die Kinder und Jugendlichen als Partner an- und ernstnehmen;
- die Werte der Lebensgestaltung in Familie/Beruf/Schule verdeutlichen;
- die Geschlechtsrolle bewußt gestalten;
- an eigenen Fertigkeiten und am eigenen Können die Kinder und Jugendlichen teilhaben lassen.

Als *Gruppenpädagogen* können die Leiterinnen und Leiter
- Gruppenvorgänge erkennen und mit ihnen so umgehen, daß sie den Gruppenteilnehmern Möglichkeiten der sozialen Reifung eröffnen;
- die gruppeneigenen Führer unterstützen und mit ihnen zusammenarbeiten;
- Entscheidungen in der Gruppe fördern und begleiten;
- die eigene Rolle als Leiterin/Leiter kritisch befragen;
- ein Gruppenprogramm zusammen mit den Gruppenmitgliedern entwerfen, durchführen und auswerten;
- in der Gruppe die Selbstbestimmung der Teilnehmer fördern.

In der *Hilfe zu (Selbst-) Reflexion* können die Leiterinnen und Leiter
- die Bereitschaft zur Metakommunikation fördern;
- zusammen mit den Teilnehmern die Gruppenerfahrungen metakommunikativ reflektieren;
- Metakommunikation spielerisch-methodisch anleiten.

THEOLOGISCHE DIMENSION	THEOLOGISCHE QUALIFIKATION	SCHLÜSSEL-BEGRIFFE	PÄDAGOGISCHE QUALIFIKATION	PÄDAGOGISCHE DIMENSION
G L A U B E N S-Z E U G E	am eigenen Glauben teilhaben lassen	AUTHENTIZITÄT	echt sein können	P A R T N E R
	die in den Texten der Bibel und in lehramtlichen Texten festgehaltenen Glaubenserfahrungen verdeutlichen können		die eigenen Werte verdeutlichen können, die bei der Lebensgestaltung in Familie, Schule, Beruf wichtig sind	
	Den Menschen in seiner Einmaligkeit annehmen können	AKZEPTANZ	die Situation der Kinder und Jugendlichen kennenlernen und ernstnehmen	
	In den Erfahrungen der Teilnehmer Sinn erschließen und Sinn deuten	ERFAHRUNG	Erfahrungsräume schaffen	
	Freiheit und Verantwortung erfahrbar machen			
	Versöhnung ermöglichen		Verantwortungsübernahme anregen, Verantwortung abgeben	
	lebendige Kommunikation zur Glaubensmitteilung anstreben	KOMMUNIKATION	Kommunikation in Gruppen anregen können/Reflexion	Gruppenpädagoge Reflexionshelfer
	Konflikte zulassen	GRUPPE	Grundregeln des Gruppenlebens und der Gruppenentwicklung kennen mit der gruppeneigenen Führung zusammenarbeiten können Planung, Durchführung und Auswertung von gemeinsamen Aktionen	
V O R B I L D	Den Stellenwert Jesu im eigenen Leben verdeutlichen können	MODELL-LERNEN	die eigene Geschlechtsrolle annehmen	IDENTIFIKATIONS-ANGEBOT
	kinder- und jugendgemäße Jesusbilder entwerfen können		an eigenen Fachkenntnissen als Fachfrau/Fachmann teilnehmen lassen	
	auf andere Vorbilder verweisen können			
	eigenes Engagement in sozialen, politischen und religiösen Fragen aufzeigen können			
M Y S T A-G O G E	In die liturgischen Lebensvollzüge der Kirche einführen	VERMITTLUNG	Vermittlung der Ziele/Inhalte des Mitgliedsverbandes des BDKJ	VERMITTLER
	Spiritualität fördern		Grundlagen kirchlicher Jugendarbeit kennen	
	Fest und Feier ermöglichen			
STELLVERTRETER	Christsein als Stellvertretung leben	VERTRETUNG	Interessen von Kindern und Jugendlichen in Pfarr- und Bürgergemeinde vertreten	Stellvertreter/Interessenvertreter

Als *Vertreter der Ziele und Inhalte* eines Mitgliedsverbandes des BDKJ können die Leiterinnen und Leiter

- die Ziele und Inhalte des Mitgliedsverbandes in altersentsprechender Weise ihren Gruppenmitgliedern vermitteln;
- den Synodenbeschluß über Ziele und Aufgaben kirchlicher Jugendarbeit und das Grundsatzprogramm des BDKJ verstehen und vertreten.

Als *Stellvertreter und Interessenvertreter* können die Leiterinnen und Leiter

- die Interessen der in den Gruppen lebenden Kinder und Jugendlichen erkennen;
- diese Interessen stellvertretend artikulieren;
- zur Solidarisierung von Interessen beitragen;
- Kinder und Jugendliche zu eigener Interessenartikulation anregen;
- verbandsdemokratische Entscheidungen transparent machen;
- Interessenkonflikte aushalten und zur Konfliktregelung beitragen.

Die theologischen und die pädagogischen Qualifikationen verschränken sich gegenseitig; sie lassen sich eher analytisch als praktisch trennen. In der obigen Tabelle werden exemplarisch einige der genannten Qualifikationen nebeneinander vorgestellt und gleichzeitig Schlüsselbegriffe genannt, die sowohl für die theologische als auch die pädagogische Dimension gleichermaßen gelten und somit Anhaltspunkte für den „Brückenschlag" zwischen Theologie und Pädagogik liefern.

2.3.2 Konsequenzen aus der Merkmalsbeschreibung für den Aufbau der Ausbildung

Für die Ausbildung von Jugendlichen zu Gruppenleiterinnen und Gruppenleitern in der kirchlichen Jugendarbeit schlage ich aufgrund der Merkmalsbeschreibung einen Grundausbildungsgang in drei Schritten vor:

a) Eine erste – mindestens fünftägige – Kursphase, in der die jugendlichen Teilnehmer *in ihrer Rolle als Jugendlicher* unter Berücksichtigung ihrer späteren Gruppenleiterfunktion angesprochen werden.

In dieser ersten Kursphase wird die theologische Dimension der Leitungsfunktion besonders verdeutlicht. Mögliche Inhalte dieser ersten Kursphase sind:

- Klärung der eigenen Motivation zur Übernahme der Gruppenleiteraufgabe;
- Beschäftigung mit der Situation der Kinder und Jugendlichen (und damit mit der eigenen Situation);
- Kennenlernen der Ziele und Aufgaben kirchlicher Jugendarbeit unter besonderer Berücksichtigung der theologischen Implikationen;
- Grundorientierungen über den eigenen Glauben und die daraus resultierenden Handlungsweisen;
- Kennenlernen der Aufgabe eines Glaubenszeugen für Kinder und Jugendliche;

- Einübung der Reflexion des gemeinsamen Lern- und Kommunikationsprozesses in der Teilnehmergruppe.

b) Eine Praxisphase, in der auszubildende zukünftige Gruppenleiter in einer Kinder- oder Jugendgruppe als „Praktikant" bei einem Gruppenleiter hospitiert, der schon mindestens zweijährige Praxiserfahrung nachweisen kann. So kann er Erfahrungen mit den Aufgaben einer Gruppenleitung machen. Diese Praxisphase wird mit einem Treffen (am besten über ein Wochenende) aller auszubildenden Gruppenleiter abgeschlossen. Bei diesem Treffen werden die Erfahrungen aus den Praktika gesammelt und nach Schwerpunktbereichen aufgefächert. Anhand dieser Sammlung wird eine Strukturierung der dritten Kursphase vorgenommen.

c) In der dritten – wieder mindestens fünftägigen – Kursphase werden die Jugendlichen in ihrer *Rolle als Gruppenleiter* unter Berücksichtigung ihrer Situation als Jugendliche angesprochen.

Mögliche Inhalte dieser Kursphase sind:

- Einführung in die Gruppenpädagogik (Gruppenentwicklung, Entscheidungen in Gruppen etc.);
- Einübung von Leitungsverhalten (z.B. Erlernen der Rolle des Reflexionshelfers);
- Erarbeitung von didaktisch-methodischen Hilfen für die Gruppenarbeit (z.B. Programmerstellung);
- Kennenlernen der Ziele/Inhalte und der spezifischen Methodik eines Mitgliedsverbandes des BDKJ.
- Kennenlernen der Aufgabe des Interessenvertreters.

2.3.3 Kritische Bewertung der Geschichte kirchlicher Jugendgruppenleitung

Der Rückblick in die Geschichte der Entwicklung der Ausbildung jugendlicher Gruppenleiterinnen und Gruppenleiter hat gezeigt, daß in der Zeit des Aufbaus der kirchlichen Jugendarbeit nach dem Zweiten Weltkrieg der Schwerpunkt bei der religiösen Persönlichkeitsbildung lag, wobei diese Persönlichkeitsbildung Hauptaufgabe des Jugendseelsorgers in der Pfarrgemeinde war. Die Schulungskurse auf Dekanats- und Diözesanebene hatten subsidiären Charakter und sollten das „methodische Handwerkszeug" für die Gruppenleitung vermitteln. Der Stamm Frauenjugend und der Stamm Mannesjugend waren die Hauptträger der kirchlichen Jugendarbeit in der Pfarrgemeinde, ihr Bildungsprogramm war durch die Vorgabe des Jahresthemas und der Jahresaufgabe des BDKJ vorstrukturiert. Mit detaillierten Arbeitshilfen in den Führungszeitschriften war die Gestaltung der Führerrunden vereinheitlicht.

In der zweiten Phase 1957-1967 rückte die Leitungsaufgabe unter gruppenpädagogischem Einfluß ins Blickfeld: Neben der Persönlichkeitsbildung gewann der Erwerb gruppenpädagogischer Kompetenz größeres Gewicht. Die persönlichkeitsbildenden Themen wurden in die Ausbildungskurse aufgenommen; die Persönlichkeitsbildung war aber gleichzeitig immer noch Aufgabe der pfarrlichen Führerrunde. In die Ausbildung wurde eine eingehende Beschäftigung mit der Situation junger Menschen z. B. unter entwicklungspsychologischen Gesichtspunkten aufgenommen. Die Ausbildungsverantwortung lag bei den Mitgliedsverbänden des BDKJ, der BDKJ übernahm nur subsidiäre Schulungsaufgaben.

In der dritten Phase 1967-1975 gewannen die gruppenpädagogischen Inhalte Priorität. Der Synodenbeschluß über Ziele und Aufgaben kirchlicher Jugendarbeit vertiefte die gruppenpädagogische Sichtweite durch die Einführung der „reflektierten Gruppe", wobei nach diesem Konzept die Gruppe als Ort sowohl religiöser als auch sozialer Bildung verstanden wurde. Vom Leiter wurden deshalb sowohl persönliche Fähigkeiten (z. B. glaubwürdiger Partner sein) als auch methodische Kompetenzen (z. B. Anleitung zur Refelexion des Gruppenprozesses) erwartet.

In der jüngsten Phase wird das Konzept der reflektierten Gruppe auf seine gruppendynamischen Implikationen hin befragt; die Ausbildung der Gruppenleiterinnen und Gruppenleiter erfolgt schwerpunktmäßig unter pädagogischen Gesichtspunkten; theologische Inhalte rücken in den Ausbildungskonzeptionen an den Rand und werden im Zusammenhang mit den Zielsetzungen kirchlicher Jugendarbeit angesprochen.

Die pädagogische und theologische Beschreibung der Gruppenleiteraufgabe hat gezeigt, daß für ein zukünftiges Ausbildungskonzept weder auf theologische noch auf pädagogische Inhalte verzichtet werden darf, vielmehr die pädagogischen und theologischen Inhalte gegenseitig verschränkt werden müssen. Kirchliche Jugendgruppenleitung darf nicht zu einer theologisch verarmten Lebensform verführen, bei der die Reflexion der Gruppenprozesse ohne Rückbezug auf den christlichen Sinndeutungshorizont erfolgt.

Für den Entwurf eines Ausbildungsrahmens muß also in der heutigen Situation die theologische Dimension der Ausbildung wieder stärker bedacht werden; sie darf aber nicht zur alleinigen Bestimmungsgröße der Ausbildungsinhalte werden. Die Verbindung von Theologie und Pädagogik, von Glauben und Leben muß geklärt werden, so daß eine Dichotomie der beiden Bereiche erst gar nicht entsteht.

Dieses Postulat kann nur dann verwirklicht werden, wenn in der Religionspädagogik dem Bereich kirchlicher Jugendarbeit verstärkt Beachtung beigemessen wird und entsprechende Handlungsorientierungen, die sowohl theologisch als auch pädagogisch verantwortbar sind, gewonnen werden. Bei einer solchen Forderung darf allerdings die Glaubenssituation junger Menschen nicht unberücksichtigt bleiben, da sonst allzu leicht hohe Ansprüche formuliert werden, die in der Wirklichkeit nicht einlösbar sind.

Nicht zuletzt ist in diesem Zusammenhang auf die Notwendigkeit hinzuweisen, zwischen Sozialpädagogik und Theologie einen gegenseitig fruchtbaren Dialog zu beginnen.

3 Lernwege zur Befähigung jugendlicher Gruppenleiter/innen in der kirchlichen Jugendarbeit

3.1 Die Revision der Curriculumdiskussion im Blick auf die Gestaltung von Ausbildungsplänen für die kirchliche Jugendarbeit

Die Wiederaufnahme von Überlegungen der Curriculumdiskussion dient der Erarbeitung einer fachwissenschaftlich begründeten Erstellung und Darstellung von Lehr-Lernplänen und Lehr- Lernverfahren für die Ausbildung der jugendlichen Gruppenleiter. Gegen den zur Zeit in der Erziehungswissenschaft herrschenden Trend, nach dem der Begriff Curriculum kaum mehr Verwendung findet, bin ich der Auffassung, daß auf der Theorieebene bislang kein Ersatz für die Leistungen der Curriculumforschung zu finden ist, daß also bislang Curriculum nicht durch eine andere und neue Form der Theorie von Lehr-Lernplanung ersetzt worden ist[1]. Deshalb erlaube ich mir den Rückgriff auf den Begriff Curriculum (lat. Wettlauf, Rennbahn, Lebensbahn; im Mittelalter: Lehrplan), der zu einer zentralen Kategorie der modernen Erziehungswissenschaft geworden war, nachdem 1967 Saul B. Robinsohn mit „Bildungsreform als Revision des Curriculum"[2] den Anstoß zur Curriculumdiskussion im deutschsprachigen Raum gab. In der daran anschließenden wissenschaftlichen Diskussion zeigte es sich bald, daß eine eindeutige Definition und ein einheitliches Verständnis von Curriculum nicht einfachhin auszumachen war, da eine Vielzahl von Ansätzen und Definitionen vorlag. „Sowohl das, was man unter Curriculum versteht, wie die Gesichtspunkte und Bezugssysteme, unter denen man das Curriculum betrachtet, divergieren. In der Curriculumforschung überziehen die Variationen sowohl den Untersuchungsgegenstand, die Methoden, die Interpretationsmuster von Untersuchungsergebnissen, wie das Theorieverständnis"[3].

Trotzdem oder gerade deshalb kann Curriculum der Schlüsselbegriff und „der bestimmende Faktor für die Organisation sowohl schulischer als auch *außerschulischer Lernprozesse"[4] werden. Bei der Ausbildung von jugendlichen Gruppenleitern geht es um Lernprozesse außerschulischer Art. Diese Feststellung legt also nahe, sich mit curricularen Fragestellungen zu beschäftigen und auseinanderzusetzen, um solche außerschulischen Lernprozesse zu initiieren und durchzuführen. Obgleich in den Lehrplanrevisionen derzeit die Curriculumproblematik ebenso rasch wieder aufgegeben zu werden scheint, wie sie eingeführt wurde, soll im folgenden dieser Begriff für die besondere Bedeutung stehen und festgehalten werden, die er gewonnen hat und die hier noch einmal für unsere Zwecke bestimmt und beschrieben wird.*

Innerhalb der jüngsten Curriculumdiskussion war vom mehrstufigen Curriculum die Rede. Zu einem solchen Curriculum gehören

– die Rahmenrichtlinien, die Steuerungs- und Kontrollfunktionen besitzen und für die gesellschaftliche Öffentlichkeit transparent sein müssen,

– die Lehrpläne, die die Rahmenrichtlinien kommentieren, für die Aus- und Weiterbildung der Lehrer von Bedeutung sind und die konkrete Unterrichtsanregung zum Ziel haben und schließlich

– die Lehr-Lernmaterialien (exemplarisch auffindbar in Lehr- und Lesebüchern), die die konkrete Unterrichtsgestaltung maßgeblich mitbeeinflussen[6].

1972 definierte Karl E. Nipkow kurz und prägnant das Curriculum als „ein integriertes Lehr- und Lernsystem zum Arrangement von Lernerfahrungen mit Planungshilfen aller Art für die Hand des Lehrers und Lernhilfen aller Art für die Hand des Schülers“[7]. Doris Knab bestimmt Form und Funktion des Curriculum folgendermaßen: „Das Curriculum muß begründet und in sich stimmig aufweisen, welche Aufgaben die Schule oder ein Schulfach hat und wie man sie erfüllen kann. Es soll also einen begründeten Zusammenhang der den Unterricht bestimmenden Faktoren aufweisen. Dafür wird im allgemeinen eine präzise Beschreibung des Zusammenhangs von Zielen, Inhalten, Organisations- und Arbeitsformen des Unterrichts, möglichst auch von adäquten Formen der Erfolgskontrolle verlangt. Dabei pocht man gerade in der Bundesrepublik Deutschland seit Anfang der siebziger Jahre darauf, daß dieser Zusammenhang als Wechselwirkung gefaßt werden muß: als der schon von der geisteswissenschaftlichen Didaktik erkannte Implikationszusammenhang didaktischer Entscheidungen“[8]. Im folgenden sollen zunächst in einem kurzen Überblick exemplarische Ergebnisse der deutschsprachigen Curriculumdiskussion aufgegriffen werden (lang- und mittelfristige Curriculumentwicklung) und deren verschiedene Intentionen aus dem zeitlichen Abstand einer kritischen Sichtung unterzogen werden. Dann werden schon vorliegende curriculare Versuche für die (kirchliche) Jugendarbeit angestellt und analysiert. Schließlich folgt die Erörterung der Möglichkeiten eines offenen Curriculum für die Ausbildung jugendlicher Gruppenleiter in der kirchlichen Jugendarbeit.

3.1.1 Auf der Suche nach zuverlässigen Elementen der Lehr/Lernplanung: Curriculumentwicklung im deutschsprachigen Raum

3.1.1.1 Langfristige Curriculumentwicklung

Im *langfristig konzipierten Modell*, mit dem das gesamte Schulwesen einschließlich der Schulorganisation einer gründlichen Revision unterzogen werden sollte, ging Saul B. Robinsohn von der Annahme aus, „daß in der Erziehung Ausstattung zur *Bewältigung von Lebenssituationen* geleistet wird; daß diese Ausstattung geschieht, indem gewisse Qualifikationen und eine gewisse ‚Disponibilität‘ durch die Aneignung von Kenntnissen, Einsichten, Haltungen und Fertigkeiten erworben werden; und daß eben die Curricula und – im engeren Sinne – ausgewählte Bildungsinhalte zur Vermittlung derartiger Qualifikationen bestimmt sind“[9]. Zur Bestimmung und Überprüfung dieser Bildungsinhalte sollten die *Fachwissenschaften* dienen, „weil vorrangig durch ihre verschiedenen Disziplinen die *Beobachtung und Interpretation der Wirklichkeit,* immer bezogen auf Gegebenheit und Möglichkeit, auf Gegenwart und Zukunft, systematisch unternommen wird und weil durch ihre Methoden und Resultate der Mensch diese Wirklichkeit zu bewältigen unternimmt“[10]. Über die Fachwissenschaften (in unserem Falle vor allem Theologie und Pädagogik) hinaus sind die anthropologischen Wissenschaften (Philosophie, Psychologie, Soziologie) zu befragen.

Robinsohns Modell gliedert sich in drei Schritte:

– in die Suche und Festsetzung von Kriterien für die Auswahl der Bildungsinhalte,
– in die Konstruktion methodischer Verfahrensweisen, die die Bedeutsamkeit von Bildungsgegenständen an den ermittelten Kriterien messen und
– in die Bestimmung von Entscheidungsinstanzen, die einen Konsens über Curriculumprobleme erzielen sollen[11].

Ziel einer solchen Curriculumentwicklung war es, all das festzulegen, was ein Schüler braucht, um *ein selbständiger Mensch* in dieser Gesellschaft zu werden. Der Vorteil dieser Konzeption gegenüber den früheren Lehrplänen bestand darin, daß die Entscheidungen über Bildungsinhalte möglichst transparent gemacht wurden. Die Bildungsinhalte sollten im rationalen Diskurs gewonnen werden und nicht mehr von unüberprüfbaren Normen deduziert werden.

Eine so angelegte langfristige Revision des Bildungswesens erschien bald als *nicht praktikabel,* weil die prekäre Finanzsituation des Bundes und der Länder solche aufwendigen Revisionen nicht zuließ. Saul B. Robinsohn bleibt es indes zu verdanken, daß die besonders im angelsächsischen Raum schon lange betriebene Curriculumforschung in Deutschland zur Sprache kam.

3.1.1.2 Mittelfristige Curriculumforschung

Als strategische und praktikable Alternative zu Robinsohns langfristigem Revisionsansatz wurde eine *mittelfristige Curriculumforschung* vorgeschlagen, die sich in der Regel *auf einzelne Unterrichtsfächer* bezieht. Frank Achtenhagen und Peter Menck sprachen von Versuchen, „die die Voraussetzung der Curriculumelemente bestimmter Fächer analysieren und in Frage stellen, primär im Hinblick auf ihre Entfernung von Erkenntnissen verschiedener Wissenschaften“[12].

Mit sprachlichen, logischen und empirischen Analysen sollten Ziele und Aussagen der jeweiligen Unterrichtsfächer überprüft werden. Neben Analysen waren „Kriterien einer konstruktiven Lehrplan- und Unterrichtsgestaltung“[13] zu ermitteln. In den Vordergrund trat der *Lehrplan* als Gegenstand der Curriculumforschung, wobei von den Annahmen ausgegangen wurde,

„– daß er (der Lehrplan, W. T.) präzise und überprüfbare Unterrichtsziele enthalten müsse;
– daß er den Erkenntnisstand einer Fachwissenschaft repräsentieren müsse;
– daß er auch auf die Verwirklichung gesellschaftlicher und politischer Ziele angelegt sein müsse;
– daß er die Mündigkeit des zu Erziehenden als oberste pädagogische Norm anstreben müsse“[14].

Zum Bereich der mittelfristigen Curriculumforschung gehört die Entwicklung *didaktischer Strukturgitter,* wie sie zunächst von Herwig Blankertz und seinen Mitarbeitern für einzelne Fächer durchgeführt wurde[15]. Dabei geht es „um die Umsetzung fachwissenschaftlicher Strukturen in didaktische Kriterien, die als System der Intention und dem Anspruch der Bildung genügen sollen“[16]. Solche didaktische Strukturgitter entstehen, „indem grundlegende Sachverhalte eines Gegenstandsfeldes mit den Mitteln und Ergebnissen einer dieses Feld auslegenden Wissenschaft auf die edukative Intentionalität bezogen werden“[17]. In dieser Form der mittelfristigen Curriculumentwicklung sind sowohl die Lebenssituationen der vom Curriculum Betroffenen als auch die Fachrepräsentanz der Inhalte für die Planung des Lernprozesses beschlossen: „Der Ansatz, durch Strukturgitter fachdidaktisch Inhalte zu strukturieren und zu begründen, geht von einer gewissen Gleichgewichtigkeit der (beiden Dimensionen von, W. T.) ‚Lebensrelevanz und ‚Fachrepräsentanz‘ aus und bringt beide Ebenen zur gegenseitigen Auslegung in Verbindung“[18].

3.1.1.3 Pragmatische Curriculumentwicklung

Weder langfristige noch mittelfristige Curriculumforschung führten in absehbarer Zeit zu Ergebnissen, so daß sie auch keine sofortige Besserung der konkreten Schulverhältnisse erreichten. Diese Erfahrung führte zur *pragmatischen Curriculumentwicklung*. Die pragmatische Curriculumentwicklung wurde zunächst für den Bereich der Gesamtschulen vorgeschlagen[19]. Wolfgang Edelstein führte die „pragmatische Lehrplanrevision durch die Lehrer“[20] ein. In diesem Ansatz trat der *Lehrer*, der bis dahin eine eher untergeordnete Rolle in der ganzen Curriculumdiskussion gespielt hatte, wieder als der eigentliche Experte auf. In der Folge entstanden aus Lehrern und Wissenschaftlern zusammengesetzte Kommissionen, deren Aktivitäten sich in der Regel auf einige der im folgenden aufgeführten Bereiche konzentrierten:

„1. Modernisierung einzelner Lernplaninhalte.
2. Ausarbeitung von Curricula von Defizitfächern.
3. Adaptation einiger an anderen Orten entwickelten Lernsequenzen
4. Transposition von Verfahren der Lernzielbestimmung auf spezielle Lernbereiche.
5. Prüfung und Übernahme von Hierarchisierungsschemata für Lernziele.

6. Einbeziehung objektivierender Verfahren der Leistungsmessung.
7. Fragen der Organisation des Lernens"[21].

Die Gefahr der pragmatisch arbeitenden Gruppen lag darin, daß „wegen des oft unzureichenden Theoriebezuges Teilbereiche des gleichen Projektes divergierende Ziele" enthalten und, „daß manche für die Gesamtrevision belanglose Details überbewertet und einzelne Elemente falsch eingeordnet werden, daß das geringfügige Verbessern alter Lehrpläne, die Notwendigkeit grundlegender Reformen verdeckt"[22].

3.1.1.4 Handlungsorientierte Curriculumentwicklung

Die Überlegungen zu den pragmatischen Curricula führten in der weiteren Diskussion zum Ansatz einer *handlungsorientierten Curriculumentwicklung*[23], die *offene Curricula*[24] bevorzugt. Dabei werden die konkreten Unterrichtsprozesse und -situationen verstärkt in die Planungsarbeit einbezogen, die Kommunikations- und Interaktionsfähigkeit spielt im Unterricht eine wesentliche Rolle, Schüler und Lehrer partizipieren am Curriculum entscheidend. Schließlich wird dabei eine Orientierung am Forschungsparadigma der Handlungsforschung bei der Planung, Entwicklung, Erprobung und Evaluation des Curriculum erzielt[25].

Um das handlungsorientierte Curriculummodell zu verstehen, muß man die historischen Phasen der Curriculumentwicklung in der Bundesrepublik Deutschland kennen. Zunächst verlief die Curriculumentwicklung – abgesehen von der schulnahen Curriculumsentwicklungsarbeit an der Universität Bielefeld unter der Leitung von Hartmut von Hentig (Laborschule, Oberstufenkolleg)[26] – von oben nach unten. In Bielefeld wurden Eltern, Lehrer, Schüler und Fachwissenschaftler beteiligt und konnten durch ständige Innovationen und Revisionen Curricula zusammenstellen[27]. Ansonsten aber lag diese Arbeit in der Bundesrepublik Deutschland bei Instituten und Zentren, die diese Schulnähe nicht hatten.

Die Curriculumentwicklung verlief somit eher technokratisch im Sinne des RDD-Modells (RDD = Research, Development and Dissemination). Dies ist ein Modell linear-hierarchischen Ablaufs, das entsprechend naturwissenschaftlicher Forschungsstrategien in den USA angewendet wurde: Forschung (Research) – Entwicklung (Development) – Verbreitung (Dissemination) – Einführung in die Schule (Implementation)[28].

Annahmen, die diesem Modell zugrunde liegen, sind:

„1. Es gibt eine rationale, begründbare, klare abgrenzbare Abfolge von Forschung, Entwicklung und Einführung einer Neuerung.
2. Diese Abfolge ist planbar.
3. Die Planung kann eine rationale Arbeitsteilung einerseits, eine Koordination der Arbeitsphasen andererseits vorgeben und sichern.
4. Die Nutzer werden zwar an der Entwicklung nicht beteiligt, übernehmen die Neuerung aber aufgrund rationaler Einsicht in ihre Vorzüge.
5. Aus Qualitäts- und Effizienzgründen müssen die hohen Entwicklungs-

kosten gezielt eingesetzt werden, womit sich eine breite Beteiligung der weniger qualifizierten Nutzer verbietet"[29].

Im Unterschied zu diesen Voraussetzungen, wie sie für angelsächsische Verfahren gültig waren und sind, wurde in der Bundesrepublik Deutschland der Bereich der Curriculumforschung weitgehend ausgeklammert zugunsten der Curriculumentwicklung. Wolfgang Klafki spricht deshalb für die Bundesrepublik Deutschland von einem Development-Dissemination-Modell[30]. Ergebnisse der Entwicklung nach diesem Modell waren *geschlossene Curricula.* „Geschlossen" werden diese Curricula deshalb genannt, weil weder die unterrichtenden Lehrer noch die Schüler oder andere Betroffene (Eltern u.a.) an der Entwicklung der Curricula beteiligt werden. Die Curricula, die vor allem in der ersten Phase der Curriculumentwicklung in Gebrauch genommen wurden, waren „teacher-proof"; sie sollten unabhängig von der Art des Lehrers zum Lernziel führen. Auch die konkrete Situation von Schülern und Lehrern kam in einem solchen Curriculum nicht vor. Geschlossene Curricula sind „eindeutig produktorientiert und vorrangig der Logik zweckrationalen Handelns verpflichtet. In ihrer zentral reglementierten, umfassend formalisierten und zweckrational legitimierten Formen beanspruchen sie die technische Verfügung über alle im Unterricht ablaufenden Prozesse"[31].

3.1.2 Ergebnisse aus der kritischen Sichtung der Curriculumelemente für die Gruppenleiterausbildung

Eine zentralisierte und schulexterne, von Experten geleistete Curriculumforschung steht in Gefahr, den Graben zwischen Theorie und Praxis zu verbreitern. Sie besteht darin, daß die Curriculumforscher die Unterrichtspraxis nicht genügend kennen und die Lehrer als „Curriculumanwender" nicht verstehen, weil es nicht ausreichend an ihrer Unterrichtssituation orientiert ist. Daran zeigt sich, daß die Curriculumforschung und insbesondere die Unterrichtsforschung vernachlässigt wurden.

„Probleme entstehen da, wo Expertengruppen ... antizipierend den hermeneutischen Konsens über Unterrichtspraxis vorwegzunehmen und an die Betroffenen weiterzuvermitteln haben. Dem entspricht dann auch die weitgehende Standardisierung von Lernsituationen, welche dann zu der Schwierigkeit führt, daß alles, was Unterricht wesentlich berührt, also die individuelle und kollektive Lerngeschichte und Sozialisation der Schüler ebenfalls antizipiert, d.h. eingeplant werden muß und damit Unterricht wiederum nicht zum Gegenstand werden kann. Das Curriculum abstrahiert dann in der Regel von der Unterrichtspraxis – von den Nöten und Bedürfnissen der Schüler, von den Fähigkeiten und der Persönlichkeit des Lehrers, von den Bedingungen der Schule und der Unterrichtsorganisation sowie von der Lebenswelt der Betroffenen. Das Curriculum wird entweder unannehmbar oder es muß unter den Praxisbedingungen völlig verändert werden"[32]. Gerade die technokratieverdächtigen Curricula förderten die Skepsis der Betroffenen, die sich „gegen die Tendenz zur totalen Programmierung und Verplanung des (namentlich schulischen) Lernens und gegen ein lückenloses technokratisches Lehr- und Lernsystem (richtet). Wo läßt eine pedantisch verfeinerte Organisation von Lernprozessen Luft für spontane Lernanlässe und Lerngelegenheiten, Spielraum für Lernbedürfnisse und experimentelles Entdecken? Wo kann Kreativität noch vorkommen, wenn ein in allen Phasen kontrollierbares Leistungssystem nichts anderes fördert als Anpassung an vorgegebene, zweckbestimmte Funktionierbarkeiten? Man sieht die Gefahr, daß jede Individuation vorgestanzter Anonymität zum Opfer fällt und Erfahrungsraum eingeschränkt wird. Trichterhafte Vermittlungssysteme treten an die Stelle einer Erziehung zur Mündigkeit, Verantwortlichkeit und Phantasie“[33].

In der Auseinandersetzung mit den geschlossenen Curricula, die teilweise recht polemisch geführt wurde, wurde auf die *Grundprobleme der geschlossenen Curricula* hingewiesen[34]. Als solche werden angesehen:

– *das Problem der „eingeschränkten Realität“* (soziale Bedingtheit des Wissens): die Forderung nach der Rationalität aller Begründungen, Ziele und Inhalte und Methoden des Lehrens und Lernens hat ihre Grenzen, weil jede „Entscheidung an unserem unzulänglichen Wissen nicht nur in dem Sinne (krankt), daß wir auf viele Fragen keine hinreichende Antwort haben, sondern weil unser Wissen sozial definiert, d.h. subjektiv ist“[35]. Die soziale Dimension unseres Wissens kann und soll bei Lehr-Lernvorgängen nicht ausgeblendet werden. Folglich ist deren Planung nur bedingt möglich: mitbedingt durch die am Lernprozeß Beteiligten. In die Schulwirklichkeit gehen „eine Fülle von Bedürfnissen und persönlichkeitsgebundenen Interessen von Lehrern und Schülern, von Eltern und Verwaltung, ebenso wie Ablagerungen aus der Schulgeschichte und Einflüsse von außerschulischen Subkulturen ein. Kurz: Normen in der Lebenswelt der Schule sind multifunktional“[36]. „Rationale Planung von Schule und Unterricht erfordert nicht nur Kenntnis von alternativen Mitteln und deren Konsequenzen, sondern auch eindeutige Vorstellungen über die Wünschbarkeit von Zielen und Mitteln. Ihre Auswahl und Hierarchisierung setzen eine Wünschbarkeitsordnung voraus, die wiederum nur eingeschränkt vorliegen kann“[37].

Curriculare Verfahrensweisen, die durch solche Kritik gegangen sind, lassen sich für die Planung von Lehr-Lernprozessen in der (kirchlichen) Jugendarbeit erproben. So zeigt sich am vorliegend kritisierten Grundproblem für den Bereich der Gruppenleiterausbildung, daß gerade auch *soziale* Lernprozesse wichtig sind. Deren Ziele und Inhalte lassen sich nicht – soweit die Betroffenen als Person ernstgenommen werden – von vornherein rational planen, sondern bleiben offen für die „subjektive“ Beteiligung.

– *Das Problem der „verzerrten Realisierung“* (unzureichende Umsetzung in die Praxis):

Ein rational konstruiertes Curriculum ist noch lange kein realisiertes Curriculum. In den Bereichen der politischen Auseinandersetzung (z.B. Genehmigung eines Lehrplans durch die Kultusverwaltung), im Rahmen der schulischen Organisation (Innovationen gegen gruppenspezifische Reaktionsweisen, wie z.B. Angst) und in der konkreten Unterrichtssituation (die bestimmt wird durch die Grenzen der Handlungsfähigkeit sowohl der Lehrer als auch der Schüler) wird das konstruierte Curriculum verzerrt, angepaßt verändert. „Nur wenn die Idee zweckrational formulierter Intervention als Methode der Veränderung hinter der Idee zurücksteht, Veränderung selbstorganisierend von den sozialen Lebenswelten aus in Gang zu setzen, kann sich das sonst eingebaute Scheitern von Realisierung vermeiden lassen“[38]

Für die Erstellung von Lerneinheiten im Rahmen der Jugendleiterausbildung ist deshalb der Kommunikationsfluß zwischen Vertretern der Planung, Ausbildungsleitern und Jugendlichen so zu institutionalisieren, wie es z.B. das Modell der handlungsorientierten Curricula vorsieht.

– Das Problem der „ausgesperrten Bedürfnisse“:
Bei geschlossenen Curricula werden die Bedürfnisse, Interessen und Motivationen der Beteiligten ausgesperrt. „Subjektive Interpretationen von Lehren und Lernen, subjektive Bedürfnisse und Handlungsziele können so ... nicht in einen durch Curricula organisierten Unterrichtsprozeß eingebracht werden. Je nachdrücklicher und abgeschlossener die Erwartungen eines geschlossenen Curriculum formalisiert sind, desto weniger werden sie die personale Identität stabilisieren und personengebundene Handlungsweisen von Schülern und Lehrern zulassen“[39]. Wenn in der Ausbildung jugendlicher Gruppenleiter Identitätsfindung stattfinden soll und Handlungsorientierungen für eine vielfältige und offene Praxis vermittelt werden sollen, dann kommt ein komplett durchorganisiertes Curriculum nicht in Frage.

– Das Problem der „Entfremdung“ (der Bereich der Kommunikation):
Geschlossene Curricula unter dem Anspruch der zweckrationalen Begründung müssen bei Schülern und Lehrern Entfremdungserscheinungen hervorrufen, weil sie „sich z.B. nicht in die Dynamik der in gegenseitiger Kommunikation von Lehrern und Schülern getragenen sozialen Lebenswelt einbeziehen lassen“[40].

– das Problem der Vernachlässigung der Mündigwerdung:
Die geschlossenen Curricula können den *Erziehungszielen* der Selbstfindung (Identität) und der Selbständigwerdung des Menschen kaum gerecht werden: „Über eine expertokratische Antizipation zukünftiger Situationen und Verhaltensdispositionen können solche hehren Ziele wie ‚Mündigkeit‘ oder gar ‚selbstbestimmtes Handeln‘ selbstredend nicht erreicht werden. Die unheilvollen Konsequenzen der expertokratisch konstruierten Curriculumprodukte zeigen sich in der Implemenationsphase in aller Deutlichkeit“[41].

Bei der Hilfe zur Selbstwerdung der jungen Menschen spielen ihre eigene Ausgangslage, ihre Motivation, ihre Position, ihre Interessen eine wesentliche Rolle. Die Interessenlage[42] wird in der Jugendarbeit durch die Jugendlichen und ihre spezifische Situation bestimmt. Diese Situation kann nur in Grundzügen antizipiert werden. Die Jugendlichen müssen in der Curriculumentwicklung als „ihre eigenen Experten“ ein Mitspracherecht haben.

Kirchliche Jugendarbeit sollte insofern parteilich sein als sie den Jugendlichen eine Möglichkeit gibt, von ihrer eigenen Situation aus Lehr-Lernprozesse selbst mitzubestimmen.

3.1.3 Die Bedeutung von Lernintentionen. Eine Hilfe für Zielbeschreibungen in der Jugendarbeit

„Die curriculare Diskussion erweckt den Eindruck, als zählten nur die funktionsgerecht und unterrichtstechnologisch rational organisierten methodischen Schritte, die lediglich optimal auszuwählen seien, damit die Schüler die *gesetzten Lernziele* erreichen können"[43]. Die Methode der Beschreibung und Festsetzung der Ziele wurde zu Beginn der Curriculumentwicklung maßgeblich von Robert F. Mager beeinflußt[44]. Dieser orientiert sich an der *behavioristischen Psychologie*, die von einem Reiz-Reaktions-Schema ausgehend feststellt, daß gewünschte Verhaltensweisen durch Verstärkung und bei dem hervorgerufen werden, von dem man sie erwartet. Unter Verhalten (behavior) versteht Robert F. Mager „jede beobachtbare, vom Lernenden (Schüler) geäußerte Aktivität"[45]. Ziel eines Unterrichts ist es, ein gewünschtes Endverhalten hervorzurufen. Unter Endverhalten ist das Verhalten zu verstehen, „das der Lernende zeigen können soll, nachdem die Einflußnahme auf ihn beendet ist"[46].

Dieses Endverhalten ist gekennzeichnet durch:

„a) Bestimmung und Bezeichnung des beobachtbaren Verhaltens, das als Zeichen dafür gelten kann, daß der Lernende das Lernziel erreicht hat.

b) Beschreibung der notwendigen Bedingungen (erlaubte und verbotene Hilfsmittel), aufgrund derer Verhaltensweisen auszuschließen sind, die nicht als Zeichen für den Lernerfolg gelten sollen"[47].

Das Lernziel ist dann brauchbar beschrieben, wenn ein Verhalten genannt ist, „das beschreibt, was der Lernende *tun* muß, um zu zeigen, daß er das Lernziel erreicht hat"[48]. Die Lernzielformulierung ist dann gelungen, wenn die Unterrichtsabsicht deutlich und das erwartete Endverhalten genau beschrieben ist[49]. Lernziele sollen also jeweils Handlungen (Operationen) bezeichnen, die Lernziele müssen operationalisiert sein, um konkrete, überprüfbare Handlungen auszuweisen.

Die zunächst für den programmierten Unterricht[50] entwickelte Zielvorstellung wurde bei uns in die Konstruktion geschlossener Curricula übernommen. Bei manchen Curricula kann von einem Primat der Verwendung von Verhaltenszielen zur Verhaltensprogrammierung gesprochen werden.

Die Orientierung an behavioristischen Zielvorstellungen wurde schon bald einer deutlichen Kritik[51] unterzogen, die vor allem die *empirische Engführung und kognitive Eindimensionalität der Ziele* hervorhoben:

– Der Lernprozeß und der Lerninhalt werden automatisiert in ganz kleine, überprüfbare Schritte: „Die Einsicht in größere Zusammenhänge und damit die Möglichkeit der Reflexion – etwa auf die gesellschaftlichen Bedingungen – wird schon durch die Methode verunmöglicht. Für eine emanzipatorisch ausgerichtete Schule, die den Menschen durch Lern – bzw. Sozialisationsprozesse zum Subjekt seines Handelns heranbilden möchte, ergeben sich daraus schwerwiegende Konsequenzen. Indem nämlich die am Paradigma von operationalisierten Lernzielen orientierte Curriculumforschung von allen kommunikativen, sozialen und individuellen Faktoren der Schule absieht, droht sie die Komplexität des pädagogischen Feldes radikal zu simplifizieren – und das zugunsten der leichten Handhabbarkeit des Modells"[52]. Eine solche Atomisierung verhindert das Erlernen breitgefächerter Handlungsmöglichkeiten. „Mit der in diesen Modellen vorgenommenen Reduktion der Äußerungen und tätigen Verwirklichung des Menschen auf Verhaltensaspekte wird die Dimension des Handelns und der Handlungszusammenhänge rigoros ausgeblendet"[53].

- Nur die meßbaren Aktivitäten sind zugelassen: Hier entsteht die Gefahr, daß die Meßbarkeit die Auswahl der Inhalte von Lernprozessen bestimmt. „Die Reduktion auf das Meßbare kann dazu führen, daß wichtige Qualitäten wie Reflexion, Kreativität etc. vernachlässigt werden. Wenn nämlich solche ‚Ziele' operationalisiert werden, widersprechen sie sich selbst: Denn das, was sich spontan und ungenormt zu äußern hätte, muß sich an zum vornherein gegebenen Standard orientieren. Lernziele, die Expressivität ermöglichten, dürften nur die Situation angeben, in der das Kind arbeitet, das Problem, mit dem es sich beschäftigt, nicht aber das Endverhalten und damit das Lernprodukt bereits vorwegnehmen"[54].
- Die kognitiven Lernziele erfahren eine Überbetonung: Psychologische Qualitäten wie z.B. Motivation oder „Stimmung" können nicht berücksichtigt werden[55]. „Die für den LZU (Lernzielorientierter Unterricht, W. T.) charakteristische Trennung von kognitiven und affektiven Lernzielen führt in der Praxis dazu, daß die kognitiven Ziele ausdifferenziert und abgeprüft werden, während die affektiven und sozialen Folgen dieses Unterrichts im Dunkeln bleiben"[56]. Allerdings darf diese Kritik nicht dahin überzogen werden, daß lernzielorientierter Unterricht ausgeschlossen wird, die Kritik ist nur insofern berechtigt, als sie die kognitive Lernzieldimension überbewertet und soziale und affektive Ziele ausblendet.
- Gerade im Lernen des erzieherischen Umgangs mit Kindern und Jugendlichen, wie es in der Gruppenleiterausbildung geschieht, ist es nicht möglich, die in der erzieherischen Praxis notwendigen Fertigkeiten und Haltungen im voraus vorzuschreiben, da jede Situation ein spezifisches Leiterverhalten erfordert. Dieses Verhalten kann wiederum nur als Alternative zu anderen Verhaltensmöglichkeiten gesehen werden, nicht aber als ausschließlich alleingültiges und mögliches Erziehungsverhalten.

Es wird deutlich, daß ein Curriculum, das sich auf die kognitive Dimension und empirische Überprüfbarkeit beschränkt, nicht mit den fachwissenschaftlichen Anforderungen vereinbar ist, die an die Gruppenleiterausbildung in der kirchlichen Jugendarbeit zu richten sind; denn eine „rein behavioristische Begrenzung auf faktisch beobachtbares Verhalten (greift) zu kurz. Nicht Verhaltensweisen und Fertigkeit allein, sondern die ihnen zugrunde liegenden Dispositionen sollen in Lernzielen erfaßt werden können. Solche Einstellungen und Verhaltenstendenzen sollen auch aus nicht beobachtbarem Verhalten mit Hilfe von (beobachtbaren) Indikatoren erschlossen und theoretisch postuliert werden können"[57].

Das bedeutet nicht, daß *in der Gruppenleiterausbildung* Lernziele, die von vornherein das erwartete Endverhalten genau beschreiben, auszuschließen sind. Wenn z.B. Gruppenleiter und Gruppenleiterinnen Zuschußmöglichkeiten, Verbandsstrukturen und juristische Grundlagen ihrer Arbeit kennenlernen sollen, kann eine bis ins Detail programmierte Einheit der schnellste und der Sache angemessenste Weg sein. „Lernende können mit Sicherheit den Wesensunterschied der einen und der anderen Lernzielbestimmung und der entsprechenden Lernorganisation erkennen... Es ist der Unterschied zwischen einem Lernen, wo der Lernende zu einem vorbestimmten, von ihm nur anzueignenden Verhalten geführt wird, und einem Lernen, wo der Lernende das Lernziel selbst mitbestimmt, einem Lernen also, wo die Zielbestimmung Angelegenheit des Lernprozesses selbst ist, nicht aber vor Beginn des Lernprozesses schon fertig ist. Im ersteren Fall wird der Schüler einer normierten Verhaltensformung unterworfen; sein Anteil an der Zielbestimmung ist Unterwerfung oder Zustimmung. Im anderen Falle wird der Lehrgang offen gehalten für die Mitwirkung der Lernenden bei den Zielbestimmungen. Sie bringen Fragestellungen ein, die nicht vorgesehen waren; sie artikulieren Interessen, mit denen in einem vorgefertigten Lehrgang nicht gerechnet sein konnte, die aber den Gegenstand in ein neues Licht zu rükken geeignet sein können"[58].

In eine ähnliche Richtung geht die Vorstellung von *„heuristischen Lernzielen"*, die von Christoph Wulf in die Diskussion eingebracht wurden. Er fordert, „eine divergierende Auffassung von der Funktion pädagogischer Ziele zu entwickeln, nach der es bei Formulierung von Zielvorstellungen in einigen curricularen Bereichen nicht Aufgabe sein kann, das Endverhalten der Schüler zu determinieren, sondern nach der mit Hilfe von Zielvorstellungen nur die Richtung pädagogischen Planens und Handelns bestimmt werden soll. Was als Endverhalten entsteht, ist bei der unterrichtlichen Auseinandersetzung mit dem Curriculum im Rahmen der Zielvorstellung von den Schülern und Lehrern selbst zu bestimmen"[59].

Selbst- und Mitbestimmung werden in einem solchen Lernverständnis der Verplanung des Menschen durch von vornherein festgelegte Zielbeschreibungen entgegengesetzt. Dies fordert die Beteiligung und das Engagement aller Betroffenen – wesentlich stärker als diese Merkmale bei einem programmierten Lehrplan erwartet werden. „Das Hauptmerkmal einer so neu verstandenen Curriculumentwicklung ist, daß die gewonnenen und an die Betroffenen weiterzuvermittelten Informationen weniger der optimalen Steuerung von Unterrichtsprozessen und reibungslosen Einpassung von Lehrern und Schülern in den vorgeplanten Unterrichtsablauf dienen sollen, sondern daß die Lehrer und Schüler über die kognitiven und sozialen Prozesse aufgeklärt und daß sie für eine rationale Beeinflussung derselben befähigt werden“[60].

3.1.4 Widerstände gegen festgelegte Lehr/Lernvorgaben. Das „hidden curriculum“.

In der Kritik geschlossener Curricula wurde darauf aufmerksam gemacht, daß das Unterrichtsgeschehen nicht allein von den curricularen Vorgaben abhängig ist[61]: „Neben den rational planbaren – intentionalen – Einwirkungen der Lehrer auf die Schüler tritt in der Realität der Schule eine Fülle von unbeabsichtigten Nebeneffekten, sogenannten ‚Störfaktoren‘ auf, die für die Schüler zum großen Teil Wesentliches von dem ausmachen, was sie in der Schule lernen, wie sie Schule erleben. Diese gleichsam ‚zweite‘ Schicht schulischer Lernprozesse bezeichnet man als *‚hidden-curriculum‘* = verdeckter/verborgener Lehrplan“[62]. Dieses Phänomen aber ist der Auslöser für sozialpsychische Prozesse wie Vermeidungstendenzen gegen das Lernen, Resignation (Abbau von Neugierverhalten), Ausbau des Konkurrenzverhaltens u.ä.[63]. Alle diese Reaktionen entsprechen – übertragen auf die Gruppenleiterausbildung – nicht den Zielen kirchlicher Jugendarbeit[64].

Im Falle der geschlossenen Curricula entsteht oft ein Zielkonflikt: Die Interessen der Schüler und die Ziele des Curriculum stehen im Widerspruch. Zudem sind „große Teile des relevanten Lernens an Erlebnisse, an kommunikative Interaktionszusammenhänge, an reale Arbeits- und Erfahrungssituationen – und nicht an simulierte und fiktive – geknüpft“[65]. „Diese Lernanlässe vermag aber das System Schule, als ein System, das nach den Prinzipien kontrollierter Verwaltungseinheiten, jahrgangsweiser Zusammenfassung der Schüler und stundenplanmäßig verabreichter Wissensbruchstücke organisiert ist, nur sehr unzureichend bereitzustellen“[66]. Somit wird der Anspruch, alles rational zu planen und zu kontrollieren, fragwürdig: das *„System Schule mobilisiert Ängste, Aggressionen, Affekte gegen das Lernen und die Institution, die dieses Lernen zwangsmäßig durchführt“*[67].

Die im hidden curriculum sichtbar werdenden Adressateninteressen müssen in Curricula der Gruppenleiterausbildung aufgegriffen werden[68]. Die richtige Jugendgruppenleiterausbildung unter bewußter Berücksichtigung der Faktoren, die menschliches Lernen und das Zusammensein in Gruppen beeinflussen, zeigt dem künftigen Gruppenleiter, wie er selbst mit seiner Gruppe umgehen kann, wie er die Interessen und Bedürfnisse der Kinder bzw. der Jugendlichen ernstnehmen kann, wie Kommunikationsprozesse in Gang gesetzt werden können. So wird die Interaktionsform in der *Ausbildung zur Modellsituation* für die wöchentliche Gruppenstunde, für den Clubabend, für die Diskussionsrunde, für die Discothek und nicht zuletzt für die Gruppenleiterrunde[69].

3.2 Rückblick auf curriculare Elemente in der außerschulischen Jugendarbeit

Die Curriculumdiskussion, die zunächst nur im schulpädagogischen Bereich geführt wurde, fand in der Mitte der 70er-Jahre auch Einlaß in die Theorieentwicklung der außerschulischen Jugendarbeit. Aus diesem Grunde stelle ich den von Uwe Sielert 1976 vorgelegten Versuch dar, den Begriff Emanzipation mit einem didaktischen Strukturgitter aufzufächern, um die Gewinnung und kritische Befragung von Richtzielen für eine emanzipatorische Jugendarbeit zu ermöglichen (3.2.1). Ludger Veelken schlägt 1978 vor, die für das Jugendalter typische Identitätsentfaltung mit Hilfe einer identitätstherapeutischen Jugendarbeit zu begleiten und entwickelt dafür curriculare Raster (3.2.2). Irene Klein entwirft 1976 ein „Doppelkreismodell" für die Gruppenleiterausbildung, das den wechselseitigen Zusammenhang von Zielen, Inhalten, Methoden und Medien für die Gruppenleiterausbildung fruchtbar macht (3.2.3).

Zuletzt werden Einschätzungen der schulischen Lehr-Lernplanung aus der Sicht außerschulischer Jugendarbeit vorgestellt (3.2.4).

3.2.1 Ein Curriculum „Emanzipation" als Gesamtcurriculum in der Jugendarbeit (Uwe Sielert 1976)

Im Gefolge der in den 60er-Jahren breit diskutierten „Kritischen Theorie" entwickelte sich der Begriff „Emanzipation" zu einer zentralen Kategorie der Erziehungswissenschaft. So ist es nicht verwunderlich, daß bei fast allen Trägern der Jugendarbeit das Globalziel „Emanzipation" auftaucht, ohne daß diese Zielvorstellung dann im Näheren begründet wird. Aber nicht nur in der Praxis der Jugendarbeit, sondern auch in der erziehungswissenschaftlichen Diskusion wird der Begriff unterschiedlich inhaltlich gefüllt, „so daß man keiner einheitlichen Definition oder Deskription intersubjektive Übereinstimmung zusprechen kann. Gerade diese Leerformelhaftigkeit und Verwaschenheit des Modeworts erschwert jede sinnvolle Kommunikation mit diesem Begriff"[70]. Weiterhin wird der Umgang mit dem Begriff Emanzipation in der Praxis der Jugendarbeit dadurch zusätzlich erschwert, daß diesem Zielanspruch allzu oft Inhalte und Methoden zugeordnet werden, die nicht geeignet scheinen, diesen Zielanspruch einzulösen, d.h. der für jede didaktische Planung wichtige Implikationszusammenhang zwischen Zielen, Inhalten, Methoden und Medien wird nicht berücksichtigt[71].

Trotzdem wollte Uwe Sielert den Begriff Emanzipation für seinen Curriculumentwurf verwenden. Dazu sei eine rationale inhaltliche Füllung des Begriffs wichtig. Nach einer Analyse der Wort- und Realgeschichte des Emanzipationsbegriffs[72] definiert er Emanzipation, die immer zugleich einen Prozeß wie einen angestrebten Zustand bezeichnet, als „die Befreiung des konkreten Individuums aus entfremdeten Bedingungen sowie die Änderung der gesellschaftlichen Verhältnisse in Richtung auf eine Emanzipation ermöglichende Gesellschaft..., einschließlich aller Bestrebungen, die auf dieses Ziel gerichtet sind"[73]. Dabei sei zu beachten, daß die Transformation des Kapitalismus in eine angestrebte zukünftige Gesellschaft kein mechanischer Vorgang sei, sondern vielmehr von geplanten politischen Aktionen abhängig sei[74], daß eine emanzipatorische Theorie in dem Sinne parteilich sei, „daß sie für die Aufhebung unnötiger Herrschaft Partei ergreift"[75]. Leitgedanken des Emanzipationsbestrebens seien keine dogmatischen Festlegungen einer zukünftigen Welt, wohl aber die Ideen einer konkreten Utopie der gesellschaftlichen Umgestaltung und die Realutopie einer emanzipierten Persönlichkeit, „die bereit ist, sich durch politische Aktion dauernd an der Umgestaltung der Verhältnisse zu beteiligen, die sich stets ihrer objektiven Lage in der gesellschaftlichen Realität bewußt ist und dabei die gegebenen Möglichkeiten einer befreiten Existenz wahrnimmt"[76]. Schließlich sei Emanzipation nicht durch zeitlich begrenzte, gewaltsame und revolutionäre Umstürze zu erreichen, sondern vielmehr durch den langwierigen Prozeß einer permanenten Revolution[77].

Uwe Sielert schlägt vor, „mit Hilfe eines im Bereich der Schulpädagogik erstmals angewandten methodischen Instrumentariums – der Curriculumkonstruktion – eine sozialwissenschaftlich orientierte Konzeption außerschulischer Jugendarbeit zu entwickeln, die sich grundlegend am Leitziel der Emanzipation orientiert"[78]. Um qualifizierte Planungsprozesse auch in der Jugendarbeit zu erreichen, übernimmt Uwe Sielert das Curriculummodell Saul B. Robinsohns unter zwei Vermittlungsgesichtspunkten:

a) Vermittlung zwischen einer emanzipatorischen Theorie der Jugendarbeit und einer ihr entsprechenden Praxisarbeit;
b) Vermittlung zwischen den für die Jugendarbeit wichtigen Prinzipien wie Spontaneität, Freiheit und Unstetigkeit und den auch in der emanzipatorischen Jugendarbeit notwendigen Schritten einer Planung.

Die für die Jugendarbeit kennzeichnenden didaktischen Prinzipien und Lernbedingungen (Freizeit, Freiwilligkeit, Verschränkung von Aktion und Lernen, Rollen- und Methodenvielfalt, Realitätsnähe) können nur dann sinnvoll angewendet werden, wenn entsprechende institutionalisierte Absicherung (z.B. der Partizipationsmöglichkeiten der Teilnehmer der Jugendarbeit) sowie entsprechende Lernprozesse (z.B. Erziehung zur Partizipation) curricular geplant werden.

Uwe Sielert übernimmt zwar den *Lernzielbegriff* von Robert F. Mager, weist aber auf die Gefahren einer überzogenen Operationalisierung hin[79].

In der nach dem Robinsohn-Modell üblichen Analyse der Situation der Jugendlichen in der Gesellschaft sieht Uwe Sielert einen entscheidenden Schritt nach vorne gegenüber den bisherigen Bildungsprogrammen der Jugendarbeit. Ausgehend von dieser Situationsanalyse müssen dann die Lernziele (Qualifikationen) und die Lerneinheiten (Curriculumelemente) für die Jugendarbeit entwickelt werden. Dieser Vorgang darf jedoch nicht zu einem starren – der Schule vergleichbaren – Fächerkanon führen, „der nur wenig Variationsmöglichkeiten zuläßt. Es müssen vornehmlich jene gesellschaftlich bedingten Erfahrungen des Jugendlichen beachtet werden, die sein subjektives Bewußtsein, seine Wünsche und Bedürfnisse sowie seine Interessen prägen“[80]. Gerade deshalb dürfen in einem Curriculum Emanzipation, das offen und prozeßorientiert gestaltet werden soll[81], lediglich Grobziele formuliert werden, denn es gehört zum Anspruch emanzipatorischer Lernprozesse, „daß die Lernziele nicht vollends bis auf die unterste Abstraktionsebene formuliert werden dürfen, wenn die Chance auf Selbstbestimmung des Lehr- und Lernprozesses nicht ad absurdum geführt werden soll. Die konkrete Ausformulierung der Feinziele und der einzelnen Inhalte hängt letztlich von den Bedürfnissen der Jugendlichen, den Möglichkeiten der Jugendarbeiter und der jeweils spezifischen Situation der Jugendarbeit ab“[82]. Um sich aber in dieser Weise an Entscheidungsprozessen beteiligen zu können, müßten Jugendliche und Jugendarbeiter erst die Erfahrung einer *„repressionsarmen Kommunikation“* machen, um die eigenen Möglichkeiten und Fähigkeiten kennenzulernen. Dazu sind Handlungsspielräume nötig, in denen diese Erfahrungen eingeübt werden können. Ziel eines so begonnenen Prozesses sei es, den Jugendlichen schrittweise in die Rolle des Curriculumplaners zu führen. Entscheidend sei, daß die Jugendlichen nicht nur über *Inhalte und Methoden mitbestimmen* dürfen, sondern daß ihnen auch *Zielentscheidungen offen stehen.* Den Vorwurf, daß Emanzipation nicht geplant werden könne, kann Uwe Sielert m.E. nicht entkräften, aber er bemerkt: Dieser globale Einwand „wird hinfällig angesichts der systematisch mit den raffiniertesten Mitteln geplanten Gegen-Emanzipation gesellschaftlicher Sozialisationsagenturen und Massenmedien. Der Weg in eine bessere menschlichere Zukunft darf nicht dem Zufall überlassen werden, man muß ihn ebenso planen und organisieren wie die antiemanzipatorischen Bestrebungen zur Erzeugung von Massenloyalität in unserer Gesellschaft, die von partikularistischen Machtinteressen initiiert werden“[83].

Um zu konkreten Planungsschritten eine Hilfe anzubieten, greift Uwe Sielert auf den von Herwig Blankertz vorgestellten *Strukturgitteransatz*[84] zurück, wobei er in einem solchen Strukturgitter für ein Curriculum der Jugendarbeit insofern ein wichtiges Instrument sieht, „als damit dem Praktiker eine Hilfe zuteil wird, wie aus der Unmenge der vom Jugendlichen herangetragenen Inhalte diejenigen auszuwählen sind, die die größte Chance beinhalten, emanzipatorische Lernprozesse zu ermöglichen“[85]. Das von Uwe Sielert entwickelte didaktische Strukturgitter enthält nur diejenigen Inhalte der Jugendarbeit, „die einen direkten Bezug zur Situationsanalyse sowie zur Lernzielklassifikation aufweisen und damit im Bereich der politisch-emanzipatorischen Bildung liegen. Dabei soll der Bildungswert sportlicher, musischer und auch handwerklich-künstlerischer Betätigungen nicht gering eingeschätzt werden; auch sie gehören selbstverständlich unter emanzipatorischen Vorzeichen zu einem Gesamtcurriculum der Jugendarbeit bzw. können in speziellen Jugendorganisationen den Hauptteil der Bildungsarbeit ausmachen. Eine genauere curriculare Planung und Integration dieser Bereiche muß jedoch späteren Arbeiten vorbehalten bleiben“[86].

Für ein Curriculum Emanzipation in der Jugendarbeit erfüllt die Matrix des didaktischen Strukturgitters zwei bedeutende Funktionen:

„1. Sie dient der Auswahl von Inhalten, die einerseits aus den Lebensbereichen und damit auch aus dem Erfahrungshorizont der Jugendlichen stammen, die andererseits dazu geeignet sind, bedeutende Einsichten in gesellschaftliche Realität zu vermitteln, die für den Emanzipationsprozeß unabdingbar sind. Die in der Matrix aufgeführten Themenbereiche mit den entsprechend zugeordneten Richtzielen dienen nur der Verdeutlichung des Verfahrens und stellen keineswegs eine abgeschlossene Sammlung von Inhalten der Jugendarbeit dar. Sie wurden gewonnen, indem Elemente der jeweils zentralen Kategorie in den einzelnen Situationsfeldern des Jugendlichen formuliert worden sind. Diese Vorgehensweise ermöglicht dem Praktiker, die jeweils aktuellen Themenbereiche mit den Erfahrungen der Jugendlichen und den emanzipatorischen Lernzielen zu koppeln.

2. Die Matrix leistet zum zweiten die genauere inhaltlich-didaktische Aufbereitung eines bestimmten Themas, indem die Kategorien in sinnvolle Leitfragen umgewandelt werden, durch die eine Strukturierung des jeweiligen Gegenstandes ermöglicht wird“[86].

Die konkrete Ausgestaltung des didaktischen Strukturgitters erfolgt in einem Koordinationssystem, „auf dessen Ordinate zentrale analytische Kategorien aufgeführt sind, die mit den auf der Abszisse abgetragenen Situationsfeldern des Jugendlichen in Verbindung gebracht werden“[88]. Die für das Strukturgitter ausgewählten Kategorien liegen auf drei unterschiedlichen analytischen Ebenen. Die erste Ebene enthält „analytische Konstrukte zur Erfassung grundlegender technisch-zweckrationaler Sachverhalte des Gegenstandsbereichs“[89]. Solche Konstrukte sind: *Struktur* (als inneres Gefüge, die „Ordnung“ bzw. „Bauart“ eines Gegenstandsbereiches), *Funktion* (als Beitrag oder Leistung eines bestimmten Teilelementes zum Aufbau, Erhaltung, Veränderung des umgreifenden Systems), *Interaktion* (als Grundkategorie für die Analyse von gegenseitig aufeinander bezogenen Handlungen), *Produktion* (als rein technischer Vorgang der Erstellung von Erzeugnissen bzw. eine wirtschaftliche Tätigkeit zur Überwindung der natürlichen Knappheit aller Güter im Dienst der Befriedigung menschlicher Bedürfnisse)[90].

Die zweite Ebene des didaktischen Strukturgitters ist durch „analytische Konstrukte zur Kennzeichnung emanzipationshemmender Sachverhalte“[91] bestimmt. Solche Konstrukte sind: *Geschichtlichkeit* (als wesentliche Dimension zur Analyse sozialer Wirklichkeit in der historischen Perspektive, mit der die Genese eines vorliegenden Bereichs, Probleme oder Konflikte aufgedeckt werden kann), *Herrschaft* (als verdinglichte Macht des Kapitals, die allein durch eine gerechte Verteilung der Produktionsmittel gebrochen werden kann), *Ausbeutung* (als jegliche Form der Ausnutzung und Unterdrückung von Personen, Gruppen, oder ganzen Bevölkerungsschichten, gleichgültig, ob es sich dabei um die Ausübung offensichtlicher körperlicher oder psychischer Gewaltanwendung handelt oder um subtilere Vorgehensweisen, die die tatsächlichen Verhältnisse verschleiern sollen, um ein sich Auflehnen der unterprivilegierten Subjekte zu verhindern), *Manipulation* (als gezielter Einfluß auf Entscheidungen von Menschen, die diese als bewußte Lenkung nicht wahrnehmen), *Ideologie* (als ein System von Überzeugung und Begriffen, das die soziale Wirklichkeit in einer Weise sinnhaft strukturiert, um in ihr handeln zu können, ohne daß bestehende Zwangsverhältnisse problematisiert werden[92], *Interesse* (als situationsbedingte Verhaltensorientierungen) und *politische Apathie* (als Rückzug von aktiver Beteiligung an gesellschaftlichen Prozessen)[93].

Die dritte Ebene des didaktischen Strukturgitters repräsentiert „strategische Konstrukte zur Bezeichnung emanzipatorischer Sollwerte"[94]. Solche Konstrukte sind: *Konflikt* (als allgemeine Bezeichnung für Auseinandersetzungen, Spannungen, Gegensätzlichkeiten, Streitereien und Kämpfe der verschiedensten Intensität, die zwischen Personen, Gruppen, Organisationen über Werte, Lebensziele, Status-, Macht- und Verteilungsverhältnisse knapper Güter entstehen), *Aufklärung* (als Bewußtseinserweiterung und Ideologiekritik), *Fundamentaldemokratisierung* (als Mitbestimmung und Chancengleichheit zum Abbau bzw. zur Verringerung von Herrschaft in allen gesellschaftlichen Bereichen), *Bedürfnisbefriedigung* (als Überwindung eines empfundenen Mangelerlebnisses, diese Befriedigung ruft Gefühle des Genusses und der Lust hervor), *Solidarität* (als fortschrittliches Denken und Tun, wenn sie sich auf ein gemeinsames Kampfziel richtet, das sich an der Verbesserung der Lebensbedingungen unterprivilegierter Bevölkerungsgruppen orientiert) und *politisch engagiertes Handeln* (als politische Aktionsbereitschaft zum Aufgreifen der praktisch-politischen Bearbeitung der aufgedeckten Sozialwidersprüche)[95].

Die Situationsfelder des didaktischen Strukturgitters spiegeln die wichtigsten Bezugssysteme junger Menschen wider:

Familie, Schule, Beruf, Intimbereich, „peer-groups", (Freundschaftsgruppen), das *Konsum-* und *Freizeitsystem* sowie das *politische Gesellschaftssystem*[96].

In der Kreuzung der analytischen Konstrukte mit den Situationsfeldern, in denen sich junge Menschen befinden, werden Leitfragen gewonnen, die bei der Bearbeitung der Richtziele emanzipatorischer Jugendarbeit von grundlegender Bedeutung sind. Solche Richtziele der emanzipatorischen Jugendarbeit nach Uwe Sielert sind:

- „Fähigkeit und Bereitschaft, die in kapitalistischen Wirtschaftssystemen angelegten Strukturen sozialer Ungleichheit und die damit zusammenhängenden Herrschaftsverhältnisse zu durchschauen und die eigene Position im gesellschaftlich bedeutendsten Bereich, den Produktionsverhältnissen, bewußt zu erkennen"[97].
- „Fähigkeit und Bereitschaft zur Einflußnahme auf die bestehenden Herrschaftsstrukturen durch solidarisches Engagement in sozialen politischen Aktionen mit dem Ziel der Überwindung sozialer Unterprivilegierung in unserer Gesellschaft durch die gerechte Verteilung von Produktionsmitteln, Macht und Information"[98].

Strukturgitter zur Auswahl und didaktischen Aufbereitung der Inhalte emanzipatorischer Jugendarbeit
A) Analytische Konstrukte zur Erfassung grundlegender technisch-zweckrationaler Sachverhalte des Gegenstandsbereichs

Situationsfelder / Kategorien	Familie	Schule	Beruf	Intimbereich	"peer-group" Freundschaftsgruppen	Konsum- und Freizeitsystem	politisches Gesellschaftssystem
Struktur Organisation	Rollenverteilung in der Familie	Befehlshierarchie	Fließbandarbeit und ihre Probleme	Verhaltensweisen bei "dating, nekking, petting, usw."	Rollenverteilung in einer Arbeitsgruppe	Aufbau und Funktion des Mediensystems	Der Staat als "Gesamtkapitalist"
Funktion Leistung	Kindheitssozialisation	Vorbereitung auf den kapitalistischen Verwertungsprozeß	Integration in den kapitalistischen Produktionsprozeß	Befriedigung emotionaler Bedürfnisse	Identitätsstärkung durch die Gruppe	Befriedigung der Entspannungsbedürfnisse	Selbsterhaltung des sozialen Systems
Interaktion Kommunikation	Erziehungspraktiken in der Mutter-Kind-Beziehung	Schüler-Lehrer-Verhalten	Arbeitsteilung und ihre Folgen	Hoch- und "Gassensprache" im Sexualbereich	Das Soziogramm in der Kleingruppe	Jugend und Werbung	Parlamentarismus Vor- und Nachteile
Produktion	Familie als Wirtschaftseinheit	Enkulturation, Erlernen von Kulturtechniken	Schaffung von Mehrwert	Trennung von Sexualität und Fortpflanzung	Hobbygruppen	Mode	Die Misere des Gesundheitssystems

Aus: U. Sielert 1978, 140.

B) Analytische Konstrukte zur Kennzeichnung emanzipationshemmender Sachverhalte

Aus: U. Sielert 1978, 141f.

Situationsfelder / Kategorien	Familie	Schule	Beruf	Intimbereich	"peer-group" Freundschaftsgruppen	Konsum- und Freizeitsystem	politisches Gesellschaftssystem
Geschichtlichkeit	Familie in traditioneller u. komplexer Industriegesellschaft	Ursprünge der Dreigliedrigkeit im Schulwesen	Liberalismus im Frühkapitalismus	Wandel der Sexualmoral	Entstehung der Teilkulturen Jugendlicher	Zunahme der an quantitativ zur Verfügung stehenden Freizeit	Entwicklung des Faschismus in Deutschland
Herrschaft Macht	Patriarchalismus in der Arbeiterfamilie	Der Lehrer hat immer Recht	Möglichkeit der Entlassung aus Rentabilitätsgründen	Vorherrschaft der Männerrolle	Autoritarismus der Führer in "gangs"	Konsumgüter als Prestigemittel beherrscht den Menschen	Notstandsgesetze
Ausbeutung Unterdrückung	Kinder als Befriedigungsobjekt elterlicher Bedürfnisse	Verweigerung einer angemessenen Schulausbildung der Arbeiterkinder	Widerspruch zwischen Kapital und Arbeit	Frau als Sexualobjekt	Sündenbockmechanismus in der Gruppe	Weckung unnützer Bedürfnisse	Rechtliche Unterprivilegierung von Minderheiten
Manipulation	Gewissensbildung durch "liebevolle Indoktrination"	Ausklammerung emanzipationsfördernder Information	Berufswahl nach den Erfordernissen der Wirtschaft	Scheinbefriedigung durch Sexrummel	Identifikationszwang	Konsumzwang durch Werbung	Wahlpropaganda
Ideologie	Wertesystem der Mittelschichtsfamilie	Chancengleichheit	Betriebsfamilie	Enthaltsamkeit als Tugend	Allmachtsphantasien der Gruppe	Selbstbestimmung in der Freizeit	Ruhe ist die erste Bürgerpflicht
Interesse	Die autoritäre Persönlichkeit als williger Untertan des Staates	Einfluß der Wirtschaft auf die Schule	Gewinnmaximierung zugunsten der Unternehmer	"Repressive Entsublimierung" als wirtschaftliche Notwendigkeit	Einseitige Interessendurchsetzung der Meinungsführer	"Vermarktung" der Freizeit	Dominanz wirtschaftlicher Interessen bei politischen Entscheidungen
politische Apathie	Rückzug in die Familie als Privatsphäre	Auf Anpassung abzielender Geschichtsunterricht	Verbot politischer Betätigung	Rückzug in die Zweisamkeit	Beschränkung der Gruppen auf den Freizeitbereich	"Berieselung" durch die Unterhaltungs-Industrie	Beschränkung der politischen Aktivität auf Wahlen

C) Strategische Konstrukte zur Bezeichnung emanzipatorischer Stollwerte

Aus: U. Sielert 1978, 143f.

Situationsfelder / Kategorien	Familie	Schule	Beruf	Intimbereich	"peer-group" Freundschaftsgruppen	Konsum- und Freizeitsystem	politisches Gesellschaftssystem
Konflikt	Generationskonflikt	Schwächung der Lehrerautorität durch Widerstand	Lohnkonflikt	Von der Sexualmoral abweichendes Verhalten in "peers"	Konflikt mit der Gruppenideologie	beschränkte Konsumaskese	Außerparlamentarische Oppasition
Aufklärung Bewußtseinserweiterung, Ideologiekritik	Mechanismen zur Erzeugung autoritärer Persönlichkeitszüge	Mittelstandsnormen in der Schule	Informationen über die objektive Stellung des Arbeiters im Produktionsprozeß	Zusammenhang zwischen Sexualität und Politik	Gruppenprozesse und ihre Beeinflussung	Der Springer-Konzern als "Meinungsmacher"	Interessen, die auf die Politik einwirken
Demokratisierung Mitbestimmung Chancengleichheit	Familienrat	Chancengleichheit durch Gesamtschulen?	Arbeiterselbstverwaltung in Jugoslawien	genossenschaftliches Verhalten in Wohngemeinschaften	Eigenschaften der "offenen" Gruppe	Hörerrat beim Fernsehen	Schwächung wirtschaftlicher Macht
Bedürfnisbefriedigung, Genuß, Lust	Liebesbedürfnisse des Kindes in der Familie	Orientierung der Bildungsinhalte an den Interessen der Jugendlichen	schöpferische, nicht-entfremdete Arbeit	Orgasmusfähigkeit	Bedürfnisse des einzelnen und ihre Befriedigung in der Gruppe	Bedürfnisse nach Entspannung, Muße, Spielen usw. und ihre Befriedigung	Freiheit des Individuums im Kapitalismus
Solidarität	Kinder setzen ihre Interessen gegen die Eltern durch	Schülerstreik	Kampf um bessere Arbeitsbedingungen	gemeinsames Praktizieren einer neuen Sexualmoral	genossenschaftliche Hilfe in Notlagen	gemeinsamer Konsumverzicht	Organisation in Gewerkschaften
politisch-engagiertes Handeln	Verweigerung der Familienideologie	politische Schülerarbeitskreise	Streik	Öffentliches Durchbrechen veralteter Sexualvorstellungen	Einrichtung eines Jugendclubs	Bürgerinitiative	Demonstration

- „Fähigkeit und Bereitschaft, sich und anderen durch den Abbau von gesellschaftlichen Zwängen im Freizeit- und Konsumsystem Genußmöglichkeiten zu schaffen, sowie durch Bereitstellung neuer Alternativen das Handlungspotential und echte Wahlmöglichkeiten zu vermehren“[99].
- „Fähigkeit und Bereitschaft, die bestehenden Sozialisationsagenturen Familie, Schule, Betrieb und Jugendarbeit kritisch zu hinterfragen im Hinblick auf ihre Funktion für die Gesellschaft sowie in ihnen in Solidarität mit anderen eigene und gemeinsame Interessen durchzusetzen“[100].
- „Fähigkeit und Bereitschaft, in verschiedenen Bezugsgruppen mitzuarbeiten, sich den Gruppenanforderungen zu stellen, Identitätskrisen auszuhalten sowie im herrschaftsfreien Dialog mit anderen Möglichkeiten zur emotionalen Stützung, zur Veränderung und Erweiterung der Ich-Identität auszunutzen, wie auch anderen zuzugestehen und zu erleichtern“[101].
- „Fähigkeit und Bereitschaft, Konflikte in der Gesellschaft und im Sozialisationsprozeß als funktional zur Stärkung des sozialen, politischen und moralischen Bewußtseins zu erkennen und sich mit einer geeigneten Konzeption an der Austragung von Konflikten zu beteiligen“[102].
- „Fähigkeit und Bereitschaft, die Notwendigkeit des lebenslangen, selbstbestimmten Lernens sowie die dazu erforderliche Vermehrung von kognitiver, emotionaler und technologischer Kommunikation mit anderen zu erkennen und realisieren“[103].
- „Fähigkeit und Bereitschaft zum Aufbau herrschaftsfreier Kommunikation durch Abbau von Ausbeutung im Sich-Einüben in Wechselseitigkeit sowie zur Vermehrung des Experimentier- und Planungsverhaltens zwecks Ich-Stärkung im zwischen-menschlichen Intimbereich“[104].

Zur *Bewertung des Strukturgitteransatzes* von Uwe Sielert:
Ohne Zweifel bedeutet der Versuch, den in der mittelfristig konzipierten Curriculumentwicklung verwendeten Strukturgitteransatz auf die Jugendarbeit zu übertragen, im Hinblick auf die transparente Planung der Jugendarbeit einen großen *Fortschritt*, weil hier begonnen wird, Leitideen – in Kategorien entfaltet – mit der Lebenswelt Jugendlicher in Verbindung zu bringen und so eine transparente Fundierung von Richtzielen der Jugendarbeit zu ermöglichen. Gleichwohl ist dem von Uwe Sielert vorgestellten Ansatz ein Gesellschaftsbild zu entnehmen, mit dem er davon ausgeht, in unserer Gesellschaft produziere das kapitalistische Wirtschaftssystem Strukturen sozialer Ungleichheit und ungerechtfertigte Herrschaftsstrukturen, die auch im Bereich der Jugendarbeit thematisiert werden müßten und für deren Abschaffung im Bereich der Jugendarbeit gekämpft werden müsse. Im Vordergrund dieses Modells steht also die Emanzipation des Jugendlichen, die Veränderung bestehender Verhältnisse, wobei die individuelle Situation des jungen Menschen als Wiederholung der gesellschaftlichen Ausbeutungsstrukturen verstanden wird. Jugendarbeit habe also beim Individuum die Aufarbeitung der im individuellen Bereich sich spiegelnden gesellschaftlichen Ungerechtigkeiten zur Aufgabe. Während dem Modell eine eindeutige Entscheidung hinsichtlich des Gesellschaftsbildes zugrunde liegt, bleibt es

unzugänglich für über die Gesellschaft hinausreichende Fragestellungen: nach dem Sinn menschlichen Lebens, nach religiösen Werten und Orientierungen für den jungen Menschen. Die mögliche Pluralität der Antworten wird gesellschaftlich kristallisiert und blendet so wichtige andere Bereiche wie die Erfahrung des Scheiterns, des Spiels und der Kreativität aus. Von daher ist das Modell von Uwe Sielert partikularistisch, immanentistisch und bedarf entsprechender Ergänzung.

Die didaktische Vorstellung, durch ein für die Jugendarbeit zu entwickelndes Strukturgitter, Jugendarbeit an konstitutive Leitideen zurückzubinden, scheint mir sinnvoll. Das vorliegende Modell ist allerdings so abstrakt gehalten, daß es nur für die Hand des professionellen Jugendarbeiters geeignet scheint.

3.2.2 Ein Curriculum zur Identitätsfindung junger Menschen im Rahmen der Jugendarbeit (Ludger Veelken 1978)

Die moderne Psychologie – insbesondere die Arbeiten von Erik H. Erikson[105] – stellt für das Jugendalter den Begriff der Identität in den Vordergrund. Demnach ist eine zentrale Aufgabe des Jugendalters die Bildung einer eigenen Identität, die zum Leben in der Erwachsenengesellschaft fähig macht und deshalb notwendig wird, weil der junge Mensch eine Vielzahl neuer Rollen zur Bewältigung seines Lebens in der Gesellschaft erlernen muß. Die außerschulische Jugendarbeit begleitet den jungen Menschen in dieser wichtigen Phase seiner Lebensentwicklung. Unter dieser Rücksicht versucht Ludger Veelken einen Curriculumentwurf identitätsentfaltender Jugendarbeit zu entwickeln[106]. Unter identitätsentfaltender Jugendarbeit versteht er „die Hilfe beim Prozeß der Selbstverwirklichung. Jugendarbeit soll dazu verhelfen, daß der junge Mensch in der Lage ist, sich selbst zu finden, sich kritisch in die Gesellschaft zu integrieren und so zum Gefühl des Wohlseins und zum Gemeinschaftsgefühl zu kommen. Identitätsentfaltung wird dabei verstanden als ein Prozeß, bei dem ein Gelingen wie ein Nichtgelingen der Identitätsbildung möglich ist. Jugendarbeit hat somit eine doppelte Zielrichtung: Einmal muß sie dazu beitragen, daß der einzelne zu seiner Identität findet. Sie soll im prophylaktisch-therapeutischen Sinne die Identitätsbildung unterstützen. Zum anderen muß sie therapeutische Hilfestellung leisten, wenn der Jugendliche oder der junge Erwachsene vor der Aufgabe steht, eine in früheren Phasen nicht gelungene Identität in einem späteren Lebensabschnitt nachzuholen"[107]. Wenn Jugendarbeit in dieser Weise dem jungen Menschen zur Selbstfindung helfen soll, ist sie auf längerfristig geplante und kontrollierte Interventionen angewiesen[108], gerade deshalb schlägt Ludger Veelken die Entwicklung eines Curriculum vor: „Ein solches Curriculum setzt nach dem Robinsohn-Knab-Modell bei der Identifizierung der Lebenssituation Jugendlicher an, wobei einerseits jugendsoziologische und jugendpsychologische Probleme und gesellschaftstheoretische Fragestellungen berücksichtigt werden müssen und andererseits die

Lebensbereiche der Jugendlichen – Arbeit und Beruf (Schule); Soziale Gruppen (Familie, peer-groups, Jugendgruppen, Kirche und Gemeinde); Freizeit und Intimbereich – im einzelnen untersucht und in Beziehung gesetzt werden müssen zu den in den Phasen Leistung gegen Minderwertigkeit, Identität gegen Identitätsverwirrung und Intimität gegen Isolierung zu leistenden Aufgaben zur Entfaltung der Identität"[109]. Identität versteht Ludger Veelken unter Berücksichtigung von soziologischen, sozialpsychologischen und sozialpädagogischen Erkenntnissen als die „Fähigkeit, (daß) ‚jeder mit sich selbst derselbe zu werden' (vermag). Identität ist Ergebnis und Resultat des Sozialisationsprozesses als der Vermittlung von Individuum und Gesellschaft. Der einzelne steht vor der Aufgabe, persönliche Identität als Struktur seiner individuell gemachten Erfahrungen und vollzogenen Prägungen und soziale Identität als den im Individuum durch Rollenerwartungen abverlangten Verhaltensweisen in Form der Identitätsbalance miteinander zu integrieren. Auf diese Weise wird bei gelungener Identitätsentfaltung der Mensch trotz Einzigartigkeit nicht durch Isolierung sich aus dem Kommunikationsnetz mit anderen ausschließen und andererseits läßt er sich nicht total an die für ihn bereitgehaltenen sozialen Erwartungen anpassen. Er wird fähig, sich mit seinen Rollen zu identifizieren und gleichzeitig eine kritische Autonomie zu entwickeln. Trotz aller Veränderungen erfährt er sich ‚im Grunde' als mit sich selbst derselbe"[110]. Für die Identitätsentwicklung sind vor allem Prozesse in Gruppen wichtig, weil sich in Gruppen die menschlichen Beziehungen entfalten. Jugendarbeit vollzieht sich vornehmlich in Gruppen. Deshalb geht Ludger Veelken für die Entwicklung von Curriculumelementen für die identitätsentfaltende außerschulische Jugendarbeit von den folgenden Voraussetzungen aus:

„– Die Entfaltung von Identität ist eine der notwendigen Aufgaben außerschulischer Jugendarbeit.
– Identität in den einzelnen Lebensphasen wird nur erworben in und durch Gruppen.

Zu dieser Voraussetzung ist der Beitrag *Eriksons* von zentraler Bedeutung und deswegen geeignet, in einem Curriculum-Entwurf seine Phasenlehre mit Gruppenmodellen zu verbinden, weil nach *Erikson* die Individuen durch die jeweiligen sozialen Strukturen, innerhalb derer sie sich entwickeln, geformt werden, dieser Prozeß ein Leben lang anhält und im einzelnen beschrieben werden kann. Entfaltung der Identität geschieht in Gruppen, zunächst in der Familie, dann in Spielgruppen, peer-groups und Intimgruppen"[111]. Menschen, die gelungene Identitätsbildung in Gruppen erfahren haben, sind bereit, „anderen Mitmenschen bei der Ausbildung ihrer Identität zu helfen. Wer dieses Problem bei sich selbst erkannt hat und sich aufgemacht hat, es zu lösen, wird sich geradezu verpflichtet fühlen, seinen Mitmenschen zu helfen und sie davon zu überzeugen, daß es in unserer Gesellschaft Wege zur Gewinnung menschlicher Beziehungen gibt und dadurch auch zu einem befriedigenden Leben"[112].

Um ein Curriculum zu entwickeln, verbindet Ludger Veelken „die zur Bewältigung der Lebenssituation Jugendlicher notwendige Qualifikation Identität und die qualifizierenden Elemente Leistung, Identität und Intimität ... mit den Ergebnissen der Gruppentheorie. Dadurch entsteht nicht nur eine größtmögliche Verfeinerung der Variablen des Curriculum-Modells, sondern durch die Synthese dieser Variablen mit der Darstellung ihrer Entfaltung in Gruppenprozessen ein praktikables Curriculum-Modell, das die Methoden der Identitätsentfaltung derart aufbereitet, daß die Identitätsentfaltung im Prozeß der Gruppenentwicklung sichtbar und in der Praxis umsetzbar wird"[113]. Dabei greift Ludger Veelken auf die Darstellung der Gruppenelemente bei George C. Homans[114] und auf die Entwicklung des Gruppenprozesses nach Theodore M. Mills[115] zurück und verbindet sie mit den relevanten Phasen der Identitätsentfaltung nach Erik H. Erikson. Diese Verknüpfung ergibt eine Methode, „die einerseits eine relativ genaue Beschreibung von Identitätsentfaltung und Gruppenbildung und ihrer gegenseitigen Abhängigkeit ermöglicht und andererseits im Sinne des Curriculum-Modells von *Robinsohn-Knab* die Verknüpfung von Curriculum-Elementen mit ‚Lernmethoden' leistet und so Grundlage ist eines praktikablen, für konkrete Praxis als Diskussionsentwurf brauchbaren Curriculums"[116].

Die Verbindung von Gruppenelementen, Gruppenprozeß und Kategorien der Identitätstheorie nach Erik H. Erikson bietet eine gute Planungsgrundlage für die Jugendarbeit im Blick auf ihre Aufgabe, die Identität junger Menschen zu fördern. Dabei darf aber nicht übersehen werden, daß eine identitätstherapeutische Arbeit in erster Linie von professionellen Mitarbeitern zu leisten ist. Im Blick auf die Gruppenleiterausbildung in der kirchlichen Jugendarbeit vermag das Modell den Leitungsteams Hilfestellungen zu geben, den in der Ausbildung stattfindenden Gruppenprozeß unter identitätsentfaltenden Gesichtspunkten zu reflektieren und darüberhinaus anhand einzelner Ausschnitte des Modells den Teilnehmern den Zusammenhang zwischen Elementen der Gruppe, Gruppenprozeß und Identitätsentwicklung zu verdeutlichen. Auch dazu muß angemerkt werden, daß sich der Beitrag von Ludger Veelken aufgrund der wissenschaftlichen Begrifflichkeit seiner Aussagen nur für die Hand der professionellen Jugendarbeiter eignet.

Modell der Identitätsentfaltung durch Gruppen in der Phase „Leistung gegen Minderwertigkeitsgefühl" *(Erikson, Homans, Mills)* Aus: L. Veelken 1978, 129.

Mills / *Homans*	I Bedürfnis-befriedigung	II Stabilisierung	III Kollektives Ziel	IV Autonomes Ziel	V Gruppenwachstum
Aktivität	Spielen Lernen Rollschuhfahren Schwimmen	Spielplatzsuche Verabredungen	Straßenkampf Indianerschlacht „Rabatz machen"	Eigengruppe Feste Neue Spielformen	Neue Freunde
Interaktion	Wettkampf Leben außerhalb der Familie	Spielregeln Gruppenregeln Sich kennenlernen	Planung	Erzählen Gemeinsames, neues Überlegen	Neue Informationen
Gefühl	sich mögen Tüchtigkeit Spaß haben Gemeinsame Leistung	Gruppenwerdung Kameradschaft Spaß, etwas „Tolles zu machen"	Sich eingebunden fühlen	Gefühl von Freiheit in der Gruppe	Gefühl für jugendliche Bedürfnisse Gefühl einer möglichen Identität

Modell der Identitätsentfaltung durch Gruppen in der Phase „Identität gegen Identitätsverwirrung" *(Erikson, Homans, Mills)* Aus: L. Veelken 1978, 133.

Mills / Homans	I Bedürfnis-befriedigung	II Stabilisierung	III Kollektives Ziel	IV Autonomes Ziel	V Gruppenwachstum
Aktivität	Miteinander-reden Diskussionen	Regelmäßige „Treffs" Raumsuche	Ausflüge Fahrten Moped-Basteln Soziale Dienste	Selbstbestimmte Aktivitäten Kriminelle und sexuelle Handlungen	Neue Mitglieder Neue Freunde
Interaktion	Gespräche über persönliche Probleme	Rücksichtnahme lernen Netz von Verhaltens-erwartungen Gruppennormen	Team-Arbeit Kooperation	Abbau alter Wert-vorstellungen Experimentieren Sexuelles Spiel	Zusammenarbeit mit Experten
Gefühl	Gefühl beginnender Freundschaft	Gespür für tiefere menschliche Bin-dungen Zuneigung, Treue, Geborgenheit	Freundschaft Wir-Gefühl	Aufeinander ange-wiesen sein Cliquen-Gefühl Freiheit	Treue beginnende Liebe

Modell der Identitätsentfaltung durch Gruppen in der Phase „Intimität gegen Isolierung" *(Erikson, Homans, Mills)* Aus: L. Veelken 1978, 137.

Mills / Homans	I Bedürfnis-befriedigung	II Stabilisierung	III Kollektives Ziel	IV Autonomes Ziel	V Gruppenwachstum
Aktivität	Zufallskontakte Zärtlichkeiten	Rudern Wandern Intimitätserlebnis „Dating"	Urlaub Mitarbeit an Projekten Intensivierung des Kontaktes	Wohnungssuche	Neue Beziehungen ohne Eifersucht
Interaktion	Sexuelles Spiel Miteinanderreden	Fragen nach den gegenseitigen Wünschen Verständnis	Gemeinsames Planen, Arbeiten, Freizeit-erlebnis	Neue Orientierung Zusammenziehen Auseinander-setzungen	Aufhebung der „Isolation zu zweit"
Gefühl	Begeisterung Verliebtsein Entspannung Lust	Sehnsucht Sich sorgen Gefühl, nicht mehr allein zu sein	Geborgenheit	Gefühl, einen Partner zu haben Vertrauen Gemeinsam das Leben erfahren	Zukunftsfreude Reale Hoffnung Öffnung

3.2.3 Der Zusammenhang von Zielen, Inhalten, Methoden und Medien und die Konsequenzen für die Gruppenleiterausbildung (Irene Klein 1976)

Bei der Analyse nachsynodaler Schulungspläne für die Ausbildung von Gruppenleiterinnen und Gruppenleitern in der kirchlichen Jugendarbeit[117] und bei der Darstellung des Defizits an didaktischer Theorie für die Gruppenleiterausbildung[118] wurde festgestellt, daß der Implikationszusammenhang zwischen Zielen, Inhalten, Methoden und Medien weitgehend unbeachtet blieb. Unter Implikationszusammenhang wird die wechselseitige Abhängigkeit und Beeinflussung der für den Unterricht wichtigen Faktoren verstanden. Diese Faktoren sind die Intentionen (Lernziele kognitiver, affektiver und psychomotorischer Art), die Themen (konkrete Lerninhalte des Unterrichts), die Methoden (Wege, um zu den aufgezeigten Zielen zu gelangen) und schließlich die Medien. Das lerntheoretische Modell der Berliner Schule (Paul Heimann, Gunter Otto, Wolfgang Schulz)[119] geht davon aus, daß Entscheidungen über die Planung des Unterrichts in den vier Entscheidungsfeldern Ziele, Inhalte, Methoden und Medien fallen müssen. „Dieses Modell betrachtet Unterrichtsplanung als ein System miteinander zusammenhängender Entscheidungen. Es soll helfen, Ordnung in Analyse und Planung des Unterrichts zu bringen. Es betont die Interdependenz der Entscheidungen und behandelt die Ziel- und Inhaltsfragen zusammen mit der Methodenfrage“[120]. Voraussetzung für die Entscheidungen im Unterrichtsprozeß sind die anthropogenen und soziokulturellen Voraussetzungen der Schüler, die in den Unterricht mitgebracht werden.

Irene Klein geht in der Übertragung des Berliner didaktischen Modells auf die Gruppenleiterausbildung deshalb von der Situation der jugendlichen Gruppenleiter aus, die einerseits als Jugendliche die jugendspezifischen Probleme mitbringen, andererseits in ihrer Aufgabe als Gruppenleiter Aus- und Weiterbildung brauchen. Folgerichtig fordert sie für die Gruppenleiterausbildung zwei Zielebenen:

„a) Die Erziehung des Jugendlichen zur Emanzipation, d.h. sein Bedürfnis und seine Entfaltung müssen im Blickfeld der Ausbildung sein.

b) Die Erziehung des jugendlichen Gruppenleiters zur Fähigkeit, andere zur Emanzipation zu erziehen, d.h. die Bedürfnisse und Entfaltung der Gruppenmitglieder müssen im Blickfeld der Ausbildung sein und die Befähigung des Jugendlichen zum Erziehen“[121].

Zur Zielebene a) gehören z.B. alle die Ziele, die zur Identitätsentfaltung des jungen Menschen beitragen (vgl. Ludger Veelken). Die Ziele der Ebene b) sind solche Qualifikationen, die der Gruppenleiter braucht, um sein Gruppenleiteramt ausfüllen zu können. Genauso müssen die Inhalte auf diese zwei Ebenen angelegt sein[122].

Die gleiche Berücksichtigung der Doppelebenen muß bei den Methoden und Medien erfolgen. Deutlich wird, daß dem Berliner Modell entsprechend z.B. Ziel und Methode nahezu identisch sein können. Z.B. die „reflektierte Gruppe“ bzw. die „christlich verantwortete Gruppe“ als Ziel kirchlicher Jugendarbeit wird nur dann erreicht werden, wenn die Gruppenleiterausbildung in reflektierenden und die christliche Verantwortung verdeutlichenden Gruppen stattfindet. Eine Gruppenleiterausbildung dieser Art hat individuelle und soziale Folgen, die in die konkrete Praxis einfließen und gleichzeitig – mit den in der Praxis gewonnenen Erfahrungen – die neuen soziokulturellen und anthropogenen Voraussetzungen für die nächste Ausbildungseinheit darstellen.

Die Beachtung des von Irene Klein für die Gruppenleiterausbildung fruchtbar gemachten Implikationszusammenhangs kann bei der Planung, Durchführung und Analyse einer Ausbildungseinheit gute Dienste leisten, stellt doch die Berliner Didaktik hier ein gut handhabbares Instrumentarium zur Verfügung. Die Beachtung des Implikationszusammenhangs bedeutet eine hervorragende Hilfe für das Leitungsteam zur Strukturierung einer Ausbildungseinheit, zur Rechenschaftsgabe über die Lehr-/Lernplanung und außerdem für die transparente Darstellung der gefällten Entscheidungen vor den Teilnehmern in der Ausbildung. Allerdings darf dieses Instrumentarium die Planer von der Begründung von Ziel- und Inhaltsentscheidungen nicht dispensieren. Deshalb müssen gerade für den Bereich der Ziel- und Inhaltsentscheidungen entsprechende Begründungshilfen herangezogen werden, wozu in dieser Arbeit das didaktische Strukturgitter verwendet werden soll.

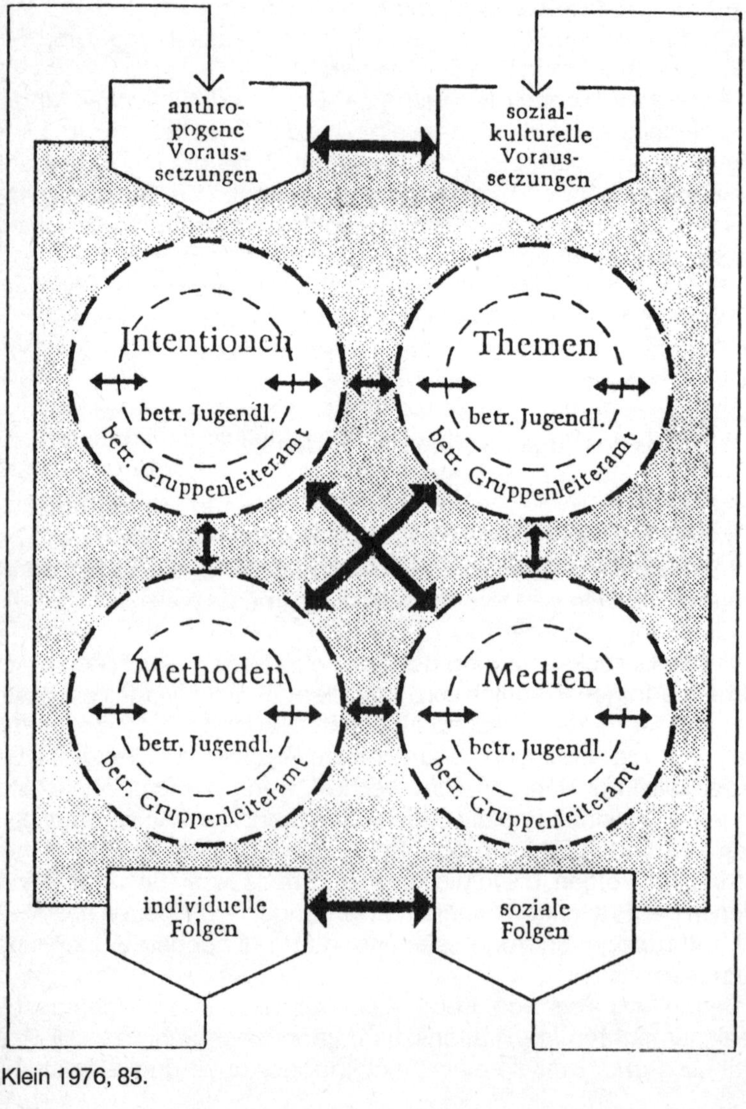

Aus: I. Klein 1976, 85.

3.2.4 Beurteilung und Einschätzung der schulischen Lehr/Lernplanung aus dem Blick der außerschulischen Jugendarbeit

Da Curriculumforschung und Curriculumentwicklung vor allem im schulpädagogischen Raum von Bedeutung waren, müssen bei einer Übertragung der Ergebnisse der Curriculumdiskussion auf die Jugendarbeit die zur Schule unterschiedlichen Bedingungen der außerschulischen Jugendarbeit bedacht und aufgezeigt werden, um so die Möglichkeiten der Curricula für die Ausbildung jugendlicher Gruppenleiter im Feld der kirchlichen Jugendarbeit in ihrer Besonderheit zu erfassen[123].

Dies ist auch deshalb notwendig, weil die schulischen Bedingungen oft genug der Kritik aus der außerschulischen Jugendarbeit ausgesetzt sind[124], das heißt, daß die Übertragung schulischer Lehr-/Lernmodelle in die Jugendarbeit mit entsprechender Skepsis beobachtet wird. Deshalb stelle ich die Kritik der kirchlichen Jugendarbeit an der Schule dar, wobei gleichzeitig die Frage zu stellen ist, ob diese Kritik nicht von eigenen Defiziten in der Bildungsarbeit mit Jugendlichen ablenken soll[125].

Die Rahmenbedingungen schulischen Lernens und des lebendigen Lernens in der außerschulischen Jugendarbeit sind unterschiedlich. Obwohl sich außerschulische Jugendarbeit im Gesamtsystem des Bildungswesens eher am Rand befindet und auf wenig Beachtung stößt, bildet sie ein Sozialisationsfeld, „das aufgrund der angewandten und initiierten Methoden der Organisation von Lernprozessen durchaus einen *originären* Charakter hat. Die marginale Stellung der Jugendverbandsarbeit, ihre relative Freiheit von verbindlich gemachten Aufgaben, damit in Zusammenhang Flexibilität und Dispens vom Leistungsprinzip sowie die relative Herrschaftsarmut des Bereichs ermöglichen Formen des Lernens, die in der Schule mit ihrer gegenwärtigen Struktur nicht zu realisieren sind“[126]. In der Jugendarbeit finden sich *freiwillig* junge Menschen in ihrer *Freizeit* zusammen: Freizeit und Freiwilligkeit schließen fremdbestimmte Leistungen weitgehend aus. Der Jugendliche ist Subjekt seines Handelns[127]. Für Jugendliche eröffnen sich *Partizipationsmöglichkeiten*, das heißt Möglichkeiten der Mitbestimmung und der Mitverantwortung, die in dieser Weise von der Schule nicht angeboten werden können: „Vor allem für Jugendliche, die funktional und strukturell differenzierte Positionen – Gruppenleiter, Delegierter – einnehmen, bietet das Agieren im Verband, die Partizipation an den Arbeits-, Entscheidungs-, Verwaltungs- und Repräsentationsprozessen prinzipiell Lern- und Übungschancen für angemessenes Verhalten in Positionsrollen, wenn die Rollen mehr Autonomie und Kooperation ermöglichen oder erfordern, als dies für die Lehrlings- und Schülerrollen allgemein gilt“[128]. Kirchliche Jugendarbeit erschließt durch eine Vielfalt an Methoden, durch wechselseitige Verbindung von Aktion und Lernen, durch das Einbeziehen der Lebenswirklichkeit des jungen Menschen ein ganzheitlich-mehrdimensionales Lernen, in dem kognitive, emotionale und soziale Dimensionen sich gegenseitig ergänzend bedingen. Im Gegensatz zur Schule, die sich weitgehend auf die Vermittlung von kognitiven Informationen konzentriert, kann eine Jugendarbeit,

„die weder in der Gefahr einer Formalisierung der Lernprozesse, noch unter dem Druck des Leistungsprinzips steht, ... gerade jene Lernprozesse, deren konstituierendes und qualifizierendes Moment Flexibilität und Realitätsnähe ist, besser garantieren: nämlich einerseits Lernprozesse, die eine Aufarbeitung persönlich erlebter Konflikte zum Ziel haben, die auf lebenspraktische Bewältigung des Alltags gerichtet sind; andererseits Lernprozesse, die von temporären, oft folgenlosen und zufälligen Ereignissen in der sozialen Umwelt des Jugendlichen ausgehen, von ‚Schlagzeilen', die sich kaum in wissenschaftsorientierte Formen des Lernens einfügen lassen"[129].

Neben den spezifischen Möglichkeiten im Freizeit- und Bildungsbereich machen es sich die kirchlichen Jugendverbände zur Aufgabe, Interessen junger Menschen aufzugreifen und sie im politischen und gesellschaftlichen Raum zu vertreten. Diese *Interessenvertretung* hat Auswirkungen auf das Verhältnis von Schule und Jugendarbeit. Wenn reflexiv auf den Lernort Schule bezogen die Erfahrungen, Probleme und Konflikte des Jugendlichen in Kommunikations- und Lernprozessen aufgegriffen werden[130], kann diese Thematisierung nicht ohne Folgen für die Situationseinschätzung von Schule und Schülern durch kirchliche Jugendverbände bleiben. In solchen Situationseinschätzungen wird kein optimistisches Bild der Schule gezeichnet. Die bildungspolitischen Leitlinien des BDKJ beschreiben die Schule als einen Ort, an dem neben dem Erwerb des für Berufsfelder gesellschaftlich als wichtig eingestuften Wissens und entsprechender Fertigkeiten vor allen Dingen Haltungen und Einstellungen wie Konkurrenzdenken, Anpassungsbereitschaft und einseitige Leistungsorientiertheit vermittelt werden:

„Die Schüler müssen unter starkem Leistungsdruck und in Konkurrenz qualifizierte Abschlüsse erreichen. Katastrophal sind die Auswirkungen für den einzelnen und für das Sozialverhalten unter den Schülern. Egoismus und Neid, Höher- und Minderwertigkeitsgefühle und familiäre Belastungen sind in immer stärkerem Maß anzutreffen. Eine Folge davon ist, daß nur noch gelernt wird, was unmittelbar zur Erreichung des jeweiligen Abschlusses verwertbar ist"[131].

Die bildungspolitischen Leitlinien des BDKJ führen weiter aus:

„Die Schule tendiert dazu, nur meßbare Kenntnisse und Fertigkeiten zu bewerten. Das Prinzip der Meßbarkeit hat die Einschränkung von Lerninhalten und Lernergebnissen zur Folge. Unter anderem werden andere als kognitive Dimensionen der Lernsituation bei der Bewertung der Leistung nicht berücksichtigt.

Die Schule fördert das Konkurrenzdenken durch die Bewertung ausschließlich individueller Leistungen nach Maßstäben, die nicht durch die Schüler mitbestimmt werden können. So vereinzelt sie die am Bildungsprozeß Beteiligten und verhindert Solidarität. Ein Grundsatz demokratischen Verhaltens wird somit nicht berücksichtigt.

Einer gesellschaftlichen Konsum-Mentalität entspricht die Rolle des Schülers als Bildungskonsument, die durch die Schule gefördert wird. Diese Konsumhaltung verhindert Entscheidungsfähigkeit in Schule und anderen Lebensbereichen. Das wirkt sich aus auf die Lernbereitschaft, die von äußeren Zwängen abhängig bleibt und häufig mit Abschluß der Schullaufbahn endet“[132].

Die „Plattform“ der Katholischen Studierenden Jugend (KSJ) beschreibt die Situation in der Schule ähnlich und kommt hinsichtlich der Einflußmöglichkeiten auf Schule zu der folgenden Beurteilung:

„Eine maßgebliche Mitwirkung von Schülern, Eltern und Lehrern bei der Entscheidung über pädagogische Ziel- und Methodenfragen gibt es nicht. Die Herausgabe von Lehrplänen und Schulverordnungen durch die Kultusbürokratien geschieht in den meisten Bundesländern ohne parlamentarische Kontrolle.

Aufgrund der fast ausschließlichen Staatlichkeit des Bildungssystems (Schulen in privater Trägerschaft sind den staatlichen angepaßt) haben gesellschaftliche Gruppen sowie einzelne einen qualifizierten Einfluß auf die Schulwirklichkeit nur, sofern sie Einfluß auf die entsprechenden Organe des Staates haben. Dieser Einfluß wird in starkem Maße von wirtschaftlichen Machtgruppen ausgeübt. Das Bildungssystem tendiert deshalb einseitig dazu, qualifizierten Nachwuchs für gesellschaftlich geforderte Funktionen hervorzubringen. Wo der einzelne Schüler auf seine Rolle als zukünftiges Objekt eines wirtschaftlichen und sozialen Systems verkürzt wird, wo Sinnfragen, soziales Lernen und persönliche Entfaltung aus der Schule herausgedrängt werden, geht die Schule an den Interessen und Bedürfnissen des Schülers vorbei. Unter diesem Aspekt müssen Lerninhalte und Organisationsformen der Schule ständig hinterfragt werden“[133].

Wenn die kirchlichen Jugendverbände ihre Aufgabe als Interessenvertreter junger Menschen ernst nehmen, muß ihnen – angesichts der von ihnen erstellten Situationsbeschreibungen – dringend an einer Veränderung der Schule gelegen sein. Darüber hinaus müssen die Jugendverbände als „dritte“ Sozialisationsinstanz neben Familie und Schule/Berufsausbildung die dort erreichten Sozialisationsergebnisse unter den eigenen Zielperspektiven korrigieren[134].

Sowohl Interessenvertretung als auch korrigierende Sozialisationsaufgaben stellen fü die kirchlichen Jugendverbände hohe Ansprüche dar, die in dor Praxis nicht ohne weiteres einlösbar sind: die Interessenvertretungsarbeit in politischen und gesellschaftlichen Gremien gestaltet sich mühselig und langwierig. Erfolge lassen auf sich warten. Die pädagogisch-korrigierende Arbeit im Verband kann nur von solchen Mitarbeitern geleistet werden, die wenigstens ein Minimum an Sensibilität für Einstellungen und Verhaltensweisen von Jugendlichen und deren Veränderungsmöglichkeiten entwickelt haben. Darüber hinaus lassen sich verbandseigene „Sozialisationsleistungen“ – aus den skizzierten Ansprüchen hergeleitet – nicht eindeutig offen legen: „Sozialisation ist in der Jugendarbeit kein regelhaft organisierter Prozeß. Sozialisationswirkungen sind hier vielmehr bestimmt durch subjektgesteuerte Erfahrungs- und Handlungsprozesse, die in hohem Maße von dem jeweils individuellen Zugang zu den Angeboten der Jugendarbeit abhängig sind“[135].

Im Gegensatz zur Schule sind Sozialisationswirkungen der Jugendarbeit eher partikulär, temporär, pädagogisch nicht eindeutig steuerbar[136]. So steht außerschulische Jugendarbeit zum einen unter dem Legitimationsdruck, ihre postulierten eigenständigen Bildungsmöglichkeiten aufzuweisen und damit in einer ungleichen *Konkurrenzsituation zur Schule*, zum anderen muß sich außerschulische Jugendarbeit selbst kritisch fragen, ob sie ihren eigenständigen Bildungsauftrag in der Vergangenheit nicht vielfach dadurch begründete, „daß sie sich von einem Negativbild von Schule absetzte und dabei die schlechte Praxis der Schule mit der Elle eines theoretischen und emanzipatorischen Anspruchs maß, den sie in ihrer eigenen Praxis nur in wenigen Fällen einlöste[137]. Eine solche „Zwickmühlensituation" läßt sich nicht ohne weiteres auflösen und trägt auch nicht zu einer besseren Verständigung zwischen Schule und außerschulischer Jugendarbeit bei[138].

Wenn es – wie im Falle der Gruppenleiterausbildung – *um geplantes intentionales Lehren und Lernen geht, können die in Zusammenhang mit der Schule entwickelten Lehr-/Lernverfahren durchaus eine Hilfe sein.* Die Übertragung in die außerschulische Arbeit muß aber die spezifischen Bedingungen der Jugendarbeit beachten[139].

3.3 Offene handlungsorientierte Lernwege für die Jugendgruppenleiterausbildung

Jugendarbeit als Gruppenleiterausbildung ist erfahrungsorientiertes, ganzheitlich-mehrdimensionales Lernen, d.h. ein Lernen, bei dem die kognitiven, affektiven, psychomotorischen und sozialen Dimensionen berücksichtigt werden (d.h. das Denken, das Gefühl, die Bewegung und Beziehung zu anderen Menschen). Dieses Lernen ist zielgerichtet und geschieht unter den spezifischen Bedingungen der außerschulischen Jugendarbeit. Einem solchen Lernen werden geschlossene Curricula nicht gerecht, dennoch sind curricular geplante und durchgeführte Ausbildungsangebote in der kirchlichen Jugendarbeit notwendig, um das Lernen von jugendlichen Gruppenleitern nicht der Beliebigkeit und Planlosigkeit zu überlassen, sondern theologisch wie pädagogisch verantworten zu können.

Bei der Suche nach einer der Jugendarbeit entsprechenden Curriculumform muß berücksichtigt werden, daß in der Jugendarbeit

- die Erfahrungen der Lernenden, die diese in die Jugendarbeit mitbringen, die Inhalte wesentlich mitbestimmen;
- nicht die Belehrung, sondern gemeinsam entdeckendes Lernen im Erfahrungsraum der Gruppe die entscheidende Lernform ist;
- die Reflexion der gemachten Erfahrungen zu Handlungsorientierungen für die Lebensgestaltung führen soll[140].

Diesen Ansprüchen werden *handlungsorientierte offene Curricula* am ehesten gerecht, die ihre Begründung nicht zuletzt in den Grundsatzüberlegungen für die kirchliche Jugendarbeit finden:

Wenn sich die BDKJ für die „Realisierung von Demokratie" einsetzt und die „verantwortliche Mitgestaltung der kirchlichen Dienste und Strukturen durch junge Menschen" ermöglichen will[141], wenn der Synodenbeschluß die Selbstverwirklichung des jungen Menschen als Aufgabe der kirchlichen Jugendarbeit ansieht[142], müssen sich diese Prinzipien auch in der Entwicklung von Schulungsplänen und in den konkreten Curricula für die Gruppenleiterausbildung wiederfinden. Diese Forderungen führen zur Entwicklung handlungsorientierter offener Curricula, an deren Konkretisierung sowohl die, die Gruppenleiter ausbilden, als auch die auszubildenden (künftigen) Gruppenleiter selbst beteiligt sein müssen[143].

Im folgenden sollen die Merkmale von offenen Curricula, insbesondere unter dem Aspekt der Beteiligung der Betroffenen, dargestellt werden, Handlungsforschung als Möglichkeit für den Entwicklungsprozeß erläutert werden (3.3.2), das Ziel der Curricula, nämlich die Befähigung zur Verantwortungsübernahme in Freiheit, Liebe, Hoffnung (und Sinnbezogenheit) vorgestellt werden (3.3.3) und schließlich Möglichkeiten der Planung, Durchführung und Auswertung offener Curricula aufgezeigt werden (3.3.4).

3.3.1 Das offene Curriculum: Die Beteiligung der Betroffenen

Irene Klein fordert für die Gruppenleiterausbildung eine „hohe Programmflexibilität, eine offene Struktur des Feldes, das Eingehen auf Situationen, Zieloffenheit und gründliche Vorüberlegungen der Veranstalter im Team"[144]. Damit sind bereits wichtige Merkmale des offenen Curriculum genannt. Es geht bei der Öffnung des Curriculum um die Einplanung konkreter, aktueller Probleme der Teilnehmer. Die *Lebensinteressen* der Jugendlichen, die in der Ausbildung zum jugendlichen Gruppenleiter stehen, treten zusammen mit ihren *„Gruppenleiterinteressen"* in den Vordergrund des Curriculum. Die Produktorientierung des Curriculum (d.h. die Erwartung „fertiger Ergebnisse") tritt zurück zugunsten der Prozeßorientierung: Die *Lernsituationen* als gemeinsame Situationen der lernenden Gruppenleiter und des ausbildenden Leitungsteams werden ein entscheidender didaktischer Faktor. In diese Lernsituationen kann jeder Teilnehmer seine eigenen Fähigkeiten einbringen; er kann seine Bedürfnisse und Interessen artikulieren. So wird jeder Teilnehmer in einer gleichen Lernsituation je eigene Schwerpunkte setzen. Nicht jede Lernsituation muß genau nach Vorplanung verlaufen. Das Leitungsteam kann die Ideen und Einfälle der Teilnehmer zulassen, flexibel darauf reagieren und vielfältige Lernerfahrungen ermöglichen[145].

Merkmale eines offenen Curriculum sind:

- *„Transparenz" der Ziele und der Entscheidungen*, die zu diesen geführt haben, d.h. gemeinsame Sondierung der vorgeschlagenen Lernziele durch alle am Lernprozeß Beteiligten.
- *Offenheit des Leitungsteams* für Vorschläge der Teilnehmer zu den Lerninhalten, den Lernschritten u.a.m.
- *Möglichkeit der Beteiligung durch die Methoden und an den Medien*, so daß die Teilnehmer ihre Erfahrungen und Absichten einbringen können.

– *Regelmäßiger Kommunikationsprozeß* zwischen Leitungsteam und Teilnehmern, damit ein Feedback über die Lernsituation stattfinden kann (Metakommunikation).

So entstehen offene kreative Lernsituationen, die den Teilnehmern und dem Leitungsteam den Ansatz bei den jeweiligen eigenen Erfahrungen ermöglichen, darüberhinaus aber durch vielfältige Lernstimuli neue Erfahrungen provozieren.

Offenes Curriculum heißt nicht, daß die Gesetze der Curriculumkonstruktion bzw. der Lehrplanerstellung außer Kraft seien: daß Ziele nicht begründet zu werden brauchen, daß der Implikationszusammenhang nicht zur Anwendung kommt und daß die entwickelten Curricula auf ihre Wirkungen nicht überprüft werden müßten. Offenheit bedeutet auch nicht, daß sich das Leitungsteam nicht mehr vorzubereiten hätte; im Gegenteil: gerade die offene Situation braucht ein qualifiziertes Leitungsteam, das entsprechende alternative Lernhilfen geben kann, das das inhaltliche Feld der Ausbildung sehr genau kennt und sich auf Ziele konzentriert, die es zu vertreten weiß.

Die Offenheit der Curricula bedeutet schließlich, daß der Entwicklungsprozeß des Curriculum selbst offen ist und in Form der Handlungsforschung betrieben wird.

Die oben genannten Merkmale offener Curricula zeigen, welche Bedeutung der Beteiligung der Betroffenen am Curriculum und an der Curriculumentwicklung beigemessen wird. Dabei gilt es, zwei Gruppen von Betroffenen zu unterscheiden:

a) die unmittelbar Betroffenen: z.B. die Teilnehmer einer Ausbildungseinheit, das Leitungsteam (= vom konkreten Curriculum Betroffene)
b) die mittelbar Betroffenen: z.B. Mitarbeiter der Jugendarbeitseinrichtung (Dekanats-, Kreis-, Regionalstelle, Verbandsleitung etc.), die als Träger der Ausbildung fungieren; die Eltern der Gruppenleiter, die Kinder und die Jugendlichen der Gruppe, die Eltern der Kinder bzw. der Jugendlichen, die in den Gruppen der auszubildenden Gruppenleiter sind; Pfarrer, Kapläne und Pfarrgemeinderäte der Gemeinden, ehrenamtliche erwachsene Mitarbeiter etc.

Schon bei der Aufzählung der letztgenannten Betroffenen wird deutlich, wie schwierig eine Einbeziehung dieser Gruppe in curriculare Entwicklungsverfahren werden kann[146].

Die Beteiligung der unmittelbar Betroffenen an einem offenen Curriculum in der Ausbildung jugendlicher Gruppenleiter ist für das Leitungsteam der Ausbildung, das die Lernsituationen vorbereiten muß, insofern von Bedeutung, als schon in der Planung entsprechende Beteiligungsmöglichkeiten berücksichtigt werden müssen[147]. Gruppenleiter sollen in der Ausbildung schrittweise Lernautonomie erwerben und selbst zu Curriculumplanern werden. Ich schlage dafür den Begriff der *didaktischen Eigenverantwortung* vor[148]. Was bedeutet „didaktische Eigenverantwortung" für das Leitungsteam, was für die Teilnehmer?

Die Teilnehmer sollen als „eigentliche Adressaten eines Curriculums ... instand gesetzt werden, das ihnen zunächst als Folge von Angeboten und

Anforderungen entgegentretende Curriculum auf aktuelle Bedürfnisse und Situationen künftigen Lebens beziehen zu lernen bzw. in der kritischen Auseinandersetzung mit ihm die eigenen Einstellungen, Interessen, Bedürfnisse und Handlungsweisen zu reflektieren und weiter zu entwickeln sowie selbständig übereinstimmende oder alternative Formen und Inhalte des Lernens zu entdecken und im Unterricht (bzw. bei der Ausbildung zum Gruppenleiter, W.T.) zur Geltung zu bringen“[149].

Ziel eines so begonnenen Prozesses der Verantwortungsübernahme ist es, die Teilnehmer „in zunehmendem Maß zum Subjekt ihrer eigenen Lernprozesse zu machen“[150]. Das Leitungsteam bekommt die Funktion der *„wechselseitigen Vermittlung“*: „Sie bedingt die Fähigkeit, curriculare Entwürfe in zumindest zwei Kommunikations- und Handlungszusammenhängen interpretieren, erläutern, arrangieren, modifizieren zu können: in der Auseinandersetzung mit den Schülern (bzw. den Teilnehmern einer Gruppenleiterausbildung W.T.), denen gegenüber Unterricht (bzw. die angebotene Ausbildung, W.T.) sowohl als Teil ihrer unmittelbaren wie auch als Hilfestellung für ihre künftige Lebenspraxis zu rechtfertigen ist; im Kontext der eigenen professionellen Aktivität, welche den Prozeß des Unterrichts (bzw. der Ausbildung, W.T.) vorbereitend, reflektierend und intervenierend begleitet“[151]. Das Leitungsteam muß sich zum einen als Anwalt der Lernbedürfnisse der Teilnehmer verstehen, zum anderen als argumentierende Darsteller des didaktischen Gehalts der Ausbildung, also der theologischen und pädagogischen Inhalte. Mit dem Postulat der didaktischen Eigenverantwortung der Betroffenen wird ein unverzichtbarer Bestandteil jeder Ausbildungseinheit deutlich. Die Teilnehmer erfahren selbst, daß es möglich ist, mit dem induktiven Ansatz zu arbeiten. Sie lernen, soziale Praxis mit ihren Konflikten und Entscheidungen zu bewältigen. Dieses ist ein Beitrag zur Selbstwerdung der Jugendlichen. Darüberhinaus erhalten die Teilnehmer die Qualifikation zur Bewältigung ihrer Gruppenleitersituation im Anschluß an die Ausbildung. Didaktische Eigenverantwortung ist deshalb ein Leitziel jeder Ausbildungsform.

Die Vorteile einer solchen Curriculumkonzeption weisen in die Richtung des mündigen Christen und Staatsbürgers:

- Die Betroffenen sind nicht nur passiv Aufnehmende, sondern sie werden sowohl in der Planung als auch in der Durchführung und Kontrolle des Curriculum beteiligt.
- In den angebotenen Lernsituationen werden Handlungsorientierungen gewonnen, die die Situation der Betroffenen konstitutiv berücksichtigen, also für die Lebenspraxis als Jugendlichen und als Gruppenleiter Hilfe geben.
- Gruppenleiterausbildung als offenes Curriculum verhindert die Fremdbestimmung des Lernens durch an der Basis vorbeiplanende Verbandsspitzen und Bildungskommissionen.
- Der Lernprozeß in der Ausbildung muß nicht „reibungslos“ entsprechend der curricularen Vorgaben ablaufen, vielmehr sind Konflikte zugelassen. Sie sind als Aufgabe zur gegenseitigen Klärung verstehbar.

– Der Lernende kann sich mit dem Sinn des Lernens identifizieren. Er wird zum freiwillig Lernenden, der am Lernprozeß interessiert ist, ihn beobachtet und reflektiert.

Das Leitungsteam ist nicht alleswissende Autorität, sondern es lernt mit und hat die Funktion des Lernhelfers[152]. Lernprozesse werden gemeinsam reflektiert.

3.3.2 Die Entwicklung offener Curricula in einem Handlungsforschungsprozeß

Für die Entwicklung von offenen Curricula wurde die Handlungsforschung als Methode zur Unterrichtsermittlung vorgeschlagen[153]. Vor allem Wolfgang Klafki orientierte sich an der Handlungsforschungskonzeption für die Begleitforschung des Marburger Grundschulprojekts[154]. Dabei nannte er folgende Grundcharakteristika der Handlungsforschung:

a) „Handlungsforschung ist in ihrem Erkenntnisinteresse und damit ihren Fragestellungen von Anfang an auf gesellschaftliche bzw. auf pädagogische Praxis bezogen, sie will der Lösung gesellschaftlicher bzw. praktisch-pädagogischer Probleme dienen.

b) Handlungsforschung vollzieht sich in direktem Zusammenhang mit den jeweiligen praktischen Lösungsversuchen, denen sie dienen will; sie greift *als* Forschung unmittelbar – und nicht erst *nach* vollzogenem Forschungsprozeß, als sogenannte ‚Anwendung' der Forschungsergebnisse – in die Praxis mit ein, und sie muß sich daher für Rückwirkungen aus dieser von ihr selbst mitbeeinflußten Praxis auf die Fragestellungen und die Forschungsmethoden im *Forschungsprozeß selbst* – und nicht erst in der abschließenden Auswertungsphase im Hinblick auf *zukünftige* Forschung – offen halten.

c) Handlungsforschung hebt in irgendeinem Grade bewußt und gezielt die Scheidung zwischen Forschern auf der einen und Praktikern in dem betreffenden Aktionsfeld – in unserem Falle: den pädagogischen Praktikern ... – auf der anderen Seite auf zugunsten eines möglichst direkten Zusammenwirkens von Forschern und Praktikern im Handlungs- und Forschungsprozeß"[155].

Bei dieser Art von Forschung gehen die Bedingungen der klassischen empirischen Forschungsmethoden verloren (wie z.B. die Trennung zwischen Forschern und Forschungsobjekt und die Forderung der Wiederholungsmöglichkeit der Untersuchung unter gleichen Bedingungen, intersubjektive Nachprüfbarkeit)[156].

In der Handlungsforschung wird der *gemeinsame Lernprozeß* untersucht; es müssen also Verfahren entwickelt werden, um Prozesse (wie z.B. den Prozeß einer zunehmenden Kommunikationsfähigkeit) festzustellen und zu beurteilen. Die Handlungsforschung fördert *reflexive* Lernprozesse, solche Lernprozesse sind in der Gruppenleiterausbildung unerläßlich. Ihr Ziel ist bewußtes und kompetentes Handeln der Lernenden.

Im Handlungsforschungsprozeß werden von Forschern und Praktikern gemeinsam die Formen von Lernen, von Zielen, Inhalten, Methoden und Medien etc. gesucht, die dem Ziel der Selbstwerdung der Handelnden dienen, „das heißt als praktische Konsequenz eine tendenzielle Aufhebung der strikten Rollentrennung auf der Ebene der Sozialbeziehung Forscher und Erforschter, so daß Handlungs- und Erkenntnisperspektive nicht einander ausschließende Gegensätze darstellen, sondern wechselseitig von den an der Forschungssituation – die ja zugleich eine Alltagssituation ist – Beteiligten eingenommen werden können“[157].

3.3.3 Verantwortung in Freiheit, Liebe, Hoffnung und Sinnbezug als Leitidee der kirchlichen Jugendarbeit und Ziel der Ausbildung

Die didaktische Eigenverantwortung der jugendlichen Gruppenleiter ist ein Ziel, aber nicht der ganze Inhalt der Bildung des jungen Menschen. Nicht nur die Mit- und Selbstbestimmung in Ziel-, Inhalts- und Methodenfrage ist Ziel des offenen Curriculum in der Ausbildung für die kirchliche Jugendarbeit, sondern auch die Selbstwerdung des jungen Menschen in seiner Ganzheit, seine zunehmende Subjektwerdung als ganzheitlich menschlich Handelnder. Der Synodenbeschluß zur kirchlichen Jugendarbeit vermeidet für den Prozeß der Selbstwerdung den Begriff der Emanzipation, weil sich die Synode von einer, zur Zeit der Entwicklung des Synodenbeschlusses, modisch gewordenen antikapitalistischen Jugendarbeit absetzen wollte[158]. Nicht nur gesellschaftliche Bedingungen, sondern auch die psychosozialen Bedingungen des Jugendalltags und der in der kirchlichen Jugendarbeit vor Ort angesprochenen Jugendlichen sind Ausgangspunkte der kirchlichen Jugendarbeit. „Mit einer christlichen Erkenntniskategorie – ‚Annahme der Offenbarung über den Menschen‘ – wird die Wirklichkeit begriffen. Dieses Wort Gottes über den Menschen verbietet es aber, die gesellschaftlichen Verhältnisse monokausal auf die Produktionsverhältnisse zurückzuführen. Auch der Mensch in seiner Schuld und in seinem Versagen spielt in der Situation der Welt eine entscheidende Rolle“[159]. Die Selbstverwirklichung, die vom Synodenbeschluß intendiert ist, nimmt an Jesus Christus Maß (Phil 2, 6-11).

Aufgabe kirchlicher Jugendarbeit ist es also, einen Beitrag zur Menschwerdung des Menschen zu leisten, wie sie in Jesus von Nazaret verwirklicht wurde. „In ihm wird eine neue Wirklichkeit des Menschen und seiner Welt sichtbar, die alle gewohnten Maßstäbe endgültig und unüberbietbar sprengt; eine Selbstverwirklichung, die sich ganz dem unverfügbaren Eingreifen Gottes verdankt“[160]. Jesus „lebt aus einer Freiheit, die ihn letztlich allen menschlichen Verfügungen entzieht. Diese Freiheit kommt aus jener Herrschaft Gottes, die er verkündet und bringt. Deshalb muß er auf Macht und Gewalt nicht mit neuer Gewalt und Unterdrückung antworten. Vielmehr kann er diese in Liebe aushalten und sie dadurch überwinden. Solche Freiheit ist nicht eine Täuschung oder ein Selbstbetrug“[161].

Die in Jesus Christus erfahrbar werdende Freiheit ist ein Beitrag zur Freiheit jedes Menschen: „Denn die durch Jesu Handeln und Leben, durch Wort und Tat bezeugte Gottesnähe setzt uns frei, zu uns selbst zu kommen und zu unserem letzten unverfügbaren Sinn im Glauben. Das ist ein Kriterium dafür, daß von Gott gesprochen wird, wenn Menschen ihre *Freiheit* erfahren, weil sie den Sinn des Lebens gefunden haben. Freie Menschen tragen zur Befreiung anderer bei.

Das ist nicht nur im Sinne einer humanen Solidarität gemeint, in der man sich gegenseitig Mut macht durch Partnerschaft und zu Sinnerlebnissen hilft. Vielmehr so, daß einer den anderen freigibt, zu sich selbst zu kommen, den unverfügbaren und absoluten Sinn seines Lebens und Todes zu erkennen"[162]. Eine in diesem Sinne stattfindende Selbstwerdung des einzelnen muß Ziel jeder kirchlichen Jugendarbeit sein; sie ist *eine Leitidee in der Konzeption kirchlicher Jugendarbeit.* Deshalb muß kirchliche Jugendarbeit „den jungen Menschen erleben lassen, daß gerade der christliche Glaube mehr als alle anderen weltanschaulichen Angebote den Weg zur Selbstverwirklichung freimacht und somit auf seine Frage nach Sinn, Glück und Identität antwortet, die immer auch die Frage nach dem Glück, dem Heil und der Identität aller einschließen muß"[163].

Der Mensch ist seinem Wesen nach Mitmensch; in der kirchlichen Jugendarbeit ist ein wichtiger Ort der Begegnung der Menschen die Gleichaltrigengruppe (eine solche Gruppe ist auch die Gruppe der auszubildenden Gruppenleiter): „Sie kann in jedem Falle dazu helfen, daß der Jugendliche, der in ihr lebt, sich selbst und andere besser erkennt und versteht; sie kann Toleranz, Solidarität und Empfinden für die Abläufe des Gemeinschaftslebens einüben; sie kann lehren, was zu einer tragfähigen menschlichen Beziehung gehört"[164]. Damit ist *die Verantwortung in Liebe zum Mitmenschen* besonders in der Gleichaltrigengruppe erfahrbar: „Kirchliche Jugendarbeit muß also Aufgaben stellen, die der Einübung des Lebens in der Gemeinschaft dienen. Sie muß den nötigen Spielraum gewähren, in dem verantwortliche Freiheit sich betätigen kann"[165].

Dort, wo sich Menschen frei und sich gegenseitig annehmend begegnen, entsteht *Hoffnung auf menschenwürdige Zukunft.* Diese Hoffnung wird in der kirchlichen Jugendarbeit auch insofern gefördert, als in Fest und Feier die Alltagserfahrungen überstiegen werden: Wo die Kirche „Gottesdienst feiert, empfängt sie stets neu den Auftrag und Impuls zum Weltdienst. In der Feier des Gottesdienstes kann sie froher und gelöster als sonst der Realität des Alltags gegenübertreten, in den Gehorsam Jesu am Kreuz eintreten, die Freude des Osterfestes und die Erwartung des vollendeten Reiches Gottes vergegenwärtigen und dadurch im Sinnbild und gleichsam spielend die endgültige Gemeinschaft des Heiles, die erlöste Welt vorwegnehmen"[166].

Wenn die *Erfahrung* der Verantwortung *in Freiheit, Liebe, Hoffnung und Sinnbezug* in der Gruppenleiterausbildung ermöglicht werden soll, ist nach den pädagogischen Implikationen der theologischen Ansprüche zu fragen. Zu einer entscheidenden pädagogischen Kategorie wird in der Jugendarbeit die Kategorie der *Erfahrung.* Nach Hermann Giesecke „bietet das relativ offene Feld der Jugendarbeit eine Reihe von Chancen, mit *sich selbst* neue Erfahrungen zu machen, wie sie so in der Schule und im Beruf im allgemeinen nicht möglich sind"[167]. Oder mit dem Synodenbeschluß ausgedrückt: „Jugendarbeit der Kirche – Jugendarbeit der Christen – stellt sich darauf ein, daß sie Räume und Lernfelder zu schaffen versucht, in denen junge Menschen, junge Christen Leben zu erfahren, zu verstehen und zu gestalten lernen"[168]. Auf diesem Hintergrund wird als ein Lernziel für die Aus- und Weiterbildung der Gruppenleiter die „Fähigkeit und Bereitschaft, mit jungen Menschen originäre Erfahrungen zu machen und zu reflektieren"[169], genannt. Ebenfalls verständlich wird auf diesem Hintergrund die Methode der „reflektierten Gruppe", die „der Ort und das Medium von zugleich rationaler und emotionaler Bildung (ist), insofern beide Dimensionen des Lernens ständig aktualisiert und miteinander in Beziehung gebracht werden"[170]. Diese Ansätze müssen besonders in der Ausbildung jugendlicher Gruppenleiter berücksichtigt werden.

Was aber ist Erfahrung? Günter Biemer versteht Erfahrung als „besondere Weise der Erkenntnis bzw. Erfassung von Wirklichkeit: Im Unterschied zu diskursiven oder projektivem Denken, das allein vom Subjekt ausgeht, hat Erfahrung ihren Grund in *unmittelbaren* Widerfahrnis von objektiv Gegebenem, das seine Gegenwart unwiderstehlich bezeugt (Evidenz)"[171].

Dieser Erfahrungsbegriff hat Bedeutung für das Lernverständnis: „Erfahrung als Unmittelbargewordensein mit anderem, das betrifft, resultiert in der Veränderung des Subjekts und kann als Lernen bezeichnet werden"[172]. In der Ausbildung jugendlicher Gruppenleiter ist eine wichtige Aufgabe die Ermöglichung solcher Erfahrungen, die die Selbstwerdung der Teilnehmer fördern. Hermann Giesecke nennt vier Erfahrungsbereiche, die in der Jugendarbeit möglich sein müssen[173]:

- *„Die Erfahrung verminderter Repression"*: Nicht-konformistische Denk- und Verhaltensschemata werden nicht vorschnell mit Sanktionen belegt. Im Gegenteil: Sie sind erwünscht, neue Wahrnehmungsmöglichkeiten mit eigenen Erfahrungen sind die Folge.
- *„Die Erfahrung von Verhaltensalternativen"*: Die Teilnehmer haben in der Ausbildung erfahren, daß es möglich ist, sich in gleichen Situationen verschieden zu verhalten: „Im allgemeinen hat jeder Mensch ein bestimmtes Verhaltensrepertoire, das er in bestimmten Situationen und bei der Lösung ‚bekannter' Probleme anzuwenden trachtet. In der Jugendarbeit ergibt sich die Chance, *andere* Lösungsstrategien von anderen wahrzunehmen, und mit den eigenen zu vergleichen"[174].
- *„Die Erfahrung selbstbestimmter Leistungsfähigkeit"*: „Leistungserwartungen in Schule und Beruf sind überwiegend fremdbestimmt und zudem von partiellen Ansprüchen an die Person geprägt. Die Jugendarbeit bietet einerseits Möglichkeiten, ohne äußeren Leistungsdruck Tätigkeiten, wie sie etwa in der Schule verlangt werden, neu zu erleben.
  ‚Unterricht' in einer Bildungsstätte (und in der Ausbildung, W.T.) etwa ist etwas anderes als in der Schule. Andererseits können Leistungsfähigkeiten in solchen Bereichen entdeckt werden, die bisher vernachlässigt wur-

den, weil sie z.B. in Schule oder Beruf nicht von Bedeutung sind (z.B. soziale, kulturelle, kreative Fähigkeiten). Die Entdeckung derartiger Fähigkeiten kann sich verbinden mit der Entdeckung neuer Interessen“[175].

– *„Die Erfahrung unvermuteter Erfolge“*: Solche Erfahrungen können sich im sozialen, im kognitiven und im affektiven Bereich ereignen: Teilnehmer erfahren z.B. ihre Lernfähigkeit in Gebieten, in denen sie es selbst nie für möglich gehalten hätten. Sie entdecken eine neue Leistungsfähigkeit. Das kann u.a. zu der Einsicht führen, „daß ‚Erfolg‘ oder ‚Mißerfolg‘ in erheblichem Maße eine Frage der Definition ist“.[176].

Im Blick auf die Aus- und Weiterbildung jugendlicher Gruppenleiter ist die Erkenntnis wichtig, daß solche Selbsterfahrungen nicht planbar, vom pädagogischen Feld her jedoch möglich sind[177].

3.3.4 Planung, Durchführung und Auswertung des Offenen Curriculum

3.3.4.1 Das heuristische Strukturgitter als Orientierungsinstanz zur Entwicklung und Kontrolle offener Curricula.

Nach der Beschreibung der Rahmenbedingungen für eine Curriculumentwicklung in der kirchlichen Jugendarbeit soll nun ein „heuristisches Strukturgitter“ als Hilfe auf dem Weg zur Vorbereitung eines offenen Curriculum in der Gruppenleiterausbildung vorgestellt werden. „Heuristisch“ bezeichnet hier die Hilfestellung zur Lösung der didaktischen Probleme. Dieses Strukturgitter wurde ursprünglich für Sozialkundeunterricht entworfen und sollte „eine Hilfestellung für die Curriculumkonstruktion selbst leisten, indem es von den primären Erfahrungen der Schüler und damit von ihrer Erfahrungswelt ausgeht und Wege angibt, wie es möglich wird, diese Erfahrungen in die Unterrichtsplanung zu integrieren“[178].

In diesem Strukturgitter wird sowohl der induktive Ansatz für die Lernprozeßplanung verwirklicht als auch eine dialektische Verbindung von Theorie (Curriculum) und Praxis (Lehr-/Lernprozeß) ermöglicht. Insofern ist dieses Gitter auch für die Gruppenleiterausbildung eine geeignete Hilfe.

Das heuristische Strukturgitter hat folgenden Aufbau[179]:

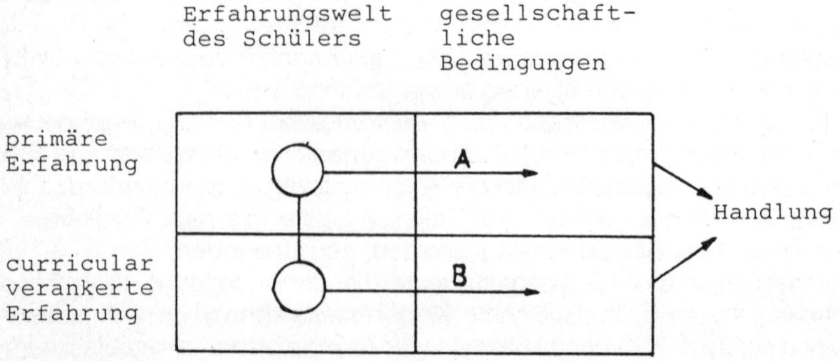

Das Gitter übernimmt zwei Funktionen: „Negativ können durch dessen Anwendung alle jene Inhalte ausgeschieden werden, welche keinen Bezug zur Erfahrungswelt des Schülers herzustellen vermögen, bzw. es nicht ermöglichen, die subjektive Erfahrungswelt des Schülers auf ihre gesellschaftlichen Bedingungen zurückzuführen. Positiv leitet das heuristische Strukturgitter die curriculare Reflexion, indem es zwei mögliche Wege des Unterrichtsprozesses festlegt (A und B)"[180].

Dabei geht Heinz Moser davon aus, daß „jenes Wissen curricular zu vermitteln (wäre), das zur Reflexion und Veränderung dieser Erfahrungswelt notwendig ist"[181].

Für Lernprozesse in der Gruppenleiterausbildung ist es wichtig, daß Erfahrungen nicht nur auf die gesellschaftlichen, sondern auch auf die individuellen Bedingungen hin reflektiert werden.

Wenn am Beginn eines Lernprozesses an den Erfahrungen angesetzt wird, die sich in Meinungen, Interessen, Einstellungen und Vorurteilen der Teilnehmer zeigen, so ergeben sich anhand des heuristischen Strukturgitters zwei Möglichkeiten:

Verlauf A: Der Lernprozeß ist möglich ohne die explizite Vermittlung neuer Erfahrungen durch das Curriculum, da die Teilnehmer ihre eigene Erfahrungswelt bereits auf die gesellschaftlichen und individuellen Voraussetzungen und Implikationen untersuchen können, fähig zur Relfexion sind und bereit sind, ihr Handeln unter dem Aspekt der reflektierten Erfahrungen zu gestalten. Die Ausbildung bietet Reflexionshilfen und fördert die Überlegungen, welche Bedeutung die reflektierten Erfahrungen für das Alltagshandeln haben.

Verlauf B: Zur Bewältigung der konkreten Lebenssituation (also zum Handeln in einer bestimmten Situation) ist die Vermittlung weiterer Inhalte wichtig. Es können in der Ausbildung Informationen gegeben und neue Erfahrungen vermittelt werden. Die neuen Erfahrungen werden wiederum auf ihre gesellschaftlichen und individuellen Bedingungen hin reflektiert und so Handlungsorientierungen für die Alltagssituation gewonnen.

Das heuristische Strukturgitter erlaubt, den Dreierschritt des Synodenbeschlusses „Leben erfahren – Leben verstehen – Leben gestalten" für die Gruppenleiterausbildung zu übernehmen.

Die Orientierung am heuristischen Strukturgitter verhindert folgende Fehler des Leitungsteams:

- Eine totale Fehlplanung vorbei an der subjektiven Erfahrungswelt der Teilnehmer.
- Die Projektion der Erwartungen und Interessen des Leitungsteams auf die Teilnehmer dadurch, daß die Erfahrungswelt der Teilnehmer schon antizipierend in der vorbereitenden Planung reflektiert und berücksichtigt wird.
- Einzig und ausschließlich die Beachtung der primären Erfahrungen der Teilnehmer und damit die Verhinderung neuer Erfahrungen.
- Planung von curricular verankerten Erfahrungen, die sich nicht an der Erfahrungswelt der Teilnehmer orientieren.

Heuristisches Strukturgitter für die Gruppenleiterausbildung

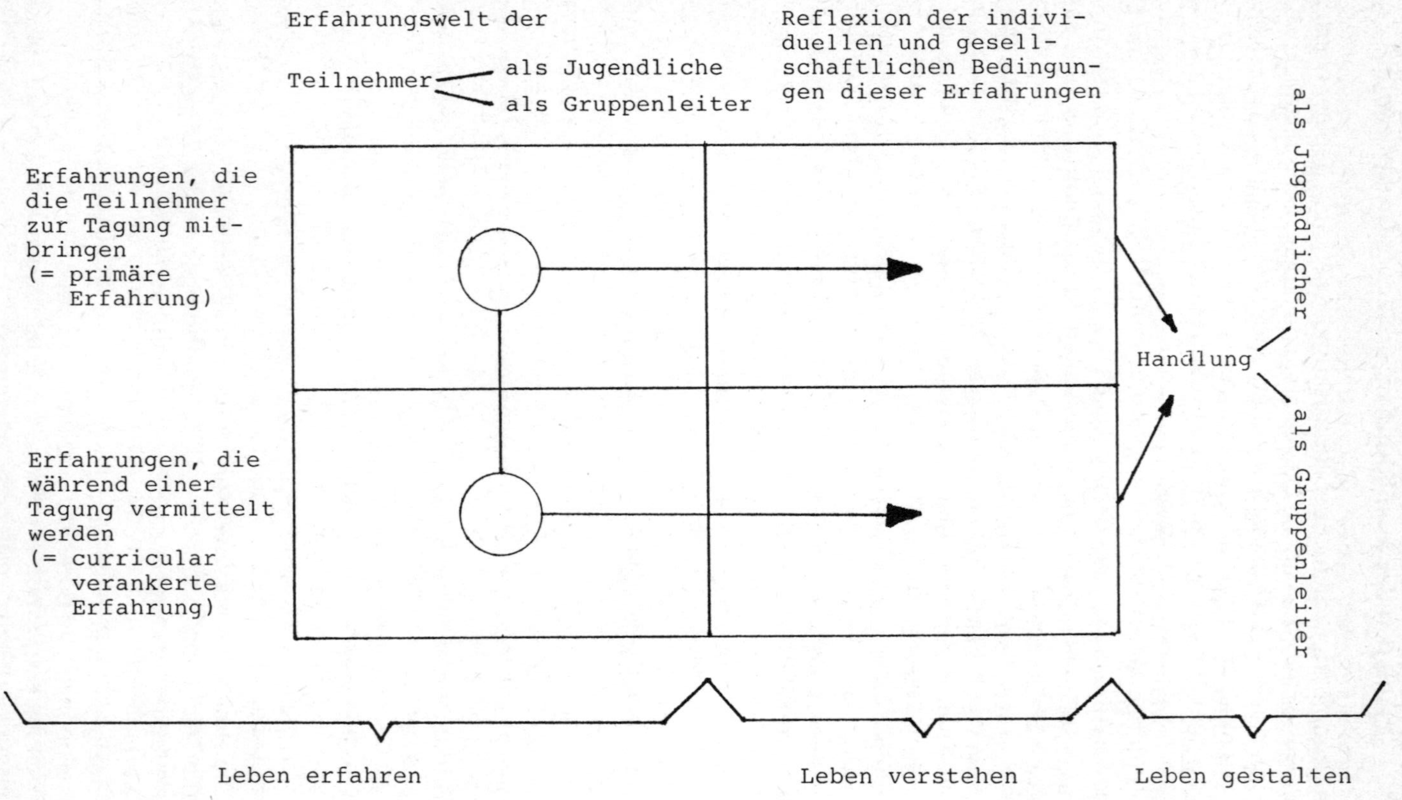

3.3.4.2 Voraussetzungen für die Durchführung eines Offenen Curriculum in der Ausbildung jugendlicher Gruppenleiter

Die Durchführung eines Ausbildungskurses, der offen geplant wurde, stellt hohe Anforderungen an die Qualifikation der Leiter. Sie müssen flexibel und spontan sein – und trotzdem aber begründet und verantwortet – die jeweiligen Lernsituationen initiieren, verändern oder ersetzen können. Dies erfordert eine hohe Sensibilität für den Prozeß in der Gruppe.

Offenheit in der Durchführung bedeutet u.a.:

- Offenheit für die Bestimmung der Ziele und Inhalte: Die Ziele und Inhalte jeder Arbeitseinheit und jedes Tages werden genannt und begründet und gegebenenfalls diskutiert[182]. Das Leitungsteam muß in der Lage sein, die Entscheidungen, die zu diesen bestimmten Zielen und Inhalten geführt haben, den Teilnehmern transparent und verständlich zu machen.
  Die Ziele sind nicht unumstößlich, sondern ergänzbar und ablösbar. Obwohl die Zielvorstellungen nach den vermuteten oder vorher eruierten Erwartungen und Erfahrungen der Teilnehmer konstruiert wurden, ist es möglich, daß sich während des Lernvorgangs neue Ziele herauskristallisieren und deshalb andere Wege eingeschlagen werden müssen. Solche Überlegungen sind mit den Teilnehmern zusammen anzustellen (Ziel: Didaktische Selbstverantwortung der Teilnehmer).
- In dem heuristischen Strukturgitter werden sowohl „primäre" als auch „curricular verankerte" Erfahrungen aufgeführt und auf Handlungsorientierungen hin befragt. Erfahrungen sind immer subjektiv, deshalb ist eine gegenseitige *Offenheit für die Erfahrungen der anderen* wichtig. Offenheit heißt hier die Fähigkeit, auf Erfahrungen hinzuhören, auf sie einzugehen und sie ernstzunehmen. Nur in dem Maße, in dem die Offenheit für eigene und fremde Erfahrungen vorhanden ist, ist reflektierte Gruppe möglich. Da reflektierte Gruppe aber die Grundmethode der Gruppenleiterausbildung in der kirchlichen Jugendarbeit ist, ist das Schaffen der Voraussetzung dafür eine durchlaufende Perspektive jeder Ausbildung.
- Offenheit der Durchführung meint aber auch Raum für den persönlichen Austausch der Teilnehmer untereinander, für ihr gegenseitiges Angesprochensein als Jugendliche.
- Die Ausbildung muß offen sein für die *persönlichen Fähigkeiten* der einzelnen Teilnehmer: Die Teilnehmer können ihre spezifischen Stärken und Fertigkeiten, die sie beispielsweise durch ihr Hobby erworben haben, in die Ausbildung miteinbringen (z.B. Musik machen, eine neue Basteltechnik einführen, das eigene Lieblingsbuch vorstellen etc.).

Eine in dieser Weise offen angelegte Ausbildung stellt besondere Anforderungen an das für die Ausbildung verantwortliche Team[183]. Die Leitungsteammitglieder müssen die möglichen Inhalte der Ausbildung gründlich kennen und Erfahrungen im Einsatz von Methoden und Medien besitzen sowie in der Lage sein, die getroffenen curricularen Entscheidungen argumentierend begründen zu können.

Alle Mitglieder des Leitungsteams müssen bei allen Arbeitseinheiten dabei sein. So können die einzelnen Arbeitseinheiten, die von verschiedenen Teammitgliedern vorbereitet wurden, untereinander verbunden werden. Nur so können in der Reflexion über die Lernsituation verschiedene Beurteilungen zustande kommen, die vor Selbsttäuschungen und Wunschvorstellungen bewahren helfen.

Vom Leitungsteam muß gleichzeitig einige Sicherheit in der Beurteilung von Situationen gefordert werden. Eine solche Sicherheit ist zum einen durch fundierte Kenntnisse der Gruppenpädagogik und der Gruppendynamik zu erreichen, zum anderen wird sie durch entsprechende Erfahrungen in verschiedenen Ausbildungsgängen erworben. Erst diese Sicherheit macht das Leitungsteam frei zu einer Zusammenarbeit, die neben Arbeitseinheiten und Arbeitsgesprächen noch genügend Zeit und Raum läßt, sich auch informell der Teilnehmergruppe zu widmen.

3.3.4.3 Möglichkeiten der Auswertung eines offenen Curriculum: Von der produktorientierten Evaluation zur bewertenden Reflexion der Lern- und Kommunikationsprozesse

In den älteren Überlegungen zur Evaluation des Curriculum stehen in der Regel die Ergebnisse des Curriculum und deren Qualität im Zentrum des Interesses. Dabei wird das Curriculum als ein fertiges Produkt verstanden, das auf seine Qualität überprüft werden muß. Mit der Kritik geschlossener Curricula und damit auch der fertigen Curriculumprodukte ist die Suche nach neuen Evaluationsformen verbunden.

Klaus Heipcke und Rudolf Messner schlagen anstelle der Produktorientierung die *Prozeßorientierung* der Evaluation vor: Im Vordergrund einer solchen Evaluation steht die Diagnose der Lern- und Kommunikationsprozesse in einer Lernsituation.

„Nicht was der einzelne Schüler nach Abschluß des Unterrichts leistet, steht hier als Frage im Vordergrund, sondern warum er an dieser oder jener Stelle des Lernprozesses Schwierigkeiten in der Kommunikation und Kooperation mit anderen Schülern hat, wie diese Schwierigkeiten zu deuten sind, auf welche Weise der Lehrer auf einzelne Schüler einzugehen vermag usw.“[184]. In einer solchen Evaluation sind Schüler und Lehrer, Teilnehmer und Leitungsteam engagierte Mitbetroffene. Es geht nicht mehr darum, „Grundlagen für möglichst objektive, exakte und sachgerechte Entscheidungen für oder gegen ein Curriculum zu erhalten, sondern vielmehr darum, daß die Instrumente von den Betroffenen selbst *unmittelbar gehandhabt* werden können, daß sie hinsichtlich ihrer Konstruktion, ihrer Implikationen und ihrer Verwendung für die Betroffenen *durchschaubar* und *akzeptierbar* sind (Transparenz), daß sie im Sinn der Analyse und Beratung (Intervention) von Lern- und Kommunikationsprozessen *wichtige Informationen liefern* (Fruchtbarkeit) und daß sie dazu beitragen, alle Betroffenen für Auffälligkeiten der ablaufenden Prozesse zu *sensitivieren*“[185]. Im Gegensatz zur bisherigen Leistungskontrolle „intendiert Evaluation im offenen Curriculum vor allem, die Schüler über Widerstände, Lern- und Kooperationshemmungen sowie personale und soziale Abhängigkeiten aufzuklären, ihnen Arbeits- und Lernhilfen zu geben und bezüglich der Entwicklung sozialer Beziehungen und Lernstrategien zu beraten. Sie ist darauf ausgerichtet, daß die Schüler ihre eigenen Lern- und Sozialisationsprozesse bewußt dem Inhalt und der Form nach mitgestalten können"[186]. Im Mittelpunkt des evaluativen Interesses steht also nicht mehr die Verbesserung des Curriculum als Produkt, sondern die Verbesserung der gemeinsamen Lernprozesse von Lehrern und Schülern, von Teilnehmern und Leitungsteam. Die Reflexion gemeinsamer Prozesse ist auch das Anliegen der reflektierten Gruppe. Diese Art von Evaluation wird zu einem Teil der Methode der reflektierten Gruppe. Wenn ich in der Jugendarbeit Curriculumentwicklung als Handlungsforschung[187] betreiben möchte, muß ich eine Abgrenzung gegenüber traditioneller sozialwissenschaftlicher Forschung vornehmen. „Was unter dem Gesichtspunkt der ‚Objektivität' als peinliche Störung bei der Erprobung einer Curriculumeinheit erscheinen mag, kann ein wesentlicher Beitrag sein, der das, was Bedürfnisse und Interessen der Betroffenen genannt wurde, situationsspezifisch konkretisiert und für die Betroffenen neu verbindlich interpretiert. Gerade solchen Phänomenen hätte die Evaluation im Rahmen praxisorientierter Curriculumentwicklung (wie sie für die kirchliche Jugendarbeit wünschbar erscheint, W.T.) besondere Aufmerksamkeit zu schenken. Ihre Aufgabe wäre es, den Prozeß der Verständigung und kommunikativen Abklärung zu fördern."[188] Christoph Wulf bezeichnet eine solche Evaluation als *„handlungsorientierte* bzw. *handlungsaktivierende* Evaluation"[189]. Wenn es um die Reflexion der Lern- und Interaktions- bzw. Kommunikationsprozesse geht, wird die *Selbstevaluation* der Betroffenen wichtig. „Dabei kommt es darauf an, die Selbstevaluation als ein Element des unterrichtlichen Kommunikationsprozesses zu begreifen, das zu einer Neudefinition des tradierten Schüler-Lehrer-Rollenverständnisses beitragen kann, wenn es gelingt, die prinzipielle Gleichberechtigung und Offenheit für wechselseitige Kritik zwischen Lehrern und Schülern zu sichern."[190]

Die Evaluation wird zur Reflexion auch der sozialen Prozesse einer Gruppe. In dieses Evaluationsverständnis zu Überlegen der Sozial- und Gruppenpädagogik eingeflossen: „Befähigung der Beteiligten zur Aufarbeitung ihrer Erfahrungen und damit zur Selbstorganisation von Lernprozessen, Entwicklung alternativer Lösungswege, Einübung solidarischen Handelns zur Lösung von gemeinsamen Problemen und Durchsetzung von Entscheidungen über anzustrebende Ziele sind Kategorien des sozialen Lernprozesses."[191]

4 Planung der Gruppenleiterausbildung (Didaktische Strukturgitter)

4.1 Die Funktion der Leitideen aus „Rahmenrichtlinien“

Die Entwicklung offener Curricula für die Gruppenleiterausbildung in der kirchlichen Jugendarbeit unter hoher Beteiligung der Betroffenen hat nicht nur die Vorteile eines erfahrungsorientierten subjekt- und prozeßbezogenen Lernweges, sondern birgt auch Gefahren in sich. Wie kann beispielsweise verhindert werden, daß bei einer basisnahen und personenbezogenen Curriculumentwicklung nur die Meinungen und Ansichten in das Curriculum einfließen, die gerade und zufällig im Bewußtsein des jeweiligen Leitungsteams oder der jeweiligen Ausbildungsteilnehmer sind? Ist nicht die Gefahr gegeben, daß jedes Leitungsteam das macht, was es subjektiv für richtig hält, ohne diese eigenen Überzeugungen und Ansichten einer kritischen Überprüfung zu unterziehen? Kann in einem offenen Curriculum nicht das Leitungsteam dazu verleitet werden, den Lernaspekt der Ausbildung zu vernachlässigen, der die Vermittlung bestimmter Kenntnisse und Fähigkeiten zur Aufgabenbewältigung als Gruppenleiter betrifft zu Gunsten des subjektiven Wohlbefindens der Teilnehmer?

Auch bei der Entwicklung offener Curricula stellt sich das Problem, die Lernprozesse zu verantworten, zu legitimieren, in aller Deutlichkeit: „Die in den praxisnahen Curricula auch im Hinblick auf die Lösung des Legitimationsproblems als bedeutsam betrachtete Subjektbezogenheit steht... in Gefahr, zum Vehikel einer bloßen Empfindsamkeit zu werden, bzw. in einen unreflektierten Subjektivismus umzuschlagen. Eine derartige Subjektivierung des Legitimationsbegriffs käme einem Rückfall in die pädagogische Provinz gleich, da mit ihr die gesellschaftlichen, sozialen, politischen, (fach-) wissenschaftlichen, institutionellen, motivationalen etc. Bedingungen, Zusammenhänge und Anforderungen demokratischer Curriculumlegitimation, kurz all jene Faktoren, deren Aufklärung und Berücksichtigung für das Gelingen curricularer Legitimation in der Praxis vorauszusetzen ist, schlicht ignoriert werden“[1]. Deshalb müssen bei der Curriculumentwicklung Bedingungen berücksichtigt werden, die diese Gefahren vermindern. Als solche Bedingungen werden genannt:

„– Notwendigkeit eines verbindlichen *Orientierungsrahmens* (in Form von Leitzielen und Rahmenrichtlinien) mit breitem internen Handlungsspielraum,
– Notwendigkeit eines festen Organisationsrahmens zur Sicherung des wissenschaftlichen Niveaus sowie des Informations-, Materials- und Erfahrungsaustausches,
– Notwendigkeit der Entwicklung von Kooperationsmodellen zwischen Wissenschaftlern, Lehrern und Lernenden“[2].

Die Funktion von Rahmenrichtlinien wird in ähnlicher Weise von der Bildungskommission des Deutschen Bildungsrates betont: „Rahmenrichtlinien sollen nach Auffassung der Bildungskommission die Ziele ebenso wie die Grundsätze und Mindestanforderungen festlegen, die verbindlich vorgegeben werden können und müssen, um das Prinzip der öffentlichen Verantwortung für das Bildungswesen zu verwirklichen“[3].

Auf die kirchliche Jugendarbeit übertragen bedeutet das:

„Kirchliche Jugendarbeit ist ein Einübungsfeld, wo der junge Mensch sich ernstgenommen und angenommen erfährt und so zugleich zu der ihm gemäßen Eigenständigkeit und der notwendigen Anpassung an seine Umwelt findet.

Ohne jeden Zwang soll dem jungen Menschen dazu verholfen werden, jenen Standort zu finden, den er in einer pluralistischen Gesellschaft braucht. *Dieses Einübungsfeld darf aber nicht dem Belieben der Verantwortlichen oder einzelnen Gruppen überlassen bleiben. Deshalb muß über Ziele, Inhalte und Aufgaben kirchlicher Jugendarbeit verbindliche Übereinstimmung erzielt werden“*[4].

Diese Forderung wird in der ersten Empfehlung des Synodenbeschlusses für die Aus- und Weiterbildung der Mitarbeiter konkretisiert: *„Die kirchliche Jugendarbeit soll sich an den in den Kapiteln 2, 3 und 4 dargestellten Zielen, Inhalten, Aufgaben und Methoden orientieren. Aufgrund dieser Orientierung sollen die Träger kirchlicher Jugendarbeit ihre Satzungen, Leitlinien und Bildungskonzepte sowie ihre Pläne für die Aus- und Weiterbildung der Mitarbeiter überprüfen und weiterentwickeln. Es ist Aufgabe der Träger kirchlicher Jugendarbeit, das vorliegende Grundkonzept für jeweilige Zielgruppen zu konkretisieren“*[5].

Der Synodenbeschluß bietet also die Leitideen, die in jedem offenen Curriculum in der Gruppenleiterausbildung mitberücksichtigt sein müssen. Zu diesen in Rahmenrichtlinien festgehaltenen Leitideen gehören dann auch die Aussagen des Grundsatzprogramms des BDKJ bzw. die Konzeption der Mitgliedsverbände des BDKJ für die verbandsspezifischen Ausbildungsgänge. „Die inhaltliche *Stimmigkeit* im Verhältnis zur Leitidee“[6] wird zu einem unverzichtbaren Beurteilungskriterium für jede Ausbildungseinheit[7].

Eine Möglichkeit, die inhaltliche Stimmigkeit im Verhältnis zur Leitidee einer kritischen Überprüfung zu unterziehen, sind die in der mittelfristigen, fachdidaktischen Curriculumentwicklung vorgestellten didaktischen Strukturgitter[8]. *Didaktische Strukturgitter* sind „Maßstäbe für erzieherische Absichten“[9]. Unter einem Strukturgitter versteht man einen „soweit wie möglich theoretisch begründeten Satz von Kriterien und Kategorien, mit dem auf einer bestimmten Abstraktionsebene,

- die Strukturen des jeweiligen Gegenstandsfeldes im Medium entsprechender Fachwissenschaften erfaßt,
- die an solche Fachstrukturen heranzutragende leitende pädagogische Intentionalität ausgedrückt,
- die an die Curriculumkonstruktion mehr oder weniger ausdrücklich herangetragenen gesellschaftlichen Ansprüche aufgenommen werden“[10].

Günter Biemer und Dietrich Benner fordern auf dem Hintergrund einer bildungstheoretisch orientierten Curriculumforschung von einem didaktischen Strukturgitter, „daß es die Ansprüche eines Gegenstandbereiches zunächst selbst angemessen systematisch darstellt, auf die Grundbefindlichkeiten menschlicher Existenz auslegt und die Bezüge zu den anderen Gegenstandsbereichen ausfaltet. Nur so kann die komplexe Anspruchsstruktur in die Vermittlung des Wissens einbezogen und dessen Handlungsbezug erschlossen werden“[11]. Ein didaktisches Strukturgitter ist kein Instrument, um Ziele und Inhalte deduktiv herzuleiten[12], sondern um sie vielmehr aufgrund der Ansprüche, wie sie im didaktischen Strukturgitter dargestellt sind, kritisch zu überprüfen. Es wird so zur heuristischen ebenso wie zur kritischen Instanz auch für die Erwartungen, die an ein Curriculum herangetragen werden.

Das didaktische Strukturgitter kann für die Gruppenleiterausbildung der kirchlichen Jugendarbeit in drei Funktionen beschrieben werden:

a) Der „Arbeitskreis Gruppenleiterausbildung“ wird es zur *Planung des Gesamtrahmens* einer Gruppenleiterausbildung heranziehen und die einzelnen Curriculumeinheiten anhand des Strukturgitters vorbereiten und auswerten (makrodidaktische Planungsebene).
b) Das Leitungsteam einer Ausbildung kann das Strukturgitter als *heuristische Instanz für die zu fällenden curricularen Entscheidungen* und zur vertiefenden argumentierenden Begründung der einzelnen Ausbildungsinhalte heranziehen. Damit erfüllt das Strukturgitter eine orientierende Funktion für die konkrete Ausbildung und vermeidet Willkür und thematische Einseitigkeiten. Dementsprechend dient das didaktische Strukturgitter auch als Kontrollinstanz der gefällten curricularen Entscheidungen (ausbildungspraktische Ebene).
c) Schließlich ist das didaktische Strukturgitter Hilfe zur ständigen Reform der Gruppenleiterausbildung, wobei es auch gerade der wissenschaftlich reflektierten Begleitung der Gruppenleiterausbildung als Kontrollmöglichkeit curricularer Entscheidungen dient. Darüberhinaus müssen die im Strukturgitter deutlich gemachten Ansprüche selbst der Revision von Zeit zu Zeit unterzogen werden.
   Im Blick auf die Praxis der Gruppenleiterausbildung wird die Notwendigkeit eines verbindlichen Organisationsrahmens durch die Einbindung der einzelnen Leitungsteams in den Arbeitskreis Gruppenleiterausbildung erkannt und gelöst[13].
   Kooperationsmodelle zwischen Wissenschaftlern, Leitungsteam und Gruppenleitern werden unter Berücksichtigung des *Handlungsforschungsansatzes*[14] in den geforderten zentralen Bildungsstätten entwikkelt[15].

4.2 Anspruch und Verheißung Jesu als Maßstab kirchlicher Jugendarbeit

Wenn didaktische Strukturgitter „Maßstäbe für erzieherische Absichten“[16] sein sollen, muß bei der Entwicklung eines Strukturgitters für die Gruppenleiterausbildung in der kirchlichen Jugendarbeit gefragt werden, welches die Maßstäbe für die erzieherischen Absichten in diesem Bereich sind. Der Synodenbeschluß über Ziele und Aufgaben kirchlicher Jugendarbeit gibt als Grundmaßstab der kirchlichen Jugendarbeit Jesus Christus selbst an[17]. Darin liegt das wesentlich Unterscheidende der kirchlichen Jugendarbeit zur Jugendarbeit in jeder anderen Trägerschaft.

Was aber bedeutet Maß nehmen an Jesus Christus? Dieses Maßnehmen muß sich orientieren am „Anspruch Jesu“, den dieser als der normgebende Ursprung des Christentums[18] in menschliches Leben eingebracht hat. Ein didaktisches Strukturgitter für die Gruppenleiterausbildung in der kirchlichen Jugendarbeit muß diesen „Anspruch Jesu“ deutlich werden lassen[19].

Günter Biemer und Dietrich Benner ermitteln den „Anspruch Jesu“ für ein didaktisches Strukturgitter zum Religionsunterricht der Sekundarstufe II aus drei Gegebenheiten:

- Aus den Handlungen bzw. Aktionen Jesu,
- aus den Worten Jesu
- aus den Glaubenszeugnissen der nachösterlichen Gemeinde[20].

In Jesu *Handlungen* (z.B. Heilungen, Interpretation des Sabbat-Gebotes, Tempelreinigung, Exorzismen, Bildung eines Jüngerkreises) wird die selbstlose Hinwendung Jesu zu den Menschen deutlich, „in der die Hinwendung Gottes zum Menschen endgültig sichtbar geworden ist“[21]. Diese Handlungen zeigen an, daß in Jesus von Nazaret das Reich Gottes präsent ist (Lk 11, 20). Es geschieht so, daß der Mensch mit seinen Nöten, seinen Krankheiten, seinen Entfremdungen und seinen Deklassierungen verschiedenster Art von Gott angenommen ist und durch die Nähe Gottes, die sich in Jesus zeigt, zu sich selbst *freigesetzt* werden soll.[22].

In den *Jesusworten* wird das Reich Gottes dem Menschen als unverdienbares Geschenk vorgestellt; die, die nach seinen Worten leben, werden „sowohl das Ferment für die Humanisierung der Gesellschaft (Mt 5) als auch Zeichen und Vorhut für die Rettung der Welt (Mt 13, 33ff.)“[23]. Das *Liebesprinzip* (Mt 22, 37ff.) wird als Grundnorm aller ethischen Normen aufgezeigt. Die Erneuerung der Welt nach den Weisungen Jesu hat dabei „in erster Linie eschatologischen Verheißungs- statt Leistungscharakter... (Mt 5-7)“[24].

Schließlich zeigen die in der *nachösterlichen Verkündigung* gebrauchten Hoheitstitel und Bekenntnisformeln an, daß Jesus *„der geschichtliche Anhaltspunkt des universalen Heilshandeln Gottes* (ist), das damit vor mythischen Zerreden geschützt, unüberhörbar und unübersehbar in seiner Geschichtlichkeit durch Jesus von Nazareth manifest wird“[25].

Bei der Suche nach Strukturelementen dieses Anspruches in den Handlungen, Worten und der nachösterlichen Verkündigung kommt Günter Biemer zu den Elementen Sinn/Freiheit, Liebe und Hoffnung: „Denn die durch Jesus bezeugte Gottesnähe (Lk 11, 20; Joh 10, 30; 14, 6 u. a.) wirkt auf die Menschen emanzipativ, insofern sie *freisetzt* zu sich selbst und zu ihrem letzten, unverfügbar vorgegebenen Sinn“[26]. Somit ist die exodushafte Freiheit (der Kinder Gottes) die Primärfrucht des Heilshandelns von Jesus Christus an den Menschen. Gemäß dem Doppelgebot der Liebe motiviert „die befreiende Gottesnähe... zum Engagement der Menschen durch das Postulat der gleichen Bezogenheit aller auf den absoluten Sinn (Mt 22, 37), also zur Brüderlichkeit bzw. *Liebe.* Die im Engagement von Menschen an Menschen praktisch werdende Gottesnähe realisiert die *Hoffnung* für eine sinnvolle Zukunft, die in der Verheißung Jesu ihren Zielpunkt hat (Reich Gottes). – Die nicht aus menschlicher Kraft, sondern durch Gottes Gnade, aus dem ‚unverfügbaren Sinn‘ sich verstehende christliche Religion kann somit ihrem Anspruch nach beschrieben werden. Sie soll sich als *Glaube* realisieren in Akten sinngetragener Befreiung, freisetzender Liebe und freier Mitarbeit an der verheißenen Zukunft. Dieser Anspruch bestimmt die Praxis im Aufgabenfeld der Gemeinde“[27]. Diese Strukturelemente von Sinn, Freiheit, Liebe und Hoffnung sind sowohl Kurzformeln des Evangeliums als auch Reduktivformeln als Strukturelemente für die Theologie[28]. Sie „repräsentieren den Anspruch realisierter Christlichkeit *auf der Ebene des Glaubens.* Die paulinische Trias Glaube – Hoffnung – Liebe weist dies ebenso aus wie die ‚göttlichen Tugenden‘ hochmittelalterlicher Theologie und Frömmigkeitsgeschichte. Sie tragen den Charakter von Kurzformeln des Christentums. Andererseits stellen die Strukturelemente *für die Theologie* ‚Reduktivformeln‘ dar, die bis in einzelne Disziplinen hinein maßgeblich werden; die für alle Reduktivformeln der Theologie als gemeinsame Aussagen auf höchster Abstraktionsebene dienen. Damit gelingt es, Repräsentanz sowohl auf der Praxisebene des Glaubens wie auf Wissenschaftsebene der Theologie in gemeinsamen Zentralbegriffen zum Ausdruck zu bringen“[29].

Diese drei Strukturelemente finden sich in der Gliederung des theologischen Ansatzes kirchlicher Jugendarbeit wieder, wie er im Synodenbeschluß zur kirchlichen Jugendarbeit vorgestellt wird.

Das Strukturelement „Sinn/Freiheit“ entspricht dem Abschnitt „Selbstverwirklichung und Glaube“, insofern hier die Selbstverwirklichung als Freisetzung des Menschen zu sich selbst durch das unverfügbare Eingreifen Gottes verstanden wird[30].

Das Strukturelement „Liebe“ entspricht dem Abschnitt „Mitmenschlichkeit und Gemeinde“, insofern die Gemeinde der Ort ist, Mitmenschlichkeit erfahren und einüben zu können[31].

Das Strukturelement „Hoffnung“ entspricht dem Abschnitt „Welt und Dienst“, insofern es hier um die gesellschaftliche, politische und soziale Bewältigung der Zukunft geht, die sich der Verheißung des „neuen Himmels“ und der „neuen Erde“ (Offb 21, 1) verpflichtet weiß[32].

Es läßt sich also auch im Blick auf die lehramtliche Darstellung kirchlicher Jugendarbeit als legitim begründen, daß die drei Dimensionen von „Sinn/

Freiheit, Liebe, Hoffnung" als Strukturelemente des Christlichen für ein didaktisches Strukturgitter der Gruppenleiterausbildung in der kirchlichen Jugendarbeit übernommen werden.

4.3 Der Anspruch Jesu in der Auslegung auf die Lebensverwirklichung des Christen

4.3.1 Die christlichen Strukturelemente und die menschliche Existenz

Wenn Anspruch und Verheißung Jesu die Antwort Gottes auf das Suchen des Menschen nach dem Sinn seines Lebens enthält – und davon gehen Christen aus –, dann geht das Evangelium den Menschen unbedingt an; es betrifft die Verwirklichung seines Lebens.

„Um diesen Bezug konkret darzustellen, ist der Sinnanspruch auf die verschiedenen Handlungsdimensionen und Grundbefindlichkeiten menschlicher Existenz hin auszulegen. Es muß eine Beziehung zwischen den christlichen Strukturelementen Sinn, Liebe, Hoffnung und den Grundbefindlichkeiten menschlicher Existenz einerseits, den Handlungsdimensionen andererseits hergestellt werden[33].

Die Grundbefindlichkeiten menschlichen Daseins werden von Günter Biemer und Dietrich Benner in den – von Eugen Fink aufgestellten[34] – fünf Lebensfeldern Tod, Arbeit, Herrschaft, Liebe und Spiel gesehen[35].

„Diese fünf Koexistenzialien legen die menschliche Existenzweise kategorial so aus, daß sie nicht aufeinander zurückgeführt oder auseinander erklärt werden können. Sie sind an der menschlichen Existenz phänomenologisch abgelesene Lebensfelder"[36].

Diese Lebensfelder als Beschreibung menschlicher Existenz lassen sich auch zur Strukturierung auf die Praxis kirchlicher Jugendarbeit übertragen:

Arbeit meint die Produktion künstlicher Erzeugnisse aus der Natur zur Bedürfnisbefriedigung des Menschen. Jugendliche sind bereits in diesen Prozeß integriert.

Herrschaft meint die „Ordnungsstrukturen, die Macht legalisieren, aus Konflikten hervorgegangen sind und stets von neuem Gegenstand von Konflikten werden können"[37]. Gerade Jugendliche erfahren stark solche Ordnungsstrukturen, lehnen sich gegen sie auf und suchen Veränderungen. Dabei erleben sie die Konflikthaftigkeit eines solchen Tuns[38].

Eros meint die Kommunikation des Ich mit dem Du, die leibseelische Identität erfahren läßt. Wichtige Dimensionen dieser Kommunikation sind *Liebe* und *Sexualität,* die gerade im Jugendalter von Jugendlichen als lebensbestimmende Kräfte erfahren werden und sie den andersgeschlechtlichen Partner suchen lassen.

Tod meint die „Endgültigkeit menschlicher Existenz, die darin liegt, daß im Sterben die Möglichkeit einer Umschrift und Neubestimmung des Lebens aufhört"[39]. Das Lebensfeld Tod wird für die Jugendarbeit ergänzt durch das für Jugendliche sehr schmerzlich erfahrene Lebensfeld *Scheitern.* Jugendliche erfahren die Unzulänglichkeiten des Lebens, die schließlich im endgültigen Tod ihre Spitze finden, oft im eigenen Scheitern. Sie sind auch sensibel für das Scheitern anderer.

Spiel meint Spontaneität und Kreativität zur zweckfreien Entfaltung des Menschen, meint Fest und Feier. Jugendliche möchten gerne spielen, erfahren wichtige Lebensqualitäten im Spiel, haben allzu oft das Spielen auch schon verlernt.

4.3.2 Handlungsdimensionen im Bereich der kirchlichen Jugendarbeit

Die christlichen Strukturelemente Sinn/Freiheit, Liebe, Hoffnung und die menschlichen Grundbefindlichkeiten, dargestellt in den Koexistenzialien Arbeit, Herrschaft/Konflikt, Eros/Sexualität, Tod/Scheitern und Spiel müssen mit den *Handlungsbereichen,* in denen der Jugendliche sein Leben vollzieht, in Beziehung gebracht werden.

Für die Gruppenleiterausbildung ergeben sich zwei Arten von Handlungsbereichen auf die hin die Ausbildung geschieht. Solche, die eher der Funktion des Gruppenleiters zuzuordnen sind, und solche, die die Rolle des Jugendlichen betreffen[40]. Beidesmal erfährt der Jugendliche sein „Ich", sucht er seine Identität.

Die für die Gruppenleiterausbildung relevanten *Handlungsbereiche* sind:

Gruppe: Gemeint ist damit die Gruppe, die der Jugendliche als Gruppenleiter leitet, also die Kinder- bzw. Jugendgruppe[41].

Gruppenleiterrunde: Sie ist die regelmäßige Zusammenkunft aller Gruppenleiter innerhalb der Gemeinde, z.B. als Runde der Gruppenleiter eines Mitgliedsverbandes des BDKJ etc. mit dem Ziel der gemeinsamen Reflexion der Arbeit, der gemeinsamen Weiterbildung, der Aufgabe der Gesamtorganisation der Jugendarbeit in der Gemeinde. Darüberhinaus hat die Gruppenleiterrunde für den jugendlichen Gruppenleiter oft den Charakter der *Gleichaltrigengruppe,* die ihm bei den Ablösungsprozessen vom Elternhaus hilft und ihm emotionale Geborgenheit wie auch Sicherheit bietet.

Gemeinde: Die Ortsgemeinde der Kirche ist der Ort, in dem die Jugendarbeit verankert ist. Die Gemeinde hat Erwartungen an den Gruppenleiter, der Gruppenleiter hat Erwartungen an die Gemeinde. Für ihn ist Gemeinde konkrete Ausgestaltung von Kirche. Hier erfährt der Jugendliche Christsein in seinen Chancen, aber auch in seinen „Entfremdungen", insofern jede Art christlicher Praxis hinter dem „Anspruch" Jesu zurückbleibt und stets der Verbesserung, Versöhnung und Reform bedarf.

Familie: Sie ist die Primärgruppe des Jugendlichen und als solche für seine Primärsozialisation verantwortlich. In sie ist er meist ökonomisch noch eingebunden, muß sich mit ihr arrangieren, obwohl er gleichzeitig in einem Ablösungsprozeß aus dieser Primärgruppe steht.

Schule bzw. Berufsausbildung: Nahezu zwangsweise muß der Jugendliche in einem dieser beiden Bereiche handeln. Gerade in ihnen erfährt er sich oft in elementarer Entfremdung von seinem wirklichen Ich.

Ich: Das Ich als Handlungsbereich zu bezeichnen scheint insofern sinnvoll, als der Jugendliche in seiner Reifungszeit „an seinem Ich arbeitet", es bekämpft und wieder von neuem übernimmt, also an der Verwirklichung seines Ichs und damit an seinem Selbst handelt[42]. Durch und in diesen Handlungen sucht er sein Ich, das er bei geglückter Identitätssuche als sein Ich annimmt. Mit Ich/Selbstkonzept ist also der Bereich jugendlicher Identitätsfindung als *Handlungsbereich* bezeichnet[43].

4.3.3 Die Differenz zwischen Anspruch und entfremdeter Verwirklichung

Die primären Erfahrungen, die Jugendliche zu einer Ausbildung mitbringen, sind geprägt durch die faktischen Verhältnisse, in denen Anspruch und Verheißung Jesu nur in allzu menschlicher Weise verwirklicht werden und somit verkürzt bzw. entfremdet vorkommen. „Gerade Jugendliche empfinden die Widersprüche, die Ungerechtigkeiten und Entfremdungserscheinungen der gesellschaftlichen Wirklichkeit"[44]. Die konkrete Pfarrgemeinde, die Familie, Beruf und Schule gehören zu dieser – häufig entfremdend erfahrenden – Wirklichkeit. Messen nicht Jugendliche oft die Gemeinden an deren eigenem Anspruch aus dem Evangelium? Dieses Maßnehmen führt dann mitunter zu Enttäuschung, Resignation oder zu Protest. Die Erwachsenengemeinde nimmt solche Äußerungen selten ernst. Dabei wird oft vergessen, daß Kritik ein Ausdruck dafür sein kann, daß Jugendliche „in einer ihrem Alter entsprechenden Weise nach dem Sinn ihres Daseins fragen, ihre Zukunft als unabdingbar verknüpft mit der gemeinsamen Zukunft ihrer Gesellschaft und der Menschheit begreifen"[45].

Curricular verankerte Erfahrungen in einer Gruppenleiterausbildung sollen diese Differenz zwischen Anspruch und entfremdeter Verwirklichung dadurch vermitteln, daß sie Wege aufzeigen, dem Anspruch näher zu kommen. Dabei wird nicht behauptet, daß der Anspruch Jesu außer bei ihm selbst von sündigen Menschen vollkommen zu erfüllen sei. Eine solche Annahme verbietet sich schon aufgrund des „eschatologischen Vorbehalts"[46], der jede gesellschaftliche Wirklichkeit in ihrer Vorläufigkeit zeigt. „Denn dieser ‚eschatologische Vorbehalt' bringt uns nicht in ein verneinendes, sondern in ein kritisch-dialektisches Verhältnis zur gesellschaftlichen Gegenwart. Die Verheißungen, auf die er sich bezieht, sind nicht ein leerer Horizont religiöser Erwartung, sie sind nicht bloß eine regulative Idee, sondern ein kritisch befreiender Imperativ für unsere Gegenwart, sie sind Ansporn und Auftrag, sie unter den geschichtlichen Bedingungen der Gegenwart wirksam zu machen und sie so zu ‚bewahrheiten'; denn ihre Wahrheit muß ‚getan' werden"[47]. In der Gruppenleiterausbildung kann die Erfahrung vermittelt werden, daß es möglich ist, wenigstens ansatzweise zu versuchen, diese Wahrheit zu tun.

Auch Gruppenleiterausbildung wird immer in der Spannung zwischen Anspruch und entfremdeter Verwirklichung angesiedelt sein. Der Anspruch kann nicht endgültig erfüllt werden, jedoch kann die entfremdete Verwirklichung, die erfahrene Wirklichkeit, unter diesem Anspruch zumindestens als eine zur Veränderung anstehende Aufgabe aufgewiesen werden. Und zudem – das wäre nicht die geringste Leistung der Gruppenleiterausbildung – kann Hoffnung und Vertrauen auf die eschatologisch anstehende Verwirklichung des Christseins im Reich Gottes vermittelt werden.

„Die Differenz von Anspruch und (entfremdeter Verwirklichung) muß, um unterrichtlich vermittelt werden zu können, selber bereits im Strukturgitter erfaßt werden“[48].

Dadurch, daß diese Differenz von Anspruch und Wirklichkeit im didaktischen Strukturgitter aufgedeckt wird, zeigt es sich einmal bezogen auf die vorgegebenen gesellschaftlichen Situationen, zum anderen verwiesen auf den Primat eines durchaus offenen, experimentell riskanten Handelns, welches die Abarbeitung der stets nachweisenden oder neu aufbrechenden Differenz von Anspruch und Wirklichkeit zum Beweggrund hat“[49].

Die entfremdete Verwirklichung – praktisch die primären Erfahrungen der Jugendlichen – findet ihren Niederschlag im ersten Teil des Strukturgitters (4.5), der Anspruch wird deutlich im zweiten Teil des Gitters (4.6).

4.4 Zum Aufbau eines didaktischen Strukturplans

Das didaktische Strukturgitter zeigt in der Horizontalen die fünf Lebensfelder Arbeit, Herrschaft/Konflikt, Eros/Sexualität, Tod/Scheitern, Spiel. In der Vertikalen werden die sieben Handlungsbereiche aufgeführt:

Gruppe Gruppenleiterrunde Gemeinde	als die Handlungsbereiche, in denen der Jugendliche als Gruppenleiter handelt
Ich/Selbstkonzept	als Identitätsfindung in beiden Bereichen
Familie Schule Beruf	als die Handlungsbereiche, die mehr den jugendlichen Gruppenleiter in seiner Rolle als Jugendlicher beanspruchen.

Auf die sich so ergebenden 35 Felder, die die Ansprüche der Handlungsbereiche in den verschiedenen Grundbefindlichkeiten der menschlichen Existenz geltend machen, „wird *der Anspruch des Glaubens nach den christlichen Strukturelementen* von Sinn, Freiheit, Liebe und Hoffnung ausgelegt“[50].

Die in den Feldern genannten Bestimmungen des Strukturgitters „entfremdete Verwirklichung“ resultieren nicht nur aus hermeneutischer Konstruktion der Auslegungsarbeit, sondern spiegeln der Sache gemäß auch Erfahrungen wider, die ich während meiner langjährigen ehrenamtlichen und fünfjährigen hauptberuflichen Tätigkeit in der kirchlichen Jugendarbeit in der Zusammenarbeit mit Jugendlichen gemacht habe. Sie versuchen, primäre Erfahrungen aus der Welt der Jugendlichen in das Strukturgitter aufzunehmen.

Die Bestimmungen in den Feldern des Strukturgitters „Anspruch“ resultieren ebenfalls nicht nur aus der hermeneutischen Arbeit der Auslegung der Koordinaten, sondern größtenteils zugleich aus dem Synodenbeschluß und der Umsetzung der darin enthaltenen Forderungen. Ergänzt werden die beiden Teile des Gitters durch Aussagen des religionsdidaktischen Strukturgitters von Günter Biemer und Dietrich Benner (in Zusammenhang mit einem Curriculumprojekt für den Religionsunterricht der Sekundarstufe II, soweit die dort aufgeführten Bestimmungen für den außerschulischen Erfahrungsbereich Jugendlicher zutreffen).

Dieses didaktische Strukturgitter für die Gruppenleiterausbildung in der kirchlichen Jugendarbeit hat für die Entwicklung der anstehenden Curricula sowohl Orientierungsfunktion für die didaktische Planung als auch Kontrollfunktion für die Evaluation.

Im didaktischen Gitter bedeuten die Abkürzungen S = Sinn/Freiheit, L = Liebe und H = Hoffnung.

In den folgenden Abschnitten werden modifizierte Gitter für die zwei in dieser Arbeit vorgeschlagenen Kursphasen vorgestellt, wobei in diesen Gittern die Felder, die für die jeweilige Kursphase von besonderer Bedeutung sind, dadurch gekennzeichnet sind, daß in ihnen gleichzeitig die entsprechenden Oberbegriffe der Merkmalbeschreibung auftauchen, während die weniger relevanten Felder durch ein Kreuz markiert sind.

4.5 Teil I des Strukturplans: „Entfremdete Verwirklichung"

KOEXISTENTIALIEN / HANDLUNGSBEREICHE	ARBEIT	HERRSCHAFT - KONFLIKT
GRUPPE	S Freizeitraum neben der Arbeit L Ausklammerung der Arbeit in der Kommunikation H Zurechtkommen mit der Arbeit	S Konfliktarmer "Schonraum" L Konfliktvermeidung und Konfliktflucht H Harmonisierung aller Konflikte
GRUPPENLEITER-RUNDE	S Erfahrung der Arbeit als Zwang L Kollektive Abwehr der Arbeit H Freiwerden von Arbeit	S Herrschafts- und Machtausübung L Über- und Unterordnung H kanalisierte Herrschaft
GEMEINDE	S Folge der Sündigkeit L Verdienstlichkeit der guten Werke H Vergeblichkeit des menschlichen Bemühens	S Konflikte als Folge von Fehlverhalten L autoritäre Umgangsformen H Festigung der Herrschaftsstrukturen
ICH / SELBSTKONZEPT	S Selbstentfremdung durch die Arbeit L Ausbeutung durch andere H Erfolg und Aufstieg	S Selbstentfremdung durch Konflikte L Ellbogentaktik/Resignation H Leben trotz Konflikten
FAMILIE	S Lebensbewältigung durch Arbeitsteilung L Durch Arbeitsbelastung verhinderte Kommunikation H Arbeitserleichterung	S Familiäre Herrschaftsstrukturen L Generationskonflikt: Abhängigkeit H Freiwerden von der Famili
SCHULE	S Befähigung zu entfremdeter Arbeit L Befähigung zur Wahrnehmung der Erfolgschancen H Kritiklose Eingliederung in den Arbeitsprozeß der Schule	S Schule zur Herrschaftssicherung L Übernahme der vorgeschrie benen Werte und Normen H Kritiklose Anpassung
BERUF	S Beteiligung am notwendigen Arbeitsprozeß L der Ausbildung nicht angepaßte Tätigkeiten H Erfüllung der Arbeitsnormen	S Einordnung in bestehende Herrschaftsstrukturen L Tarifkonflikt H Ablösung der Ausbeutung

EROS - SEXUALITÄT	TOD - SCHEITERN	SPIEL
S Kath. Kinder- bzw. Jugendgruppe als "reiner" Hort in "schmutziger" Welt L gegenseitige Überwachungs- und Kontrollfunktion H Eheschließung als Problemlösung	S Ende Handlungsmöglichkeiten L Verdrängung von Tod/Scheitern H Hoffnung trotz Scheitern/Tod	S Spiel als Freizeitbeschäftigung und Erholung L Unterhaltung H gelungene Freizeitbewältigung
S einheitliche Wert- und Normorientierung L Identifikationszwang H Gruppenideologie	S Erfolgszwang L Ausstoßen der Scheiternden H Erfolgsoptimierung	S Zwang zum Spiel L gegenseitige Spielverderber H Freiwerden zum Spiel ohne die anderen
S Geregeltes Nebeneinander L engherzige und ängstliche Wächter H Pfarrfamilie	S Scheitern als Folge der Erbsünde L Teilnahmslosigkeit gegenüber fremdem Scheitern H Vertröstung auf ein besseres Jenseits	S Sonntagsgottesdient L lieblose Spielregeln H Freiwerden im Rahmen der Kirchengemeinde
Unterdrückung der Triebe als Voraussetzung der Selbstwerdung Einengung (sexueller) Partnerschaft auf "erlaubte" Formen Ehe als Schwelle zu enthemmter Sexualität	S Selbstentfremdung durch Scheitern L Isolation/Resignation H Leben trotz Scheitern/trotz Tod	S Spiel als Selbstbeschäftigung L Konkurrenz im Spiel H persönlicher Gewinn
Geregelte Triebbefriedigung formalisierte Zuwendungsformen Familientradition	S Verbannung der Sterblichkeit aus der Familie L Liebesentzug im Scheitern H Minimierung des Scheiterns	S Spiel zur Entlastung der Eltern L geregelter Spielraum H Freiwerden vom Spiel
Befähigung zum geregelten Miteinander Einengung der Kommunikation auf das schulisch Notwendige angepaßte Kommunikationsfähigkeit	S Leistungsanstalt L Unterdrückung des Scheiterns H Scheitern überwinden durch mehr Leistung	S Kreativität als Störfaktor L zweckrationale Kommunikation H angepaßte Spielformen
Entfremdung im Beruf kommunikationsarmer Umgang im Beruf Überwindung der Entfremdung	S Ende der Weltaneignung L Arbeitsplatzentzug H andere Arbeit	S Spiel als Entspannung zur Erneuerung der Leistungsfähigkeit L Freizeitindustrie zur Bedürfnisbefriedigung H erneuerte Arbeitsfähigkeit

4.6 Teil II des Strukturplans: „Anspruch"ebene

KOEXISTENZIALIEN / HANDLUNGSBEREICHE	ARBEIT	HERRSCHAFT - KONFLIKT
GRUPPE	S Reflexion der Arbeit L gemeinsame Kommunikation über Arbeit H Kritisches Bewußtsein zur Arbeit	S Befähigung zur Konfliktbewältigung L brüderliche Konfliktaustragung H gegenseitiges Freisetzen zum Wir in Konflikten
GRUPPENLEITER-RUNDE	S Sinnsuche in der Arbeit L Kooperation und gegenseitige Hilfe H gemeinsam bewältigte Aufgaben	S Kritische Reflexion der Macht L verantworteter Machtgebrauch H gerechte Durchsetzung eigener Interessen
GEMEINDE	S Gestaltung des Zusammenlebens/Dienst am Mitmenschen L Zusammenarbeit über Gruppen- und Altersgrenzen hinweg H Mitgestaltung der gesellschaftlichen Zukunft	S Einsatz für Freiheit und Gerechtigkeit L gerechte Kompromisse und Solidarität H herrschaftsarme Kommunika-tion
ICH/ SELBSTKONZEPT	S Selbstwerdung in der Arbeit L Weltaneignung in der Zusammenarbeit mit anderen H selbstgestaltete und selbstverantwortete Welt	S Selbstannahme in eigenen Widersprüchlichkeiten un Konflikten L Ich-Stärke in Konfliktsituationen H Identitätsfindung durch Konflikte
FAMILIE	S Gemeinsamer Lebensvollzug von Jung und Alt L gerechte Rollen- und Aufgabenverteilung H bewältigte Zukunft	S Bewältigung des Generati-nenkonflikts L verstehendes Miteinander umgehen in Generationenkonflikten H herrschaftsarmes Miteina derumgehen in der Famili
SCHULE	S Befähigung zur Weltbewältigung L gemeinsames Lernen der Weltaneignung H befreiende Weltaneignung	S Befähigung zur Übernahme von Verantwortung L Lernen der sozialen Verantwortungsübernahme H verantwortete Welt
BERUF	S Erfüllung des Schöpfungsauftrags L Solidarische Weltaneignung H befreite Schöpfung	S Partizipation an Herrsch in der Weltaneignung L Herrschaft als Dienst H Aufhebung von Unterdrück in der Weltaneignung

EROS - SEXUALITÄT	TOD - SCHEITERN	SPIEL
S Identitätsfindung im Wir L verständigende Kommunikation H Freiwerden in der Ehe oder Ehelosigkeit für andere	S Scheitern annehmen als Grundbefindlichkeit im Miteinander L gegenseitige Annahme im Scheitern H Hoffnung durch das Scheitern hindurch	S Kreative Selbstverwirklichung in der Gruppe L Zweckfreie Interaktion H Zweckfreies Zusammensein der Menschen
S Erfahrung von Sinn und Werten im Wir L Verhaltens- und Identifikationsmodelle H Freisetzung zum Wir	S Sinnerfahrung im Scheitern durch das Wir L Verzeihen können H Hoffnung auf das Wir im Scheitern	S kollektiver Spielraum L Erproben neuer Formen des Zusammenlebens H Freigelassene der Schöpfung
S brüderliche Begegnung L Begegnung mit der Botschaft Jesu in glaubwürdigen Menschen H Einheit und Heil der Menschen	S Christliches Verstehen von Tod und Scheitern L Solidarität mit Gescheiterten H Versöhnung	S Vorwegnahme der endgültigen Gemeinschaft des Heiles L Feste feiern (Gottesdienst) H das festliche Reich Gottes
S Sexualität als Möglichkeit der Selbstverwirklichung und Selbstentfaltung L sexuelle Partnerschaft H Durch das Du zum Ich	S Akzeptieren der eigenen Grenzen und Unvollkommenheiten L Fähigkeit, Fehler einzugestehen und zur Umkehr H Freiwerden von Fehlern	S Selbsterfahrung im Spiel L Selbstveräußerung im Spiel H Freisein durch das Spiel
S Erfahrung der Partnerschaft in den Eltern L liebevolle Begegnung und personale Zuwendung H Liebe über die Grenze der Familie hinaus	S Erfahrung der Sterblichkeit L Verzichten und verzeihen können H Leben durch den Tod hindurch	S kreativer Lebensvollzug L Zusammenspiel der Generationen H zweckfreie Entfaltung aller kreativen Möglichkeiten in der Familie
S Befähigung zum Verstehen des Eros L Lernen sozialer Kommunikation H Kommunikation aller Menschen miteinander	S Befähigung zum Verständnis von Tod und Scheitern L Lernen, Scheitern zu überwinden und zu verkraften H vom Scheitern befreite Welt	S Befähigung zur Spontaneität und Kreativität ohne Leistungszwang L Kreatives Lernen H Kreative Weltaneignung
S Identität im Beruf L Weltdienst H Beteiligung aller Menschen am Schöpfungsaufauftrag	S Veränderung der Welt zum Besseren hin L gemeinsam Weltveränderung H veränderte und verbesserte Welt	S schöpferische Weltaneignung L kreative Auseinandersetzung mit der Welt H "die neue Erde"

4.7 Strukturplan für Kursphase I

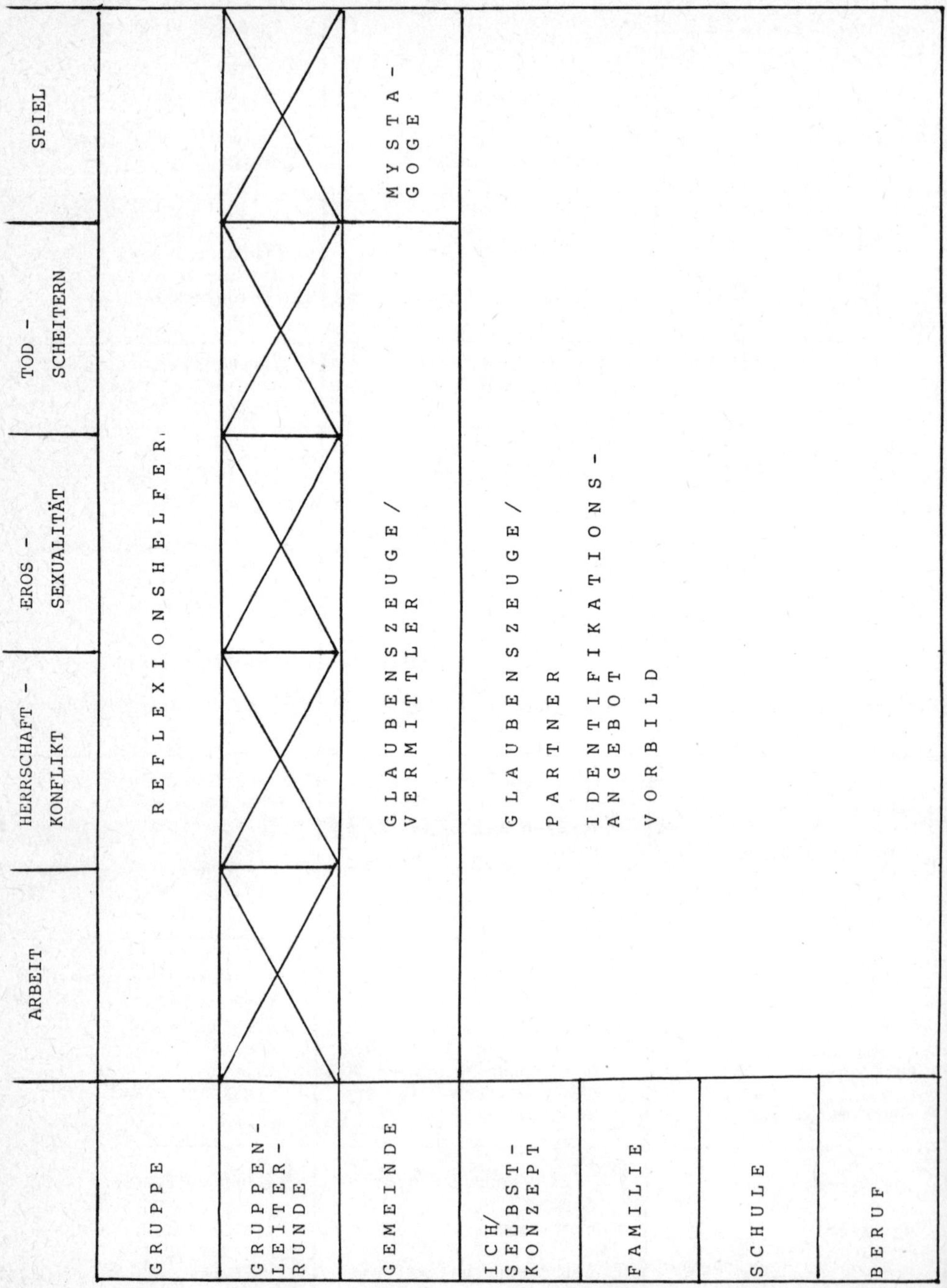

4.8 Strukturplan für Kursphase II

	ARBEIT	HERRSCHAFT – KONFLIKT	EROS – SEXUALITÄT	TOD – SCHEITERN	SPIEL
GRUPPE	GRUPPENPÄDAGOGE/REFLEXIONSHELFER				
GRUPPENLEITERRUNDE	GRUPPENPÄDAGOGE/REFLEXIONSHELFER INTERESSENVERTRETER				
GEMEINDE	GLAUBENSZEUGE/VERMITTLER INTERESSENVERTRETER				MYSTAGOGE
ICH/SELBSTKONZEPT	GLAUBENSZEUGE/PARTNER VORBILD/IDENTIFIKATIONSANGEBOT				
FAMILIE					
SCHULE					
BERUF					

5 Handlungsorientierungen für die Praxis der Gruppenleiterausbildung

5.1 Die Entwicklung und Überprüfung von Lernwegen im Feld kirchlicher Jugendarbeit

Im folgenden werden konkrete und in der Praxis verwirklichbare Möglichkeiten der Curriculumentwicklung (Ausbildungsplanung) und der Evaluation (Bewertung und Revision) aufgezeigt. Dabei geht es zunächst um eine Darstellung der Beteiligungsmöglichkeiten der von der Curriculumentwicklung in der Gruppenleiterausbildung mittelbar Betroffenen (5.1.1). Der Erfolg der Gruppenleiterausbildung hängt wesentlich davon ab, mit welcher Qualität die Ausbildungseinheiten vorbereitet, durchgeführt und ausgewertet werden. Ferner ist wichtig, ob sie in einem begründeten Gesamtzusammenhang mit den Zielen und Inhalten kirchlicher Jugendarbeit stehen. Deshalb schlage ich als Instanz der Curriculumentwicklung für die Gruppenleiterausbildung einen *ständigen Arbeitskreis „Gruppenleiterausbildung"* auf Dekanats-, Regional- bzw. Diözesanebene vor und verdeutliche die besondere Funktion des Leitungsteams (5.1.2). Da in dieser Arbeit aufgewiesen werden konnte, wie notwendig die ständige Revision der für die Gruppenleiterausbildung entwickelten Curricula ist und welche Bedeutung der Entwicklung von Leitideen für die kirchliche Jugendarbeit und speziell für die Gruppenleiterausbildung zukommt[1], wird zudem festgestellt, daß die *Einrichtung zentraler Bildungsstätten* für die Fortentwicklung der Leiterausbildung eine unverzichtbare Aufgabe darstellt (5.1.3). Schließlich werden Möglichkeiten der Evaluation der Gruppenleiterausbildung vorgestellt, d.h. der Auswertung der Bildungspläne und -prozesse und der ständigen Revision (5.1.4).

5.1.1 Die konkrete Beteiligung der Betroffenen an der Entwicklung von Lernwegen

Als Merkmal offener Curricula wurde unter anderem die Beteiligung aller Betroffenen am Curriculum und an der Curriculumentwicklung herausgestellt[2]. Im folgenden werden für die Praxis kirchlicher Jugendarbeit Möglichkeiten der Mitwirkung der mittelbar Betroffenen an der Entwicklung von Curricula für die Gruppenleiterausbildung genannt. Als mittelbar Betroffene werden verstanden: die Mitarbeiter des Ausbildungsträgers; die Mitglieder der Gruppen (Kinder und Jugendliche), die Eltern der Kinder bzw. der Jugendlichen, die in den Gruppen der auszubildenden Gruppenleiter sind; Pfarrer, Kapläne, Pfarrgemeinderäte, erwachsene ehrenamtliche Mitarbeiter und andere. Dabei soll von folgenden Bedingungen ausgegangen werden, die die aufwendige Einbeziehung mittelbar Betroffener erst realisierbar machen:

- Bei der Curriculumentwicklung und Einbeziehung der mittelbar Betroffenen ist mindestens ein hauptamtlicher Mitarbeiter (Sozialarbeiter, Sozialpädagoge, Diplompädagoge oder religionspädagogisch ausgebildeter Diplomtheologe etc.) beteiligt. In der Regel ist sein Dienstort eine Dekanats-, Kreis- oder Regionalstelle.
- Der hauptamtliche Mitarbeiter arbeitet intensiv mit den ehrenamtlichen Leitungen der Mitgliedsverbände des BDKJ und des BDKJ zusammen.
- Die an Schulungen beteiligten Mitarbeiter sind entsprechend qualifiziert (durch Kurse der Mitgliedsverbände, des Diözesanbildungsreferates, des Bischöflichen Jugendamtes etc.).
- Darüberhinaus gibt es einen Arbeitskreis, der sich mit den Fragen der Gruppenleiterausbildung regelmäßig beschäftigt (vgl. o. 5.1.2). In diesem Arbeitskreis sind neben dem oder den hauptamtlichen Mitarbeitern (einschließlich des Dekanats-, Kreis- oder Regionaljugendseelsorgers als einem haupt- oder nebenamtlich für die Jugendseelsorge beauftragten Priester) solche Mitarbeiter tätig, die an der Gruppenleiterausbildung interessiert sind und bereit sind, sich entsprechende Qualifikationen zu erwerben. Alle Mitglieder dieses Arbeitskreises arbeiten in regelmäßigen Abständen in den Leitungsteams der verschiedenen Ausbildungseinheiten mit. Sie erwerben sich somit Ausbildungspraxis.

Bedingungen für die Curriculumentwicklung mit Einbeziehung der mittelbar Betroffenen

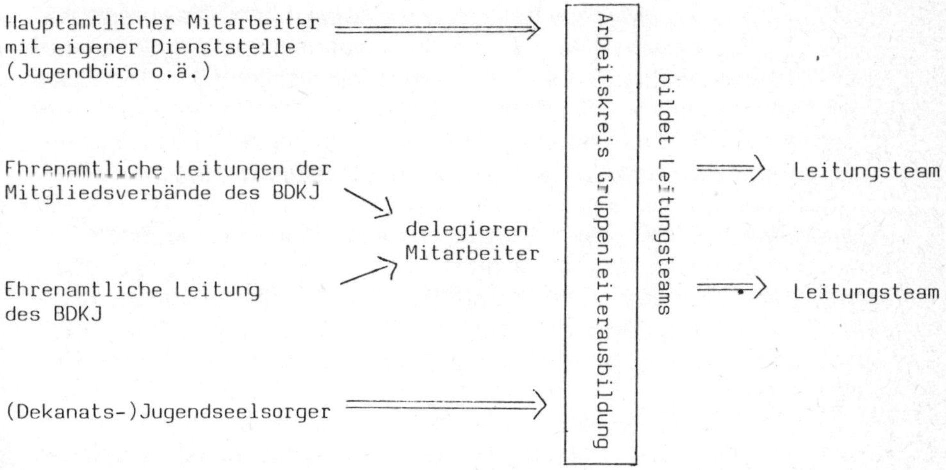

Als Methoden zur Beteiligung mittelbar Betroffener an der Curriculumentwicklung für die Gruppenleiterausbildung können folgende Verfahren in Vorschlag gebracht werden:

- *Pfarrer-Jugend-Gespräche:* Hierbei handelt es sich um die Gesprächsmöglichkeit zwischen jugendlichen Delegierten der Mitgliedsverbände des BDKJ (Pfarrjugendleitungen, Mitglieder der Dekanatsversammlung) und den Pfarrern und Vikaren eines Dekanates (Kreises, Region). Diese Treffen finden ca. zweimal im Jahr statt und dauern bis zu fünf Stunden. Unter verschiedenen Themenstellungen wird dabei das Verhältnis zwischen Jugend und Kirche bearbeitet, wobei nicht nur die gemeinsame Themenerarbeitung sondern auch ein gemeinsames Essen für die Kommunikation von besonderer Bedeutung sind. In diesen Gesprächen werden Erwartungen und Forderungen aus den Gemeinden deutlich, die entsprechend modifiziert und didaktisch aufbereitet in das Curriculum der Gruppenleiterausbildung einfließen können[3].
- *Gespräch zwischen Dekan und Dekanatsstelle der kirchlichen Jugendarbeit:* Vierteljährlich findet eine solche Begegnung statt, bei der die in den regelmäßigen Treffen der Priester des Dekanats zur Jugendarbeit geäußerten Erwartungen, Bedenken, Schwierigkeiten etc. diskutiert werden. Umgekehrt können hier Vorschläge und Erwartungen der Jugendlichen an die Ortskirche artikuliert werden. Auch hier muß auf Hinweise und Anregungen geachtet werden, die in das Curriculum eingehen können.
- *Kontakte mit den Sachausschüssen Jugend:* Die Pfarrgemeinderäte und der Dekanatsrat bilden solche Sachausschüsse. In ihnen arbeiten interessierte Erwachsene und ältere Jugendliche zusammen an den Problemen der Jugendarbeit in den Gemeinden. Die Ergebnisse dieser Arbeit sollen berücksichtigt werden.
- *Kontakte mit ehrenamtlichen erwachsenen Mitarbeitern:* Die ehrenamtlichen erwachsenen Mitarbeiter können Informationen darüber geben, auf welche Schwierigkeiten, Erfolge und Wünsche (inhaltliche Desiderate) sie in der Zusammenarbeit mit ehrenamtlichen jugendlichen Gruppenleitern stoßen und welche Qualifikationen auf Seiten der jugendlichen Gruppenleiter zu einer Kooperation mit den ehrenamtlichen erwachsenen Mitarbeitern notwendig sind.
- *Zusammenarbeit mit Eltern:* Die für die Ausbildung von jugendlichen Gruppenleitern Verantwortlichen müssen gelegentlich bei – entweder auf Pfarrei- oder Pfarrverbandsebene stattfindenden – Elternabenden mitarbeiten, um so die Erwartungen und Interessen der Erziehungsberechtigten der Gruppenmitglieder in Bezug auf die Jugendarbeit der Kirche kennenzulernen[4].
- Die *demokratischen Organe* der Mitgliedsverbände des BDKJ und des BDKJ beschließen die Ausbildungsangebote und ihre Inhalte. In solchen Beschlüssen werden Interessen der jugendlichen Delegierten deutlich, die in ihren Gruppenleiterrunden möglichst ein Meinungsbild über die gewünschten Ausbildungsangebote herbeigeführt haben sollten. Die Aus-

bildungseinheiten, die auf diese Beschlüsse hin angeboten werden, sind damit verbandsdemokratisch legitimiert.

- *Treffen mit den Gruppenleiterrunden der Pfarreien:* Hier werden wahrscheinlich die konkretesten Erwartungen an ein Curruculum der Gruppenleiterausbildung zu hören sein.
- *Wahrnehmung von informellen Treffs und Gesprächsmöglichkeiten:* Bei vielen sind zufällig ergebenden Kontaktmöglichkeiten mit mittelbar Betroffenen sind Erwartungen ebenfalls zu eruieren.

Außer den hier genannten persönlichen Kontakten sind z.B. Fragebogenaktionen, standardisierte Interviews und andere Erhebungstechniken möglich, um diesen Personenkreis der mittelbar Beroffenen zu Wort kommen zu lassen.

Die aufgeführten Möglichkeiten sind sicher nicht alle additiv wahrzunehmen, hier kann sinnvolle Aufgabenteilung innerhalb des Arbeitskreises „Gruppenleiterausbildung" sehr wichtig sein, damit die Arbeit auf die einzelnen Mitglieder verteilt wird.

Nicht jede Erwartung kann für die Gruppenleiterausbildung berücksichtigt werden: oft werden vermutlich eher regressive, einschränkende Erwartungen geäußert, die nicht mit einer Jugendarbeit zu vereinbaren sind, die sich am gegenwärtigen Stand der Fachwissenschaften Pädagogik und Theologie orientiert. Eine Qualifikation der mittelbar Betroffenen zur kompetenten Mitarbeit wird aus diesem Grund erforderlich, hier eröffnet sich der kirchlich-theologischen *Erwachsenenbildung* ein Feld, das bisher kaum berücksichtigt wurde. Erwachsene (Eltern, Pfarrgemeinderäte, Pfarrer und Kapläne, ehrenamtliche erwachsene Mitarbeiter) müssen lernen, wie mit Jugendlichen phasengemäß kooperiert werden kann[5]. Wichtig sind dabei Lernprozesse, die bei den Erwachsenen Verhaltensänderungen ohne Angst vor Prestigeverlust bewirken. In solchen Kursen der Erwachsenenbildung müssen Grundkenntnisse der Pädagogik und der Theologie vermittelt werden. Wichtig ist in diesem Zusammenhang in erster Linie die Aufarbeitung des Synodenbeschlusses über Ziele und Aufgaben kirchlicher Jugendarbeit im Blick auf die Mitarbeit der Erwachsenen[6]. Ziel solcher Bildungsmaßnahmen ist schließlich der *ehrenamtliche erwachsene Mitarbeiter* in der kirchlichen Jugendarbeit, der – je nach Aufgabe oder Amt verschieden intensiv – zum Partner der Jugendlichen wird[7].

Um die durch die vielfältigen Kontakte mit mittelbar Betroffenen gewonnenen Erwartungen einer kritischen Reflexion zu unterziehen, werden die Ergebnisse mit Hilfe des didaktischen Strukturgitters auf ihre Relevanz für die Gruppenleiterausbildung zu untersuchen sein[8].

5.1.2 Die Gremien der Entwicklung offener Lehrpläne (Arbeitskreis „Gruppenleiterausbildung"/Leitungsteam)

Die Entwicklung offener Curricula für die Jugendgruppenleiterausbildung erfordert die Zusammenarbeit von Mitarbeitern die (auch) fachwissenschaftliche Kompetenzen haben. Als Gremium der Entwicklung solcher Curricula schlage ich den „Arbeitskreis Gruppenleiterausbildung" vor. Ein solcher Arbeitskreis kann auf Kreis- bzw. Dekanatsebene, in Regionen und schließlich auf Diözesanebene in den Mitgliedsverbänden des BDKJ und in den bischöflichen Jugendämtern eingerichtet werden.

Diese Arbeitsgruppe hat drei Hauptaufgaben:

- Sie steckt den curricularen Gesamtrahmen ab, in dem die einzelnen Ausbildungseinheiten angeboten werden.
- Sie bildet Untergruppen, die als Leitungsteam die jeweils anstehenden Ausbildungseinheiten entwickeln, durchführen und auf den Lernerfolg überprüfen.
- Sie bespricht die von den einzelnen Leitungsteams vorgelegten Ausbildungseinheiten (abschließende Evaluation in der Gesamtgruppe der „Sachverständigen").

Diese Hauptaufgaben werden jetzt näher dargestellt:

- *Erarbeitung eines curricularen Gesamtrahmens auf Dekanats-, Regional- oder Diözesanebene:* Die Arbeitsgruppe muß festlegen, welche Ausbildungseinheiten für die Gruppenleiter angeboten werden sollen[9]. Dieser „Rahmenplan der Gruppenleiterausbildung" resultiert aus den im Team vorhandenen Kenntnissen der drei für die Gruppenleiterausbildung wichtigen Curriculumdeterminanten (Fachwissenschaften: Pädagogik/Theologie, Gesellschaft – Kirche – Mitgliedsverband des BDKJ, mittelbar und unmittelbar Betroffene). Diesen Gesamtrahmen wird der Arbeitskreis allerdings nicht für ein und alle Mal ausarbeiten, sondern er wird ihn wenigstens einmal jährlich auf seine innere und äußere Stimmigkeit überprüfen (diese Überprüfung erfolgt wieder anhand der Curriculumdeterminanten). Der so ausgearbeitete Rahmen wird – sofern es sich um die Gruppenleiterausbildung in einem Mitgliedsverband des BDKJ handelt – den demokratischen Verbandsgremien zur Beurteilung und Entscheidung vorgelegt. Er erhält so seine innerverbandliche Legitimation.

Da im Arbeitskreis Gruppenleiterausbildung der Gesamtrahmen aller möglichen Ausbildungseinheiten erarbeitet wurde, können die Leitungsteams Querverbindungen zwischen den verschiedenen Ausbildungsangeboten herstellen, bereits Gelerntes aufnehmen und auf weitere Fortbildungsmöglichkeiten hinweisen[10].

Der Arbeitskreis Gruppenleiterausbildung soll sich selbständig weiterbilden und mit anderen, ihm und seiner Aufgabe entsprechenden Gruppen Kontakt aufnehmen und zusammenarbeiten. Gerade hier muß in der kirchlichen Jugendarbeit die oft anzutreffende Isolation zwischen Mitgliedsverbänden des BDKJ, bischöflichen Jugendämtern, Dekanatsstellen etc. überwunden werden, um gegenseitige – über Verbands- und Dekanatsgrenzen reichende – Kooperation zu ermöglichen. Die Arbeitsgruppe wird sich von außerhalb ihrer Arbeit stehenden Fachleuten beraten lassen und in ständiger kritischer Diskussion stehen. Dazu sind regelmäßige Treffen und genügend Zeit und Raum vorzusehen.

– *Bildung von Leitungsteams für Ausbildungseinheiten und die Entwicklungsarbeit für eine Ausbildung*[11]: Aus dem Arbeitskreis Gruppenleiterausbildung werden die Leitungsteams der einzelnen Ausbildungseinheiten gebildet. I. Klein geht davon aus, daß in jedem Team mindestens ein Mitglied mit qualifizierter (pädagogischer, sozialpädagogischer, psychologischer oder religionspädagogischer) Ausbildung mitarbeitet. „Im Team sollten neben hauptamtlichen Jugendreferenten auch ehrenamtliche Mitarbeiter sein, die Jugendarbeit neben ihrem Beruf tun. Allerdings müssen auch sie eingearbeitet und geschult werden, damit sie vor Überforderung geschützt sind und dem Anspruch der Jugendarbeit gerecht werden können“[12]. Zudem sollten in den Leitungsteams beide Geschlechter vertreten sein.

Im Leitungsteam wird die Ausbildung als offenes Curriculum vorbereitet. Dabei muß sich das Leitungsteam vier entscheidende Fragen stellen:

– Welche Ziele (Intentionen) sollen während einer Ausbildung verwirklicht werden? Welche Ziele betreffen mehr den Jugendlichen als Gruppenleiter?
– Welche Lernerfahrungen und Lernsituationen entsprechen diesen Zielen?
– Wie können die Lernerfahrungen und Lernsituationen vermittelt werden, so daß sie anregend und situationsgerecht wirken?
– Welche Möglichkeiten gibt es zu überprüfen, ob die während der Ausbildung stattfindenden Lernprozesse den Zielen in etwa entsprechen[13]?

In dieser Phase der Vorbereitung kann das didaktische Modell der Berliner Schule – auf die Gruppenleiterausbildung modifiziert[14] – gute Hilfe leisten.

Gleichzeitig wird die Frage nach den Lernvoraussetzungen, den Bedürfnissen und Interessen, nach den Erfahrungen und Erwartungen der von der Ausbildung Betroffenen eine wichtige Rolle in der Entwicklungsarbeit spielen. Das Leitungsteam kann in verschiedener Weise versuchen, die Erwartungen und Lernvoraussetzungen der Teilnehmer zu eruieren[15]:

– *Eigene Kenntnis der Teilnehmer:* Einzelne Teilnehmer oder eine ganze Teilnehmergruppe sind dem Leitungsteam oder einem Mitglied des Leitungsteams bereits von anderen Ausbildungseinheiten oder von ihrer Mitarbeit in der Jugendarbeit bekannt.
– *Fragebogenaktion:* Die Teilnehmer werden mit Fragebogen über ihre Vorerfahrungen und Erwartungen befragt. Dazu ist es notwendig, den feststehenden Teilnehmerkreis möglichst rechtzeitig vor der Ausbildung zu kennen.
– *Vortreffen der Teilnehmer:* Die Teilnehmer einer Ausbildung werden zu einem Vortreffen eingeladen, bei dem ein erstes Kennenlernen möglich wird und eine erste Erwartungsklärung erfolgen kann[16].
– *Die Einstiegsphase in die Ausbildung:* Falls kein Vortreffen und keine andere Möglichkeit zum Sich-Kennenlernen und zur Erwartungsklärung möglich war, hat die Einstiegsphase einer Ausbildung gerade auch unter diesem Aspekt eine besondere Bedeutung[17].

Eine bedeutende Möglichkeit zur Kontrolle, daß sowohl die Erfahrung der Teilnehmer als auch die begründeten – an den Erfahrungen der Teilnehmer ansetzenden – Inhalte zum Zuge kommen, ist das heuristische Strukturgitter.

Bei dieser Curriculumentwicklungsarbeit wird das Leitungsteam folgende Interessen im Blick haben:

„– Das Interesse, soziale Wirklichkeit unter Bindung an rational begründete Leitideen und Verfahrenskriterien zu verändern;
– das Interesse, solche Veränderungen nicht aus der Distanz auf fixe Ziele hin zu programmieren, sondern möglichst weit mit den betroffenen Subjekten aufzuklären und auszuhandeln;
– das Interesse, erarbeitete Handlungsentwürfe für individuell oder situativ bedingte Änderungen offen zu halten;
– das Interesse, zu Erkenntnissen über den Anregungsgehalt und die Lernwirksamkeit solcher Handlungsentwürfe zu kommen“[18].

Die Empfehlung der Bildungskommission des Deutschen Bildungsrates „Zur Förderung praxisnaher Curriculum-Entwicklung“ enthält übergreifende Gesichtspunkte, die die Arbeit eines Teams erleichtern, das versucht, curricularen Ansprüchen gerecht zu werden:

„– *Transparenz des Entwickungsprozesses,* z.B.: Offenlegung von Argumenten und Informationsquellen; Benennung zentraler Konflikt – und Konsensstellen; Durchsichtigkeit der Begründung spezifischer Projektziele;
– *Sicherung einer kritisch-experimentellen Haltung,* z.B.: Sucht die Gruppe (das Leitungsteam, W.T.) gezielt nach Alternativen und Differenzierungen? Unterwirft sie ihre Arbeit gelegentlich einer Diskussion mit Außenstehenden? Werden Begründungen kritisch geprüft – etwa durch einen Mitarbeiter, der Gegenargumente ausfindig zu machen hat? Symptom für das Fehlen dieser Haltung wäre auch die Angst vor ‚Fehlern‘, die unterschwellige Verurteilung von Einfällen und Versuchen, die vor dem Hintergrund des landläufigen Unterrichts (der landläufigen Gruppenleiterausbildung, W.T.) oder der eigenen Konzeption zunächst abwegig wirken;
– *wirksame Organisation des Entwicklungsprozesses,* z.B.: Liegt ein Organisationsplan vor? Sind die Mittel überlegt eingesetzt: Arbeitsteilung, Reibungsverluste, Kommunikationswege, Klarheit der Zuständigkeiten, Sicherung von Freiräumen für Einzel- und Gruppenarbeit?
  Besonders für den Bereich der Zielentwicklung haben die folgenden Merkmale Bedeutung:
– *Unverzerrtheit von Entscheidungssituationen,* z.B.: Konnten Entscheidungen über Ziele und Inhalte ohne Rücksichten auf äußere Abhängigkeiten, auf die projektinterne Machtverteilung, auf Praxiszwänge gefällt werden? Sind überhaupt abweichende Meinungen eingebracht worden?
– *Verarbeitung abweichender Interessen,* z.B.: Sind in der Diskussion unterschiedliche Interessen und Kompetenzen vertreten gewesen (...)? Sind abweichende Zielvorstellungen argumentativ ausgetragen worden?

– *Begründung von Zielen,* z.B.: Sind die Beziehungen der didaktischen Intentionen zu umfassenderen Ziel- und Inhaltsperspektiven geknüpft? Sind Hypothesen über solche Zusammenhänge als Annahmen kenntlich gemacht? Werden Beziehungen zu anderen Lernbereichen oder Kursen reflektiert?“[19].

Diese Methode der Curriculumentwicklung stellt an das Leitungsteam hohe Ansprüche, die in der Goldenen Regel (der Nächstenliebe, Mt 22, 37) ihre Kurzformel haben könnten: Das Leitungsteam muß die Fähigkeiten der Selbstbeobachtung, der Selbstkontrolle und der Selbstkritik haben. Es muß in einem Kommunikationsstil miteinander umgeben, der die einzelnen Mitglieder zu Wort kommen läßt, bei dem Behauptungen begründet werden, wobei Ängste, Hoffnungen und Selbstverständnisse offen gesagt werden können. Jeder soll seine Meinung äußern können und diese Meinung auch kritischen Rückfragen unterziehen lassen, ohne allzu große Angst davor, als Person in Frage gestellt zu sein[20].

– *Abschließende Gesamtauswertungen der Ausbildungseinheiten im Arbeitskreis Gruppenleiterausbildung:*

In der Arbeitsgruppe werden regelmäßig die veranstalteten Ausbildungseinheiten nachbesprochen. Das Leitungsteam jeder Einheit stellt seine Ausbildungsangebote vor, nennt besondere Probleme, eigene Schwierigkeiten, neue Ideen, es berichtet über die Inhalte und Methoden/Medien. Für diesen Bericht schreibt das Leitungsteam ein Protokoll der Tagung, aus dem die wichtigsten Grundinformationen ersichtlich sein müssen. Die Arbeitsgruppe kann dann Rückfragen stellen, Alternativen aufzeigen, Kritik und neue Ideen beisteuern. Wichtig ist, daß vor einer solchen Evaluationsphase in der Gesamtgruppe das Leitungsteam mit den Teilnehmern und in der Leitungsteamgruppe eine Nachbesprechung durchgeführt hat.

Für solche auswertenden Gespräche kann die Hilfe eines außenstehenden Praxisbegleiters oder Supervisors für den gemeinsamen Reflexionsprozeß eine Hilfe darstellen.

Schließlich bildet eine wesentliche Hilfe das didaktische Frageraster, wie es z.B. von Irene Klein für die Gruppenleiterausbildung entwickelt wurde[21]. In einem solchen Raster befinden sich Fragekataloge, die einem Leitungsteam während und vor den Ausbildungseinheiten Anleitung zur Reflexion gibt. Neben Fragen zur Zielgruppe, zum Leitungsteam, zum Thema der Ausbildung, zu den Zielen, Inhalten, Methoden und Medien, finden sich auch Fragen zum äußeren Rahmen, zum Vortreffen der Teilnehmer, zum Feedback und zur Heimkommenssituation. Es ist sinnvoll, daß sich jedes Leitungsteam eines solchen Rasters bedient; ein solches Raster kann natürlich auch aus den eigenen Erfahrungen entwickelt worden sein.

5.1.3 Die Bedeutung zentraler Bildungsstätten für die Entwicklung der Leitideen und für die Überprüfung der Lernwege

Eine kontinuierliche und planmäßige Curriculumentwicklung und Curriculumrevision für die Gruppenleiterausbildung in der kirchlichen Jugendarbeit hängt wesentlich davon ab, ob für diese Aufgaben entsprechende Arbeitsstellen eingerichtet werden, die die Rahmenkonzepte der Gruppenleiterausbildung weiterentwickeln und die einzelnen Konzepte der Mitgliedsverbände des BDKJ im Verhältnis zur Leitidee abstimmen. Diese Aufgaben können *zentrale Bildungsstätten* übernehmen, die für einzelne Diözesen oder in Kooperation verschiedener Diözesen für einen größeren Raum eingerichtet werden und für die entsprechende Personal- und Sachmittel zur Verfügung gestellt werden[22].

Ein Rückblick in die Geschichte der Jugendarbeit in der Bundesrepublik Deutschland zeigt, daß seit 1946 verschiedene zentrale Jugendbildungsstätten entstanden, die ursprünglich auch die Aufgaben der Jugendgruppenleiterausbildung – auch für den Bereich der Jugendverbände – übernehmen sollten[23].

Allerdings entwickelten sich die Jugendbildungsstätten zu relativ selbständigen Einrichtungen, die eigenständige Programme anboten, den Kontakt zu den Jugendverbänden verloren und die ursprüngliche Aufgabe der Gruppenleiterausbildung nicht erfüllten[24].

In jüngerer Zeit forderte Uwe Sielert im Blick auf die Ausbildung von Mitarbeitern im Rahmen des Konzeptes einer emanzipatorischen Jugendarbeit die Einrichtung von „regionalen sozialpädagogischen Zentren"[25]. Solche regionalen sozialpädagogischen Zentren seien vor allem deshalb erforderlich, weil sich Fortbildung „von der bloßen Reaktion auf jeweils akut aufgetretene Probleme im Tätigkeitsfeld des Mitarbeiters zu einer ständigen Qualifizierung weiterentwickeln (muß). Das bedeutet die erheblich quantitative und qualitative Ausweitung eines systematischen Fortbildungsangebots auf dem Hintergrund der Kooperation zwischen den an der Jugendarbeit beteiligten Trägern, freien Initiativen sowie beratenden Experteninstitutionen. Aus- und Fortbildung freier Mitarbeiter einer emanzipatorischen Jugendarbeit sollte nicht mehr allein Sache einzelner Trägerorganisationen mit ihrer verbandsspezifischen Ausrichtung sein, sondern es könnte in jeweils überschaubaren Regionen eine personell, finanziell und technisch ausreichend ausgestattete Einrichtung geschaffen werden, die neben der Beratung und Koordination der örtlichen Initiativen die Aus- und Fortbildung der Mitarbeiter organisiert und damit die bisher fehlende institutionalisierte Konfrontation von Wissenschaft und Praxis ermöglicht"[26].

Dabei legt Uwe Sielert besonderen Wert darauf, daß die Einrichtungen basisorientiert und demokratisch strukturiert aufgebaut werden[27]. Diese regionalen sozialpädagogischen Zentren, die möglichst auf Stadt- bzw. Kreisebene angesiedelt sein sollen, beschränken sich nicht nur auf die Mitarbeiterfortbildung, „sondern müssen diese einbetten in ein umfassendes Programm der Konzept- und Modellentwicklung bzw. -kontrolle. Die zu schulenden Mitarbeiter partizipieren im Sinne des forschenden Lernens an den jeweils laufenden Projekten und werden somit ständig mit einem innovativ wirksamen Theorie-Praxis-Bezug konfrontiert. Die Mitarbeiter dieser ‚Regionalen Sozialpädagogischen Zentren' werden zugleich ständig dazu genötigt, ihre qualifizierenden Angebote in der Realität zu erproben, um somit im Sinne der Aktionsforschung verändernd auf das Praxisfeld einzuwirken. Die jeweiligen Projekte (z.B. der Gruppenleiterausbildung, W.T.) können innerhalb bestehender Verbände und ihrer bisherigen Zielgruppen oder Arbeitsfelder gefunden werden, sollten jedoch darüber hinaus vor allem in jenen Bereichen initiiert werden, die bisher für die organisierte Jugendarbeit unerreichbar waren"[28].

Zum einen muß dieser Ansatz von Uwe Sielert kritisch danach befragt werden, ob mit den ausgeführten Ansprüchen (z.B. die Konfrontation ehrenamtlicher Mitarbeiter mit einem innovativ wirksamen Theorie-Praxis-Bezug) jugendliche Mitarbeiter nicht überfordert werden, zum anderen ist zum gegenwärtigen Zeitpunkt die Einrichtung solcher regionaler sozialpädagogischer Zentren schon allein aus finanziellen Gründen nicht verwirklichbar.

Im kirchlichen Bereich können schon bestehende Bildungsstätten (und je nach Bedarfsanalyse auch neu einzurichtende Bildungsstätten) auf Diözesanebene oder auf der Ebene eines Bundeslandes (in Kooperation mehrerer Diözesen untereinander) – unter dem Anspekt der Vermittlung von Theorie und Praxis – die Zusammenarbeit zwischen Wissenschaftlern, professionellen und ehrenamtlichen Jugendarbeitern und Leitungsteams der Gruppenleiterausbildung fördern. Im Hinblick auf die Gruppenleiterausbildung könnten zentrale Bildungsstätten dann folgende Aufgaben übernehmen:

- Exemplarisch *Curricula* für die Jugendgruppenleiterausbildung *entwikkeln, erproben und evaluieren.* Die Ergebnisse dieser Arbeit würden allen Mitarbeitern in der Gruppenleiterausbildung zugänglich gemacht. Diese Curricula sollen nicht als „Rezepte" aufgefaßt werden, sondern als Lehr-Lernmodelle, die je nach Adressaten neu verändert werden können.
- Die *wissenschaftliche Begleitung* von ausgewählten Gruppenleiterausbildungsangeboten in Form der Handlungsforschung vorbereiten und durchführen.
- Verbandsleitungen der Mitgliedsverbände des BDKJ bei der Konzeptentwicklung ihrer Ausbildungsangebote für Mitarbeiterinnen und Mitarbeiter *beraten.*

5.1.4 Möglichkeiten der Überprüfung, Auswertung und Weiterentwicklung

Evaluation wird verstanden als Bewertung und Auswertung des Lernprozesses. Während und nach einer Ausbildungseinheit für Jugendgruppenleiter muß die Evaluation prozeßorientiert sein, wenn diese Einheit als offenes Curriculum angelegt ist[29]. Eine solche Evaluation kann auf verschiedenen

Ebenen und zu verschiedenen Punkten im Ablauf des Lern- und Kommunikationsprozesses stattfinden.

Möglichkeiten zur Evaluation bestehen:

- nach jeder Arbeitseinheit,
- am Ende eines Arbeitstages (Nachbesprechung),
- am Ende der Ausbildungseinheit (Gesamtrevision),
- beim Nachtreffen der Teilnehmer,
- im Arbeitskreis „Gruppenleiterausbildung“,
- im Falle der Handlungsforschung im Austausch von Wissenschaftlern, Praktikern und Betroffenen.

Für den Bereich der kirchlichen Jugendarbeit stehen eine Vielfalt an Evaluationsmethoden zur Verfügung. Sie reichen vom einfachen Fragebogen über Rollenspiele bis zur gruppendynamischen Prozeßanalyse. Im folgenden werden nur exemplarisch einige Methoden angerissen, über die Vielzahl der Methoden und ihre spezifischen Möglichkeiten liegen sehr gute Methodenhandbücher vor, die zu solchen Zwecken gute Dienste leisten[30].

Evaluation nach jeder Arbeitseinheit:

Die Evaluation nach jeder Arbeitseinheit bietet eine direkte Rückmeldung an alle Beteiligten, was diese Arbeitseinheit bei den einzelnen Teilnehmern bewirkt hat. Eine mögliche Evaluation ist dafür die Methode „Blitzlicht“, die die Teilnehmer animiert, in einem kurzen Satz zu sagen, was sie gelernt haben, was sie als wichtig empfinden und wie sie sich im Moment der Befragung fühlen. Das Leitungsteam sollte sich ebenso wie die Teilnehmer beteiligen, weil seine Einschätzung des Lernprozesses den Teilnehmern wichtige Rückmeldungen gibt und Leitungsverhalten transparent machen kann. Die Aussagen sollen als Bekundung der subjektiven Eindrücke der einzelnen Teilnehmer ihre eigene Gültigkeit haben und daher nicht weiter diskutiert werden. Ist die Gruppe noch im Anfangsstadium oder besteht sie aus Anfängern in Gruppenarbeit, können diese Eindrücke auch anonym auf ein Blatt geschrieben werden, ausgetauscht und dann vorgelesen werden.

Eine aufwendigere Methode ist die Prozeßanalyse nach Tobias Brocher[31], bei der die Teilnehmer nach jeder Arbeitseinheit auf den Prozeß der Gruppe hin befragt werden. Im Anschluß an jede Arbeitseinheit füllen die Teilnehmer und das Leitungsteam einen Fragebogen aus, der die Einschätzung der Lern- und Kommunikationsprozesse in der Gruppe festhält. Die Auswertung der einzelnen Fragen wird auf Tabellen übertragen, die in ihren Koordinaten die positiven und negativen Wertungen zeigen und somit anschaulich den Entwicklungsprozeß der Gruppe illustrieren. Diese Tabellen können dann visueller Anlaß zu ständiger Reflexion aller werden. Systematisch werden sie in der täglichen Nachbesprechung vom Leitungsteam ausgewertet. Schließlich dienen sie der abschließenden Gesamtrevision der Tagung. Diese ursprünglich für die Erwachsenenbildung erarbeitete Prozeßanalyse wurde weitgehend in die Jugendarbeit übernommen[32] und verschiedenartig abgewandelt[33].

Evaluation am Ende des Tages (Nachbesprechung):

Die Nachbesprechung am Ende des Tages dient der Reflexion der Prozesse des ganzen Tages. Die Teilnehmer sagen je ihre Eindrücke aus dem Tagesablauf, die Anlaß zum Gespräch über die Lernsituationen und die Situation der Gruppe sein sollen und nicht etwa als Äußerungen bewertet und kontrolliert werden. Sie helfen zum Nachdenken und zeigen, daß Eindrücke ganz verschieden sein können, daß es Unterschiede zwischen Eigen- und Fremdwahrnehmung gibt. Ergänzend hat diese Nachbesprechung die Aufgabe der Einstimmung auf die Lernsituation des kommenden Tages[34]. Allerdings sollte die tägliche Nachbesprechung nicht zu einem starr einzuhaltenden Ritus werden, sondern die Evaluation kann auch zu jedem anderen Zeitpunkt des Lernprozesses erfolgen, wenn sie von den Teilnehmern und dem Leitungsteam als wichtig und anstehend betrachtet wird.

Evaluation am Ende der Ausbildungseinheit:

Eine Gesamtrevision am Ende der Ausbildungseinheit dient als Wiederholung und Vertiefung. Die Teilnehmer formulieren die Eindrücke, die sie mit in ihre Praxis nehmen: Was haben wir für unsere Gruppe gelernt? Welche Erfahrungen haben wir und das Leitungsteam gemacht? Diese Fragen leiten die inhaltliche Gesamtrevision.

Fragebogen können Einleitungshilfen in das Gespräch bieten. Andere Möglichkeiten sind beispielsweise Metaphermeditation, mit der „Bilder" für die Tagung gesucht werden[35], brainstorming, in dem alles zusammengetragen wird, was den Beteiligten zur Tagung einfällt, Kleingruppen, in denen das Schlußplenum vorbereitet wird u.a.m.[36]. Wichtig bei allen Evaluationsarten während eines Kurses ist die Dokumentation der geäußerten Eindrücke, Erfahrungen, Meinungen. Diese Dokumentation kann z.B. durch Handlungen wie Rollenspiele etc. dargeboten werden (enaktive Repräsentation), Bilder oder Grafiken können verwendet werden (ikonische Repräsentation) oder sie erfolgt durch schriftliche Aussage (symbolische Repräsentation)[37]. Ein Mitglied des Leitungsteams schreibt jeweils Stichpunkte der Evaluationsgespräche mit. Nur mit entsprechender Dokumentation wird eine abschließende Gesamtbesprechung der Ausbildung im Leitungsteam und im Arbeitskreis „Gruppenleiterausbildung" effizient.

Eine Art von Evaluation sind auch die von Teilnehmern gefertigten Protokolle der Ausbildung. Solche Protokolle sollen nur freiwillig entstehen, denn es ist nicht sinnvoll und würde der Offenheit der Curriculumarbeit widersprechen, die Teilnehmer zu einem Protokoll zu verpflichten. Jeweils zwei oder drei Teilnehmer können auch einen bestimmten Protokollteil übernehmen, den sie dann ausarbeiten und der Gesamtgruppe zugänglich machen. Ein solches Protokoll kann Aufschluß darüber geben, wie Arbeitseinheiten bei den Teilnehmern angekommen sind, was die Teilnehmer vom Gelernten als wichtig erachten, wo Lücken zu beobachten sind. Eine andere Möglichkeit stellt das „Gruppentagetuch" dar, in dem die Teilnehmer ihre Beobachtungen und Erfahrungen festhalten.

Schließlich weise ich noch auf Evaluationsmöglichkeiten hin, die sich aus den neuerdings auch in der kirchlichen Jugendarbeit zur Verfügung stehenden modernen technischen Aparaturen, wie z.B. Video-Recordern ergeben. Während einer Ausbildung kann eine Teilnehmergruppe einen Film über die

Ausbildung drehen. Aufgabe dabei ist, alles das, was der Filmmannschaft wichtig scheint, mitzufilmen. Ein solcher Film kann ebenfalls Anlaß zu Evaluationsgesprächen sein.

Evaluation nach der Ausbildung (Nachtreffen):

Das während einer Ausbildung Gelernte hat seine Bewährungsprobe in der Alltagspraxis des Gruppenleiters zu bestehen. Das ist die entscheidende Evaluation. Allerdings läßt sich diese Alltagspraxis sehr schwach überprüfen. Der Gruppenleiter soll aber nach der Ausbildung nicht das Gefühl haben müssen, mit dem pädagogischen Alltag alleingelassen zu sein. Zum einen können Treffen vereinbart werden, bei denen Alltagserfahrungen im Interpretationsrahmen der während der Ausbildung gemachten Erfahrungen reflektiert werden, bei denen die Teilnehmer also ihre persönlichen Probleme und die Probleme mit ihrer Gruppe einbringen können. Zum anderen können ständige Kontaktmöglichkeiten (Jugendbüro, Jugendgruppenleiterrunde etc.) institutionalisiert werden, bei denen die Teilnehmer andere Teilnehmer, andere Gruppenleiter und Mitglieder des Leitungsteams ansprechen können. Auch solche Runden können einen Beitrag zu einer Evaluation nach der Ausbildung leisten. Auch deshalb scheint es notwendig, daß die Gruppenleiterausbildung nur für einen jeweils überschaubaren räumlichen Bereich angeboten, so daß sich solche Treffmöglichkeiten ohne Schwierigkeiten realisieren lassen.

Jugendliche Gruppenleiter brauchen beständige Begleitung ihrer Arbeit im Alltag[38]. Die bestmöglichste Evaluation kann in *Praxisanleitungsrunden* erfolgen. Hier kann ganz konkret an Alltagsproblemen der Gruppe und im Umgang miteinander festgestellt werden, inwieweit die angebotenen Ausbildungsmöglichkeiten tatsächlich zur Bewältigung des Gruppenleiterseins und seiner Schwierigkeiten helfen und inwieweit angestrebte Verhaltensänderungen und pädagogische sowie theologische Ziele in Wirklichkeit umgesetzt werden. In diesen Praxisberatungen sind ausgebildete Berater von Nöten. Diese Beratungsfunktion können erwachsene ehrenamtliche Mitarbeiter übernehmen: Die Hilfe zur Reflexion der Arbeit ist eine der wichtigsten Aufgaben, die der Synodenbeschluß dem erwachsenen Mitarbeiter zuspricht[39].

5.2 Die Ausbildung der Ausbilder: Qualifikationen für Leitungsteams

Die Leitungsteams der Gruppenleiterausbildung, in denen in der Regel ehren- und hauptamtliche erwachsene Mitarbeiter zusammenarbeiten, müssen dazu qualifiziert werden, die ihnen entsprechend einer curricularen Konzeption der Gruppenleiterausbildung und entsprechend der Rahmenrichtlinien kirchlicher Jugendarbeit zukommenden Aufgaben erfüllen zu können.

Für die Qualifizierung der Mitarbeiter in der Gruppenleiterausbildung lassen sich im Überblick folgende Ziele benennen:

Die Teilnehmer sollen

- Kenntnisse über die verschiedenen Ansätze und Theorievorstellungen der Jugendarbeit erwerben,
- sich Kenntnisse über soziologische, psychologische, psychoanalytische und erziehungswissenschaftliche Theorien zum Jugendalter aneignen,
- Zielvorstellungen kirchlicher Jugendarbeit kennenlernen,
- die Theologie auf ihre Beiträge zur Jugendarbeit befragen können,
- die Methode der christlich verantworteten Gruppe mit ihren gruppenpädagogischen und gruppendynamischen Implikationen verstehen lernen,
- fähig werden, die Zielvorstellungen kirchlicher Jugendarbeit in kommunikativer Praxis mit den Teilnehmern einer Ausbildung zu verwirklichen,
- die curricularen Überlegungen einschließlich der Gedanken über ein ganzheitlich-mehrdimensionales Lernen in der Gruppenleiterausbildung kennenlernen und in der Lage sein, eine Ausbildung nach curricularen Gesichtspunkten zu entwickeln, durchzuführen und zu evaluieren,
- fähig werden, sich selbst zu kontrollieren, eigene Verhaltensweisen in Frage stellen zu lassen und bei sich selbst Verhaltensänderungen vorzunehmen,
- eigene Erfahrungen und die Erfahrungen anderer im christlichen Sinndeutungshorizont verstehen lernen.

In der Ausbildung muß die Sensibilität für das mitmenschliche Interagieren geweckt und gefördert werden.

Die Ausbildung wird durch die Arbeit in der Praxis durch die Form des Praktikums ergänzt. Viele Erkenntnisse und Einsichten werden in der Zusammenarbeit mit einem Team während einer Gruppenleiterausbildung gewonnen. Es ist deshalb wichtig, daß jeder, der diese lernt, selbst als Praktikant einen Ausbildungsgang mit kleinen Arbeitsaufträgen für wenige Arbeitseinheiten mitmacht. Er muß dabei in das Team integriert sein und die Ausbildung miterleben von der ersten Vorbesprechung im Leitungsteam bis zur abschließenden Evaluation im Arbeitskreis Gruppenleiterausbildung.

Die Ausbildung der Ausbilder ist gleichzeitig Modell für die Gruppenleiterausbildung insofern, als in ihr eine Verschränkung von Theorie und Praxis vorgenommen wird, wie ich sie auch für die Gruppenleiterausbildung für dringend notwendig halte. Das Leiterverhalten ist Modell für das zukünftige Leiterverhalten der Ausbildungsteilnehmer und bedarf gerade deshalb einer verstärkten Reflexion, wobei diese Reflexion allen Ausbildungsteilnehmern zugänglich gemacht werden muß, weil daraus wichtige Handlungsorientierungen für die zukünftige Praxis gewonnen werden können.

5.2.1 Ein Beispiel: Teamerausbildung der Katholischen Jungen Gemeinde in der Erzdiözese Freiburg

Die Teamerausbildung der Katholischen Jungen Gemeinde (KJG) ist ein Angebot für ehrenamtliche Mitarbeiter, die sich für die Mitarbeit bei Ausbildungskursen für jugendliche Gruppenleiter/innen der KJG qualifizieren wollen. Die Ziele dieser Ausbildung werden folgendermaßen beschrieben:

„Die Teamerausbildung soll die zukünftigen Leitungsteamer befähigen, Lernprozesse in Groß- und Kleingruppen auf einem Kurs anzuregen, zu begleiten und auszuwerten. Dafür sind notwendig:
- Persönliche Fähigkeiten als Teamer (Urteilsfähigkeit, Flexibilität, Kritikfähigkeit, Lernbereitschaft),
- Fähigkeit zur Planung von Gruppenleiterkursen (Gruppenprozesse einschätzen und strukturieren, Methodenkenntnisse, Inhalte begründen, Interessen der Teilnehmer wecken und berücksichtigen, Kenntnisse der Situation von Jugendlichen, Ziele auswählen und begründen),
- Fähigkeiten zum eigenen Leiterverhalten (Leitungsteam begründen, Lernprozesse begleiten und auswerten, Reflexionsfähigkeit)“[40].

Die an dieser Ausbildung teilnehmenden Mitarbeiter müssen mindestens 18 Jahre alt sein und Erfahrungen aus der Jugendarbeit innerhalb der Katholischen Jungen Gemeinde mitbringen.

In den Jahren 1979 bis 1982 war ich als Bildungsreferent des BDKJ in der Erzdiözese Freiburg Mitglied des Leitungsteams der Ausbildung[41].

5.2.1.1 Gestaltung der Ausbildungseinheiten

Die Teamerausbildung der KJG ist in drei Kursphasen aufgeteilt: Zu Beginn der Ausbildung steht ein fünf- bis sechstägiger Ausbildungsblock. Nach dieser ersten Ausbildungseinheit hospitieren die Teilnehmer bei einer Grundausbildung für Gruppenleiter in einem erfahrenen Team. Diese Praxisphase wird abgeschlossen mit einem gemeinsamen Wochenende, bei dem die Erfahrungen aus den Praktika zusammengetragen werden und eine inhaltliche Strukturierung des zweiten – ebenfalls fünf- oder sechstägigen – Ausbildungsblocks vorgenommen wird.

Kursphase I

Für die erste Kursphase des Ausbildungskurses 1981 wurden folgende Ziele vom Leitungsteam angestrebt: Die Teilnehmer sollen
- sich untereinander und das Leitungsteam kennenlernen (1);
- ihre eigenen Vorerfahrungen mit Lernen aktualisieren; aufgrund dieser Vorerfahrungen und aufgrund theoretischer Eingaben ein Lernverständnis formulieren, das für die zukünftige Kurspraxis handlungsorientierend sein soll (2);
- aufgrund dieses Lernverständnisses Orientierungen für das Lernen während der Ausbildung in Form von Leitlinien entwickeln (3);
- das Handlungsfeld eines Kursleiters und die dieses Feld beeinflussenden Faktoren kennenlernen (4);
- aufgrund der Analyse der zukünftigen Aufgabe als Kursleiter die Inhalte benennen, die sie während der Ausbildung erarbeiten wollen und darüber mit dem Leitungsteam zu einer Vereinbarung kommen (5);
- Grundelemente der Kursplanung kennenlernen und anwenden lernen (6);

- die Situation der jugendlichen Gruppenleiter, die die zukünftigen Kurse besuchen werden, zu erhellen suchen in den zwei Ebenen: der Jugendliche in seiner Rolle als Jugendlicher, der Jugendliche in seiner Funktion als Gruppenleiter (7);
- Möglichkeiten der Lernprozeßorganisation einschließlich der Frage nach Methoden und Medien kennenlernen (8);
- das anstehende Praktikum vorbereiten und die damit zusammenhängenden inhaltlichen und organisatorischen Fragen klären (9);
- und schließlich während des Kurses und am Kursende den Kursablauf reflektieren mit der Überlegung, wie der Lernprozeß des Kurses gestaltet wurde und welche Konsequenzen für das eigene zukünftige Kursleiterhandeln daraus gezogen werden können (10).

Zur Erreichung dieser Ziele werden folgende Lernsituationen angeboten:

zu 1:
Die Ausbildung beginnt mit dem Abendessen, bei dem die Teilnehmer, die in Tischgruppen sitzen, bereits eine kommunikative Aufgabe (gegenseitiges Kennenlernen) gestellt bekommen. Anschließend findet ein „Stationenlauf" statt, bei dem die Teilnehmergruppen in einzelnen Stationen
- sich Bilder aussuchen, um sich als Gruppe anhand der ausgewählten Bilder anschließend im Plenum vorzustellen;
- Erwartungen und Befürchtungen hinsichtlich der Ausbildung sammeln;
- einen kreativen Entwurf für das „Markenzeichen" der KJG entwickeln;
- die Frage beantworten, warum sich die einzelnen Gruppenteilnehmer zur KJG-Teamerausbildung angemeldet haben;
- sich im Gespräch darüber austauschen, wie die Gruppenteilnehmer die der Kursphase vorangegangenen Weihnachtsferien verbracht haben.

In einem abschließendem Plenum werden bei einer Feuerzangenbowle die Ergebnisse ausgetauscht.

Zu 2:
Schritt 1: Situationen definieren, in denen die Teilnehmer sich in verschiedenen Bereichen als Lernende erfahren haben.
Methode: Bildbetrachtung anhand von Dias mit unterschiedlichen Lernsituationen
Arbeitsform: Plenum

Schritt 2: Die Teilnehmer machen sich ihre eigenen Erfahrungen mit Lernen bewußt und konfrontieren ihre subjektiven Erfahrungen mit den Erfahrungen anderer.
Methode: Reflexionsfragen
Arbeitsform: Einzelarbeit, Gruppenarbeit

Schritt 3: Auseinandersetzung mit unterschiedlichen Lernansätzen (z.B. mit dem KJG-Lernverständnis „Die KJG als Lernbewegung") mit dem Ziel, ein vorläufiges eigenes Lernverständnis zu entwickeln.

Methode: Schriftliche Vorgaben verschiedener Lernansätze
Arbeitsform: Kleingruppenarbeit mit anschließendem Austausch und Zusammenfassung im Plenum

Zu 3:
Formulierung von Vorstellungen, wie während der KJG-Teamerausbildung gemeinsam gelernt werden soll.
Methode: Reflexionsfragen/Erstellung einer Prioritätenliste
Arbeitsform: Einzelarbeit, Zweierarbeit, Kleingruppe, Plenum mit Vereinbarung von Lernregeln für die Ausbildung

Zu 4:
Auseinandersetzung mit Rahmenbedingungen der Schulungsarbeit in der KJG anhand der Curriculumdeterminanten Adressaten (Jugendliche), Fachwissenschaften (pädagogische und theologische Überlegungen zur Ausbildung), Gesellschaft (Erwartungen der Kirche, der KJG, der Eltern etc.).
Methode: Brainstorming zu den Rahmenbedingungen, Strukturierung des Bedingungsrahmens auf Folie (Overheadprojektor)
Arbeitsform: Plenum

Zu 5:
Anhand der Analyse des Bedingungsrahmens der Ausbildung in der KJG Formulierung inhaltlicher Erwartungen an die Teamerausbildung; Vereinbarung über die weitere inhaltliche Kursgestaltung
Methode: Bau eines „Kurshauses" mit unterschiedlichen Bausteinen vom Fundament bis zum Dach – Baumaterial: von den Teilnehmern erstellte Einzelbausteine, auf denen inhaltliche Erwartungen fixiert sind.
Arbeitsform: Einzelarbeit, Plenum

Zu 6:
Vorstellen des didaktischen „Doppelkreismodells"[42]
Methode: Vorstellung und Erläuterung der Entscheidungsfelder eines Lehr/Lernprozesses mit Folien/Overheadprojektor
Arbeitsform: Plenum

Zu 7:
Erarbeitung der Situation der Adressaten der Gruppenleiterausbildung: Jugendliche als Jugendliche und in ihrer Aufgabe als Gruppenleiter/innen
Methode: Jeder Teilnehmer malt das Bild eines Jugendlichen, der ihm persönlich bekannt ist und hält in diesem Bild Aussagen über die Situation junger Menschen fest.
Arbeitsform: Einzelarbeit, Plenum

Zu 8:
Entwicklung eines Lernarrangements für eine Lernsituation in der Gruppenleiterausbildung
Methode: Auswahl einer in der Ausbildung möglichen Arbeitseinheit, Konsultierung entsprechender Literatur, Entwurf eines Lernarrangements
Arbeitsform: Kleingruppen, Plenum

Zu 9:
Klärung der mit dem anstehenden Praktikum zusammenhängenden Fragen
Methode: Erwartungs- und Fragensammlung zu dem Praktikum
Arbeitsform: nach regionalen Gesichtspunkten zusammengestellte Arbeitsgruppen, Plenum

Zu 10:
Reflexionen über den Lern-, Gruppen- und Kommunikationsprozeß werden immer dann angeboten, wenn das Leitungsteam oder die Teilnehmer den Wunsche danach anmelden und eine gemeinsame Entscheidung über die Notwendigkeit der Reflexion herbeigeführt ist.
Darüberhinaus werden die Leitungsteamsitzungen immer „offen" abgehalten, d.h. die Ausbildungsteilnehmer können sich an den Teamsitzungen beteiligen.
Am Schluß der ersten Ausbildungsphase findet eine ausführliche Reflexion statt.
Methode: Brainstorming, Blitzlicht, Fragebögen, offene Teamsitzungen
Arbeitsform: Einzelarbeit, Gruppenarbeit, Plenum
Während der ganzen Ausbildung wird täglich in der Abendzeit die Möglichkeit zu einem einstündigen Glaubensgespräch angeboten; außerdem wird zweimal die Eucharistie miteinander gefeiert.

Durch Tageseinstiege werden ebenfalls spirituelle Impulse gegeben.

Praxisphase und Zwischentreffen

In der Praxisphase hospitieren die Ausbildungsteilnehmer in einem Leitungsteam, das einen Grundkurs für Gruppenleiter plant, durchführt und auswertet. In diesen Teams ist in der Regel ein hauptamtlicher Mitarbeiter der Praxisbegleiter des Hospitanten.
Zur Vorbereitung des Praktikums setzt sich der Praktikant Ziele, die er zusammen mit dem Leitungsteam des Grundkurses und einem Leiter der KJG-Teamerausbildung bespricht. Bei diesem Gespräch werden Vereinbarungen über die konkrete Form der Mitarbeit im Praktikum und die anstehenden Lernmöglichkeiten getroffen. Jeder Ausbildungsteilnehmer soll mindestens eine Arbeitseinheit eines Grundkurses selbständig planen, durchführen und auswerten, um sich selbst in der Leitungsrolle zu erfahren.

Am Schluß dieser Praxisphase findet ein Auswertungswochenende statt, bei dem die Teilnehmer
- ihr Praktikum anhand von Leitfragen reflektieren sollen (1);
- eine inhaltliche Strukturierung der zweiten Kursphase aufgrund der gewonnenen Praxiserfahrungen, des in der ersten Kursphase entwickelten „Kurshauses" und der inhaltlichen Vorstellungen des Leitungsteams entwickeln sollen (2);

Dazu werden folgende Lernsituationen angeboten:

Zu 1:
Schritt 1: Die Teilnehmer aktualisieren ihren bisherigen Lernweg in der KJG-Teamerausbildung
Methode: Malen eines Bildes mit dem Thema „Mein Kursweg seit meiner Anmeldung zur Teamerausbildung der KJG“
Arbeitsform: Einzelarbeit, Plenum

Schritt 2: Reflexion der Praktikumserfahrungen
Methode: ausführlicher Reflexionsfragebogen
Arbeitsform: Einzelarbeit, Plenum

Zu 2:
Gemeinsame inhaltliche Planung der zweiten Kursphase
Methode: Überprüfung der bisherigen „Kursbausteine“, Entwicklung neuer Bausteine, gemeinsame „Umbauarbeiten“ am „Kurshaus“
Arbeitsform: Einzelarbeit, Plenum
Auch an diesem Wochenende wird die Möglichkeit zum Glaubensgespräch angeboten und die sonntägliche Eucharistie miteinander gefeiert.

Kursphase II

Für die zweite Kursphase werden aufgrund der Vereinbarungen während des Zwischentreffens folgende Ziele gesetzt:
Die Teilnehmer sollen
- die gruppenpädagogischen und gruppendynamischen Implikationen der Arbeit mit einer Kursgruppe kennenlernen (1);
- anhand von Einzelbeispielen Leiterverhalten (Begleitung des Gruppen- und Lernprozesses, Gesprächsleitung) einüben (2);
- Ziele und Wertvorstellungen der Gruppenleiterausbildung innerhalb der KJG kennenlernen und eigene Entscheidungen hinsichtlich der Ziel- und Wertvorstellungen treffen können (3);
- die in der ersten Kursphase gewonnenen Kenntnisse über die Kursplanung vertiefen (4);
- Einzelprobleme der Jugendarbeit nach Interesse bearbeiten (5);
- weiterhin sich in der Reflexion des Lern-, Gruppen- und Kommunikationsprozesses üben (6).

Um diese Ziele zu erreichen, werden folgende Lernsituationen angeboten:

Zu 1:
Beschäftigung mit Gruppensituationen anhand der eigenen Praxiserfahrungen und Analyse anhand von Theorieeingaben aus der gruppenpädagogischen Theorie.
Methode: Besprechung von Fallbeispielen und Theorievorlagen dazu
Arbeitsform: Kleingruppen

Zu 2:
Einübung von Leiterverhalten anhand von Fallbeispielen zu ausgewählten Leitungsproblemen
Methode: Fallbesprechung, Rollenspiele mit Auswertung
Arbeitsform: Kleingruppen, Plenum

Zu 3:
Auseinandersetzung mit Zielen und Wertvorstellungen kirchlicher Jugendarbeit anhand des Synodenbeschlusses über Ziele und Aufgaben kirchlicher Jugendarbeit und des didaktischen Strukturgitters[43].
Methode: Erarbeitung des Synodenbeschlusses und des didaktischen Strukturgitters
Arbeitsform: Kleingruppen, Plenum

Zu 4:
Versuch der im didaktischen Strukturgitter vorgestellten Verschränkung von inhaltlichen Ansprüchen an die Ausbildung jugendlicher Gruppenleiter/innen, der Situation junger Menschen und der Handlungsbereiche jugendlicher Gruppenleiter/innen zur Begründung von Inhalten der Ausbildung
Methode: Diskussion und Festlegung von Kursinhalten für die Grundausbildung jugendlicher Gruppenleiter/innen
Arbeitsform: Kleingruppen

Zu 5:
Bearbeitung von Einzelproblemen der Jugendarbeit nach geäußertem Interesse (Sexualpädagogik, Teamarbeit, Lebensberatung)
Methode: Gespräch
Arbeitsform: Interessengruppen

Zu 6:
Fortsetzung der in der ersten Kursphase begonnenen Reflexionen des Lern-, Gruppen- und Kommunikationsprozesses in der Ausbildungsgruppe; intensive Kursauswertung
Methode: Blitzlicht, Metaphermeditation, Fragebögen, Malen des Kursweges bis zum Abschluß der Ausbildung, offene Teamsitzung
Arbeitsform: Einzelarbeit, Kleingruppe, Plenum
Auch in der zweiten Kursphase wird täglich die Möglichkeit zum Glaubensgespräch angeboten und Gottesdienste miteinander gefeiert.

5.2.1.2 Kritische Bewertung dieses Ausbildungsmodells

Die KJG-Teamerausbildung hat sich in der vorgestellten Form als ein Lernweg erwiesen, in dem die Verbindung von Theorie und Praxis durch die Verzahnung von Ausbildungsblöcken und der intensiv begleiteten Praxisphase gelingt. In der Dreiteilung Ausbildungsphase I – Praxisphase – Ausbildungsphase II ist bereits das Modell grundgelegt, das nach meiner Darstellung[44]

auch für die Grundausbildung jugendlicher Gruppenleiterinnen und Gruppenleiter besonders geeignet scheint. Somit ist die Ausbildung der Ausbilder formal das Vorbild für die von den Teilnehmern zukünftig selbst zu gestaltenden Kurse. In der Durchführung der Ausbildung hat sich gezeigt, daß die Teilnehmer großes Interesse an theologischen Fragestellungen haben, wie sie sich beispielsweise aus dem Synodenbeschluß ergeben. Durch die Vorgabe des didaktischen Strukturgitters und die darüber geführte Diskussion konnten Zusammenhänge zwischen Theologie, Pädagogik, der Lebenssituation junger Menschen und der Handlungsbereiche jugendlicher Gruppenleiter so aufgewiesen werden, daß die Teilnehmer zur selbständigen Begründung von Kursinhalten motiviert wurden.
Für die Ausbildung unverzichtbar ist die Praxisphase, weil die selbst erlebte Ausbildungspraxis wesentliche Fragestellungen für die zweite Kursphase erbringt und bei den Teilnehmern eine hohe Motivation für die Beschäftigung mit den verschiedenen Dimensionen des Leiterverhaltens weckt. Zudem werden durch die unterschiedlichen Praxisberichte vielfältige Impulse zum Nachdenken über die unterschiedlich durchgeführten und unterschiedlich erfahrenen Ausbildungskurse gegeben.

Die Beschäftigung mit dem Thema „Lernen" in der ersten Kursphase ist deshalb wichtig, weil die Teilnehmer Lernen allzu oft nur mit schulischem Lernen identifizieren. Durch die Beschäftigung mit unterschiedlichsten Lernsituationen wird ein breiteres Lernverständnis geweckt und ein ganzheitlich-mehrdimensionales Lernen als Zielvorstellung verständlich gemacht.

Bei der durchaus positiven Bewertung dieses Ausbildungsangebots durch die Teilnehmer darf nicht übersehen werden, daß die erreichten Qualifikationen durch die Mitarbeit in reflektierenden Ausbildungsteams weiterentwickelt werden müssen.

Ausreichende Sicherheit in der Beurteilung von Lern- und Gruppensituationen und in daraus resultierende Leiterinterventionen können nur in ständiger Praxisarbeit erworben werden.

Als Ausbildung der Ausbilder vermag die Teamerausbildung der KJG Handlungsorientierungen zu vermitteln, die für die anstehende Praxis hilfreich sind.

Anmerkungen

Vorwort:

1 Vgl. D. Knab 1982.
2 Synodenbeschluß „Ziele und Aufgaben kirchlicher Jugendarbeit" 1976, 299.
3 Vgl. ebd., 299.
4 Vgl. dazu auch R. Münchmeier/E. Sander 1983.
5 Vgl. G. Biemer 1974 a.
6 Auf die mit dem Verständnis der Religionspädagogik als Handlungswissenschaft entstehenden Fragen nach einer entsprechenden Forschungsmethodik gehe ich ein in: W. Tzscheetzsch 1984.

Kapitel 1:

1 Zur Geschichte der kirchlichen Jugendarbeit im Dritten Reich vgl. P. Hastenteufel 1961, 40-44 (Diese von P. Hastenteufel 1961 vorgelegte Dissertation wurde später zweibändig veröffentlicht: P. Hastenteufel 1962; P. Hastenteufel 1963). Ausführlicher stellt P. Hastenteufel die Geschichte kirchlicher Jugendarbeit im 1. Band seines Handbuchs der Jugendpastoral dar: P. Hastenteufel 1967, insbesondere 163-296. Die Geschichte des Katholischen Jungmännerverbandes in der Zeit von 1933-1939 unter besonderer Berücksichtigung der Rheinprovinz wird ausführlich referiert von B. Schellenberger 1975. Einen persönlichen Erfahrungsbericht über die Jugendarbeit in der Nazi-Zeit gibt O. Neisinger 1982. Eine kurze Zusammenfassung der Entwicklungen bietet W. Sondermann 1983, insbesondere 27-31. Zur Situation in Baden vgl. J. Maier 1983, 103-123.
2 P. Hastenteufel 1961, 45. Die durch die Zeitumstände bedingte Überalterung der Führerschaft wird auch kritisch gesehen: „Überalterung der Führerschaft ist natürlich: über ein Jahrzehnt war die katholische Jugend dazu verurteilt (gewesen), ihr Gemeinschaftsleben aufzugeben und in der Sakristei zu leben. Das ging auch und hat mancherorts Kräftigung und Vertiefung gebracht; auch neue religiöse Ansätze, die sich heute vor allem in der Verantwortung gegenüber dem sozialen Bereich kundtun. Wo junge Führerschaft nicht mehr nachwachsen konnte, muß ‚die alte Garde noch Dienst tun'. Sie wird alle Kraft darauf verwenden müssen, junge Führerschaft heranzuziehen. Die Aufgaben der reiferen jungen Männer liegen auf anderen Gebieten des innerkirchlichen wie volklichen Lebens. Man darf die Gefahr nicht übersehen, daß die Älteren sich dazu verleiten lassen, Lebensform und Denkweise der Jüngeren beizubehalten, was ganz unleidlich wirkt, zumal dann, wenn sie es als ‚apostolische Notwendigkeit' ausgeben". Bericht „Jungführer in Fürstenried" 1948, o.S.
3 Vgl. W. Bokler 1955, 21f. Neben L. Wolker waren am Neuaufbau H. Klens, früherer Präses der Jungfrauenvereine, Pater L. Esch vom Bund Neudeutschland und der frühere Redakteur der Zeitung „Michael" J. Maasen besonders beteiligt. Vgl. dazu S. Baumgartner/B. Börger 1973, 9.
4 L. Wolker 1945, 1. L. Wolker hatte bereits am 25. Juli 1945 noch – vor der Berufung durch den Deutschen Episkopat nach Altenberg – vom Ammersee aus einen Brief an seine Freunde in den Besatzungszonen geschrieben, in dem er auf den Aufbau des Jungführertums als Diakonat der Jugend der Kirche in Zusammenarbeit mit der priesterlichen Führung drängt; in: W. Bokler 1955, 109-113, hier insbesondere 111.
5 Vgl. L. Wolker 1945, 2.
6 Vgl. Beschluß Bonn-Pützchen 1945, 1. Die vom Deutschen Episkopat herausgegebenen „Richtlinien für die katholische Jugendseelsorge" waren im April 1936 in den Amtsblättern der Diözesen veröffentlicht worden. In diesen Richtlinien wird die Dring-

lichkeit einer planmäßigen Jugendseelsorge betont, das Erziehungsrecht und die Erziehungsziele sowie die Erziehungswege der Kirche verdeutlicht und als besonderes Ziel aller Jugendseelsorge die Bildung von religiös und apostolisch lebendigen Menschen benannt. Gleichzeitig wird darauf hingewiesen, daß sich die Jugendarbeit im Sinne und Rahmen der katholischen Aktion vollzieht. Die kirchliche Jugendarbeit wird als Pflichtaufgabe der ordentlichen Seelsorge gesehen, wobei die Mitarbeit von Jugendlichen in der Jugendführung als unentbehrlich bezeichnet wird. Nach Auflösung der kirchlichen Jugendverbände werden jugendliche Lebensgemeinschaften (Kernscharen), die in der Gemeinde angesiedelt sind, gefordert. Vgl. dazu „Richtlinien für die katholische Jugendseelsorge", hrsg. vom Deutschen Episkopat im April 1936. Dokumentiert in: P. Hastenteufel, 1967, 334-338.

7 Beschluß Bonn-Pützchen, 1945, 1.

8 Ebd., 3.

9 Protokoll Salmünster 1945, 10. Auch im ersten Ausbildungsplan für männliche Führer in der Erzdiözese Köln wird betont, „daß man auf das verantwortliche Mittragen der Laien, also auch von Jungführern, in der Kirche heute nicht mehr verzichten darf, und zwar nicht aus Opportunitätsgründen oder aus persönlicher Auffassung der Jugendarbeit, sondern weil es zum vollen Leben der Kirche gehört. Um dem Jugendlichen Raum zu geben, braucht es immer wieder Mut, Glaube auch an seinen Auftrag, denn gerade bei ihm, der selber noch in der Entwicklung steht und seinen Kompetenzenbereich sehr leicht übersteigt, wird es öfter Schwierigkeiten geben müssen, aber die Enttäuschung, die er sich und anderen bereitet, darf nicht dazu verführen, auf sein Mittun verzichten zu wollen. Es ist eine Grundvoraussetzung der Kirche und darum auch der Arbeit unter der Jugend, daß man den Laien ernst nimmt. Darum auch ist die Bildung des Jungführers von besonderer Bedeutung und durch diese ganze Planung auch gefordert. ... Wo der Jungführer in der Pfarrei Raum hat und die Notwendigkeit seiner Bildung gesehen wird, da braucht man um lebendige Bewegung nicht besorgt zu sein." Erzbischöfliches Jugendamt der männlichen Jugend Köln 1945, 3.

10 Vgl. Dezemberbericht 1945, 8. Zum Begriff des Diakonats der Jugend vgl. auch L. Wolker 1943, in: W. Bokler 1955, 82-92.

11 Dezemberbericht 1945, 8.

12 Vgl. dazu L. Wolker 1928 a, in: W. Bokler 1958, 47f. und L. Wolker 1928 b, in: W. Bokler 1958, 50-57.

13 L. Wolker 1928 b, in: W. Bokler 1958, 54.

14 Ebd., 54.

15 Ebd., 55.

16 Der BDKJ gliederte sich – der Forderung der bischöflichen Kommission vom November 1945 entsprechend (vgl. Anm. 6) – kirchenorganisch in Pfarrei, Dekanat, Diözese und Bundesebene. O. Neisinger betont die Bedeutung der Altersstufen: „Die 10-14jährigen bilden die *Jung-* und die *Frohschar,* die 14-18jährigen die *Jungenschaft* und *Mädchenjugend,* die 18-25jährigen die *Jungmannschaft* und die *Frauenjugend.* Unterste Einheit ist jeweils die Gruppe, die Abteilung oder Arbeitsgemeinschaft (Grundzahl 10-15 Mitglieder). Aus diesen Grundgemeinschaften erwächst der Bund in Pfarrei, Dekanat, Diözese und Bundesrepublik." O. Neisinger 1955, 184 (Hervorhebungen von W.T.).

Der BDKJ bestand aus dem *Stamm* als eigenständiger Gemeinschaft der Gruppen der katholischen Jungmännergemeinschaft und der katholischen Frauenjugendgemeinschaft in Pfarrei, Dekanat und Diözese (Grundlage dieser Arbeit: die „Stammordnung") und aus den Gliedgemeinchaften als „Spezialgemeinschaften katholischer Jugend, die entweder die Jugend bestimmter Sozialschichten erfassen oder ihre Mitglieder nach bestimmten Erziehungsmethoden formen und führen". O. Neisinger, 1955, 185.

17 Bundesordnung BDKJ, 1948, Sätze 21-26. Wichtige Vorarbeiten für die Bundesordnung wurden geleistet bei der III. Hauptkonferenz der katholischen Jugendseelsorge und Jugendorganisation vom 24.-29. April 1947 in München-Fürstenried.

18 Vgl. P. Hastenteufel 1961, 60.

19 Hirtenwort der Fuldaer Bischofskonferenz 1947, in: W. Bokler 1958, 103.

[20] L. Wolker 1950 a, 294. Das Zusammenspiel von priesterlicher Führung und Laienführung beschreibt der Trierer Diözesanjugendseelsorger J. Müller im Informationsdienst des Hauses Altenberg ausgesprochen bildhaft: „Bei der Darstellung, welche Funktion der Laie im Aufbau der katholischen Aktion hat, entsteht oft das Bild: der Laie ist der verlängerte Arm der Hierarchie. Er stellt die Verlängerung der Einflußphäre der Hierarchie dar. Der Priester kommt nicht einfach in die äußeren Bereiche des natürlichen Lebens, darum ist diese Verlängerung notwendig. Diese Auffassung ist reichlich mechanisch und gibt der Eigenständigkeit der Funktion des Laien zu wenig Raum. Richtiger ist, das als Bild zu nehmen; was uns Gott an unserem natürlichen Leibe als Bild gab: zwei Arme, die beide miteinander ein gemeinsames Werk aus einem gemeinsamen Impuls heraus vollbringen. So scheint es mir, daß priesterliche Führung und Laienführung in dieser Form sinnvoller und richtiger gesehen sind. Weihepriestertum als der eine, die Laien als der andere Arm. Beide Arme an dem gleichen mystischen Leibe, beide die gleiche bewegende Kraft, aber beide selbständige Funktion. Und wenn ein Werk geschehen soll, müssen beide miteinander wirken und sich ergänzen. Diese Vorstellung des Zusammenwirkens des rechten und des linken Armes, die die Grundlage für die Formulierung gegeben hat, enthält die Bundesordnung in dem ‚Grundsatz der Führung im Bund' ". J. Müller 1945, o.S.; dieser Informationsdienst enthält die Berichte von den Jahreskonferenzen der Jungführerschaft und der Jugendseelsorge des Bundes der Deutschen Katholischen Jugend vom 4.-6. Mai 1949 im Exerzitienhaus Maria Rosenberg (Pfalz).

[21] L. Wolker, Adventsbrief 1945, 8; der Satz „Es lebe Christus in deutscher Jugend" wird in die Bundesordnung des BDKJ 1955 als Leitwort aufgenommen; vgl. Bundesordnung BDKJ 1955, 8.

[22] Vgl. Erzbischöfliches Jugendamt der männlichen Jugend Köln 1945, 2.

[23] Ebd., 2.

[24] Ebd., 3.

[25] Ebd., 4.

[26] Bericht des Arbeitskreises „Religiös-sittliche Durchformung des Menschen" (Mannesjugend) 1951, 3.

[27] Vgl. ebd., 1951, 3.

[28] L. Wolker 1954, 31.

[29] Ebd., 30. Über das Leitbild des Diakons referiert ausführlich K. Franken 1948, 7-12. K. Franken stellt insbesondere das Jungführertum als eine in Gott begründete und durch die Kirche bestimmte Aufgabe vor.

[30] Entschließung der Ruiter-Konferenz für Jugendleiterausbildung 1948, 1; vom 11.-14. Dezember 1948 hatten sich in der Jugend- und Sportleiterschule Ruit bei Stuttgart Vertreter verschiedenster Bildungsstätten getroffen, um gemeinsam über die Schulung einer für die junge Generation verantwortungsbewußten Führerschaft – insbesondere auch hauptamtlicher Jugendpfleger – zu diskutieren; bei dieser Konferenz wurde ein vorläufiger westdeutscher Ausschuß für Jugendführerausbildung gegründet.

[31] Trizonale Tagung über Fragen der Jugendleiterschulen o.J. (1948), 1; O. Neisinger vertritt die Ansicht, daß durch die Verwendung des Begriffs „Führer" während der NS-Zeit der katholische Führungsgedanke nicht geschmälert worden sei: „Der nationalsozialistische Führerstaat hat eine furchtbare Pleite erlebt. Schade, daß sein Untergang den Begriff des Führens und des Geführtwerdens an sich so sehr kompromittiert hat. Es wurde nach 1945 gleichsam Mode, gerade im Hinblick auf den jungen Menschen jede Führerschaft abzulehnen. Als Ideal wurde hingestellt, ihn alles, alle Wege und Werte selbst finden zu lassen. Jegliche Führerschaft wurde als autoritär und diktatorisch abgelehnt. Das war ein Kurzschluß. Gewiß, die Tyrannei der braunen Verbrecher mußte beendet werden. Aber damit wurde ja nicht das Führertum beendet, sondern das Verführertum. Wer die Gestalten heute nachträglich studiert, die damals den unbedingten Gehorsam verlangten, weiß, daß er ihnen niemals zukam. Der Christ aber weiß von der Notwendigkeit echter Führerschaft und einsichtsvollen Gehorsams. Gerade die Jugend unseres Jahrzehnts hat Sehnsucht nach echter Führerschaft. Nur darf sie nicht wieder Untertanen, Rekruten und Sklaven züchten wollen.

Nur darf sie nicht auf äußere Autorität, auf Führerlitzen und Kadavergehorsam pochen. Ihre Autorität muß von Christus stammen, ihre mitreißende Kraft muß vom Beispiel des eigenen Vorlebens ausstrahlen, ihr überzeugender Befehl muß vom Herzen kommen". O. Neisinger 1955, 165.

32 Vgl. O. Neisinger 1959, 173.

33 Vgl. Bericht des Arbeitskreises „Religiös-sittliche Durchformung des jungen Menschen" (Frauenjugend) 1951, 1f.

34 Vgl. O. Neisinger 1955, 12-34. Bei einer Umfrage des EMNID-Instituts Bielefeld betonen aufgrund der Fragestellung „Welches sind die wichtigsten Eigenschaften eines guten Jugendführers?" die befragten katholischen Jugendlichen 1955 besonders das „Beispielgebende Verhalten", „Autorität, Überlegenheit, organisatorische Fähigkeit" sowie „einwandfreier Charakter" und „Kameradschaftlichkeit, Gerechtigkeit"; vgl. EMNID-Institut für Meinungsforschung 1955, 136ff; dokumentiert in: K. Seidelmann 1971, 31-34.

35 Vgl. L. Wolker 1954, 31f.

36 Vgl. ebd., 32f.

37 Vgl. Unser Bund 1952, 1. Das Mindestalter für Jungenschaftsführer liegt dieser Einladung zufolge bei 17 Jahren.

38 O. Neisinger 1955, 160.

39 Vgl. ebd., 42f.

40 Stammordnung der Mannesjugend 1952, 6.

41 Vgl. K. Tilmann 1955, 294.

42 Stammordnung der Mannesjugend 1952, 7.

43 Ebd., 7.

44 K. Pehl 1952, 87.

45 Ebd., 87.

46 W. Bokler 1956, 25. Bei der Hauptversammlung des BDKJ vom 19.-24. November 1956 im Haus Altenberg wurde über die Überforderung des Jungführers, die Stellung der Mitarbeiter im Bund in Abgrenzung zum Jugendseelsorger von der Kommission für Fragen des Jungführertums berichtet: „Die Kommission stellte u.a. heraus, daß das Leitbild des Jungführers neu zu erarbeiten sei und die Stellung des Mitarbeiters im Bund auch in der Abgrenzung gegenüber dem Jugendseelsorger einer gründlichen Klärung bedarf, daß die Führungszeitschriften die Grenze zwischen Jungführer und Mitarbeiter in ihren Veröffentlichungen nicht klar genug sehen; daß die vielfache Überforderung der Jungführer und die ungenügende Heranziehung der erwachsenen Mitarbeiter für Mannes- und Frauenjugend in gleicher Weise gelten. Es war der Wunsch des Arbeitskreises, daß die Bundesführung und die nächsten Jahreskonferenzen sich weiter mit diesen Fragen befassen sollen." Protokoll der Hauptversammlung des BDKJ 1956, 21.

47 W. Bokler 1956, 26.

48 Vgl. Tilmann 1954, 231.

49 Ebd., 235.

50 Ebd., 235.

51 Ebd., 291.

52 Vgl. K. Franken/J. Wisdorf 1953, 23.

53 L. Wolker 1951, 5.

54 Vgl. dazu Ergebnisbericht der Bacharacher Konferenz 1950; Bericht vom Jahrestreffen der diözesanen Jungenschaftsführer 1954 und P. Hastenteufel 1961, 49.

55 Vgl. Beschluß Bonn-Pützchen 1945, 1.

56 Protokoll Salmünster 1945, 10.

57 K. Pehl 1952, 89f.

58 Vgl. dazu Protokoll Salmünster 1945, 10; L. Wolker 1955, 155. In den Katechetischen Blättern stellt ein anonymer Verfasser fest, daß die Seelsorger zu wenig auf die Aufgaben der Jugendseelsorge *im* Bund der Deutschen Katholischen Jugend vorbereitet seien: Anonymus 1954, 79f.

59 Vgl. Bundesordnung BDKJ 1948, Satz 26.

[60] A. Wimmer 1955, 392.
[61] Vgl. ebd., 392. Zum Verhältnis von Jungführer und Seelsorger siehe auch O. Neisinger 1955, 49f.
[62] Vgl. dazu F. Löslein 1957, 52.
[63] J. Wisdorf/H. Jäger 1957, 51.
[64] Vgl. F. Löslein 1957, 57.
[65] J. Wisdorf/H. Jäger 1957, 53.
[66] Ebd., 53.
[67] L. Wolker 1950 a, 297.
[68] Bundesordnung BDKJ 1955, 34; vgl. dazu Bundesordnung 1948, Satz 73 sowie das Protokoll Salmünster 1945, 10.
[69] Vgl. Bundesordnung BDKJ 1955, 15 und 28.
[70] Anonymus 1954, 245. An dieser Stelle wird auch deutlich gemacht, daß ein deutlicher Unterschied besteht zwischen der pädagogischen Funktion der „Führerrunde" und der beschlußfassenden und geschäftsordnenden Funktion des „Führerrings"; vgl. dazu auch Bundesordnung BDKJ 1955, 33f.
[71] Anonymus 1954, 245.
[72] Erzbischöfliches Jugendamt Köln 1954 a, 9. Bei der Jahreskonferenz des Stammes der Mannesjugend vom 28.6.-3.7.1954 stellt der Kölner Diözesanjugendseelsorger P. Fillbrandt diesen Plan vor und betont in der Aussprache: „Das Grundprinzip und die Hauptarbeit ist die monatliche Führerrunde"; in: Stenografische Aufzeichnung 1954, 53.
[73] L. Wolker 1950 a, 296f.
[74] A. Brems 1949, 10. A. Brems stellt besonders die Rolle der Bibel als Bildungsquelle für die Jungführer heraus: „Die Bibel ist vor allem anderen und in weitem Abstand zu allem Quelle der Bildung für unser Jungführertum". A. Brems 1949, 220.
[75] Vgl. F. Löslein 1957, 57f.
[76] A. Brems 1949, 9; vgl. dazu auch F. Pauly 1950, 509; Es „muß jede Schulung Anregung und Anleitung für die praktische Gestaltung des Gruppenlebens vermitteln, das Hauptziel aber muß in der persönlichen Formung des Jungführers gesehen werden, um ihm jene Qualität zu geben, auf Grund derer allein er mit Recht als Führender vor andere hintreten und ihnen etwas geben kann".
[77] A. Brems 1949, 12.
[78] Vgl. Botschaft der Laienführerschaftskonferenz 1957 in: G. Schreeb 1957, 40f., hier: 41; vgl. auch W. Sondermann 1983, 160. Die Jahresthematik wurde in den jeweiligen Jahrgängen der Führungszeitschriften ausgearbeitet und den Jungführerinnen und Jungführern vorgestellt.
[79] L. Wolker 1950 b, 3.
[80] Anonymus 1953, 260.
[81] Vgl. Erzbischöfliches Jugendamt der männlichen Jugend Köln 1945, o.S.
[82] Vgl. ebd., o.S.
[83] Erzbischöfliches Jugendamt Köln 1954 a, 52f. Gleichzeitig legt das Erzbischöfliche Jugendamt Köln einen Entwurf für die Schulung von Nachwuchsführern vor, der sich über zwei Jahre erstreckt und Jungen zwischen 15 und 17 Jahren ansprechen soll, die in Zukunft eine Gruppe übernehmen sollen. Aufgabe dieser Nachwuchsführerschulung ist: „Neben der Vertiefung des religiösen-aszetischen Lebens dieser Jungen haben die Schulungstage des Dekanates die Aufgabe, die Gemeinschaftsbildung innerhalb der nachwachsenden Führerschaft zu fördern, das Bewußtsein des Bundes zu stärken, Apostolatsgesinnung zu wecken und entsprechende Aufgaben zu stellen, sowie Fertigkeiten für die eigentliche Führungsaufgabe zu vermitteln". Erzbischöfliches Jugendamt Köln 1954 b, o.S. (1).
[84] Vgl. Erzbischöfliches Jugendamt Köln 1954 a, 3f.
[85] Vgl. ebd. 7.
[86] Vgl. ebd. 7.
[87] Vgl. ebd. 8.
[88] Ebd., 15.
[89] Ebd., 26.
[90] Ebd., 26-29.
[91] Ebd., 36.
[92] Vgl. ebd., 36-40.

[93] Vgl. ebd., 20-25; 31-35; 41-46.
[94] Ebd., 11.
[95] Vgl. ebd., 18-20; 30; 40. Als Beispiele für die Schulung der Jungführer auf Dekanatsebene in anderen Diözesen seien hier genannt: F. Oßwald 1952, 3-5 und Katholische Jugend (MJ) 1952, 4.
[96] Vgl. dazu: G. Dreher 1952. Was der einzelne Jungführer an Spiel, Sport, Werkmöglichkeiten anbieten soll, ist aufgelistet in einer „Monatsordnung", Monatsordnung 1949. Über Themenauswahl für Gruppenstunden, Formen und Vorbereitung sowie Regeln des Rundgesprächs informiert ausführlich: K. Tilmann 1955.
[97] Vgl. K. Tilmann 1954, 231.
[98] Ebd., 231f.
[99] Ebd., 234. Über die persönliche Formung des Jungführers, die einen gesunden und jugendgemäßen Lebensstil erfordert und zur Wahrhaftigkeit, Ehrfurcht und Reinheit beitragen soll und in der die Beichterziehung besonders wichtig ist, informiert ausführlich: A. Brems 1949, 19-63.
[100] Bischöfliches Jugendamt Köln 1954 a, 4.
[101] K. Tilmann 1954, 234. Auf die praktischen Möglichkeiten der Erlebnisvermittlung verweist ausführlich O. Neisinger 1955, 37-43.
[102] Anonymus 1953, 260f.
[103] Vgl. dazu Erzbischöfliches Jugendamt Köln 1954 a, 8 und K. Tilmann 1955, 290: „Der Mensch wird am tiefsten gebildet durch Erlebnis und Tun. Darum ist in der Gruppe das gemeinsame Erleben und Tun das Entscheidende, sei es beim Gruppenabend, sei es bei Unternehmungen, Taten und Aktionen, die sich die Gruppe gemeinsam vornimmt und durchführt. Zum Tun muß auch entscheidend das Wort hintreten, im Erzählen, Lesen, Besprechen, in der Darbietung und Auseinandersetzung. ... Die wichtigsten Seiten menschlicher Bildung sollen zunächst im Gruppenleben ohne ausdrückliche Besprechung erlebt werden, und zwar im gemeinsamen Tun und in der Haltung, die sich darin ausdrückt."
[104] Vgl. Vorspann der Oberhirtlichen Richtlinien 1957, o.S. (1).
[105] Oberhirtliche Richtlinien 1957, o.S. (3).
[106] Ebd., o.S. (5).
[107] Vgl. ebd., (6).
[108] Vgl. S. Baumgartner/B. Börger 1973, 16.
[109] Vgl. dazu Anm. 16.
[110] „Der Mitgliederschwund mußte vor allem den Stamm treffen, der mit seinen allgemeinen Zielen die Mitglieder am wenigsten fest band. Die Gliederungen mit ihren ganz spezifischen Methoden waren bei weitem nicht so stark betroffen. Einige konnten ihre Mitgliederzahl noch stark erhöhen. Ihre beständige innere und äußere Aufbauarbeit, verbunden mit der Modernisierung ihrer Methoden, führte dazu, daß die Selbständigkeit gegenüber dem Bund und auch ihr Selbstbewußtsein gegenüber dem Stamm zunahm". S. Baumgartner/B. Börger 1973, 16.
[111] Ebd., 16.
[112] Referat „10 Jahre Bund" 1957.
[113] Ebd., 5.
[114] F. Pöggeler 1957, 33.
[115] Vgl. dazu F. Pöggeler 1962 a. F. Pöggeler referiert in diesem Aufsatz das Resumée der zu dieser Zeit aktuellen wissenschaftlichen Erkenntnisse, die auf die Feststellung hinauslaufen, „daß ‚Führung' heute in den *verschiedensten Lebensbereichen* als ein *Motiv der Gestaltung* angewandt wird, ferner daß Führung nicht nur überlegene Beherrschung von Personen und Sachen meint, sondern vor allem das *Hinlenken der Menschen auf eine erstrebenswerte Ordnung;* Führung muß klar und zielgerichtet sein, zugleich an Ordnung gebunden, die sinnvoll ist und deren Einhaltung sich lohnt". F. Pöggeler 1962 a, 499.
[116] D.M. Woesler 1966, 62f.
[117] H. Halbfas 1960, 11. Auch J. Seuffert betont die sachlich-notwendige Ausbildung der Jugendführung: „Man kann auch hören, das ‚Jungführertum' sei am Ende. Man solle

Jugend durch Erwachsene führen lassen. Richtig ist daran, daß die Zeit der Naturtalente vorbei ist, die ein eigenes Jugendreich wollen. Jugendführung geschieht heute auf mehr sachlicher Grundlage, mit sachgerechter Ausbildung der Führenden und in Solidarität mit erwachsenen Führungskräften. Aber wer möchte den jungen Menschen missen, der sich engagiert? Wenn wir kein oder nur ein dümmliches Angebot machen, werden sie sich anderswo engagieren". J. Seuffert 1966, 10.

[118] H. Halbfas 1960, 35.

[119] Vgl. H. Holzamer 1960, 555.

[120] P. Hastenteufel 1961, 120.

[121] Vgl. H. Halbfas 1960, 184.

[122] P. Hastenteufel 1961, 97; vgl. dazu auch H. Halbfas, der betont, daß ein Jungführer nur dann lebensbestimmenden Einfluß auf die Jugendlichen hat, „wenn ihm für den Außenbereich des modernen Lebens Autorität zuerkannt wird". In: H. Halbfas 1965, 309.

[123] H. Halbfas 1960, 37. Ganz ähnlich äußert sich K. Holzamer 1960, 555: „Denn gerade der Führende muß die personale Eigenständigkeit auch eines noch so kleinen Menschen respektieren".

[124] P. Hastenteufel 1961, 97.

[125] Ebd., 97.

[126] Vgl. ebd., 98. Zur Funktion des Vorbilds der Jugendführer siehe auch O. Grupe 1962, hier insbesondere 169 und 172; auch F. Pöggeler betont die Bedeutung der Vorbildlichkeit, in: F. Pöggeler 1963 a, insbesondere 36.

[127] H. Halbfas 1960, 168 (Hervorhebung von W.T.).

[128] P. Hastenteufel 1961, 96.

[129] Vgl. H. Halbfas 1960, 169.

[130] P. Hastenteufel 1961, 99. Diese persönliche Rückbeziehung zu Gott verlangt eine *spezifische Spiritualität.* 1966 werden drei Gesichtspunkte für diese Spiritualität genannt: Ein Verständnis des Engagements in der Jugendarbeit als Dienst, die persönliche Bindung an Christus (die notwendigerweise Glaubensgespräche, Gebetserziehung, eucharistische Erziehung, moderne Bußerziehung braucht) und Verständnis von Kirchlichkeit, d.h. eine kritische Identifikation mit der Kirche, denn die Verantwortung im BDKJ ist Dienst an und in der Kirche: vgl. dazu Empfehlungen der Kommission für Führerbildung 1966, 3.

[131] Der Begriff „personales Angebot" wird in dieser Form geprägt vom Synodenbeschluß „Ziele und Aufgaben kirchlicher Jugendarbeit" 1976, insbesondere 208-301.

[132] P. Hastenteufel 1961, 100.

[133] Ebd., 100.

[134] Ebd., 101.

[135] Vgl. F. Pöggeler 1963 a, 36f.

[136] Vgl. Empfehlungen der Kommission für Führerbildung 1966, 4; dazu auch: H. Veeser 1962, insbesondere 2f.

[137] Vgl. F.-J. Wehnes 1966, 189.

[138] Vgl. ebd., 189.

[139] Empfehlungen der Kommission für Führerbildung 1966, 5.

[140] Ebd., 5.

[141] M. Huda 1963, 107.

[142] Vgl. ebd, 107f.

[143] Ebd. 109.

[144] Vgl. ebd. 109.

[145] Vgl. ebd. 114f.; als Grundkönnen der Frohscharführerin weist der Bildungsplan der Forscharführerinnen 1960 auf: Lieder, Spiele, Vorlesen und Erzählen, Vorbeten, Basteln, Erste Hilfe, Führung des Gruppenbuches, Führung des Führerinnennotizbuches, Gesprächsführung in der Gruppe, Arbeit mit den Führungszeitschriften, Sammlung von Arbeitsmaterial, Vorbereitung einer Fahrt und eines Elternabends, Elternbesuche (Elternbriefe), Führung der Gruppenkasse, Bedienung von technischen Geräten wie Diaskop, Schallplattenspieler, Tonbandgerät, atmosphärische Ge-

staltung des Gruppenraumes: Vgl. dazu Bildungspläne für die Führerinnen 1960, 305.

146 Vgl. Handbuch der Katholischen Jungmännergemeinschaft III 1966, Kap. 1, Der Jungscharführer o.S. (7). F. Pöggeler zeichnet für die Führer von 10- bis 14-jährigen Jungen folgendes Bild: „Ihn zeichnet ein glückliches Naturell für soziale Bindung aus, die man ‚Zusammenrottung' nennen kann; er ist nicht der problematisierende Intellektuelle, sondern der gute Kamerad, mitunter der optimistische Draufgänger und Naturbursche, der Phantasie und Aktivität besitzt, um mit den Jungen eine altersgemäße ‚Eigenwelt' zu bauen, sei sie auch in vieler Hinsicht utopisch und traumhaft; etwas derber Umgangston mischt sich mit bezwingend herzlicher Frische; ihm wird gleichsam ‚blind' gehorcht; sein Tatendrang und seine Unternehmungslust wirken anstekkend; mit ihm kann man ‚Pferde stehlen'. Die gewissermaßen unzivilisierte Welt, die Jungen in diesem Alter lieben, ist sein Metier; er hat einen siebten Sinn für die unausrottbare Romantik von Zeltlager und Fahrt, für den Schwung von Lied und Spiel. Kameradschaft ist ihm sozialer Höchstwert". F. Pöggeler 1962 b, 545.

147 Vgl. Handbuch der Katholischen Jungmännergemeinschaft III 1966, Kap. I. o.S. (7).

148 Vgl. ebd., o.S. (7).

149 Vgl. ebd., o.S. (7).

150 H. Halbfas 1960, 129.

151 Vgl. Handbuch der Katholischen Jungmännergemeinschaft – Jungenschaft 1960, insbesondere Kap. 2, „Deine Jungen", o.S.

152 F. Pöggeler 1962 b, 545f.

153 H. Halbfas, 1960, 133f.

154 Vgl. ebd., 133 und Bildungspläne für Führerinnen 1960, 295.

155 Vgl. Handbuch der Katholischen Jungmännergemeinschaft – Jungenschaft 1960, Kap. I, o.S.

156 H. Halbfas 1960, 141; vgl. dazu auch: Bildungspläne für Führerinnen 1960, 296.

157 Vgl. H. Halbfas 1960, 141.

158 F. Pöggeler 1962 b, 547. Über die spezifischen Fragen einer Führerinnenbildung informiert ausführlich F. Pöggeler 1963b.

159 Vgl. Referat „10 Jahre Bund" 1957, 7.

160 F. Pöggeler 1962 a, 497.

161 W. Bokler 1961, 414.

162 Vgl. F. Pöggeler 1962 a, 495.

163 Ebd., 501.

164 Vgl. dazu M. Kelber 1965 in C. W. Müller 1970, 127-140 insbesondere 134f.

165 E. J. Lutz 1962, 14f.; vgl. dazu auch F. Pöggeler 1962 b, 549, hier plädiert Pöggeler für eine Aufteilung der Führungsverantwortung auf mehrere Personen.

166 Vgl. M. Huda 1963, 70.

167 Vgl. H. Lüning 1964, insbesondere: 41f.

168 Vgl. ebd., 41f.

169 Ebd., 43.

170 Über Erfahrungen mit gruppenpädagogischen Lehrgängen für Jugendgruppenleiter im Haus Schwalbach berichtet U. Perle 1963.

171 Referat „10 Jahre Bund" 1957, 5.

172 T. Pfeiffer 1958, 267.

173 Vgl. Statistischer Bericht 1957, 2.

174 Im Hinblick auf die für die Führungsaufgabe notwendige Vorbereitung geben 327 Führerinnen an, keinerlei Vorbereitung durch die Pfarrei erhalten zu haben (134 Führerinnen machen keine Angaben) und 353 Führerinnen teilen mit, daß sie vom Dekanat keinerlei Hilfe in der Vorbereitung auf ihre Aufgabe als Gruppenleiterin erfahren haben (172 Führerinnen machen dazu keine Angaben). Von ihrer Gliedgemeinschaft haben 472 Führerinnen keinerlei Vorbereitung für ihr Führungsamt erfahren. In der Pfarrei folgt die Vorbereitung hauptsächlich durch die Führerrunden (genannt von 123 Führerinnen), im Dekanat durch Führerschulungen (genannt von 101 Führerinnen), und von der Gliedgemeinschaft durch Kursangebote (65 Führerinnen). Vgl. ebd., 7.

[175] 538 Führerinnen geben an, sich selbst durch Lesen und Gespräche oder im Besuch einer Gruppe für ihre zukünftige Führungsaufgabe vorbereitet zu haben. Vgl. ebd., 8.

[176] Auf die Frage, welche Hilfe die Führerin zur Zeit der Beantwortung des Fragebogens für ihre Gruppenarbeit erhält, teilen 331 Führerinnen mit, daß sie von der Pfarrei keine Hilfe erfahren, 421 Führerinnen erhalten keine Hilfe vom Dekanat, 462 Führerinnen vermissen die Hilfe von der Diözese und 613 Führerinnen geben an, keine Hilfe von ihrer Gliedgemeinschaft zu bekommen. Vgl. ebd., 8.

[177] Als Hilfsangebot rangiert sowohl in der Pfarrei als auch im Dekanat die Führerrunde an erster Stelle (von der Führerrunde der Pfarrei erhalten 215 Führerinnen Hilfen, durch die Führerrunde auf Dekanatsebene 155 Führerinnen, wobei die Führerrunde auf Dekanatsebene eng ergänzt wird durch Schulungen, bei denen 148 Führerinnen Hilfe erfahren). Vgl. ebd., 8. Regelmäßige Führerrunden haben 289 Führerinnen, gelegentliche Führerrunden werden von 323 Führerinnen besucht. Vgl. ebd., 13.

[178] Mit der Führungszeitschrift „Die Jungführerin" zeigen sich nur 68 Führerinnen zufrieden, während 249 verschiedene Anregungen und Kritik an dieser Zeitschrift äußern. Vgl. ebd., 13.

[179] T. Pfeiffer 1958, 268.

[180] Ebd., 269.

[181] 15 Führerinnen sind jünger als 15 Jahre bei der Übernahme ihrer Gruppenaufgabe, 164 Führerinnen 15 und 16 Jahre und 326 Führerinnen zwischen 17 und 19 Jahren. Nur 18 Führerinnen sind älter als 25 Jahre. Vgl. Statistischer Bericht 1957, 6; zur altersgemäßen Überforderung der männlichen Führer vgl. Niederschrift Konferenz Mannesjugend 1959, 2.

[182] P. Hastenteufel 1961, 95.

[183] Vgl. Diskussionsprotokoll der Jahreskonferenz der Laienführerschaft 1958, 1.

[184] Niederschrift Konferenz Mannesjugend 1959, 1.

[185] E. J. Lutz 1962, 12f.; vgl. dazu auch H. Halbfas 1965, 308.

[186] H. Halbfas 1960, 36f.

[187] N. Weber/W. Welzel 1966, 356.

[188] Vgl. Diskussionsprotokoll der Jahreskonferenz der Laienführerschaft 1958, 3.

[189] H. Hastenteufel 1961, 56.

[190] E. J. Lutz 1962, 6.

[191] Vgl. H. Lüning 1964, 525.

[192] H. Clemens 1961, 216.

[193] Vgl. ebd., 217.

[194] O. Grupe 1962, 168.

[195] Ebd., 168.

[196] Vgl. H. Giesecke 1963, insbesondere 452f.

[197] Ebd., 454. [198] Ebd., 454.

[199] H. Halbfas 1965, 315.

[200] Vgl. unten 1.2.3.1.; H. Halbfas plädiert selbst für eine Mitarbeit der Erwachsenen im Sinne der „Hilfe zur Selbsthilfe", vgl. H. Halbfas 1960, 46.

[201] Vgl. H. Halbfas 1965, 315f.

[202] Ebd., 297.

[203] Vgl. ebd., 316f.

[204] T. Pfeiffer 1958, 270; vgl. dazu auch Rundbrief Nr. 8 des Bundesführers 1958, 1 und J. P. Pöppinghaus 1962, 517f, der die Mitarbeit des erwachsenen Mitarbeiters für die neudeutsche Jungengemeinschaft fordert. Vgl. auch: Bischöfliche Jugendämter und Diözesanführungen Nordrhein-Westfalens 1961, 448. Im Hinblick auf die Jugendverbandsarbeit stellt H. Burger fest: „Der jugendliche Führer muß durch seine altersmäßige Nähe zur Gruppe die richtigen Formen für ein zeitgemäßes Gemeinschaftsleben erspüren. Nur bis hierher gilt der Grundsatz ‚Jugend führt Jugend'. Die Inhalte der Bildungsarbeit und der Seelsorge hingegen müssen von Erwachsenen in die Jugendarbeit eingebracht werden. Deshalb bräuchte jede Pfarrei ein Team von Erwachsenen, die sich der Jugendarbeit annehmen, etwa einen ‚Jugendrat', vergleichbar dem Elternbeirat der Schule". H. Burger 1967, 42.

205 Vgl. H. Halbfas 1960, 46.
206 Vgl. ebd., 46.
207 Vgl. ebd., 46-48.
208 P. Nettekoven 1962, 221.
209 Vgl. ebd., 221; vgl. auch K. Holzamer 1960, 557.
210 P. Nettekoven 1962, 222.
211 M. v. Kostnitz 1967, 15.
212 Anonymus (N.W.) 1958, 238; vgl. auch H. Halbfas 1965, 316f.
213 Vgl. H. Halbfas 1960, 48.
214 Vgl. J. Seuffert 1966, 34.
215 Ebd., 33f.
216 Vgl. ebd., 33.
217 Vgl. P. Franzen 1961 b, 82 und P. Franzen 1961 c, 39.
218 Katholische Jungmännergemeinschaft 1967, 7.
219 Priester und Jugendarbeit 1961, 7.
220 Vgl. ebd., 8f.; das „personale Angebot" wird auf die Person des Priesters konzentriert: „mit der Person und dem Einsatz des Jugendseelsorgers steht und fällt das Leben katholischer Jugend", ebd., 2.
221 J. Seuffert 1966, 13.
222 Vgl. H. Halbfas 1960, 25.
223 Vgl. Priester und Jugendarbeit 1961, 4.
224 Zur Grundlage der Führerschulung gehört in der Pfarrei auch das Bekanntmachen überregionaler Schulungsangebote; vgl. J. Seuffert 1965, 283.
225 Ebd., 284.
226 Vgl. P. Franzen 1961 a, 80f.; mit „Katechet" wird hier der Ausgebildete und hauptberuflich Tätige verstanden.
227 Ebd., 81.
228 Protokoll der Bundeskonferenz KFG 1965, 6.
229 Protokoll der Laienführerschaftskonferenz 1959, 5.
230 Bischöfliche Jugendämter und Diözesanführungen Nordrhein-Westfalen 1961, 449; vgl. dazu auch: Vorlage der Kommission Bildung der Verantwortlichen 1967, 4 und Vorlage der Strukturkommission 1966, 44.
231 T. Hauser/G. Schreeb 1957, 45.
232 Ebd., 47.
233 F. Pöggeler 1957, 32.
234 Ebd., 32f. Die Aus- und Fortbildung qualifizierter Pädagogen für die Bereiche der Jugendarbeit hat sich auch das Johann-Michael-Sailer-Institut in Köln-Altenberg gestellt. Dieses Institut wird von der Seelsorge für die männliche Jugend im Erzbistum Köln, vom Bund der Deutschen Katholischen Jugend und von der Katholischen Heimstattbewegung Erzbistum Köln betragen. 1958 wird ein Heim- und Jugendleiterseminar errichtet, das dieser Ausbildung dienen soll: „Erstrebt wird also ein primar pädagogisches Berufsbild, bei allen Unterschieden verwandt dem Berufsbild der Jugendleiterin, sich abhebend vom Berufsbild des Sozialarbeiters ebenso wie dem des Katecheten. Wenn man so will: Erstrebt wird der – dem Lehrer im schulischen Raum entsprechende – Pädagoge für den außerschulischen Erziehungsraum. Damit ist auch gegeben, daß keine Spezialausbildung – etwa eine spezifische Heimerzieher- oder Jugendsekretärausbildung – erstrebt wird, sondern eine von der Eigenart des Jugendalters und in Schwerpunkten heutiger Jugendarbeit her entwikkelte pädagogische Vollausbildung". K.-H. Breuer 1959, 310.
235 A. Müller-Schöll 1957, 511.
236 Protokoll Hauptversammlung BDKJ 1957, 22.
237 Vgl. ebd., 24.
238 Gruppe 57 1958 a, 3.
239 Vgl. Gruppe 57 1958 b, 4.
240 Ebd., 5. Bei der Jahreskonferenz der Laienführerschaft im März 1958 wird besorgt danach gefragt, ob der verstärkte Einsatz hauptamtlicher Jugendarbeiter in der kirch-

lichen Jugendpflege die kirchliche Jugend-Verbandsarbeit beeinträchtigt. Vgl. dazu Diskussionsprotokoll Jahreskonferenz der Laienführerschaft 1958, 1.

241 Vgl. Gruppe 57 1958, 3.

242 Protokoll Hauptversammlung BDKJ 1958, o.S. Die Einbindung der Jugendakademie in Münster in die Arbeit des BDKJ bereitet in den Folgejahren Schwierigkeiten, die immer wieder thematisiert werden, ohne daß sich wesentliche Veränderungen ergeben. 1966 empfiehlt die Kommission für Führerbildung: „Die Akademie für Jugendfragen sollte stärker als bisher vom BDKJ benutzt werden. Folgende Möglichkeiten bieten sich an: Studientagungen zu bestimmten Problemen der Jugendarbeit. Langfristige Kurse zur Weiterbildung hauptamtlicher Mitarbeiter und Führungskräfte (Priester und Laie) mit Abschlußdiplom. Hierfür müßten die Führungsstellen des BDKJ und der Gliedgemeinschaften ihre Mitarbeiter freistellen... Mitarbeit in den Gremien des BDKJ auf Bundesebene, die sich besonders mit Bildungsfragen befassen. Herausgabe von Arbeitsmaterial". Empfehlungen der Kommission für Führerbildung 1966, 10.
Bei der gleichen Hauptversammlung stellt die Strukturkommission des BDKJ fest: „Die Akademie für Jugendfragen ist zwar bekannt; über ihre Aufgaben und Möglichkeiten herrschen unterschiedliche Vorstellungen. Allgemein wird bedauert, daß ihre Wirksamkeit auf den Bund relativ gering geblieben ist". Vorlage der Strukturkommission 1966, 42.
1967 fordert die Kommission „Bildung der Verantwortlichen" bei der Hauptversammlung vom 6.-10.11.1967 in der Drucksache Nr. 13: „Die Akademie für Jugendfragen in Münster sollte für Absolventen von Jugendleiter-Seminaren, Höheren Fachschulen für Sozialarbeit und Höheren Fachschulen für Sozialpädagogik sowie für interessierte Neupriester einen Zusatzausbildungsgang für die kirchliche Jugendarbeit einrichten". Vorlage der Kommission Bildung der Verantwortlichen 1967, 4.
Die Überlegungen zu einer besseren Einbindung der Akademie für Jugendfragen in die Arbeit des BDKJ dauern bis heute an. Der Verfasser hat 1980 einer vom Bundesvorstand eingesetzten Arbeitsgruppe angehört, die dazu ausführliche Vorschläge unterbreitet: „Wir wünschen uns von der Akademie eine Beschränkung auf das eigentliche Gebiet der Jugend- und der Jugendverbandsarbeit.... Damit verbunden müßte ein verstärktes Interesse/größere Aufmerksamkeit für die ‚Feldbedingungen' kirchlicher Jugendarbeit und kirchlicher Jugendverbandsarbeit sein". Dazu kommen Vorschläge, welche Aufgaben die Akademie in den Bereichen der Beratung, der Forschung, der Innovation und der Fortbildung aus der Sicht des BDKJ übernehmen könnte. Schlußbericht der Arbeitsgruppe „Akademie für Jugendfragen" 1980, 12f.

243 Neben der Arbeit mit den in Verbänden organisierten Jugendlichen wird die offene Jugendarbeit mit nichtorganisierten Jugendlichen als Aufgabe für Hauptamtliche gesehen. Aber auch in der Jugendbildung eröffnet sich ein weites Feld für die Mitarbeit Hauptamtlicher: „...neben die Aufgaben der Jugendleitung und der Gruppenarbeit bzw. der Jugendberufshilfe, der Eingliederung und Verwurzelung tritt entscheidend die Aufgabe der Jugendbildung – die Erziehung zu Ehe und Familie, zu Beruf, Wirtschaft und Gesellschaft, zu Volk, zu Staat und Welt, zur Kultur und zur Religion; darin eingeschlossen vor allem auch die Hilfen zur Begegnung der Jugendlichen mit der Welt der Arbeit und die Anleitung zu sinnvoller Freizeit. Für diese Aufgabe genügt nicht mehr der Jungführer – obwohl er im Rahmen dieser Aufgabenstellung durchaus seine Bedeutung behält –, für diese Aufgabenstellung genügen auch nicht gelegentlich herangezogene hauptamtliche Kräfte, sondern diese Aufgabenstellung verlangt den qualifizierten Jugendleiter und Jugendbildner". K.H. Breuer 1959, 313.

244 E.J. Lutz 1962, 23f.; Auch in einem Gutachten, das von den bischöflichen Jugendämtern und Diözesanführungen Nordrhein-Westfalens ausgearbeitet wurde, wird der hauptamtliche Mitarbeiter gefordert: „Für die Maßnahmen der freien kirchlichen Jugendarbeit ist der außerschulische Pädagoge als hauptamtliche Fachkraft notwendig. Die Ausbildung und Fortbildung für hauptamtliche Fachkräfte im katholischen Raum ist durch einen eigenen speziellen Bildungsweg zu gewährleisten und auch bereits eingeleitet". Bischöfliche Jugendämter und Diözesanführungen Nordrhein-Westfalens 1961, 448.

Ebenso betont H. Halbfas die Unentbehrlichkeit hauptamtlicher Mitarbeit. Vgl. H. Halbfas 1965, 304. Aufgrund der zunehmenden Professionalisierung wird von der Strukturkommission bei der Hauptversammlung 1966 die Empfehlung ausgesprochen, daß die zukünftigen hauptamtlichen Mitarbeiter „sich bereits während ihrer Ausbildung mit den Aufgaben des Bundes und der methodischen Arbeit der Gliedgemeinschaften befassen". Vorlage der Strukturkommission 1966, 44.
Der Ausfall von Jugendseelsorgern und die Übernahme von Aufgaben der Jugendpflege bedingen ebenfalls einen Einsatz der hauptamtlichen Mitarbeiter: „Die Aufgaben der Jugendpflege können nicht – wie es in der Praxis meist geschieht – allein der ehrenamtlichen Führerschaft des BDKJ zusätzlich aufgebürdet werden. Die Beeinträchtigung dieser Arbeit durch Mangel an Seelsorgern kann nur ausgeglichen werden durch den Einsatz einer größeren Zahl von hauptberuflichen Mitarbeitern mit Fachausbildung. Vieles ist auf diesem Gebiet bereits geschehen; was noch fehlt ist die ausreichende Streuung kirchlicher Jugendpfleger, auch in Dekanaten und Pfarreien". H. Burger 1967, 39.

245 C. Bäumler 1961, 160.

246 F. Kreckl 1963, 468.

247 Vgl. M. Goldstein 1965, 312f.

248 Vgl. ebd., 308.

249 Ebd., 309.

250 Ebd., 310.

251 „Waren nach dem zweiten Weltkrieg vor allem ehren- und nebenamtliche Tätige in der Jugendarbeit engagiert, so zählt die Personalstrukturerhebung des Statistischen Bundesamtes im Jahre 1974 bereits etwa 3100 hauptamtlich beschäftigte Mitarbeiter in über 4000 Häusern der offenen Tür. Parallel hierzu hat sich die Anzahl der Heime der offenen Tür von 110 im Jahre 1953 auf 2560 im Jahre 1965 und 4036 im Jahre 1976 in der Bundesrepublik Deutschland vervielfacht". C. Arbogast/R. Tippelt 1981, 12.

252 In der Erzdiözese Freiburg wurden in der Zeit von 1972-1983 21 Stellen für Dekanatsjugendreferenten und 7 Stellen für Regionaljugendreferenten *neu* geschaffen, wobei 1972 vor allem die Stellen in den großen Städten der Diözese (Freiburg, Heidelberg, Karlsruhe, Mannheim, Offenburg, Pforzheim) besetzt waren. Zielperspektive des Erzbischöflichen Jugendamtes, die sich auch in den Haushaltsplänen der Erzdiözese niederschlägt, ist die Einrichtung einer Hauptamtlichenstelle in jedem Dekanat und in jeder Region. Lt. mündlicher Auskunft des Referenten für hauptamtliche Mitarbeiter beim Erzbischöflichen Jugendamt, W. Dinger vom 1.07.1983.

253 Vgl. C. Arbogast/R. Tippelt 1981, 12 und Synodenbeschluß „Ziele und Aufgaben kirchlicher Jugendarbeit" 1976, 299.

254 C. Arbogast/R. Tippelt 1981, 12; hier werden auch die mit der Professionalisierung verbundenen Probleme wie Erfolgszwang der hauptamtlichen Mitarbeiter, verstärkte Verwaltungstätigkeit, Überforderung ehrenamtlicher Mitarbeiter, Orientierung an der Institution etc. beschrieben. Vgl. dazu auch H. Giesecke 1980, 125-130 und W. Dinger 1981.

255 Vgl. dazu L. Böhnisch 1973, insbesondere 100-183.

256 F. Pöggeler 1957, 32.

257 F. Pöggeler 1957, 35.

258 K. Holzamer 1960, 549.

259 F. Pöggeler 1962 a, 494.

260 Ebd., 497.

261 Ebd., 495.

262 H. Halbfas 1966, 574.

263 F. Pöggeler 1963 a, 44.

264 F. Pöggeler 1966, 396.

265 Vgl. C.W. Müller u.a. 1964.

266 Vgl. F. Pöggeler 1966, 398.

267 F. Pöggeler 1966, 400.

268 Das zeigt sich schon dabei, daß diese Entwürfe bis 1972 sechsmal aufgelegt wurden.
269 H. Giesecke 1964, in: C.W. Müller u.a. 1964, 127f.
270 Bildungskonzept kirchlicher Jugendarbeit 1971.
271 R. Bleistein 1982, 23.
272 Vgl. 1.3.5. dieser Arbeit.
273 Vgl. dazu auch H. Halbfas 1965, 308f.
274 H. Halbfas 1965, 308f.; vgl. dazu auch: Katholische Jungmännergemeinschaft 1967, 10 und M. Huda 1963, 106.
275 H. Halbfas 1960, 12f.
276 H. Halbfas 1965, 315.
277 Vgl. E.J. Lutz 1962, 22.
278 Vgl. Rundbrief Nr. 3 des Bundesführers BDKJ 1957, 2; und auch: Protokoll der Jahreskonferenz der Führerschaft 1957, 6.
279 Th. Hauser/G. Schreeb 1957, 46.
280 Ebd., 46.
281 H. Halbfas 1960, 40.
282 Ergebnisprotokoll Jahreskonferenz der Frauenjugend 1960, 2; Vgl. dazu auch P. Hastenteufel 1961, 74.
284 Vgl. F. Pöggeler 1963 a, 37.
285 Ebd., 37; (Hervorhebung von W. T.).
286 Vgl. ebd., 38.
287 Ebd., 38; vgl. dazu auch: Katholische Jungmännergemeinschaft 1967, 7.
288 Vgl. F. Pöggeler 1963 a, 37.
289 Vorlage der Strukturkommission 1966, 41.
290 Ebd., 42; vgl. dazu auch: Führerschulung im Dekanat, 7f. und Empfehlung der Kommission für Führerbildung 1966, 7 und Diözesankonferenz 1963, 3f. sowie Führerinnenbildung 1960, 299.
291 Vgl. Vorlage der Strukturkommission 1966, 42; die Jahreskonferenz der Jugendseelsorge betont gegenüber einer zu weitgehenden Differenzierung der Schulungsaufgaben das große „Maß von Gemeinsamkeit in der Führerverantwortung" des BDKJ: „diese in allen Gruppen notwendigen Fähigkeiten (für die Übernahme der Führerverantwortung, W. T.) könnten durchaus durch gemeinsame Führerbildungskurse des BDKJ vermittelt werden". In: Ergebnisse und Beschlüsse der Jahres- und Bundeskonferenz der Jugendseelsorge 1966, 5; zu Subsidiaritätsprinzip der Aufgaben des BDKJ vgl. auch: Vorlage der Kommission Bildung der Verantwortlichen 1967, 1.
292 Vgl. Vorlage der Strukturkommission 1966, 42.
293 Vgl. Empfehlung der Kommission für Führerbildung 1966, 8 und Schulung der Führenden 1961, 5.
294 Empfehlung der Kommission für Führerbildung 1966, 8.
295 Vgl. H. Halbfas 1960, 246.
296 Vgl. ebd., 38; vgl. dazu auch K. Holzamer 1960, 39.
297 Vgl. H. Halbfas 1960, 39.
298 Vgl. Ebd., 40.
299 Ebd., 40.
300 Ebd., 1960, 41.
301 Vgl. ebd., 163f.
302 Vgl. ebd., 164.
303 Vgl. Bildungspläne für die Führerinnen der katholischen Frauenjugendgemeinschaft 1960, 303.
304 Führerinnenbildung 1960, 292; über die Ausbildung der angehenden Gruppenführerinnen durch praktische Mitarbeit informiert ausführlich: M. Th. v. Heyden 1964 a und M. Th v. Heyden 1964 b; vgl. dazu auch: E. Schönberger 1964.
305 Vorlage der Strukturkommission 1966, 42; vgl. dazu Vorlage der Kommission Bildung der Verantwortlichen 1967, 2; sowie Bundesordnung BDKJ 1962, Artikel 46, 2 und Artikel 64, 3; um die Führerrunde für die jugendlichen Führerinnen und Führer fruchtbar zu machen, ist die Mitarbeit von Erwachsenen dringend erforderlich: „Sache der

Seelsorger wäre es, unterstützt von erwachsenen Mitarbeitern, der Führungsschicht selbst Rückhalt, Anleitung und Gesprächsmöglichkeiten zu bieten. Die Führerschaft kann nicht mehr Betreuung an Jüngere weitergeben als sie selbst an Betreuung erfährt. Die regelmäßige Führerrunde muß das Podium für Einübung und Weiterbildung sein". H. Burger 1967, 43.

306 H. Halbfas 1960, 27.

307 Vgl. ebd., 30.

308 Vgl. ebd., 244. Inhaltlich sieht H. Halbfas zwei Schwerpunkte der Führerrunde: Persönlichkeitsbildung und Wissensvermittlung (Psychologie der Altersstufen, Führungsfragen, Gestaltung von Gruppen-, Spiel- und Sportstunden etc., Vermittlung von pädagogischem Wissen), vgl. H. Halbfas 1960, 242f. Die Persönlichkeitsbildung als Aufgabe der Pfarrführerrunde wird auch von der Kommission „Bildung der Verantwortlichen" 1967, 2 betont.

309 Bildung der Verantwortlichen in der Pfarrei 1967, 2: auch hier wird die Vermittlung von Fertigkeiten der überregionalen Schulung des BDKJ, den Schulungen der Gliedgemeinschaften und evtl. den Schulungen der Jugendringe vorbehalten.

310 Vgl. J. Seuffert 1966, 22.

311 Ebd., 17.

312 F. Pöggeler 1963 a, 41f; vgl. dazu auch P. Hastenteufel 1961, 70f. und H. Halbfas 1960, 41 sowie J. Seuffert 1966, 18; einen inhaltlich differenzierten Bildungsplan für die Pfarrführerrunde erarbeitete die Diözese Hildesheim, vgl. Bildungsplan Hildesheim 1963, 12. Zur inhaltlichen Ausrichtung der Pfarrführerrunde vgl. auch: H. Halbfas 1960, 240f. und H. Horst 1969.

313 Vgl. J. Seuffert 1966, 25.

314 Vgl. ebd., 26f.

315 Vgl. ebd., 28-30.

316 Vgl. ebd., 51.

317 Vgl. H. Halbfas 1960, 42f.; vgl. dazu auch: H. Halbfas 1965, 316; s.o. Anmerkungen 101 und 103.

318 Bildungspläne für die Führerinnen der katholischen Frauenjugendgemeinschaft 1960.

319 Vgl. ebd., 300f.

320 M. Huda 1963, 111.

321 Vgl. ebd., 111f.

322 Vgl. Bildungspläne für die Führerinnen der katholischen Frauenjugendgemeinschaft 1960, 301f.; vgl. auch den auf 10 Arbeitseinheiten angelegten Schulungsplan für Mädchenführerinnen „Die Schulung der Führerin" 1965.

323 Vgl. Protokoll Bundeskonferenz KFG 1965, 7.

324 Vgl. Bildungspläne für die Führerinnen der katholischen Frauenjugendgemeinschaft 1960, 302f.

325 Vgl. ebd., 308.

326 F. Pöggeler 1963 b, 126.

327 Ebd., 123.

328 F. Pöggeler 1963 a, 43.

329 Vgl. Entwurf eines Jungscharführerschulungsplanes 1964, 1. Vgl. dazu auch: Plan für Jungscharführerschulungen 1963, 2.

330 Vgl. Katholische Jungmännergemeinschaft 1967, 93-128.

331 Vgl. Grundkurs für Jungenschaftsführer 1964, 1; Übersicht Werkwoche für Leiter und Mitarbeiter bei Jungenschaftsführerschulungen 1967.

332 Vgl. Führerbildungsplan KJG 1964, 1.

333 Ebd., 1.

334 Ebd., 1.

335 Ebd., 1; vgl. dazu auch: den Führerbildungsplan der Diözese Würzburg 1966, 21, der folgende Inhalte aufweist: Haltungsvermittlung (christliche Haltung des Glaubens, der Hoffnung und der Liebe, menschliche Haltung von Klugheit, Stärke, Gerechtigkeit, Zucht und Maß; Haltungen der Menschenführung: Verständnis, Großmut, Ausdauer,

apostolische Haltung), Wissenvermittlung (religiöses Wissen, Psychologie, Pädagogik, Soziologie, politisches Wissen, Jugendkunde) und Fertigkeitsvermittlung (Gruppenpädagogik, Rede – Diskussionsschulung, Wanderführung und Lagerleitung, Gesang und Musik, Sport und Spiel, Basteln und Werken, Tanz und Geselligkeit, Umgang mit Behörden, Medieneinsatz und Medienauswertung, Theater und Kunst).

336 H. Halbfas 1960, 164.

337 W. Bokler 1961 b, 417.

338 Vgl. H. Halbfas 1960, 165.

339 Vgl. W. Bokler 1963, 9 und R. Eckert 1970, 22-26 sowie W. Sondermann 1983, 160.

340 Vgl. W. Bokler 1963, 9 und R. Eckert 1970, 22-26.

341 Zu den Jahresthemen 1950-1957 vgl. 1.1.4. dieser Arbeit.

342 Das Jahresthema 1951/52 „Heimat, Volk und Staat“ wies allerdings diese gesellschaftliche Implikation auf. Der Trend zu gesellschaftlichen Themen zeigt sich später noch deutlicher:
1968/69 Frieden ist möglich
1969/70 Allen Menschen Zukunft – Menschlichkeit und Fortschritt als Auftrag der Christen
1970/73 Kirche unterwegs
1973/75 Damit der Mensch nicht Opfer des Menschen sei
1975/80 Zukunft gestalten – Hoffnung leben
1980/84 Frieden und Gerechtigkeit
Vgl. W. Sondermann 1983, 160.

343 Vgl. dazu 1.2. dieser Arbeit. Daß kirchliche Jugendarbeit unter diesem Konkurrenzdruck steht, zeigen auch die Forderung nach stärkerer Berücksichtigung der Situation junger Menschen in der kirchlichen Jugendarbeit und die Kritik an den Formulierungen der Jahresthemen; vgl. 1.2.4.8. dieser Arbeit.

344 W. Sondermann 1983, 83.

345 Vgl. Niederschrift Konferenz Mannesjugend 1959, 1.

346 Ebd., 1.

347 E. Scharl 1962, 370.

348 Ebd., 370.

349 H. Halbfas 1965, 296.

350 Vgl. ebd., 296; vgl. dazu auch: Niederschrift Konferenz Mannesjugend 1959, 1.

351 Katholische Jungmännergemeinschaft 1967, 12.

352 Vgl. ebd., 12.

353 Vgl. ebd., 13.

354 Ebd., 13; vgl. dazu auch 11.

355 Vgl. dazu: Planung für eine Führerschulung 1967, 13; M. Huda 1963, 112f. P. Franzen 1962, 40 f. Plan Jungscharführerschulungen 1963, 1.

356 Vgl. Vorlage Kommission Bildung der Verantwortlichen 1967, 2.

357 Vgl. ebd., 2f.

358 Vgl. dazu Protokoll Jahreskonferenz Frauenjugend 1965, 8; vgl. dazu auch 1.3.1. dieser Arbeit.

359 Vgl. J. Seuffert 1966, 40f.

360 Vgl. 1.4.3. dieser Arbeit.

361 Vgl. 1.3. dieser Arbeit.

362 K. Lehmann 1976, 32.

363 Bei den Initiativen, die zur Synode führten, waren die kirchlichen Jugendverbände maßgeblich beteiligt: Beim 82. Deutschen Katholikentag vom 4.-8. September 1968 in Essen mit dem Leitwort „Mitten in der Welt“ wurde von der Gruppe „Kritischer Katholizismus“ die Einberufung eines „Nationalkonzils“ gefordert. Diesen Vorschlag griff der Nationalrat der CAJ auf und stellte einen Antrag auf Einberufung einer „Pastoralsynode“. Die Hauptversammlung des BDKJ wandte sich mit der gleichen Bitte an das Zentralkomitee der Deutschen Katholiken, wobei die Entschließung die folgenden – nach Auffassung des BDKJ dringenden – Fragestellungen enthielt: „Dringlichkeit von Glaubenshilfen für die Verkündigung; ökumenischer Aspekt; aktuelle Ver-

wirklichung der Kirche in einem hochindustrialisierten Land und angesichts weltweiter Konflikte; Realisierung von Kirche in einer demokratisch geprägten Gesellschaft und Konsequenzen für ihre eigene Verfassung". Diese Bitten wurden vom Zentralkomitee der Deutschen Katholiken und von der Deutschen Bischofskonferenz energisch aufgegriffen, und so konnte sich nach intensiver Vorbereitungszeit die Synode vom 3.-5. Januar 1971 in Würzburg konstituieren.
Zur Entwicklungsgeschichte der Synode vgl. K. Lehmann 1976, 21-67; zur Vorbereitung der Synode wurden in Münster, Bamberg, Speyer und Passau Jugendsynoden durchgeführt, vgl. dazu R. Bleistein 1973 und F. Gasteiger/H. Virnekäs 1972.

364 Bildungskonzept kirchlicher Jugendarbeit; als Entwurf von der Hauptversammlung des BDKJ vom 3.-7. 11. 1971 zur Kenntnis genommen; vgl. dazu auch R. Bleistein 1982, 23-26.

365 Gesellschaftspolitische Leitlinien 1971.

366 Grundsatzprogramm des BDKJ 1971.

367 Vgl. dazu das Beschlußprotokoll der 40. Vollversammlung des DBJR zum Thema „Außerschulische Bildungsarbeit – Partner im Bildungswesen" 1971; daß die Jugendarbeit um gesellschaftliche Anerkennung ringt, macht auch die Resolution des 3. Deutschen Jugendhilfetages deutlich: „Um mehr ehrenamtliche Mitarbeiter für die Jugendverbandsarbeit zu gewinnen und um ihre Wirkungsmöglichkeiten in der Gesellschaft zu vermehren und zu verbessern, müßte ihre Tätigkeit aufgewertet werden. Die Jugendverbandsarbeit sollte im Rahmen des Gemeinschaftskundeunterrichts in den Schulen, vor allem im Fortbildungsunterricht, bekanntgemacht werden". Dokumentiert in: P. Ascher 1971, 216; vgl. auch 73, zum Verhältnis von Schule und außerordentlicher Jugendarbeit siehe auch 3.2.4. dieser Arbeit.

368 Bildungskonzept kirchlicher Jugendarbeit 1971, 3; der Begriff „reflektierte Gruppe" wird in den Beratungen um den Synodenbeschluß über Ziele und Aufgaben kirchlicher Jugendarbeit aufgegriffen und findet Eingang in den Beschlußtext, vgl. Synodenbeschluß kirchliche Jugendarbeit 1976, 300/301.

369 S. Baumgartner/B. Börger 1973, 21.

370 Vgl. dazu die Bundesordnung BDKJ 1971, 11: „Die Mitgliedsverbände des BDKJ verantworten ihre pädagogische Arbeit selbst. Sie führen die Ausbildung und Fortbildung ihrer Leitungskräfte und Mitarbeiter durch". 1969 fusionierten KFG und KJG zu einem Mitgliedsverband, der 1970 die Bezeichnung „Katholische Junge Gemeinde" erhielt. Damit war die alte „Stammordnung" des BDKJ – bislang weiterlebend in KFG und KJG – endgültig aufgehoben und der Weg zur Entwicklung eines eigenen Dachverbandsverständnisses des BDKJ geebnet.

371 H. Giesecke 1971; der 3. Deutsche Jugendhilfetag hatte bereits 1968 betont: „Für die Qualifizierung der Jugendverbandsarbeit ist eine verstärkte Umsetzung der wissenschaftlichen Erkenntnisse in die Jugendarbeit sowie die Einbeziehung des Feldes der Jugendverbandsarbeit in die wissenschaftliche Forschung dringend erforderlich". Dokumentiert in: P. Ascher 1971, 216; vgl. dazu auch P. Hastenteufel 1969, 209.

372 E. Rickal 1976, 278.

373 Vgl. oben 1.2.1.2 dieser Arbeit.

374 H. Neyer 1968, 457f.; die Teamarbeit wird für alle Gruppierungen in der kirchlichen Jugendarbeit gefordert: „Der bisherige Führungsstil wird durch eine pädagogische Leitung im Sinne des Teamworks ersetzt. Dafür ist die Mitarbeit von Fachleuten und Erwachsenen notwendig. ... Die Leitung aller Gesellungsformen wird in partnerschaftlicher Teamarbeit wahrgenommen". In: KFG/KJG – Aktionsprogramm 1968, 3; vgl. dazu auch: V. Lackas 1966, 4f.

375 Arbeitshilfe zum Aktionsprogramm des KFG/KJG 1968, 30; P. Hastenteufel versteht unter Gruppenpädagogik „alle Formen von Erziehung und Unterweisung, bei denen gruppendynamische Gesetzlichkeiten eine dominierende Rolle in den Erziehungsprozessen spielen. Eine grundsätzliche und befriedigende Systematisierung der wissenschaftlichen und praktischen Gruppenpädagogik steht noch aus". Vor allem scheint P. Hastenteufel die „Interdependenz (ebenso wie die mögliche oder tatsächliche Nicht-Entsprechung) von Inhalten, Methoden, Strukturen und Prozessen der

Gruppenpädagogik noch nicht genügend erforscht, praktisch erprobt und reflexüberdacht zu sein". In: P. Hastenteufel 1973, 293; besonders gefördert wurde die Rezeption der Gruppenpädagogik im Bereich kirchlicher Jugendarbeit durch das 1967 erschienene Praxisbüchlein von W. Erl; vgl. W. Erl 1967. Es ist zu vermuten, daß durch den verstärkten Einsatz hauptamtlicher Mitarbeiter, die eine sozialpädagogische Ausbildung in die kirchliche Jugendarbeit mitbringen und methodisch „social group work" als eine der klassischen Methoden amerikanischer Sozialarbeit erlernt haben, die Priorisierung der Gruppenpädagogik in der kirchlichen Jugendarbeit gefördert wurde. Zur Literatur über soziale Gruppenarbeit vgl. unten 2.2.2 dieser Arbeit.

376 Vgl. Bericht der Bundesführung BDKJ 1967, 8 und den Exkurs in 1.3.2 dieser Arbeit.

377 B. Börger 1967, 7; Die Unterscheidung zwischen Gruppenführer und Gruppenleiter ergibt sich auch aufgrund der Ausbildung: „In der Gruppenpädagogik unterscheiden wir den Gruppenleiter von Gruppenführer: Der Leiter sollte gruppenpädagogisch ausgebildet sein und sich weiterbilden, besonders dadurch, daß er sich regelmäßig beraten läßt. Er sollte durch Erfahrung und Übung in der Gruppenarbeit zum ‚Enabler' werden. Wörtlich übersetzt der ‚Befähiger'. Er befähigt die Mitglieder seiner Gruppe dazu, bestmöglich ihre Kräfte und Eigenwerte zu entfalten. Während er als Fachmann gilt ist der Gruppenführer ein Gruppenmitglied ohne einschlägiges Training, das aufgrund seiner Persönlichkeit innerhalb einer Gruppe eine besondere Stellung einnimmt. Bisweilen gelingt es den Leitern nur über den Führer, die Gruppe zu beeinflussen". In: Arbeitshilfe Aktionsprogramm der KFG/KJG 1968, 32.

378 P. Hastenteufel 1967 a, 19; vgl. dazu auch P. Hastenteufel 1969, 388.

379 H. Neyer 1968, 455f.

380 Kirchlicher Jugendplan Regensburg 1970, 15.

381 Vgl. Arbeitshilfe zum Aktionsprogramm der KFG/KJG 1968, 130.

382 Vgl. ebd., 30f.; vgl. dazu P. Hastenteufel 1969, 390.

383 Arbeitshilfe zum Aktionsprogramm der KFG/KJG 1968, 29.

384 Bericht der Bundesführung BDKJ 1967, 8; vgl. dazu auch P. Hastenteufel 1969, 203: „Von der Wortgeschichte her ist es also ziemlich bedeutungslos, ob wir den Mitarbeiter in der Jugendpastoral Jugend*führer* oder Jugend*leiter* nennen. Dennoch sollte man den Begriff des *Leiters* fordern und den des Führers abbauen, damit alle Fehlformen der unbedingten Gefolgschaft, der Hörigkeit und der manipulierten Außenleitung aus der Welt geschafft werden".

385 Vgl. J. Hederer 1959, 7f.

386 Vgl. dazu auch 1.1.2 dieser Arbeit.

387 Vgl. H. Giesecke 1981, 18.

388 Vgl. J. Hederer 1959, 55; vgl. dazu auch W. Laqueur 1978, 13-37.

389 J. Hederer 1959, 56; als Einigungsdatum wird von J. Hederer der 8. 1. 1911 (das Gründungsdatum des „Verbands Deutscher Wandervögel") benannt; vgl. J. Hederer 1959, 52. Endgültig abgeschlossen ist die Einigung nach H. Giesecke 1913 mit der Gründung des „Wandervogel e.V."; vgl. H. Giesecke 1981, 22.

390 W. Laqueur 1978, 38.

391 Ebd., 38.

392 H. Giesecke 1981, 34.

393 Ebd., 37f.

394 J. Hederer 1959, 141.

395 Ebd., 135; „Nach den Epochen der Marianischen Kongregation und der Jünglings- und Burschenvereine ist dies die dritte entscheidende Epoche in der Geschichte der konfessionellen Jugend. Der Neuaufbau im Geiste des Wandervogels in der freideutschen Jugend als eigene Bewegung der Jugend oder mit anderen Worten der Ein- und Durchbruch der Jugendbewegung in die konfessionellen Jugendgemeinschaften bestimmen ihren Weg bis in die Gegenwart". J. Hederer 1959, 135f.

396 Vgl. dazu P. Hastenteufel 1961, 39.

397 J. Hederer 1959, 142.

398 Ebd., 142.

399 Ebd., 150f.

400 Ebd., 154f.
401 P. Hastenteufel 1967 b, 98.
402 Ebd., 101.
403 Ebd., 102.
404 B.v. Schirach 1934, 46; zitiert bei J. Hederer 1959, 170.
405 Vgl. P. Hastenteufel 1967 b, 44; vgl. zur Geschichte der katholischen Jugendarbeit in der Zeit des Nationalsozialismus auch B. Schellenberger 1975; persönlicher Erfahrungsbericht aus dem Bereich der kirchlichen Jugendarbeit in der Zeit des Nationalsozialismus liefert O. Neisinger 1982; vgl. dazu auch E. Rommerskirch 1975.
406 P. Hastenteufel 1967 b, 278.
407 Anonymus 1933, 151; zitiert bei P. Hastenteufel 1967 b, 278.
408 Anonymus 1933, 151; zitiert bei P. Hastenteufel 1967 b, 278.
409 Vgl. 1.1.2 dieser Arbeit.
410 Vgl. 1.2.1.2 dieser Arbeit.
411 Vgl. 1.3.1 und 1.3.3 dieser Arbeit.
412 Vgl. 1.3.1 dieser Arbeit.
413 P. Hastenteufel 1967 a, 19.
414 H. Steinkamp 1973, 207; daß auch mit ausgesprochener gruppendynamischer Methodik in der Gruppenleiterausbildung zu dieser Zeit gearbeitet wurde, zeigt G. Schulz 1974.
415 P. Hastenteufel 1973, 249f; ein solcher Zielkatalog, der zudem als „minimal" gekennzeichnet wird, legt den Eindruck nahe, daß der ehrenamtliche jugendliche Mitarbeiter eine „kleine" Sozialarbeiterausbildung genießen soll. Diese Befürchtung wird von den für die Aus- und Weiterbildung der ehren- und hauptamtlichen Mitarbeiter zuständigen Referenten während ihres Treffen vom 26.-28. März 1973 in Mainz geäußert; vgl. dazu Protokoll Tagung „Fragen der Aus- und Weiterbildung ehren- und hauptamtlicher Mitarbeiter im BDKJ" 1973, 8.
416 Die Rahmenpläne für die Mitarbeiterausbildung sind besonders deshalb notwendig geworden, da der BDKJ als Dachverband auf der einen Seite keine eigenen Schulungen mehr durchführen, auf der anderen Seite aber durchaus *Grundrichtlinien* für die Ausbildung geben sollte, die die einzelnen Mitgliedsverbände teilen können. In diesem Zeitraum werden vorgelegt: Rahmenplan für Gruppenleiterschulung in der Erzdiözese Paderborn 1971, Schulungskonzept für die Ausbildung der Gruppenleiter in der Diözese München 1972, Schulungskonzept für Gruppenleiter in der Diözese Regensburg 1973, Entwurf eines Ausbildungskonzepts für die Diözese Aachen 1974 und Rahmenkonzept für die Schulung von Verantwortlichen der Mitgliedsverbände des BDKJ im Erzbistum Köln 1975.
417 Rahmenplan Paderborn 1971, 8.
418 Vgl. ebd., 8.
419 Ebd., 8.
420 Vgl. Schulungskonzept München 1972, o.S. (4f.).
421 Vgl. ebd., o.S. (6).
422 Ebd., o.S. (2).
423 Vgl. Schulungskonzept für Gruppenleiter der Diözese Regensburg 1973.
424 Vgl. Entwurf eines Ausbildungskonzeptes der Diözese Aachen 1974, o.S. (10).
425 Vgl. Rahmenkonzept Köln 1975, 3-5.
426 Arbeitshilfe zum Aktionsprogramm der KFG/KJG 1968, 31.
427 Vgl. ebd., 32-34.
428 Vgl. ebd., 1968, 35; vgl. dazu auch Aktionsprogramm der KFG/KJG 1968, 3. Mit der Veränderung der Leitvorstellung des Gruppenleiters zum gruppenpädagogischen Leiter gewinnt die Beratungskompetenz des erwachsenen Mitarbeiters immer mehr an Bedeutung. Vgl. dazu P. Hastenteufel 1967, 19; KJG-Ordnung 1974, 29.
429 Vgl. P. Hastenteufel 1973, 248-263.
430 Ebd., 249.
431 Ebd., 253.
432 Ebd., 246.

433 Kirchlicher Jugendplan Regensburg 1970, 16.
434 P. Hastenteufel 1973, 258.
435 Ebd., 258.
436 Ebd., 258.
437 Ebd., 245; die systematische, sich gegenseitig ergänzende und aufeinander aufbauende Aus- und Weiterbildung wird auch in der KJG-Ordnung gefordert: „Die entfernte Vorbereitung auf Leitungsaufgaben geschieht durch die stufenweise Übernahme von Verantwortung. Für junge Helfer und Mitarbeiter sind *einführende* Schulungen zu empfehlen. Der unmittelbaren Vorbereitung auf die Leitung von Gesellungs- und Arbeitsformen dienen *differenzierte, grundlegende* Schulungen. Zur weiteren Orientierung und kontinuierlichen Anleitung der Verantwortlichen sind *praxisbegleitende Hilfen,* wie regionale situationsbezogene Schulungen, Praxisberatung, Arbeitshilfen, Zeitschriften und Fachliteratur notwendig. In einzelnen Sachbereichen (z.B. Öffentlichkeitsarbeit, Geselligkeit, Gruppenpädagogik) und Funktionen (z.B. Teamleitung, Pfarrleitung) geschieht die Weiterbildung durch *spezielle* Schulungen. Empfohlen werden darüber hinaus Werkwochen, Studientagungen und Akademiekurse". KJG-Ordnung 1974, 30.
438 Vgl. P. Hastenteufel 1973, 261f.
439 B. Börger 1974, 2.
440 Vgl. 1.2. dieser Arbeit.
441 „Im Gegensatz zu früheren Dokumenten zur Jugendarbeit, bei denen der vorgegebene Evangelisationsauftrag den Denkansatz bildete, wird in der Vorlage bewußt sowohl die Analyse der Situation der gesellschaftlichen Bedingungen sowie das Selbstverständnis der Jugend in dieser Gesellschaft an den Anfang der Überlegungen gestellt". E. Rickal 1976, 281.
442 Ebd., 278.
443 Ebd., 277.
444 Synodenbeschluß „Ziele und Aufgaben kirchlicher Jugendarbeit" 1976, 299; vgl. dazu auch P. Hastenteufel 1973, 232.
445 Ebd., 298f.
446 Ebd., 299.
447 Ebd., 300.
448 Vgl. ebd., 301. Damit wird der Begriff „reflektierte Gruppe" aus dem Entwurf des Bildungskonzeptes kirchlicher Jugendarbeit von 1971 aufgegriffen; vgl. Bildungskonzept kirchlicher Jugendarbeit 1971, 3 und E. Rickal 1976, 282.
449 Synodenbeschluß „Ziele und Aufgaben kirchlicher Jugendarbiet" 1976, 300.
450 Ebd., 300f.
451 Ebd., 303.
452 Vgl. E. Rickal 1976, 285.
453 1972 referiert W. Schefold den Zweiten Jugendbericht, nach dessen Aussagen bis zu 90 Prozent der Jugendarbeit von ehren- und nebenamtlichen Mitarbeitern geleistet wird; W. Schefold 1972, 97.
454 Vgl. H. Steinkamp 1977, 8.
455 Im Bildungsgesamtplan vom 15. Juni 1973 findet sich ein eigenes Kapitel über die „außerschulische Jugendbildung", in dem „auf die Notwendigkeit eines verstärkten Ausbaus dieses Bildungsbereichs hingewiesen wird. Einer größeren Zahl von Jugendlichen soll durch die Fortentwicklung der Grundlagenforschung, der Didaktik und Methodik, durch Professionalisierung und die Intensivierung der Aus- und Fortbildung ehren- und hauptamtlicher Mitarbeiter ein verbessertes Angebot außerschulischer Jugendarbeit gemacht werden...". U. Sielert 1978, 9.
456 Vgl. neben den nachher referierten Arbeiten J. Rogl 1976; W. Schindler 1976 und H. Reckmann 1981.
457 U. Sielert 1978.
458 Vgl. ebd., 16-21.
459 Ebd., 10f.
460 Vgl. ebd., 58.

[461] Ebd., 53.
[462] Ebd., 61.
[463] Vgl. ebd., 61.
[464] Vgl. ebd., 64.
[465] Ebd., 65.
[466] Ebd., 66.
[467] Vgl. ebd., 68.
[468] Ebd., 70.
[469] Vgl. ebd., 74.
[470] Vgl. ebd., 75.
[471] Ebd., 97.
[472] Ebd., 99f.
[473] Ebd., 113.
[474] Ebd., 113.
[475] Vgl. ebd., 122.
[476] Vgl. ebd., 123.
[477] Ebd., 126.
[478] Vgl. ebd., 128.
[479] Vgl. ebd., 131.
[480] Ebd., 133.
[481] Vgl. ebd., 149-153.
[482] Ebd., 157.
[483] Rahmenplan Paderborn 1981.
[484] Rahmenplan Paderborn 1971.
[485] Vgl. EMNID Bielefeld 1979, 21.
[486] Vgl. ebd., 3 und Tabelle 17 im Tabellenteil dieser Untersuchung.
[487] Vgl. ebd., Tabelle 25.
[488] Vgl. ebd., 6.
[489] Vgl. ebd., 7.
[490] Vgl. ebd., 8.
[491] Vgl. ebd., 15.
[492] Vgl. ebd., 15f.
[493] Ebd., 28.
[494] Ebd., 30f.
[495] Ebd., 29.
[496] Ebd., 34.
[497] Neben F. Hamburger als Untersuchungsleiter waren Chr. Beck, R. Knorr, B. Lukat, R. Meyer, Th. Schwarz und Chr. Wulf beteiligt.
[498] Vgl. F. Hamburger u.a. 1982, 15.
[499] Vgl. ebd., 1982, 19.
[500] Ebd., 24f.
[501] Ebd., 27.
[502] Ebd., 40.
[503] Vgl. ebd., 23.
[504] Vgl. ebd., 22.
[505] Vgl. ebd., 87.
[506] Vgl. ebd., 87.
[507] Vgl. ebd., 90.
[508] Ebd., 100.
[509] Ebd., 90.
[510] Ebd., 102.
[511] Vgl. ebd., 98.
[512] Ebd., 84.
[513] Vgl. ebd., 109f.
[514] U. Rüppel 1979.
[515] Vgl. ebd., 2.
[516] Vgl. ebd., 3.
[517] Vgl. ebd., 61.
[518] Vgl. ebd., 61.
[519] Vgl. ebd., 62.
[520] Vgl. ebd., 64.
[521] Vgl. ebd., 64.
[522] Vgl. ebd., 66.
[523] Ebd., 67.
[524] Vgl. ebd., 72.
[525] Vgl. ebd., 81.
[526] Vgl. ebd., 82.
[527] Ebd., 82f.
[528] Ebd., 83f.
[529] Vgl. ebd., 116.
[530] Ebd., 153.
[531] Ebd., 153.
[532] Ebd., 156.
[533] Ebd., 160.
[534] Vgl. ebd., 160.
[535] Vgl. ebd., 164.
[536] Ebd., 165.
[537] Ebd., 166.
[538] Vgl. ebd., 169.
[539] Vgl. oben 1.3.5.
[540] Vgl. ebd., 300; vgl. dazu auch 2.2.2 dieser Arbeit.
[541] U. Sielert 1978, 126.
[542] H. Steinkamp 1977.
[543] Ebd., 16.
[544] Ebd., 17.
[545] Vgl. ebd., 17.
[546] Ebd., 17f.
[547] Ebd., 18.
[548] H. Steinkamp begegnet dieser Kritik, ob es letztlich verantwortbar sei, Jugendlichen solche Verfahren an die Hand zu geben, mit dem Hinweis: „Das hier entwickelte Konzept sieht gruppendynamische Verfahren und Methoden von der Art, auf die diese Kritik abhebt, nicht nur nicht vor, sondern schließt sie bewußt aus, z.B. unstrukturierte Gruppensituationen, Selbsterfahrungsgruppen, TG-Techniken u.ä." Ebd., 22.
[549] H. Ebel 1981.
[550] Ebd., 234.
[551] Vgl. R. Hauser 1976.

552 H. Steinkamp 1977, 24.
553 Ebd., 24.
554 Vgl. ebd., 24f.
555 Beschrieben von W. Erl 1967.
556 H. Steinkamp 1977, 27.
557 Vgl. ebd., 28.
558 Ebd., 28f.
559 Ebd., 29.
560 Ebd., 31.
561 Ebd., 29.
562 Ebd., 30.
563 Ebd., 31.
564 M. Kelber 1971 a, 33.
565 Vgl. z.B. J.B.P. Shaffer/M. D. Galinsky 1977, 223-247.
566 Vgl. M. Kelber 1971 a, 35.
567 Ebd., 35.
568 Ebd., 35.
569 Ebd., 35.
570 M. Kelber 1971 b, 19.
571 Vgl. H. Steinkamp 1977, 66.
572 M. Kelber 1971 b, 19.
573 Vgl. Synodenbeschluß „Ziele und Aufgaben kirchlicher Jugendarbeit" 1976, 300.
574 H. Steinkamp 1977.
575 Ebd., 47.
576 Vgl. Synodenbeschluß „Ziele und Aufgaben kirchlicher Jugendarbeit" 1976, 299.
577 H. Steinkamp 1977, 52f.
578 Ebd., 53.
579 Ebd., 53.
580 Ebd., 55; Erstaunlich ist, daß H. Steinkamp für ein solches Training dann doch gruppendynamische Trainingsformen mit entsprechenden Techniken (z.B. unfreezing) vorschlägt im Gegensatz zu seinem oben aufgeführten Ausschluß solcher Trainingsformen; vgl. Anmerkung 548.
581 H. Steinkamp 1977, 58.
582 Ebd., 60.
583 Vgl. ebd., 61.
584 Vgl. Synodenbeschluß „Ziele und Aufgaben kirchlicher Jugendarbeit" 1976, 300.
585 H. Steinkamp 1977, 66-68.
586 Ebd., 34.
587 Ebd., 34.
588 U. Sielert 1978, 166.
589 Vgl. Synodenbeschluß „Ziele und Aufgaben kirchlicher Jugendarbeit" 1976, 300.
590 Vgl. ebd., 1976, 303.
591 Vgl. ebd., 300.
592 Vgl. 2. dieser Arbeit.
593 Rahmen für die Ausbildung von Gruppenleitern 1976 (Münster) (I); Rahmenkonzept für die Aus- und Weiterbildung von Leitungskräften im BDKJ 1977 (Nordrhein-Westfalen) (II), Aus- und Weiterbildung Essen 1978 (III), Rahmenplan Paderborn 1978 (IV) und Rahmenkonzept Schleswig-Holstein 1979 (V). Die römischen Zahlen in Klammern dienen zur Kennzeichnung der Konzepte im Text.
594 Vgl. Synodenbeschluß „Ziele und Aufgaben kirchlicher Jugendarbeit" 1976, 299 und 1.3.5 dieser Arbeit.
595 Rahmenplan Paderborn 1978, 14.
596 Vgl. 1.4.1 und insbesondere 1.4.1.4 dieser Arbeit.
597 W. Bott 1977, 219.
598 Vgl. Synodenbeschluß „Ziele und Aufgaben kirchlicher Jugendarbeit" 1976, 303.
599 P. Hastenteufel 1973, 49.
600 Vgl. 3.2. dieser Arbeit.
601 Vgl. dann auch P. Ascher 1971, 13.
602 Vgl. Synodenbeschluß „Ziele und Aufgaben kirchlicher Jugendarbeit" 1976, 300.
603 Vgl. dazu Diözesanteile BDKJ, Freiburg 1979.

Kapitel 2:

[1] Apostolicam actuositatem 6.
[2] Lumen gentium 8; der in dieser Stelle als Beleg angeführte Philipper-Hymnus dient auch der theologischen Begründung des Dienstes der Kirche an den jungen Menschen und deren Selbstverwirklichung; vgl. Synodenbeschluß „Ziele und Aufgaben kirchlicher Jugendarbeit" 1976, 295.
[3] Gaudium et spes 3.
[4] Lumen Gentium 9.
[5] Gaudium et spes 40.
[6] Ebd., 3; zur biblischen Begründung der kirchlichen Dienstfunktion vgl. G. Biemer/P. Siller 1971, insbesondere 12-50.
[7] Apostolicam actuositatem 2 (Hervorhebung von W.T.); zur Bedeutung und Entfaltung des Apostolats vgl. insbesondere F. Klostermann 1962; zum Apostolat des Laien: F.X. Arnold 1955 und 1961; G. Biemer 1967.
[8] Vgl. Apostolicam actuositatem 2.
[9] F.X. Arnold 1955, 136.
[10] Apostolicam actuositatem 10; auf die spezifische Qualität des Zusammenwirkens der Hirten und der Gläubigen macht auch J.H. Newman aufmerksam: „Zwar ist der Laienstand in Glaubenssachen nur das Spiegelbild oder das Echo des Klerus, dennoch ist in der ‚conspiratio pastorum et fidelium' etwas enthalten, was in den Hirten allein nicht vorhanden ist". AW VI, 290; ebenso F.X. Arnold 1961, 141: „Das Lehrwort der Hierarchie *und* das Zeugnis der Laien in der Welt – nur wenn *beide* zusammenwirken, kommt das prophetische Amt der Kirche zu seiner Erfüllung".
[11] F.X. Arnold 1961, 136.
[12] Apostolicam actuositatem 13; vgl. dazu auch F. Klostermann 1978, 249: „Den Trägern des allgemeinen Verkündigungscharismas bietet sich jeder Ort an, an dem sich ihr alltägliches Leben abspielt: Familie, Beruf und Gesellschaft".
[13] Apostolicam actuositatem 12 (Hervorhebung von W.T.).
[14] Synodenbeschluß „Ziele und Aufgaben kirchlicher Jugendarbeit" 1976, 290.
[15] Vgl. E. Rickal 1976, 277f.
[16] Apostolicam actuositatem 29.
[17] Ebd., 29.
[18] Ebd., 30.
[19] Vgl. ebd., 30.
[20] Ebd., 30.
[21] Lumen gentium 33.
[22] Synodenbeschluß „Ziele und Aufgaben kirchlicher Jugendarbeit" 1976, 297.
[23] Ebd., 294.
[24] Ebd., 297f.
[25] Ebd., 290.
[26] Ebd., 298-301.
[27] Arbeitskreis Jugendpastoral 1977, 2.
[28] Ebd., 3f.
[29] Lumen gentium 8.
[30] Ebd., 8.
[31] Vgl. Synodenbeschluß „Ziele und Aufgaben kirchlicher Jugendarbeit" 1976, 299.
[32] Apostolicam actuositatem 2; vgl. auch Apostolicam actuositatem 103.
[33] Vgl. Lumen gentium 7.
[34] Vgl. Apostolicam actuositatem 30.
[35] E. Rickal 1976, 286; unter „Einbringen der christlichen Dimension" des Lebens versteht E. Rickal die folgenden Eigenschaften des Mitarbeiters: „Durch seine Arbeit, seine Argumentation, durch seine Art und Weise christlich zu handeln und von Christlichem zu reden hängt es ab, ob es in der kirchlichen Jugendarbeit gelingt, bei den Jugendlichen das Verständnis für Glaube und Gesamtkirche zu entfalten". Ebd., 286.

36 W. Rolly 1975, 602f; vgl. dazu auch P. Hastenteufel 1969, 25.
37 A. Exeler 1968, 40.
38 R. Bleistein 1982, 55f.; E. Feifel sieht als wesentliche Aufgabe der Mitarbeiter die Provokation zum Engagement der Jugendlichen selbst: „Provokation zum Engagement meint, daß die von der Jugendarbeit angestrebten Einstellungen, Verhaltensweisen, Fähigkeiten und Kenntnisse soweit als immer möglich durch unmittelbare Übernahme von Verantwortung erfolgen muß“. E. Feifel 1972, 210f.
39 G. Biemer 1981 b, 307.
40 E. Feifel 1972, 199; vgl. auch R. Bleistein 1982, 39; zur praktischen Verwirklichung von Teilgabe und Teilhabe in der Glaubensvermittlung in der Ausbildung von Gruppenleitern vgl. W. Tzscheetzsch 1983.
41 H. Steinkamp 1977, 49.
42 Synodenbeschluß „Ziele und Aufgaben kirchlicher Jugendarbeit“ 1976, 296.
43 Vgl. A. Exeler 1980, 69.
44 H. Steinkamp 1977, 62; H. Steinkamp verwendet hier für die Termini in Klammern: das „exemplarische“ Handeln. Damit widerspricht er m. E. seiner Aussage im ersten Satzteil.
45 A. Exeler 1980, 69.
46 A. Exeler 1968, 35.
47 R. Bleistein 1982, 40f.
48 Vgl. A. Exeler 1968, 37.
49 Synodenbeschluß „Ziele und Aufgaben kirchlicher Jugendarbeit“ 1976, 289.
50 G. Biemer 1977, 47.
51 Vgl. Synodenbeschluß „Ziele und Aufgaben kirchlicher Jugendarbeit“ 1976, 300; zu den Möglichkeiten der Sinnerschließung angesichts gegenwärtiger Sinnfragen Jugendlicher vgl. H. Steinkamp 1982. Darauf, daß Sinndeutung immer auch Kritik an bestehenden Verhältnissen bedeuten kann und damit Möglichkeiten der Veränderung von „sinnlosen“ Zuständen eröffnen kann, machte W. Bartholomäus anläßlich eines jugendpastoralen Kolloquiums der Bischöflichen Arbeitsstelle für Jugendseelsorge am 17./18. Oktober 1983 in Benediktbeuren aufmerksam, an dem der Verfasser teilnahm.
52 Vgl. E. Feifel 1972, 200.
53 E. Feifel 1972, 199.
54 Vgl. G. Biemer 1981 und 1985; vgl. zur Umsetzung der Kategorien in die Praxis der Jugendarbeit, d.h. in die Sprache der Jugendlichen G. Biemer/A. Biesinger/W. Tzscheetzsch 1982 und G. Biemer/W. Tzscheetzsch 1984.
55 Vgl. K. Rahner 1966.
56 G. Biemer 1981 b, 294; vgl. dazu Synodenbeschluß „Ziele und Aufgaben kirchlicher Jugendarbeit“ 1976, 294.
57 Synodenbeschluß „Ziele und Aufgaben kirchlicher Jugendarbeit“ 1976, 291f.
58 G. Biemer 1981 b, 295.
59 Ebd., 295.
60 Ebd., 295.
61 K.E. Nipkow 1982, 72; hier zitiert K.E. Nipkow J.W. Fowler 1981, 153.
62 Vgl. G. Biemer 1981 b, 296.
63 Ebd., 296; vgl. dazu Synodenbeschluß „Ziele und Aufgaben kirchlicher Jugendarbeit“ 1976, 205: Jesus „lebt aus einer Freiheit, die ihn letztlich allen menschlichen Verfügungen entzieht. Diese Freiheit kommt aus jener Herrschaft Gottes, die er verkündet und bringt“.
64 G. Biemer 1981 b, 297.
65 Vgl. ebd., 297.
66 K.E. Nipkow 1982, 72.
67 G. Biemer 1981 b, 298; vgl. dazu Synodenbeschluß „Ziele und Aufgaben kirchlicher Jugendarbeit“ 1976, 295f.
68 Zur pädagogischen Aufgabe der Hilfe zur Geschlechtsrollenfindung vgl. 2.2.1 dieser Arbeit.

[69] G. Biemer 1981 b, 299f.
[70] Ebd., 299.
[71] K.E. Nipkow 1982, 87.
[72] Nach der jüngsten Untersuchung des Jugendwerks der Deutschen Shell beurteilen 58% der befragten Jugendlichen die gesellschaftliche Zukunft pessimistisch; vgl. Deutsche Shell 1981, 15.
[73] G. Biemer 1981 b, 300.
[74] Vgl. K.E. Nipkow 1982, 79f.
[75] Ebd., 81.
[76] Ebd., 81.
[77] B. Casper 1980, 53.
[78] P.L. Berger 1970.
[79] B. Casper 1980, 53.
[80] Ebd., 53; Der Synodenbeschluß über Ziele und Aufgaben kirchlicher Jugendarbeit deutet – auf das Jugendalter übertragen – solche Phänomene ebenfalls als versteckte Fragen nach dem Sinn des Lebens; vgl. dazu Synodenbeschluß „Ziele und Aufgaben kirchlicher Jugendarbeit" 1976, 291f.
[81] K.E. Nipkow 1982, 81.
[82] Vgl. ebd., 83.
[83] Vgl. ebd., 82f.
[84] Vgl. ebd., 83-86.
[85] Ebd., 83.
[86] Vgl. ebd. 83-85.
[87] Ebd., 85.
[88] Vgl. ebd., 86; vgl. dazu die Rahner'sche Kategorie der Geheimnisverwiesenheit und das anthropologische Korrelat der Identitätsfindung.
[89] Ebd., 86.
[90] Vgl. ebd., 86.
[91] Vgl. ebd., 86.
[92] Ebd., 94.
[93] Ebd., 96.
[94] J. Ratzinger 1983, 27.
[95] vgl. dazu ebd., 28-31.
[96] Vgl. G. Biemer/A. Biesinger 1983; zur humanwissenschaftlichen Fundierung des Vorbildlernens vgl. G. Stachel 1977 und A. Biesinger 1977; vgl. auch A. Biesinger/W. Tzscheetzsch 1975.
[97] G. Biemer 1983, 19.
[98] Vgl. F. Klostermann 1962, 454.
[99] Auf die theologische Qualität des lebendigen Glaubensvollzuges verweist G. Biemer im Anschluß an J.H. Newman: „Der in der Gemeinschaft der Gläubigen sich abspielende Glaubensvollzug und die darin zustandekommenden Erfahrungen haben eine spezifische religiöse und in der Folge auch theologische Qualität. Verwirklichter Glaube ist von den Lehrsätzen des Glaubens insofern verschieden, als er inkarniert, durchlebt, durchlitten, durchhofft ist. Verwirklichter Glaube ist die Explikation, die Explizitheit der Glaubenslehre im Leben der Menschheit". G. Biemer 1984 a, 134 und 1984 b.
[100] A. Exeler 1968, 42.
[101] Vgl. Synodenbeschluß „Ziele und Aufgaben kirchlicher Jugendarbeit" 1976, 294.
[102] Ebd., 294.
[103] Ebd., 295.
[104] H.P. Siller 1983, 48.
[105] A. Biesinger 1977, 623.
[106] Synodenbeschluß „Ziele und Aufgaben kirchlicher Jugendarbeit" 1976, 297.
[107] H. Tenhumberg 1979, 13f.; mit Recht verweist Bischof H. Tenhumberg an dieser Stelle darauf, daß sich Gemeinden fragen müssen, inwieweit in der Gottesdienstgestaltung Kinder und Jugendliche Berücksichtigung finden.

108 Vgl. Bischöfliches Generalvikariat Münster 1978; U. Ahlert u.a. 1978, insbesondere 110-135; aus der evangelischen Jugendarbeit: E. Achtnich u.a. 177.
109 H. Tenhumberg 1979, 14.
110 Vgl. dazu G. Biemer/A. Biesinger/W. Tzscheetzsch 1982, 112.
111 H. Tenhumberg 1979, 18.
112 Ebd., 11.
113 Ebd., 11.
114 Über die Möglichkeit einer Verbindung zwischen schulischem Religionsunterricht und außerschulischer kirchlicher Jugendarbeit zur Qualifizierung der Mitarbeiter vgl. W. Tzscheetzsch 1982, insbesondere 86-88.
115 G. Biemer 1981 b, 305.
116 Ebd., 306. Die Theologie des Weges hat auch Konsequenzen für das Selbstverständnis der Kirche: „Kirche muß sich – mehr als früher – als Weg-Gemeinschaft entdekken. Dieses Selbstverständnis entspricht nicht nur ihrer Geschichte; denn die ersten Christen hießen ja ‚die des (neuen) Weges' (Apg. 9,2). Es entspricht vor allem ihrer eigenen Geschichtlichkeit; denn Kirche ist immer unterwegs durch alle Räume und Zeiten als die ‚Herausgerufene', die *ekklesia.* Als jene große und weltumspannende Gemeinschaft, die nicht nur schicksalhaft, sondern ihrer Sendung wegen unterwegs ist, die nicht aus Nostalgie zu den ‚Fleischtöpfen Ägyptens' zurückkehren darf, die immer wieder neu den Exodus übt, wird sie auch auf jene treffen, die in ihrer Entwicklung und in allen Widersprüchen unterwegs sind, die heute mit Angst und Hoffnung in eine eher düstere Zukunft unterwegs sind: junge Menschen". R. Bleistein 1982, 37f.; eine ausführliche Entfaltung der Wegtheologie für die Jugenspastoral bietet: K. Hemmerle 1980; vgl. dazu auch W. Böcker/K. Wuchterl 1980, 692f.
117 Vgl. Synodenbeschluß „Ziele und Aufgaben kirchlicher Jugendarbeit" 1976, 294.
118 Vgl. G. Biemer 1981 b, 303.
119 Ebd., 307.
120 Ebd., 308.
121 Ebd., 308.
122 P. Zulehner 1980, 97.
123 H. Tenhumberg 1979, 10.
124 Vgl. K. Rahner 1973, 170.
125 Ebd., 170.
126 A. Exeler 1980, 59.
127 K.E. Nipkow 1982, 69.
128 Vielfältige Impulse für altersspezifisch entsprechende Inhalte des Glaubensgespräches bietet B. Grom 1981.
129 W. Rolly 1975, 604.
130 Ebd., 603.
131 Vgl. dazu 2.3 und 4.7 dieser Arbeit.
132 R. Bleistein 1982, 57.
133 Vgl. Synodenbeschluß „Ziele und Aufgaben kirchlicher Jugendarbeit" 1976, 298-301; vgl. auch 1.3.5 dieser Arbeit.
134 Vgl. ebd., 300f.
135 P. Hastenteufel 1969, 205.
136 H. Steinkamp 1977, 64.
137 Vgl. ebd., 64f.
138 Ebd., 64
139 Vgl. dazu auch P. Hastenteufel 1969, 386: „Der im pädagogischen Sinn Führende ist als Helfer zur Selbstverwirklichung Partner im personalen Lebensdialog".
140 W. Bott 1977, 219; vgl. dazu auch R. Bleistein 1974, 206 und I. Klein 1976, 49.
141 Vgl. dazu G. Buttler/W.-E. Failing 1979, 41: „Mitarbeiter, die sich des Modell-Lernens bewußt sind, erfahren sich selbst in ihrem Verhalten als Modell für das Lernen der Personen in ihrer Gruppe". – P. Hastenteufel weist dem Gruppenleiter in Anlehnung an S. Freud eine doppelte Funktion zu: „Er hebt sich durch seine Persönlichkeit so sehr von den Gruppenmitgliedern ab, daß diese ihn als *Gegenstand der Projektionen* (ihrer mehr oder minder geheimen Wünsche) wählen können; es steht andererseits durch personale Bindungen so sehr in der Gruppe, daß die Mitglieder in ihm auch den *Gegenstand der Identifikation* sehen können. Das Wechselspiel von Projektion und Identifikation vollzieht sich natürlich auch zwischen den einzelnen Gruppenangehörigen; es gehört ja zum Gruppenprozeß". P. Hastenteufel 1969, 387.

[142] R. Bleistein 1974, 206.

[143] Vgl. dazu auch 2.1.3.1 dieser Arbeit.

[144] Vgl. R. Bleistein 1974, 206f. Wenn der Gruppenleiter den Gruppenmitgliedern in seiner Person Werte anbietet, so trägt er seinen Teil dazu bei, daß sich junge Menschen entscheiden lernen; dabei nimmt der Gruppenleiter den jungen Menschen die Entscheidung nicht ab, sondern macht sie vielmehr entscheidungsfähig: „Am besten wird der Gruppenleiter seiner Stellung im Sinn der personalen Jugendseelsorge gerecht, wenn er zwar bei der Vorbereitung und Durchführung von Entscheidungen hilft, die Entscheidung selbst aber nicht erzwingt; wenn er den einzelnen ihren Freiraum läßt, sie an- und ernstnimmt, sie als Partner sieht und ihnen gerade dadurch innere Würde und Autorität zubilligt". P. Hastenteufel 1969, 388.

[145] Vgl. H. Giesecke 1980, 177-180.

[146] Vgl. 2.2.6 dieser Arbeit.

[147] U. Sielert 1978, 38.

[148] Zur Bedeutung der Gruppe im pädagogischen Raum liegt umfangreiche Literatur vor; vgl. dazu C. Rittelmeyer 1980 (umfangreiches Literaturverzeichnis). Zur Gruppenarbeit mit Kindern vgl. insbesondere K. Reichle 1979, zur Gruppenarbeit mit Jugendlichen L. Button 1976. Über die gruppendynamischen Implikationen der Jugendarbeit informiert ausführlich J. Fritz 1973; für den Bereich kirchlicher Jugendarbeit H. Steinkamp 1977. Praxisorientierte Hilfen gibt T. Listing 1977.

[149] E. Zillien 1977, 74.

[150] H.G. Schöpping 1982, 41f.

[151] Vgl. ebd., 41.

[152] Ebd., 44.

[153] Ebd., 43.

[154] Vgl. ebd., 43. Um dem kontrollierten Verhalten eines Gruppenleiters gerecht werden zu können, ist es nach H.G. Schöpping nötig, daß der Gruppenleiter lernt, daß er zwar Geltungsdrang, Bedürfnis nach Anerkennung und Ehrgeiz besitzt, daß er sich aber in seiner Ausbildung dieser Motive bewußt wird, um sie kontrollieren zu lernen und mit ihnen umgehen zu können. Vgl. H.G. Schöpping 1982, 41.

[155] Einen wichtigen Beitrag zur Reflexion des Gruppenleiterseins bieten die Leiterrunden, sofern sie als „reflektierte Gruppen" angelegt sind. Vgl. dazu H. Steinkamp 1977, 106-108; außerdem eröffnet sich hier ein breites Feld für die Mitarbeit Erwachsener in der kirchlichen Jugendarbeit, die nach Aussagen des Synodenbeschlusses über Ziele und Aufgaben kirchlicher Jugendarbeit den jugendlichen Mitarbeitern gerade Hilfe zur Reflexion anzubieten haben; vgl. dazu Synodenbeschluß „Ziele und Aufgaben kirchlicher Jugendarbeit 1976, 300f.

[156] Vgl. K. Reichle 1979, 49-66.

[157] Die Formulierung dieser gruppenpädagogischen Prinzipien lehnt sich an R. Dantscher 1975, 51-54 an. Die „klassische" Formulierung der gruppenpädagogischen Prinzipien findet sich bei M. Kelber: die gruppenpädagogischen Grundsätze lauten dort a) Individualisieren, b) mit der Stärke des einzelnen arbeiten, c) Anfangen wo die Gruppe steht, d) sich mit ihr – ihrem Tempo entsprechend – in Bewegung setzen, e) Raum für Entscheidungen geben, f) und notwendige Grenzen positiv nutzen, g) Zusammenarbeit mehr pflegen als Einzelwettbewerb, h) sich überflüssig machen; vgl. dazu M. Kelber 1971, 19-22.

[158] I. Klein 1976, 47; vgl. dazu auch P. Hastenteufel 1969, 387, und zu den theoretischen Grundlagen von Planungsverfahren in der Jugendarbeit J. Schilling 1983.

[159] D. Damm 1980, 56; zur Orientierung Jugendlicher im Rahmen einer emanzipatorischen Jugendarbeit vgl. U. Sielert 1978, 25.

[160] D. Damm 1980, 18.

[161] Vgl. Synodenbeschluß „Ziele und Aufgaben kirchlicher Jugendarbeit" 1976, 300 und 1.4.2 dieser Arbeit.

[162] H. Steinkamp 1978, 156.

[163] Ebd., 34.

164 Zu den Zielen der einzelnen Mitgliedsverbänden des BDKJ vgl. BDKJ Erzdiözese Freiburg 1978.

165 Vgl. dazu H. Giesecke 1980, 177.

166 H.G. Schöpping 1982, 47f.

167 Ebd., 45.

168 Vgl. zu dieser Forderung I. Klein 1976, 47.

169 Synodenbeschluß „Ziele und Aufgaben kirchlicher Jugendarbeit" 1976, 289.

170 Vgl. W. Schefold 1972, 173-217; für den Bereich kirchlicher Jugendarbeit das Grundsatzprogramm des BDKJ 1971.

171 W. Schefold 1972, 190.

172 Vgl. dazu I. Klein 1976, 49 und U. Sielert 1978, 32.

173 I. Klein 1976, 52.

174 Vgl. ebd., 53.

175 Vgl. R. Bleistein 1974, 208.

176 Ebd., 208.

177 I. Klein 1976, 54.

178 Vgl. ebd., 54.

179 Vgl. ebd., 75.

180 Ebd., 55.

181 Vgl. ebd., 55.

182 Vgl. ebd., 75f.

183 U. Sielert 1978, 171f.

184 E. Buttler/W.E. Failing 1979, 44.

185 Zur Funktion der Gruppenleiterrunde vgl. H. Steinkamp 1977, 106 und 108. Im Rahmen einer emanzipatorischen Jugendarbeit formuliert U. Sielert die Aufgabe der Mitarbeitergruppe folgendermaßen: „Viele Probleme, die sich auf Grund der Interaktion eines einzelnen Mitarbeiters mit einer Gruppe ergeben, sind für das Mitarbeiterteam weniger bedeutsam. Hier tritt dem Jugendlichen ein Aktivitätskern gegenüber, der mehrdimensionale Beziehungen ermöglicht und der die Fixierung des einzelnen Mitarbeiters in seiner Führungsrolle verhindert. Das ‚Team als Denklabor' ermöglicht kreative und produktive Problemlösungen durch Integration unterschiedlicher Persönlichkeiten mit jeweils spezifischen Qualifikationen. Konflikte müssen nicht verdrängt, sie können solidarisch ausgetragen und gelöst werden. Erforderlich jedoch dazu ist eine offene Gruppe, die bereit ist, alles zu diskutieren und die sowohl auf der Inhalts- als auf der Beziehungsebene auftretende Probleme und Schwierigkeiten im herrschaftsarmen Dialog zu behandeln. Die Gruppe muß ein Experimentierfeld sein für rational-kritische Lernvorgänge im geistigen, sozialen und moralischen Bereich. Das Erlernen genossenschaftlich-solidarischer Interaktionsweisen, die den Konflikt nicht ausschließen, zugleich aber eine emotionale Stütze des Mitarbeiters darstellen, gehört zu den vorrangigen Aufgaben der Aus- und Fortbildung. Nur, wer sich durch eine ihn stützende Gruppe sicher fühlt, sich abgesichert weiß, kann mit neuen Verhaltensweisen experimentieren und gegen anti-emanzipatorische Tendenzen angehen, ohne seine Identität aufzugeben. Wie das Team der Mitarbeiter Auseinandersetzungen führt, wie es Probleme auffaßt, wie es auf Herausforderungen reagiert und wie es versucht Freiräume auszunutzen, und sie selbstbestimmend für die eigene Emanzipation und Befreiung anderer auszunutzen, das alles wirkt auf die Jugendlichen als Orientierungsmuster, als Angebot, das eigene Verhalten ähnlich zu gestalten". U. Sielert 1978, 38f.

186 F. Hamburger u.a. 1982, 115.

187 Vgl. H.G. Schöpping 1983.

188 H. Steinkamp 1977, 59, warnt davor, „Identität zum Bestandteil der (professionellen) Qualifikation des Jugendleiters und damit zum Lernziel von Leiterausbildung zu erklären".

189 G. Buttler/W.E. Failing 1979, 42; „Die Aufgabe der Mitarbeiterqualifizierung besteht... darin, in allen Veranstaltungen möglichst je nach individuellem und kollektivem Defizit jene Qualifikationen zu fördern, die für ein befriedigendes Lernen in der Kurssituation und eine emanzipatorische Praxis von Bedeutung sind". U. Sielert 1978, 163.

190 U. Sielert 1978, 161.

191 G. Buttler/W.E. Failing 1979, 45; „In der Rolle des Mitarbeiters liegt es, daß er neben den Selbsterfahrungen als Mitglied einer Gruppe... auch gruppenpädagogischer Befähigung und gruppendynamischer Grunderfahrungen bedarf. Dabei ist besonders an die Rolle und Funktion eines ‚Leiters' bzw. Möglichkeiten und Grenzen sich selbst

organisierenden Gruppen und der entsprechenden Begrenzung seiner Rolle zu denken. Unbeschadet spezifischer Kurse, die in besonderer Weise als Trainings- und Selbsterfahrungsgruppen organisiert sind, kann Mitarbeiterbildung *als ganze* nicht gegen diese Bedürfnisse und nicht ohne die entsprechende Lerndimension strukturiert werden..." Ebd., 45.

192 Ebd., 43. U. Sielert warnt davor, die gruppenpädagogisch-gruppendynamische Seite der Ausbildung zu vereinseitigen: „In konfessionellen Verbänden dagegen... muß das Problem der Verabsolutierung und isolierten Behandlung kommunikativer Erfahrungen in Gruppen hervorgehoben werden, da eine solche Anwendung gruppendynamischer Methoden keine emanzipierende, sondern lediglich entlastende Funktion einnimmt, soweit die gesellschaftlichen Bedingungsfaktoren außer acht gelassen werden. Eingebettet in größere institutionelle und gesellschaftliche Innovationsstrategien erfüllen diese Methoden jedoch wichtige Funktionen der befriedigenden Gestaltung zwischenmenschlicher Beziehungen und sollten in diesem Verständnis jeder Aus- und Fortbildungsmaßnahmen als methodische Basis zugrundeliegen. Dem bereits vorgestellten Bedürfnis nach Kommunikation von Jugendarbeitern untereinander kann zum Zwecke der persönlichen Identitätsbildung mit gruppendynamischen Elementen entgegengekommen werden. Somit geht es in einer ersten Phase der Qualifizierung darum, sich selbst bewußt als agierendes Mitglied einer Gruppe zu erleben, um die gemachten Erfahrungen theoretisch ‚auf den Begriff zu bringen'. Nur so dienen sie zur bewußten Gestaltung von Kommunikationsprozessen". U. Sielert 1978, 165.

193 E. Buttler/W.E. Failing 1979, 45.

194 H. Steinkamp 1977, 99.

195 Zu den Möglichkeiten der Metakommunikation bei Kursen vgl. 5.1.4 dieser Arbeit.

196 H. Giesecke 1963, 456; vgl. dazu E. Zillien 1977, 65f.: „Fortbildung darf nicht so strukturiert werden, daß man zunächst die Sachverhalte lernt und dann die Methoden der Anwendung. Durch die Anwendung einer bestimmten Methode wird die Sache erst selbst nicht hergestellt. Das Problem der pädagogischen Übersetzung auf die Praxis kann niemals – losgelöst von den Sachfragen – zum eigenen Tagungsthema gemacht werden, sondern muß zum Ordnungsprinzip der Tagungsgestaltung selbst werden. Die systematische Bearbeitung eines Themas und das Training der Anwendung des Gelernten können sinnvoll immer nur im Zusammenhang geplant und realisiert werden".

197 G. Buttler/W.E. Failing 1979, 47; vgl. dazu auch H. P. Brucker u.a. 1976, 467: „Zu jedem Zeitpunkt des Lernprozesses müssen die Bezüge zur Praxis deutlich gemacht werden, damit die Außenbezüge mit in die Reflexion einbezogen werden und eine unrealistische euphorisch-utopische Grundhaltung vermieden wird".

198 H. Steinkamp 1977, 93.

199 H.P. Brucker 1976, 467; an dieser Stelle wird auch dafür plädiert, daß an die selbsterfahrungsbezogenen Lehrgangsformen nur langsam herangeführt wird, da sie in den anderen Sozialisationsinstanzen eher die Ausnahme darstellen. Zur angstarmen Atmosphäre in den Kursen vgl. H. Steinkamp 1977, 98: „Verminderung von Angst vor dem ‚Neuen', das jede Gruppe darstellt, und wachsendes Vertrauen in die eigenen Gefühle, zunehmendes Selbstvertrauen als Basis für die Möglichkeit, andere anzuerkennen und akzeptieren, stellen ein wichtiges Problem für das Sich-Einlassen in eine Gruppe dar. Die Schaffung einer Vertrauensbasis ist daher eine wichtige methodische Regel, um offene Kommunikation zu ermöglichen, die Teilnehmer zu befähigen, bedeutsames Erleben mitzuteilen und mit Verhalten zu experimentieren. In der Hypothek von Angst und Mißtrauen, das Menschen in Gruppen mitbringen, zeigen sich die Folgen einer Sozialisation, die von Rivalität und Konkurrenzkampf geprägt und auf Überleben in einer Leistungsgesellschaft ausgerichtet ist. Die Schaffung von angstfreien Lernsituationen ist die Bedingung für das Erproben alternativer Verhaltensmuster sowie für die Entdeckung und Aktivierung des emotionalen Potentials der Gruppenmitglieder".

200 D. Damm 1980, 135.

201 U. Sielert 1978, 166.

[202] Für eine Reduktion der Ansprüche, die an die Mitarbeiterbildung gerichtet werden, plädieren W. Gerbeit u.a. 1978, 351: „Bei einer Durchsicht der Literatur zur Mitarbeiterbildung (gemeint sind R. Dantscher 1975 und I. Klein 1976, W.T.) zeigt sich, daß die Aussagen über diese ehrenamtlichen Mitarbeiter meist sehr unpräzise sind. Häufig scheinen die Hauptberuflichen schlichtweg in den Spiegel geguckt und ihre eigenen Stärken und Fehler auf die ehrenamtlichen Mitarbeiter übertragen zu haben".

Kapitel 3:

[1] Daß die in der Curriculumforschung erreichten Ergebnisse für die Gestaltung von Lehr-/Lernprozessen auch jetzt noch richtungsweisende Funktionen für die zukünftige Entwicklung z.B. von Lehr-/Lernplänen haben, zeigt D. Knab 1982.

[2] S.B. Robinsohn 1967.

[3] K. Frey 1971, 90; vgl. dazu auch E. Meerten 1980, 15.

[4] Deutscher Bildungsrat 1970, 58 (Hervorhebung von W.T.); vgl. dazu die jüngere einschlägige Literatur in der Jugendarbeit in 3.2.1 bis 3.2.3 dieser Arbeit; neuerdings: R. Münchmeier/E. Sander 1983.

[5] Vgl. G. Biemer 1982, 174.

[6] Vgl. ebd., 174 nach D. Knab s.u. A 8.

[7] K.E. Nipkow 1972, 76.

[8] D. Knab 1982, 57.

[9] S.B. Robinson 1967, 45.

[10] Ebd., 46 (Hervorhebung von W.T.).

[11] Vgl. ebd., 47-54.

[12] F. Achtenhagen/P. Menck 1971, 198.

[13] Ebd., 200; zur mittelfristigen Curriculumforschung vgl. auch H. Blankertz 1975, 209-212.

[14] H.A. Hesse/W. Manz 1972, 32.

[15] Vgl. H. Blankertz 1971 und 1975; sowohl in der langfristigen wie in der mittelfristigen Curriculumforschung müssen Entscheidungen über Lernziele und Bildungsinhalte getroffen werden. Die dabei wichtigen Entscheidungsprozesse wurden von der Konstanzer LOT-Gruppe (LOT – Lernzielorientierte Tests) um K.H. Flechsig analysiert; vgl. dazu auch K.H. Flechsig, u.a. 1971.

[16] G. Biemer 1981 a, 103; vgl. dazu auch H. Blankertz 1975, 208: „Die Rekonstruktion der europäischen Bildungstradition und ihre Auslegung auf die politischen Bedingungen der technischen Zivilisation ist im Strukturgitteransatz substantiell, nur dadurch ist er als erziehungswissenschaftlich ausgewiesen".

[17] H. Blankertz 1973, 12.

[18] G. Biemer 1981 a, 103.

[19] Vgl. Deutscher Bildungsrat 1971, 82-87.

[20] W. Edelstein 1971; vgl. dazu auch H. Moser 1975.

[21] W. Potthoff 1973, 30f.

[22] Ebd., 31.

[23] Unter *handlungsorientierten Curricula* werden Curricula verstanden, „die nicht vorfabrizierten Unterricht bieten, wohl aber begründete Handlungsmodelle für die am Unterricht und seiner Planung Beteiligten". D. Knab/G. Stapel 1975, 507; „Für die Lernziele von Curricula wird aus handlungsorientierter Sicht letztlich eine Problematisierung ihrer handlungsspezifischen Leistung und Relevanz unter gesellschafts- und subjektbezogenen Aspekten für notwendig angesehen. Die Vermittlung jeglicher Lehr- und Lernziele mit der Handlungsdimension der Auszubildenden erhält mithin prinzipielle Bedeutung". E. Meerten 1980, 119.

[24] Vgl. S. Gerbaulet u.a. 1972, 80 und W. Brügelmann 1972.

[25] E. Meerten nennt als typische Merkmale praxisnaher Curriculumentwicklung
„a) eine verstärkte Einbeziehung der *konkreten Unterrichtsprozesse und -situationen,*
b) eine *verstärkte Handlungsorientierung,* die u.a. in den Zielen der Handlungskompetenz, Kommunikations- und Interaktionsfähigkeit etc. zum Ausdruck kommt...,
c) eine *Partizipationsorientierung,* durch welche die ansonsten ‚ausgesperrten' bzw. expertokratisch, also stellvertretend antizipierten Bedürfnisse der betroffenen Schüler und Lehrer in einem Prozeß der unmittelbaren Mitwirkung und Mitent-

scheidung von der curricularen Planungs- bis zur Realisierungsphase zum Tragen kommen sollen...,

d) eine Anlehnung des curricularen Planungs-, Entwicklungs-, Erprobungs- und Evaluationsprozesses am Paradigma der *Handlungsforschung.*
E. Merten 1980, 105f.

26 Vgl. H.v. Hentig 1971a, 1971b.

27 Zur Weiterentwicklung des Oberstufenkollegs und der mit dieser Entwicklung verbundenen Schwierigkeiten vgl. insbesondere H.v. Hentig 1980.

28 Vgl. dazu S. Gerbaulet u.a. 1972, 50.

29 Ebd., 1972, 50.

30 Vgl. W. Klafki 1975a, 51f.

31 G. Brinkmann 1975, 6. Als Beispiel für eine curriculare Didaktik mit einseitiger Lernzielorientierung vgl. C. Möller 1981. – E. Meerten charakterisiert die „erste" Phase der Curriculumentwicklung mit drei Merkmalen. Diese beziehen sich

„a) auf die schulexterne, zentralisierte Institutionalisierung der Curriculumentwicklung,

b) auf den expertokratischen, szientistischen und produktorientierten Charakter der Curriculumentwicklung

c) daraus resultierend, auf die Entwicklung solcher Curricula, die auch im Prozeß ihrer Realisierung vor ‚störenden' und ‚ablenkenden' Lehrer- und Schülereinflüssen ‚sicher' sind". E. Meerten 1980, 15.

32 K. Heipcke 1975, 602.

33 D. Schoeneich 1975, 40.

34 Vgl. W. Sachs/W. Th. Scheilke 1973.

35 Ebd., 379.

36 Ebd., 380.

37 Ebd., 381.

38 Ebd., 383.

39 Ebd., 383f.

40 Ebd., 384f.

41 E. Meerten 1980, 64.

42 Zum Interessenbegriff in der Jugendarbeit vgl. W. Schefold 1972, 173-186; zur Interessenlage führt er aus: „Interessen im Jugendalter, verstanden als positionsgebundene Interessen, sind heterogen. Verstehen wir Positionen als Ergebnis von Prozessen sozialer Differenzierung, so wird deutlich, daß Jugendliche sich je nach den von ihnen eingenommenen Positionen in verschiedenen interessenrelevanten strukturellen Ausgangslagen befinden, die potentiell – abstrahiert man von den eher subjektiven Momenten der Interessenartikulation – zu verschiedenen Interessenlagen führen: Die Position des Lehrlings bedingt eine andere Interessenlage als die Position des Schülers." W. Schefold 1972, 178.

43 H. Becker u.a. 1974, 205 (Hervorhebung von W.T.).

44 R.F. Mager 1965.

45 Ebd., 2.

46 Ebd., 2.

47 Ebd., 43.

48 Ebd., 24.

49 Vgl. ebd., 43.

50 Vgl. ebd., 1.

51 Vgl. R. Gutte 1976 und H. Moser 1974.

52 H. Moser 1974, 60.

53 E. Meerten 1980, 108.

54 H. Moser 1974, 61.

55 Vgl. H. Becker u.a. 1974, 205.

56 R. Gutte 1976, 63.

57 G. Biemer 1981a, 113f.

58 J. Flügge 1972, 30f. zitiert nach S. Thiel 1973, 45.

59 C. Wulf 1972, 42.

60 K. Heipcke 1975, 607.

61 Vgl. dazu insbesondere H. Becker u.a. 1974, 203-207; H. Rumpf 1975, 65; P. Huschke 1975, 359f.

62 H. Becker u.a. 1974, 203.

63 Vgl. ebd., 203.

64 Vgl. dazu 1.3.5 und 2 dieser Arbeit.

65 H. Becker u.a. 1974, 203.

66 Ebd., 203.

67 Ebd., 203.

68 Vgl. 3.3.1. dieser Arbeit.

69 Wenn „reflektierte Gruppe“ die methodische Grundform kirchlicher Jugendarbeit sein soll, – wozu noch einige kritische Vorschläge zu machen sind –, dann müssen in der Ausbildung der jugendlichen Gruppenleiter die Interaktions- und Kommunikationsprozesse und ihre jeweilige Wirkung auf die Lernprozesse Beachtung finden, ja Interaktions- und Kommunikationsprozesse müssen selbst Gegenstand des Lernens werden. Die Ausbildungseinheiten, die über einen längeren Zeitraum dauern, ermöglichen Lernprozesse, die den Bereich des „hidden-curriculum“ aufnehmen und zum Inhalt machen. So liegt „unabhängig vom spezifischen Gegenstand einer Tagung... das Schwergewicht nicht mehr einseitig auf der Vermittlung von Wissen und (theoretischer) Information, sondern gleichrangig auf dem in seiner Tragweite immer deutlicher erkannten Feld sozialen Lernens“. D. Schoeneich 1975, 20.

70 U. Sielert 1976, 28; vgl. ders. 1974.

71 Vgl. U. Sielert 1976, 15-17 und 18-20; vgl. dazu auch 1.5.3.

72 Vgl. ebd., 29-35.

73 Ebd., 35.

74 Vgl. ebd., 35.

75 Ebd., 36.

76 Ebd., 36f. Merkmale einer emanzipierten Persönlichkeit beschreibt U. Sielert folgendermaßen: „Ein solches Individuum benötigt ein ‚offenes‘ Orientierungssystem mit der Fähigkeit zur Kritik, zum reflexiven Denken, selbsttätigen Lernen, zum Denken in Alternativen und zum Problemlösungsverhalten im kognitiven Bereich. Die Wandlungsfähigkeit dieser Persönlichkeit zeigt sich durch kreatives, schöpferisches Verhalten, durch Initiative, Spontaneität, Problemfindungsvermögen und schöpferisches Denken. Zur Stärkung der Reflexivkräfte gehört die Ausbildung der vitalpsychischen, emotionalen Sphäre: Ich-Fähigkeit, Genußfähigkeit, Zielstrebigkeit, Wille, Widerstandskraft, Empathie, Liebe und solidarisch-genossenschaftliche Fürsorge. Im sozialen Bereich spielt die Fähigkeit zur Kooperation mit anderen Individuen eine bedeutende Rolle, da nur handlungsfähige Kollektive gesellschaftliche Veränderungen bewirken“. Ebd., 36f.

77 Vgl. ebd., 37; damit greift U. Sielert die Gedanken von R. Dutschke und L. Trotzki auf.

78 Ebd., 9.

79 Vgl. ebd., 52f.

80 Ebd., 123.

81 Vgl. ebd., 124: „Der diesem Curriculumentwurf zugrunde liegende Theorieansatz der Emanzipation darf... nicht als verbindliches Theoriegebäude verstanden werden, da ein solches Vorgehen dem Charakter eines prozeßorientierten offenen Curriculum zuwider laufen müßte. Die Mitarbeiter und die Jugendlichen selbst sind dazu aufgefordert, in der Auseinandersetzung mit den vorgestellten Theorieelementen eine eigene situationsangemessene Konzeption emanzipatorischer Jugendarbeit zu erarbeiten“.

82 Ebd., 101.

83 Ebd., 59.

84 Vgl. dazu 3.1.1 dieser Arbeit.

85 U. Sielert 1976, 52.

86 Ebd., 128.

87 Ebd., 129.

88 Ebd., 128.

89 Ebd., 129.

90 Ebd., 131f.

91 U. Sielert 1976, 129.

92 Die Definition des Begriffs „Ideologie“ stammt von W. Fuchs 1973, 65 und wird von U. Sielert 1976, 134f. übernommen.

93 Vgl. U. Sielert 1976, 133-136.

94 Ebd., 129.

95 Vgl. ebd., 136-139.

96 Vgl. ebd., 70-99 und 140.

97 Ebd., 102.

98 Ebd., 105.

99 Ebd., 108.

100 Ebd., 110.

101 Ebd., 113.

102 Ebd., 116.

103 Ebd., 118.

104 Ebd., 121.

105 Vgl. E.H. Erikson 1970, 1971, 1973, 1975.

106 L. Veelken 1978.

107 Ebd., 26.

108 Vgl. ebd., 138.

109 Ebd., 138.

110 Ebd., 10.

111 Ebd., 79.

112 Ebd., 141.

113 Ebd., 3.

[114] Das Gruppenmodell von G.C. Homans bietet drei Kategorien zur Analyse von Gruppen:
a) die Aktivität der Gruppe als alle Handlungen der Gruppenmitglieder,
b) Interaktion als die bestimmte Einheit der Aktivität eines Menschen, der die Aktivität eines anderen folgt,
c) Gefühl als Kategorie all dessen, was mit den inneren Zuständen des menschlichen Körpers zusammenhängt.
Vgl. L. Veelken 1978, 81-83.

[115] Das Gruppenmodell von Th. M. Mills zeigt fünf Gruppenzwecke auf, „die dynamisch aufeinander aufbauen und sich gegenseitig bedingen: unmittelbare Bedürfnisbefriedigung, Aufrechterhaltung der Bedingungen der Bedürfnisbefriedigung, Verfolgung eines kollektiven Ziels, Selbstbestimmung und Gruppenwachstum". L. Veelken 1978, 105.

[116] Ebd., 125.

[117] Vgl. 1.4.3 dieser Arbeit.

[118] Vgl. 1.5.3 dieser Arbeit.

[119] Vgl. P. Heimann/G. Otto/W. Schulz 1965; vgl. dazu auch H. Blankertz 1974, 89-113 und neuerdings W. Schulz 1980.

[120] I. Klein 1976, 61f.

[121] Ebd., 63f.

[122] Vgl. ebd., 71.

[123] Vgl. dazu H.P. Brucker u.a. 1979.

[124] Vgl. bsplw. G. Brenner 1976, 24.

[125] Vgl. zum folgenden W. Tzscheetzsch 1982.

[126] W. Schefold 1972, 120.

[127] Vgl. Synodenbeschluß „Ziele und Aufgaben kirchlicher Jugendarbeit" 1976, 290.

[128] W. Schefold 1972, 133.

[129] Ebd., 149.

[130] Vgl. dazu W. Hornstein 1975, 180.

[131] Bildungspolitische Leitlinien 1977, Abschnitte 4.2., 5.

[132] Bildungspolitische Leitlinien 1977, 4.1., 6-8.

[133] KSJ-Plattform 1974, 7.

[134] Vgl. H. Giesecke 1980, 164.

[135] L. Böhnisch 1980, 99.

[136] Vgl. ebd., 99.

[137] E. Raab/H. Radenacker 1980, 175.

[138] Zu den Möglichkeiten einer Kooperation zwischen schulischem Religionsunterricht und kirchlicher Jugendarbeit, vgl. W. Tzscheetzsch 1982, insbesondere 82-88.

[139] Zur Auswahl der Inhalte und Methoden vgl. R. Dantscher 1975, 75.

[140] Vgl. B. Götz 1975, 908.

[141] Vgl. Grundsatzprogramm des BDKJ 1975.

[142] Vgl. Synodenbeschluß „Ziele und Aufgaben kirchlicher Jugendarbeit" 1976, 294f.

[143] Vgl. dazu 3.1.1.1 dieser Arbeit.

[144] I. Klein 1976, 72; vgl. dazu W. Tzscheetzsch 1978.

[145] Vgl. H. Brügelmann 1972; zur Vielfältigkeit der Lernerfahrungen in der Jugendarbeit vgl. 3.2.4 dieser Arbeit.

[146] Gleichzeitig macht diese Liste aber auch deutlich, daß Gruppenleiterausbildung am besten für einen überschaubaren Raum stattfindet, um so wenigstens ab und zu in Kontakt mit dem genannten Personenkreis kommen zu können. Über konkret-praktische Möglichkeiten der Beteiligung der mittelbar Betroffenen gibt 5.1.1 dieser Arbeit Auskunft.

[147] Vgl. dazu 5.1.1 dieser Arbeit.

[148] K. Heipcke und R. Messner nennen diese Fähigkeit, den Lernprozeß selbst zu gestalten, „didaktische Emanzipation der Betroffenen", K. Heipcke/R. Messner 1973, 355.

[149] Ebd., 335f.

[150] Ebd., 356.

151 Ebd., 356.

152 Zum Begriff des Lernhelfers vgl. H. Giesecke 1971, 189.

153 Vgl. K. Riedel 1975, 65-67.

154 Vgl. W. Klafki 1975a und 1975b; das Forschungsergebnis liegt inzwischen vor: W. Klafki u.a. 1982.

155 W. Klafki 1975b, 69f.

156 Zu den mit der Handlungsforschung sich ergebenden forschungs- und wissenschaftstheoretischer Fragen vgl. W. Tzscheetzsch 1984.

157 T. Heinze u.a. 1975, 135.

158 Vgl. R. Bleistein 1976, 102 und P. Müller 1976.

159 R. Bleistein 1976, 102.

160 Synodenbeschluß „Ziele und Aufgaben kirchlicher Jugendarbeit" 1976, 294.

161 Ebd., 295.

162 G. Biemer 1974a, 20f.

163 Synodenbeschluß „Ziele und Aufgaben kirchlicher Jugendarbeit" 1976, 294.

164 Ebd., 296.

165 Ebd., 297.

166 Ebd., 297. – Vgl. zur Entfaltung der Leitidee kirchlicher Jugendarbeit als Sinn, Freiheit, Liebe, Hoffnung: G. Biemer, 1985.

167 H. Giesecke 1980, 172.

168 Synodenbeschluß „Ziele und Aufgaben kirchlicher Jugendarbeit" 1976, 289.

169 Ebd., 299.

170 Ebd., 301.

171 G. Biemer 1975, 61.

172 Ebd., 61.

173 Vgl. H. Giesecke 1980, 172-174.

174 Ebd., 173.

175 Ebd., 173; Im Rahmen eines Konzepts emanzipatorischer Jugendarbeit betont auch U. Sielert die Orientierung an den Erfahrungen von Jugendlichen: „Emanzipatorische Jugendarbeit vermittelt im Gegensatz zur Schule nicht primär kognitiv ausgerichtete und fest kanonisierte Bildungsgüter, sondern knüpft an den konkreten Erfahrungen und Konflikten der Jugendlichen an. Es ist einsichtig, daß nur jene Situationen im emanzipatorischen Sinne bearbeitet werden können, die auch subjektiv erlebt und als veränderungsnotwendig begriffen werden. Dem Jugendlichen soll dabei bewußt werden, daß das je individuelle Sozialisationsschicksal im Zusammenhang mit kollektiven Sozialisations- und Kommunikationserfahrungen steht und nicht allein auf individueller Persönlichkeitsebene bearbeitet werden kann". U. Sielert 1978, 24f.

176 H. Giesecke 1980, 173; In seiner ersten Auflage des Bandes „Die Jugendarbeit" führt H. Giesecke zwei weitere Erfahrungsbereiche auf, nämlich „Die Erfahrung kollektiver Problemlösungen", bei der es darum geht, daß die Gruppe der Gleichaltrigen die Chance beinhaltet, gemeinsam – im Gegensatz zu der Vereinzelung im Betrieb und in der Schule – neue, attraktive und unkonventionelle Problemlösungen zu entdecken, und „die Erfahrung als Subjekt", die Selbstbestimmung als Grunderfahrung der Jugendarbeit deutlich werden läßt. Vgl. H. Giesecke 1971, 182f.

177 Vgl. H. Giesecke 1980, 174.

178 H. Moser 1974, 84.

179 Abbildung ebd., 83.

180 Ebd., 84.

181 Ebd., 82f.

182 Dem widerspricht nicht, daß es auch Ziele gibt, die den Teilnehmern nicht im voraus vorgestellt werden dürfen, da sie u.U. Abwehr hervorrufen. (Dies trifft gerade für Lernziele im Bereich des sozialen Lernens zu). Darüber muß hernach gesprochen werden.

183 I. Klein plädiert für ein Leitungsteam, in dem ehren- und hauptamtliche Mitarbeiter, Frauen und Männer, zusammenarbeiten: „Das Team bietet im Gegensatz zum Einzelreferenten viele Chancen und Vorteile, nicht nur für die persönliche Entwicklung des Jugendlichen und seine Ausbildung zum Gruppenleiter, sondern auch für die Entfal-

tung der einzelnen Mitglieder im Team. Für die Jugendlichen können die Teammitglieder wichtige Bezugspersonen sein, die ihnen einerseits vom Alter her nahestehen und andererseits das oft gestörte Verhältnis Jugend-Erwachsene durch die Begegnung mit ihnen als Erwachsene verbessern. Auf der einen Seite sollte das Team Bindung ermöglichen und Identifikationsobjekt sein, um dem Jugendlichen Sicherheit und Wärme zu geben. Auf der anderen Seite muß es ihm helfen, sich freizumachen und unabhängig zu werden". I. Klein 1976, 155; vgl. dazu auch 5.1.2 dieser Arbeit.

184 K. Heipcke/R. Messner 1973, 367.

185 Ebd., 367f.

186 K. Heipcke 1975, 607f.

187 Vgl. 3.3.2 und W. Tzscheetzsch 1984.

188 K. Heipcke 1975, 610f.

189 C. Wulf 1975, 588.

190 Ebd., 589.

191 T. Heinze u.a. 1975, 134; methodische Möglichkeiten der Evaluation in der Gruppenleiterausbildung werden in 5.1.4 dieser Arbeit vorgestellt.

Kapitel 4:

1 E. Meerten 1980, 238f.

2 H. Becker u.a. 1974, 243.

3 Deutscher Bildungsrat 1974, 25.

4 Synodenbeschluß „Ziele und Aufgaben kirchlicher Jugendarbeit" 1976, 303 (Hervorhebung von W.T.).

5 Ebd., 303.

6 H. Brügelmann 1972, 104.

7 Als Leitziele der Aus- und Weiterbildung müssen die vom Synodenbeschluß „Ziele und Aufgaben kirchlicher Jugendarbeit" genannten Ziele berücksichtigt werden; vgl. dazu 1.1.3 dieser Arbeit.

8 Vgl. dazu 3.1.1 dieser Arbeit.

9 H. Rumpf 1975, 63.

10 G. Thoma 1975, 463.

11 G. Biemer/D. Benner 1973, 21; vgl. dazu auch G. Biemer 1981a, 104-109.

12 Vgl. G. Biemer 1981a, 109.

13 Vgl. 5.1.2 dieser Arbeit.

14 Vgl. W. Tzscheetzsch 1984.

15 Vgl. 5.1.3 dieser Arbeit.

16 H. Rumpf 1975, 63.

17 Vgl. Synodenbeschluß „Ziele und Aufgaben kirchlicher Jugendarbeit" 1976, 295.

18 Vgl. G. Biemer 1974, 296.

19 Den „Anspruch" Jesu entfaltet P. Fiedler als Anspruch auf persönliche Nachfolge, in der Jesus als Urbild und Vorbild seiner Jünger und der ihm nachgefolgten Glaubenszeugen ernst- und angenommen wird; vgl. dazu P. Fiedler 1982 und 1983. – Zugleich wird Jesu Christus als der Sohn Gottes verstanden, der seine Verheißung selbst ermöglicht.

20 Vgl. G. Biemer/D. Benner 1973, 11-13; vgl. dazu auch G. Biemer/A. Biesinger 1976, 24-28.

21 Synodenbeschluß „Ziele und Aufgaben kirchlicher Jugendarbeit" 1976, 294.

22 Vgl. dazu G. Biemer/A. Biesinger 1976, 24f.; vgl. dazu auch P. Fiedler 1982, 50f.

23 Ebd., 13.

24 Ebd., 13.

25 Ebd., 13.

26 G. Biemer 1974, 297; vgl. dazu auch G. Biemer/. Biesinger 1976, 26-28; neuerdings G. Biemer 1985.

27 G. Biemer 1974, 297.

28 Die Reduktionsformeln bieten die Chance, „die existentielle Relevanz des christlichen Glaubens für die Christen heute als sinngebende Liebe und sinnstiftende Hoffnung zu aktualisieren. Menschsein erhält in seiner konstitutiven Unabgeschlossenheit eine Erfüllung durch den sich zu-sagenden, absolut betreffenden Sinn". Als Zusammenfassung des Glaubens bieten die Strukturformeln Sinn/Freiheit, Liebe und Hoffnung „für den Prozeß der didaktischen Vermittlung... den Sinnhorizont, von dem her Wirklichkeit... interpretiert werden kann. Für die Legitimation von Curricula ist eine solche Grundlagenreflexion auf das Spezifikum einer religionsdidaktischen Erschließung der Wirklichkeit unerläßlich." K.-H. Minz 1982, 99; vgl. dazu auch K.-H. Minz 1983.

29 G. Biemer/A. Biesinger 1976, 27f.; über die Korrelation zwischen Kurzformeln des Glaubens und Reduktionsformeln der Theologie informiert K.-H. Minz 1983, insbesondere 62-65.

30 Vgl. Synodenbeschluß „Ziele und Aufgaben kirchlicher Jugendarbeit" 1976, 294f.

31 Vgl. ebd., 295-297.

32 Vgl. ebd., 297f.

33 G. Biemer/D. Benner 1973, 16.

34 Vgl. dazu E. Fink 1975 und E. Schütz 1982.

35 Vgl. G. Biemer/D. Benner 1973, 16f.

36 Ebd., 17; vgl. dazu auch G. Biemer/A. Biesinger 1976, 29-31.

37 G. Biemer/D. Benner 1973; 17; vgl. auch G. Biemer/A. Biesinger 1976, 30.

38 Vgl. dazu Synodenbeschluß „Ziele und Aufgaben kirchlicher Jugendarbeit" 1976, 290-294.

39 G. Biemer/D. Benner 1973, 17; vgl. auch G. Biemer/A. Biesinger 1976, 30f.

40 Diese Zweiteilung der Handlungsbereiche wird auch vertreten von I. Klein 1976, 45-56; H. Steinkamp 1977, 43; U. Sielert 1978, 160f.

41 Vgl. dazu die in 2.2.2 dieser Arbeit genannte Literatur.

42 Der Jugendliche sucht sein Selbstbild, sein *Selbstkonzept;* vgl. dazu G.W. Allport 1973, insbesondere 122-136.

43 Vgl. dazu 3.2.2 dieser Arbeit und die dort genannte Literatur.

44 Synodenbeschluß „Ziele und Aufgaben kirchlicher Jugendarbeit" 1976, 291.

45 Ebd., 291.

46 Vgl. J.B. Metz 1969, insbesondere 99-116.

47 Ebd., 106.

48 G. Biemer/D. Benner 1973, 22.

49 Ebd., 30.

50 Ebd., 22.

Kapitel 5:

1 Vgl. 4.1 dieser Arbeit.

2 Vgl. o. 3.3.1 dieser Arbeit.

3 Vgl. W. Tzscheetzsch 1973.

4 Zur Elternarbeit im Rahmen eines emanzipatorischen Konzepts der Jugendarbeit vgl. U. Sielert 1978, 39f.; vgl. dazu auch K. Reichle 1979, 187-190.

5 Über notwendige Qualifikationen zur Kooperation zwischen Jugendlichen und Erwachsenen vgl. H. Steinkamp 1977, 59; D. Damm 1980, 215.

6 Vgl. Synodenbeschluß „Ziele und Aufgaben kirchlicher Jugendarbeit" 1976, 300f.

7 Möglichkeiten der Ausbildung für ehrenamtliche erwachsene Mitarbeiter zeigen H. Steinkamp 1977, 104-106; vgl. dazu auch Diözesanstelle BDKJ 1979; neuerdings insbesondere für die Rolle des Praxisberaters: H.G. Schöpping 1983.

8 Vgl. 4.1 dieser Arbeit.

9 Eine solche Festlegung wird je nach Träger unterschiedlich sein, d.h. eine Arbeitsgruppe innerhalb eines Mitgliedsverbandes des BDKJ wird eine mitgliedsverbands-

spezifische Ausbildung konzipieren, während die Diözesanleitung des BDKJ und die Bischöflichen Jugendämter die Rahmenvorgaben für die Gruppenleiterausbildung ausarbeiten.

10 Vgl. I. Klein 1976, 143.

11 Zur pädagogischen Notwendigkeit und den Aufgaben des Leitungsteams vgl. I. Klein 1976, 148-164.

12 Ebd., 156.

13 Vgl. Deutscher Bildungsrat 1974, A 26.

14 Vgl. 3.2.3 dieser Arbeit.

15 Die Erhebung der Lernvoraussetzungen ist sowohl für die Vorbereitungsarbeit mit dem „Doppelkreismodell" der Gruppenleiterausbildung (vgl. 3.2.3) als auch für die Arbeit mit dem „Heuristischen Strukturgitter" (vgl. 3.3.4.1) unerläßlich.

16 Ziele, Inhalte und Methoden eines solchen Vortreffens finden sich bei I. Klein 1976, 105f.;

17 Vgl. hierzu ebd., 110-114.

18 Deutscher Bildungsrat 1974, A 34.

19 Ebd., A 45f. (Hervorhebungen von W.T.).

20 Als eine Möglichkeit, den einzelnen Teilnehmer, die Gruppe und den Inhalt der Ausbildung gleichermaßen zu berücksichtigen, bietet sich die themenzentrierte Interaktion nach R.C. Cohn an; vgl. dazu R.C. Cohn 1975 und D. Stollberg 1982; zur Übertragung in die Jugendarbeit vgl. N. Belardi 1975, 511; R. Dantscher 1975, 60-70; I. Klein 1976, 79-82.

21 Vgl. I. Klein 1976, 164-171.

22 Vgl. Synodenbeschluß „Ziele und Aufgaben kirchlicher Jugendarbeit" 1976, 305f.

23 Vgl. H. Giesecke 1980, 66-79.

24 Vgl. ebd., 70.

25 U. Sielert 1978, 151. Die Entwicklung der von Uwe Sielert vorgeschlagenen regionalen sozialpädagogischen Zentren entspricht der schulpädagogischen Forderung, schulnahe regionale pädagogische Zentren einzurichten, vgl. dazu S. Gerbaulet u.a. 1972.

26 U. Sielert 1978, 151.

27 Vgl. ebd., 151f.

28 Ebd., 152.

29 Vgl. 3.3.4.3 dieser Arbeit.

30 R. Dantscher 1975, B. Grom 1976, J. Schilling 1982, P. Müller 1982.

31 Vgl. T. Brocher 1967, 125-137.

32 Vgl. I. Klein 1976, 208f.

33 Vgl. R. Dantscher 1975, 246-252.

34 Vgl. I. Klein 1976, 205f.

35 Vgl. B. Grom 1976, 151-155, J. Schilling 1982, 92f.

36 Vgl. B. Grom 1976, 52-54; J. Schilling 1982, 29-31.

37 Vgl. J.S. Bruner 1974, 49.

38 Vgl. R. Dantscher 1975, 73.

39 Vgl. Synodenbeschluß „Ziele und Aufgaben kirchlicher Jugendarbeit" 1976, 300; zu den Schwierigkeiten der hauptamtlich bei der Diözese angestellten Supervisoren vgl. H. Steinkamp 1976, insbesondere 67-69; zu den Möglichkeiten der Ausbildung von Praxisberatern vgl. W. Schöpping 1983; zur Notwendigkeit der Praxisberatung vgl. auch H.P. Brucker 1976, 470 und E. Zillien 1977, 67f.

40 Kursausschreibung Teamerbildung KJG, 1981.

41 In diesen Jahren habe ich in wechselnden Teams zusammengearbeitet mit: Dieter Filsinger, Bernhard Höchst, Konrad Irslinger, Marianne Lück-Filsinger, Gabriele Melcher, Werner Ruschil. Von und mit ihnen habe ich gelernt, diese Ausbildung konsequent zu begleiten und – wo nötig – jeweils flexibel zu verändern. Dafür bin ich dankbar.

42 Vgl. 3.2.3 dieser Arbeit.

43 Vgl. 4.5 bis 4.8 dieser Arbeit.

44 Vgl. 2.3.2 dieser Arbeit.

6 Anhang und Verzeichnisse

6.1 Verzeichnis der Abkürzungen

BDKJ	Bund der Deutschen Katholischen Jugend
BDKJ-Ringbuch	Bund der Deutschen Katholischen Jugend Erzbischöfliches Jugendamt in der Erzdiözese Freiburg (Hrsg.), Arbeitshilfe BDKJ, Freiburg 1978, (in den Anmerkungen des Textteils zitiert: *BDKJ-Erzdiözese Freiburg 1978)*
CHB I-III	Curriculum-Handbuch, hrsg. v. K. Frey, 3 Bde., München/Zürich 1975
dj	deutsche jugend, Zeitschrift für die Jugendarbeit, hrsg. vom Juventa Verlag, München 1953ff.
GemSyn I	L. Bertsch u. a. (Hrsg.), Gemeinsame Synode der Bistümer in der Bundesrepublik Deutschland – Beschlüsse der Vollversammlung. Offizielle Gesamtausgabe I, Freiburg-Basel-Wien 1976
HPTh	Handbuch der Pastoraltheologie, hrsg. von F.X. Arnold u.a., 5 Bde., Freiburg 1964-72 (teilweise in überarb. 2. Aufl.)
HRP I-III	Handbuch der Religionspädagogik, hrsg. von E. Feifel u.a., Gütersloh-Zürich-Einsiedeln-Köln 1973-75
KatBl	Katechetische Blätter, Zeitschriften für Religionsunterricht, Gemeindekatechese, Kirchliche Jugendarbeit, hrsg. vom Deutschen Katecheten-Verein e.V. und der Arbeitsstelle für Jugendseelsorge der Deutschen Bischofskonferenz, München 1874ff.
KFG	Katholische Frauenjugendgemeinschaft
KJG	bis 1969: Katholische Jungmännergemeinschaft seit 1970: Katholische Junge Gemeinde
LS	Lebendige Seelsorge, Zeitschrift für alle Fragen der Seelsorge, hrsg. von A. Fischer und A. Weitmann, Stegen-Eschbach bei Freiburg 1949ff.
ZfPäd	Zeitschrift für Pädagogik, hrsg. von D. Benner u.a. Weinheim/Düsseldorf 1955ff.

6.2 Quellen aus dem Archiv des Erzbischöflichen Jugendamtes Freiburg

L. Wolker 1945: Brief aus Altenberg, Advent 1945
Monatsordnung 1949: Monatsordnung, in: Der Helfer 6/1949, 3
G. Dreher 1952: Winterschulungsplan für Jungscharführer auf Dekanatsebene, in: Unser Bund – Rundbrief für Dekanatsjugendführer, Freiburg, Oktober 1952, 5-7
Katholische Jugend (MJ) 1952: Was tut euer Dekanat? Was bietet euch die Diözese? in: Der Helfer 11/1952, 4
F. Oßwald 1952: Vorschläge zur Schulung der Jungführer im Dekanat, in: Unser Bund – Rundbrief für Dekanatsjugendführer, Freiburg, Oktober 1952, 3-5
Unser Bund 1952: Einladung zur Werkwoche für Jungscharführer vom 14. bis 19. April 1952 auf der Karlshütte und Einladung zur Werkwoche für Jungenschaftsführer vom 14. bis 19. April 1952 in St. Ulrich, in: Unser Bund – Rundbrief für Dekanatsjugendführer, Freiburg, März 1952, 1
Schulung der Führenden 1961: in: Der Helfer 3/1961, 5
H. Veeser 1962: Das Persönlichkeitsbild des Führers, in: Der Helfer 1/1962, 2, 3, 7
Diözesankonferenz 1963: in: Der Helfer 9/1963, 3
Plan für Jungscharführerschulungen 1963
Grundkurs für Jungenschaftsführer 1964: in: Der Helfer, 2/1964, 5
Diözesanstelle BDKJ 1979: Dokumentation des Fachseminars *„Der erwachsene Mitarbeiter in der kirchlichen Jugendarbeit“,* Freiburg 1979
Schlußbericht der Arbeitsgruppe „Akademie für Jugendfragen“ vom 15. August 1980
Kursunterlagen der Teamerausbildung KJG 1981

6.3 Quellen aus dem Archiv des Jugendhauses Düsseldorf

Dezemberbericht 1945: Haus Altenberg/Bischöfliche Hauptstelle für Katholische Jugendseelsorge und Jugendorganisationen in den Deutschen Diözesen, Dezemberbericht (Archivnr. A 600/36)
Erzbischöfliches Jugendamt der männlichen Jugend Köln 1945: Katholische Jugendarbeit heute – Bild und Planung, Köln 1945
Beschluß Bonn-Pützchen 1945: Beschluß der Bischöflichen Kommission zur Jugendfrage am 6. November 1945 in Bonn-Pützchen
Protokoll Salmünster 1945: Protokoll der Tagung der Diözesanjugendseelsorger vom 11.-13. September 1945 in Salmünster
Vorbericht der III. Hauptkonferenz der Katholischen Jugendseelsorge und Jugendorganisation vom 24.-29. April 1947 in München/Fürstenried
Entschließung der Ruiter Konferenz für Jugendleiterausbildung
Jungführer in Fürstenried 1948: in: Michael 1948 (ohne nähere Angaben) (Archivnr. A 689)
Trizonale Tagung über Fragen der Jugendleiterschulen 1948: Protokoll der Ruiter Tagung vom 11. bis 13. Dezember 1948 (Archivnr. A 197)
Bericht von der Jahreskonferenz der Jungführerschaft und der Jugendseelsorger 1949: Jahreskonferenz des Bundes der Deutschen Katholischen Jugend vom 4. bis 6. Mai 1949 im Exerzitienhaus Maria Rosenberg (Pfalz), in: Informationsdienst Haus Altenberg vom 15. Juni 1949
J. Müller 1949: Was erwartet die Jugendseelsorge vom Laienführer?, in: Informationsdienst Haus Altenberg vom 15. Juni 1949
Ergebnisbericht der Bacharacher Konferenz 1950: Konferenz der Führung des Stammes der Mannesjugend vom 6.-10. November 1950 in Bacharach/Rhein
Arbeitskreis: Religiös-sittliche Durchformung des jungen Menschen (MJ) 1951: Bericht des Arbeitskreises der Jahreskonferenz der Jungführerschaft vom 22.-28. April 1951 in Gemen

Arbeitskreis: Religiös-sittliche Durchformung des jungen Menschen (FJ) 1951: Bericht der Arbeitskreises der Jahreskonferenz der Jungführerschaft vom 22.-28. April 1951 in Gemen
L. Wolker 1951: Ansprache am 27. April 1951 während der Jahreskonferenz der Jungführerschaft vom 22.-28. April 1951 in Gemen (Archivnr. A 539)
Protokoll der Hauptversammlung des BDKJ 1952: Protokoll der Hauptversammlung vom 19.-24. November 1952 im Haus Altenberg
Bericht vom Jahrestreffen der diözesanen Jungenschaftsführer 1954: Bericht vom Jahrestreffen vom 8.-10. Oktober 1954 im Haus Altenberg
Erzbischöfliches Jugendamt Köln 1954 a: Führerbildungsplan, Köln 1954
Erzbischöfliches Jugendamt Köln 1954 b: Plan für die Schulung der Nachwuchsführer, Entwurf des Erzbischöflichen Jugendamtes, Köln 1954
Stenographische Aufzeichnung 1954: Stenographische Aufzeichnungen der Jahreskonferenz des Stammes Mannesjugend vom 28. Juni-3. Juli 1954
Oberhirtliche Richtlinien 1957: Oberhirtliche Richtlinien für die Katholische Jugendseelsorge Deutschlands, Düsseldorf 1957
Protokoll der Jahreskonferenz der Führerschaft 1957: Protokoll der Jahreskonferenz vom 6.-11. Mai 1957 in Berlin (Archivnr. A 539)
Protokoll Hauptversammlung BDKJ 1957: Protokoll der Hauptversammlung des BDKJ vom 14.-19. Oktober 1957 im Haus Altenberg
Rundbrief Nr. 3 des Bundesführers 1957: Rundbrief Nr. 3 an die Führer der Diözesen und Gliedgemeinschaften des Bundesführers BDKJ Dr. Gerhard Schreeb vom 14. Mai 1957
Referat „10 Jahre Bund“ 1957: Referat des Bundesführers (Dr. Gerhard Schreeb) und der Bundesführerin (Theresia Hauser) zum Thema „10 Jahre Bund“, Anlage 1 zum Protokoll der Laienführerschaftskonferenz vom 6.-11. Mai 1957 in Berlin
Statistischer Bericht 1957: Statistischer Bericht über das Situationsstudium der Führerinnen des Bundes, Drucksache I zur Hauptversammlung des BDKJ vom 14.-19. Oktober 1957 im Haus Altenberg
Diskussionsprotokoll der Jahreskonferenz der Laienführerschaft 1958: Diskussionsprotokoll der Jahreskonferenz zu Pfünz im März 1958 zum Thema „Der Bund und seine Aufgaben an der Katholischen Jugend“
Gruppe 57 1958 a: Gruppe 57, Gedanken um den Bund, Arbeitsunterlagen zur Beiratssitzung der KFG am 13./14. Februar 1958
Gruppe 57 1958 b: Wohin geht der Weg des Bundes der Deutschen Katholischen Jugend? Der Bund in der Entscheidung!, Arbeitsunterlage zur Beiratssitzung der KFG am 13./14. Februar 1958
Rundbrief Nr. 8 des Bundesführers 1958: Rundbrief Nr. 8 des Bundesführers (Dr. Gerhard Schreeb) an die Diözesen und Gliedgemeinschaften vom 15. Februar 1958
Niederschrift Konferenz Mannesjugend 1959: Niederschrift über die Konferenz der Mannesjugend im Verlauf der Laienführerschaftskonferenz vom 16. bis 21. März 1959 auf Burg Feuerstein
Protokoll Laienführerschaftskonferenz 1959: Protokoll der Laienführerschaftskonferenz vom 16. bis 21. März 1959 auf Burg Feuerstein
Ergebnisprotokoll Jahreskonferenz Frauenjugend 1960: Ergebnisprotokoll zur Jahreskonferenz der Frauenjugend vom 19.-22. September 1960 in Münster
Werkwoche für Leiter und Mitarbeiter bei Jungenschaftsführerschulungen 1960: Übersicht über die Werkwoche vom 1.-7. Januar 1960 im Haus Altenberg
Ergebnisprotokoll Jahres- und Bundeskonferenz der Jugendseelsorge 1962: Ergebnisprotokoll der Konferenz vom 7.-12. Mai 1962 in der Wies
Protokoll der Jahreskonferenz Frauenjugend 1962: Protokoll der Jahreskonferenz 1962 im Haus Altenberg
W. Bokler 1963: Manuskript eines Artikels für ein Handbuch der Sozialerziehung zum Stichwort „BDKJ“
Entwurf eines Jungscharführerplanes 1964: Entwurf eines Jungscharführerplanes für Gruppenführer der KJG zur Arbeitstagung der Diözesanjungscharführer vom 7./8. November 1964 im Jugendhaus Don Bosco Mainz

Führerbildungsplan der KJG 1964: Drucksache Nr. 10 zum 13. Verbandstag der KJG vom 21.-25. September 1964 in Fulda
Protokoll der Bundeskonferenz KFG 1965: Protokoll der Bundeskonferenz vom 21.-23. Juni 1965 im Jugendhaus Josefstal am Schliersee
Vorlage der Strukturkommission 1966: Vorlage zum Thema „Führerbildung, Führungsschrifttum, Wege der Information" zur Hauptversammlung der BDKJ 1966
Bericht der Bundesführung BDKJ 1967: Bericht der Bundesführung BDKJ zur Hauptversammlung vom 6.-10. November 1967 im Haus Altenberg
Bildung der Verantwortlichen in der Pfarrei 1967: Anhang zum Protokoll der Kommission „Bildung der Verantwortlichen" vom 29. Juni 1967 im Jugendhaus Düsseldorf
Protokoll Kommission „Bildung der Verantwortlichen" 1967: Protokoll der Kommissionssitzung am 29. Juni 1967 im Jugendhaus Düsseldorf
Vorlage der Kommission Bildung der Verantwortlichen 1967: Drucksache Nr. 13, zur Hauptversammlung des BDKJ vom 6.-10. November 1967
Rahmenplan Paderborn 1971: Rahmenplan für Gruppenleiterschulung in der Erzdiözese Paderborn 1971
Schulungskonzept München 1972: BDKJ München (Hrsg.) Schulungskonzept München 1972
Protokoll der Tagung zu „Fragen der Aus- und Weiterbildung ehren- und hauptamtlicher Mitarbeiter 1973: Protokoll der Tagung vom 26. bis 28. März 1973 im Jugendhaus Don Bosco in Mainz
Schulungskonzept Regensburg 1973: Schulungskonzept für Gruppenleiter der Diözese Regensburg
Entwurf eines Ausbildungskonzeptes der Diözese Aachen 1974
B. Börger 1975: Rahmenrichtlinien für die Ausbildung von Verantwortlichen in der kirchlichen Jugendverbandsarbeit, Dokumentarischer Entwurf mit Hilfe der Satzungen von fünf Mitgliedsverbänden des BDKJ auf Bundesebene.
Arbeitskreis Jugendpastoral 1977: Arbeitspapier: Theologische Aspekte zum Thema „Personales Angebot", Anlage zur Vorlage I der Hauptversammlung des BDKJ im April 1977

6.4 Literaturverzeichnis

F. Achtenhagen/P. Menck 1971: Langfristige Curriculumentwicklung und mittelfristige Curriculumforschung, in: F. Achtenhagen/H. L. Meyer (Hrsg.) 1971, 243-282
F. Achtenhagen/H. L. Meyer (Hrsg.) 1971: Curriculumrevision – Möglichkeiten und Grenzen, München 1971
E. Achtnich u. a. 1977: Glauben in der Kindergruppe, Gelnhausen-Berlin-Freiburg 1977
U. Ahlert u. a. 1978: Kirchliche Jugendarbeit und Gemeindekatechese, Paderborn 1978
G. W. Allport 1970: Gestalt und Wachstum in der Persönlichkeit, Meisenheim 1970
Anonymus 1953: Ein Wort zum Beginn: Zum rechten Gebrauch des Jahresplanes, in: Der Jungführer 4 (1953) 5, 260f
Anonymus 1954: Zuvor (Einführung in die Behandlung der Jahrespläne in den Führerrunden), in: Der Jungführer 5 (1954) 5, 45
Anonymus (NW.) 1958: Erwachsene Mitarbeiter im Bund, in: KatBl. 83 (1958) 238
Apostolicam actuositatem: Das Dekret über das Laienapostolat, in: K. Rahner/H. Vorgrimler 1966, 389-421
Arbeitshilfe zum Aktionsprogramm der KFG/KJG 1968: Bundesstellen der KFG/KJG (Hrsg.), Arbeitshilfe zum Aktionsprogramm der KFG/KJG, Düsseldorf 1968
C. Arbogast/R. Tippelt 1981: Jugendarbeit, München 1981
F.X. Arnold 1955: Glaubensverkündigung und Glaubensgemeinschaft, Düsseldorf 1955
F.X. Arnold 1961: Der Laie und seine Welt in der Kirche, in: F.X. Arnold, Wort des Heils, Trier 1961, 135-155
P. Ascher 1971: Jugendarbeit in der Krise – Aufgaben und Möglichkeiten christlicher Jugendarbeit, Paderborn 1971

Aus- und Weiterbildung Essen 1978: Bund der Deutschen Katholischen Jugend im Bistum Essen (Hrsg.), Aus- und Weiterbildung von Gruppenleitern im Bund der Deutschen Katholischen Jugend im Bistum Essen, Essen 1978
C. Bäumler 1961: Anspruchsvollere Jugendarbeit?, in: dj 9 (1961) 157-161
C. Bäumler u.a. 1976 a: Methoden der empirischen Sozialforschung in der Praktischen Theologie, München/Mainz 1976
C. Bäumler 1976 b: Probleme der Theoriebildung Praktischer Theologie, in: R. Zerfaß/N. Greinacher 1976, 77-95
C. Bäumler 1977: Unterwegs zu einer Praxistheorie, München 1977
R. Baumann/H. Neuser 1974: Argumentation und Kommunikation in einem didaktischen Handlungsfeld, Münster 1974
K. Baumgartner 1979: Priester und Gruppenleiter im veränderten Handlungsfeld Kirchliche Jugendarbeit, in: KatBl 104 (1979) 469-479
S. Baumgartner/B. Börger 1973: Die Entwicklungsgeschichte des BDKJ, in: Bundesvorstand des Bundes der Deutschen Katholischen Jugend (Hrsg.), 25 Jahre BDKJ, Düsseldorf 1973, 7-28
H. Becker u.a. 1974: Das Curriculum – Praxis, Wissenschaft und Politik, München 1974
N. Belardi 1975: Die vernachlässigte Beziehungs- und Erfahrungsebene in der Jugendbildungsarbeit, in: dj 23 (1975) 506-512
D. Benner 1973: Hauptströmungen der Erziehungswissenschaft, München 1973
D. Benner 1978: Erziehungswissenschaft: Theorie einer Praxis? in: H.D. Haller/D. Lenzen (Hrsg.), Jahrbuch für Erziehungswissenschaft 1977/1978, Stuttgart 1978, 38-67
P.L. Berger 1970: Auf den Spuren der Engel, Frankfurt 1970
G. Biemer 1974 a: Das Methodenproblem, in: HRP II, 287-308
G. Biemer 1974 b: Die Botschaft von der Menschwerdung, Mainz 1974
G. Biemer 1975: Artikel „Erfahrung" in: B. Stoeckle 1975, 61-62
G. Biemer 1977: Menschliche Grunderfahrungen und ihre religionspädagogische Vermittlung, in: E. Feifel (Hrsg.), Welterfahrung und christliche Hoffnung, Donauwörth 1977
G. Biemer 1981 a: Freiburger Leitlinien zum Lernprozeß Christen Juden, Düsseldorf 1981
G. Biemer 1981 b: Theologische Grundlagen der Jugendpastoral, in: Diakonia 12 (1981) 293 bis 310
G. Biemer 1982: Theorie-Elemente künftiger Lehrplanarbeit, in: G. Biemer/D. Knab 1982, 173-177
G. Biemer 1983: Das Vorbild Gottes – Zur theologischen Bedeutung des Vorbildes, in: G. Biemer/A. Biesinger 1983, 11-24
G. Biemer 1984 a: Die theologische Bedeutung existentieller Glaubensvermittlung. Theologie des Volkes nach John Henry Newman, in: Religionspädagogische Beiträge 14/1984, 119 bis 140
G. Biemer 1984 b: Der „rezipierte Glaube" als Gradmesser der Glaubensvermittlung, in: Diakonia 15 (1984) 169-175
G. Biemer 1985: Der Dienst der Kirche an der Jugend. Grundlegung und Praxisorientierung (= Handbuch kirchlicher Jugendarbeit Bd 1), Freiburg 1985
G. Biemer/D. Benner 1973: Elemente zu einer curricularen Strategie für den Religionsunterricht in der Sekundarstufe II, in: RPA – Mitteilungen Nr. 4 vom 12. 11. 1973, 1-72
G. Biemer/A. Biesinger 1976: Theologie im Religionsunterricht, München 1976
G. Biemer/A. Biesinger 1983: Christ werden braucht Vorbilder, Mainz 1983
G. Biemer/A. Biesinger/W. Tzscheetzsch 1982: Anstiftungen – Ein Hoffnungsbuch für junge Menschen, Freiburg 1982
G. Biemer/D. Knab (Hrsg.) 1982: Lehrplanarbeit im Prozeß, Freiburg 1982
G. Biemer/P. Siller 1971: Grundfragen der Praktischen Theologie, Mainz 1971
G. Biemer/W. Tzscheetzsch (Hrsg.) 1981: Wagnisse – Ein Lebensbuch für junge Leute, Freiburg 1984
A. Biesinger 1977: „Heilige" im religionspädagogischen Prozeß, in: KatBl 102 (1977), 621 bis 624
A. Biesinger/W. Tzscheetzsch 1975: Artikel „Vorbild", in: B. Stoeckle (Hrsg.) 1975, 257f.

Bildungskonzept kirchlicher Jugendarbeit 1971: Bildungskonzept kirchlicher Jugendarbeit, Düsseldorf 1971
Bildungspläne für die Führerinnen der Katholischen Frauenjugendgemeinschaft 1960: Bildungspläne für die Führerinnen der Katholischen Frauenjugendgemeinschaft, in: Die Jungführerin 1959/60 V, 300-305
Bildungsplan Hildesheim 1963: Ein Bildungsplan für die Jungführerschaft, in: Der Jungführer 15 (1962/63) 4, 5-7
Bildungspolitische Leitlinien 1977: Bildungspolitische Leitlinien des BDKJ vom April 1977, in: BDKJ-Ringbuch 1978, III. 1.3., 35-50
Bischöfliches Generalvikariat 1978: Bischöfliches Generalvikariat Münster Hauptabteilung Seelsorge (Hrsg.), Glaubensverkündigung in der kirchlichen Jugendarbeit, München/Düsseldorf, 1980
Bischöfliche Jugendämter und Diözesanführungen Nordrhein-Westfalen 1961; Zum gegenwärtigen Stand der kirchlichen Jugendarbeit in: KatBl 86 (1961) 443-450
H. Blankertz 1969: Theorien und Modelle der Didaktik, München 1969
H. Blankertz 1971: Curriculumforschung – Strategie, Strukturierung, Konstruktion, Essen 1971
H. Blankertz 1973: Fachdidaktische Curriculumforschung – Strukturansätze für Geschichte, Deutsch, Biologie, Essen 1973
H. Blankertz 1975: Analyse von Lebenssituationen unter besonderer Berücksichtigung erziehungswissenschaftlich begründeter Modelle: Didaktische Strukturgitter, in: CHB II, 202-214
R. Bleistein 1973: Hoffnung und Widerspruch – Die Jugendsynoden, Düsseldorf 1973
R. Bleistein 1974: Chancen und Risiken eines Gruppenleiters, in: KatBl 99 (1974) 202-211
R. Bleistein (Hrsg.) 1976: Kirchliche Jugendarbeit, Düsseldorf 1976
R. Bleistein 1982: Jugend der Kirche – wohin?, Würzburg 1982
W. Böcker/K. Wucherl 1980: Ansätze für eine neue Spiritualität in der kirchlichen Jugendarbeit und für die Aufgaben des Glaubensbegleiters, in: KatBl 105 (1980) 689-692
L. Böhnisch (Hrsg.) 1973: Jugendarbeit in der Diskussion – Pädagogische und politische Perspektiven, München 1973
L. Böhnisch (Hrsg.) 1980: Abhauen oder bleiben – Berichte und Analysen aus der Jugendarbeit, München 1980
B. Börger 1967: Überlegungen zu Inhalt und Form einer wirksamen Führerbildung im BDKJ, in: Der Jungführer 19 (1967) 5, 6-8
W. Bokler 1955: Die Lebensdaten und Schriften Prälat Wolkers, in: W. Bokler, Prälat Ludwig Wolker, Düsseldorf 1955
W. Bokler 1956: Mitarbeiter im Bund, in: KatBl 81 (1956) 25-29
W. Bokler (Hrsg.) 1958: Manifeste der Jugend, Düsseldorf 1958
W. Bokler 1961 a: Pastorale und pädagogische Leitsätze für die Arbeit im BDKJ in: KatBl 86 (1961) 412-416
W. Bokler 1961 b: Erneuerung als Ruf in die Einheit – Gedanken zum Jahresthema 1961/62, in: KatBl 86 (1961) 417-420
W. Bott 1977: Zum Beispiel Mitarbeiterbildung, in: dj 25 (1977) 217-220
A. Brems 1949: Die Runde der Treuen – Werkstoff zur Schulung und Bildung katholischen Jungführertums, Recklinghausen 1949
G. Brenner 1976: Die emotionelle Bildungskatastrophe – sozialpädagogische Aspekte der Schulmisere und ihre Auswirkungen auf die Jugendarbeit in: dj 24 (1976) 24-32
K.H. Breuer 1959: Jugendarbeit als Lebensberuf, in: KatBl 84 (1959) 310-314/362-368/467f.
G. Brinkmann (Hrsg.) 1975: Offenes Curriculum – Lösung für die Praxis, Kronberg 1975
T. Brocher 1967: Gruppendynamik und Erwachsenenbildung, Braunschweig 1967
H.P. Brucker u.a. 1976: Praxisbezogene Ausbildung von Jugendgruppenleitern, in: dj 24 (1976) 464- 470
H.P. Brucker u.a. 1979: Außerschulische und schulische Bildungsarbeit – Berührungspunkte und Konfliktfelder, in: dj 27 (1979) 33-40
H. Brügelmann 1972: Offene Curricula, in: ZfPäd 18 (1972) 95-118

J. S. Bruner 1974: Entwurf einer Unterrichtstheorie, Berlin 1974
Bundesordnung BDKJ 1948: Bundesführung BDKJ (Hrsg.), Bundesordnung des BDKJ, Düsseldorf 1948
Bundesordnung BDKJ 1955: Bundesführung BDKJ (Hrsg.), Bundesordnung des BDKJ, Düsseldorf 1955
Bundesordnung BDKJ 1962: Hauptstelle des Bundes der Deutschen Katholischen Jugend (Hrsg.), Bundesordnung des BDKJ, Düsseldorf 1962
Bundesordnung BDKJ 1971: Bundesvorstand des BDKJ (Hrsg.), Bundesordnung BDKJ, Düsseldorf 1971
H. Burger 1967: Katholische Jugendarbeit nach dem Konzil, in: StdZ 92 (1967) 36-43
G. Buttler/W. E. Failing 1979: Didaktik der Mitarbeiterbildung, Gelnhausen/Berlin u.a. 1979
L. Button 1976: Gruppenarbeit mit Jugendlichen, München 1976
B. Casper 1980: Alltagserfahrung und Frömmigkeit, in: F. Böckle u.a. (Hrsg.), Christlicher Glaube in moderner Gesellschaft, Teilband 25, Freiburg-Basel-Wien 1980, 39-72
H. Clemens 1961: Der wenig geschätzte Jugendleiter, in: dj 9 (1961) 216-220
R. C. Cohn 1975: Von der Psychoanalyse zur themenzentrierten Interaktion Stuttgart 1975
K.-F. Daiber 1977: Grundriß der Praktischen Theologie als Handlungswissenschaft, München/Mainz 1977
D. Damm 1980: Die Praxis bedürfnisorientierter Jugendarbeit, München 1980
R. Dantscher 1975: Arbeitsmaterial für Gruppenarbeit, Gelnhausen/Berlin 1975
Deutsche Shell 1981: Jugendwerk der Deutschen Shell AG (Hrsg.), Jugend 81 – Lebensentwürfe – Alltagskulturen – Zukunftsbilder, Band 1, Hamburg 1981
Deutscher Bildungsrat 1970: Strukturplan für das Bildungswesen, Bonn 1970
Deutscher Bildungsrat 1971: Einrichtung von Schulversuchen mit Gesamtschulen, Bonn 1971
Deutscher Bildungsrat 1974: Zur Förderung praxisnaher Curriculum – Entwicklung, Stuttgart 1974
Die Schulung der Führerin 1965: Die Schulung der Führerin, in: Die Jungführerin 1965/1/2, 84-88
W. Dinger 1981: Wie professionell ist die kirchliche Jugendarbeit?, in: LS 32 (1981) 300-303
W. Dinger/R. Volk (Hrsg.) 1980: Heimatlos in der Kirche?, München 1980
H. Ebel 1981: Kirchliche Jugendarbeit, in: H. Wollenweber (Hrsg.) 1981, 213-239
M. Ebener 1979: Praxisbezogene Ausbildung für Jugendarbeit, München 1979
R. Eckert 1970: Die Schwerpunkte der Bildungsarbeit in der kirchlichen Jugendführung – eine exemplarische Darstellung der Schwerpunkte anhand der Führerinnenzeitschrift „Die Jungführerin", Jahrgang 1960-1968, unveröffentlichte Zulassungsarbeit an der Pädagogischen Hochschule München 1970
W. Edelstein 1971: Pragmatische Curriculumrevision durch die Lehrer, in: R. Burst u.a. (Hrsg.) Weinheimer Gesamtschulcurricula, Heidelberg 1971, 9-23
EMNID Bielefeld 1979: Gewinnung und Weiterbildung von Jugendgruppenleitern im Erzbistum Paderborn, Bielefeld 1979
E. H. Erikson 1970: Jugend und Krise, Stuttgart 1970
E. H. Erikson 1971: Kindheit und Gesellschaft, Stuttgart 1971
E. H. Erikson 1973: Identität und Lebenszyklus, Frankfurt 1973
E. H. Erikson 1975: Dimensionen einer neuen Identität, Frankfurt 1975
W. Erl 1967: Gruppenpädagogik in der Praxis, Tübingen 1967
A. Exeler 1968: Glaube an Jesus, den Christus, Freiburg 1968
A. Exeler 1980: Möglichkeiten der Glaubensverkündigung in der außerschulischen Jugendarbeit, in: W. Dinger/R. Volk (Hrsg.) 1980, 54-84
E. Feifel 1972: Der Jugendseelsorger in der Erwartung der Kirche und der jungen Menschen, in: KatBl 97 (1972) 193-211
E. Feifel 1983: Dokumentation religionspädagogischer Promotions- und Habilitationsvorhaben des deutschsprachigen Raumes, in: KatBl 108 (1983) 446-451
P. Fiedler 1982: Der Anspruch Jesu in seiner bleibenden Bedeutung, in: G. Biemer/D. Knab (Hrsg.) 1982, 49-54

P. Fiedler 1983: Jesus Christus als Urbild und Vorbild. Das Verhältnis Jesu zu seinen Zeugen und Jüngern bei Lukas in: G. Biemer/A. Biesinger 1983, 25-35
K.H. Flechsig u.a. 1971: Probleme der Entscheidung über Lernziele, in: F. Achtenhagen/ H.L. Meyer 1971, 243-282
J. Flügge (Hrsg.) 1972: Pädagogischer Fortschritt, Bad Heilbrunn 1972
J. W. Fowler: Stages of Faith, San Francisco u.a. 1981
K. Franken 1948: Jungenschaft, Altenberg 1948
K. Franken/J. Wisdorf 1953: Brief an alle Jungführer, in: Der Jungführer 4 (1953) 20-23
P. Franzen 1961 a: Der Priester als Mitarbeiter bei Führerschulungen, in: Der Jungführer 14 (1961/62) 1/2, 80f.
P. Franzen 1961 b: Der „Psychologe" als Mitarbeiter bei Führerschulungen, in: Der Jungführer 14 (1961/62) 1/2, 82
P. Franzen 1961 c: Der Lehrer als Mitarbeiter bei Führerschulungen, in: Der Jungführer 14 (1961/62) 4, 39
P. Franzen 1962: Die Organisation der Führerschulung, in: Der Jungführer 14 (1961/62) 6, 40f.
K. Frey 1971: Theorien des Curriculum, Weinheim/Berlin/Basel 1971
J. Fritz 1973: Gruppendynamik und Jugendarbeit, München 1973
W. Fuchs u.a. (Hrsg.) 1973: Lexikon zur Soziologie, Opladen 1973
Führerbildungsplan der Diözese Würzburg 1966: Diözesanführung BDKJ, Führerbildungsplan der Diözese Würzburg, in: Werkblätter der kirchlichen Jugendarbeit 15, Düsseldorf 1966/1, 20-24
Führerinnenbildung 1960: Führerinnenbildung, in: Die Jungführerin 1959/60 V, 290-299
F. Gasteiger/H. Virnekäs 1972: Die Jugendsynode der Diözese Passau – Ein Gesprächsangebot, in: KatBl 97 (1972) 487-501
Gaudium et spes: Die pastorale Konstitution über die Kirche in der Welt von heute, in: K. Rahner/H. Vorgrimler 1966, 449-452
S. Gerbaulet u.a. 1972: Schulnahe Curriculumentwicklung, Stuttgart 1972
W. Gerbeit u.a. 1978: Ehrenamtliche Mitarbeiter in der Jugendarbeit – Ansätze einer Typologie, in: dj 26 (1978) 349-356
Gesellschaftspolitische Leitlinien 1971: Gesellschaftspolitische Leitlinien des BDKJ vom 5.11.1971, in: BDKJ-Ringbuch 1978, III 1.3., 1-4
H. Giesecke 1963: Zur Bildung und Ausbildung der Jugendgruppenleiter, in dj 11 (1963) 451-456
H. Giesecke 1971: Die Jugendarbeit, München 1971
H. Giesecke 1980: Die Jugendarbeit, München 1980 (5. völlig neu bearbeitete Auflage)
H. Giesecke 1981: Vom Wandervogel zur Hitlerjugend, München 1981
B. Götz 1975: Ansätze zu einem Modell emanzipatorischer Jugendarbeit, in: Pädagogische Rundschau 29 (1975) 906-933
M. Goldstein 1965: Der Jugendleiter als Berater, in: dj 13 (1965) 305-313
B. Grom 1976: Methoden für Religionsunterricht, Jugendarbeit und Erwachsenenbildung, Düsseldorf/Göttingen 1976
B. Grom 1981: Religionspädagogische Psychologie, Düsseldorf/Göttingen 1981
Grundsatzprogramm des BDKJ 1975: Grundsatzprogramm des Bundes der Deutschen Katholischen Jugend vom 8.11.1975, in: BDKJ-Ringbuch 1978, III 1.2, 1-3
O. Grupe 1962: Die problematische Situation des Jugendführers, in: dj 10 (1962) 167-172
R. Gutte 1976: Kontrolle statt Hilfe, in: betrifft: erziehung 9 (1976) 4, 61-63
H. Haft/U. Hameyer (Hrsg.) 1975: Curriculumplanung/Theorie und Praxis, München 1975
H. Halbfas 1960: Handbuch der Jugendseelsorge und Jugendführung, Düsseldorf 1960
H. Halbfas 1965: Jugend und Kirche, Düsseldorf 1965
H. Halbfas 1966: Die Bildungskonzeption des Bundes der Deutschen Katholischen Jugend, in: KatBl 91 (1966) 564-575
F. Hamburger u.a. 1982: Ehrenamtliche Mitarbeiter in der Jugendarbeit, Weinheim/Basel 1982
Handbuch der Katholischen Jungmännergemeinschaft-Jungenschaft 1960: Bundeslei-

tung der Katholischen Jungmännergemeinschaft (Hrsg.), Handbuch der Katholischen Jungmännergemeinschaft – Jungenschaft, Düsseldorf 1960
Handbuch der Katholischen Jungmännergemeinschaft III 1966: Bundesleitung der Katholischen Jungmännergemeinschaft (Hrsg.), Handbuch der Katholischen Jungmännergemeinschaft III – Jungschar, Düsseldorf 1960
P. Hastenteufel 1961: Grenzen und Möglichkeiten der kirchlichen Jugendarbeit im Zeitalter der modernen Technik, Pullach 1961 (Diss.)
P. Hastenteufel 1962: Jugendbewegung und Jugendseelsorge, München 1962
P. Hastenteufel 1963: Kirchliche Jugendarbeit heute, München 1963
P. Hastenteufel 1967 a: Die Jugendgruppe im pädagogischen Neuland, in: Werkblätter der kirchlichen Jugendarbeit 20, Düsseldorf 1967/2, 15-20
P. Hastenteufel 1967 b: Selbstand und Widerstand (Handbuch der Jugendpastoral I), Freiburg 1967
P. Hastenteufel 1969: Mündigkeit im Glauben (Handbuch der Jugendpastoral II), Freiburg 1969
P. Hastenteufel 1973: Wege in die Welt von morgen (Handbuch der Jugendpastoral III), Freiburg 1973
H. Hauke (Hrsg.) 1972: Aspekte des Lernens, Heidenheim 1972
R. Hauser 1976: Kirchliche Jugendarbeit – kritische Fragen an ein Synodenpapier, in: LS 27 (1976) 174-177
T. Hauser/G. Schreeb 1957: Blick nach vorn, in: Der Jungführer 9 (1956/57) 6, 45-50
J. Hederer 1959: Die Jugendgemeinschaften und ihre Führer, Neubiberg/München 1959 (Diss.)
P. Heimann/G. Otto/W. Schulz 1965: Unterricht – Analyse und Planung, Hannover 1965
T. Heinze u.a. 1975: Handlungsforschung im pädagogischen Feld, München 1975
K. Heipcke/R. Messner 1973: Curriculumentwicklung unter dem Anspruch praktischer Theorie, in: ZfPäd 19 (1973) 351-374
K. Heipcke 1975: Probleme der Evaluation in der praxisorientierten Curriculumentwicklung, in: CHB II, 600-614
K. Hemmerle 1980: Christus nachgehen – jungen Menschen den Weg finden helfen, Freiburg-Basel-Wien 1980
H. v. Hentig 1971 a: Die Bielefelder Laborschule, Stuttgart 1971
H. v. Hentig 1971 b: Das Bielefelder Oberstufenkolleg, Stuttgart 1971
H. v. Hentig 1980: Die Krise des Abiturs und eine Alternative, Stuttgart 1980
H.A. Hesse/W. Manz 1972: Einführung in die Curriculumforschung, Stuttgart u.a. 1972
M. Th. v. Heyden 1964 a: Ausbildungsordnung der Katholischen Frauenjugendgemeinschaft, in: Die Jungführerin 1963/64 VI, 346-349
M. Th. v. Heyden 1964 b: Ausbildung der Gruppenführerinnen der KFG, in: Die Jungführerin 1963/64 V, 320-323
K. Holzamer 1960: Führungsqualität und Führerbildung, in: KatBl 85 (1960) 549-558
W. Hornstein u.a. 1975: Lernen im Jugendalter (Gutachten und Studien der Bildungskommission 54), Stuttgart 1975
H. Horst 1959: Führermangel, in: KatBl 84 (1959) 564f.
M. Huda 1963: Frohscharführerin, Düsseldorf 1963
P. Huschke 1975: Findung von fächerübergreifenden Lernzielen und -inhalten am Beispiel von Leistungsmotivation und sozialem Lernen, in: CHB II, 348-367
Katholische Jungmännergemeinschaft 1967: Bundesstelle der Katholischen Jungmännergemeinschaft (Hrsg.), Führerschulung im Dekanat, Düsseldorf 1967
M. Kelber 1965: Was verstehen wir unter Gruppenpädagogik?, in: C.W. Müller (Hrsg.), Gruppenpädagogik, Weinheim/Basel 1970, 127-140
M. Kelber 1971 a: Nachgedanken zu einer Tagung: Das Verhältnis von Gruppenpädagogik und Gruppendynamik, in: Haus Schwalbach (Hrsg.) Auswahl drei Wiesbaden 1971, 13-25
KFG/KJG-Aktionsprogramm 1968: Katholische Frauenjugendgemeinschaft (KFG) und Katholische Jungmännergemeinschaft (KJG), Aktionsprogramm – Feststellung – Ziele – Forderungen, Düsseldorf 1968

Kirchlicher Jugendplan Regensburg 1970: Bischöfliches Jugendamt/BDKJ Diözese Regensburg (Hrsg.), Kirchlicher Jugendplan für die Diözese Regensburg, Regensburg 1970
KJG-Ordnung 1974: Bundesleitung der Katholischen Jungen Gemeinde (Hrsg.), Ordnung/Grundlagen/Ziele, Düsseldorf 1974
W. Klafki 1975 a: Schulnahe Curriculumentwickung in Form von Handlungsforschung, in: G. Brinkmann (Hrsg.) 1975, 48-68
W. Klafki 1975 b: Handlungsforschung im Schulfeld, in: H. Haft/U. Hameyer (Hrsg.) 1975, 69-97
W. Klafki u.a. 1982: Schulnahe Curriculumentwicklung und Handlungsforschung, Weinheim/Basel 1982
I. Klein 1976: Gruppen leiten lernen – Didaktik und Praxis der Ausbildung, München 1976
F. Klostermann 1962: Das christliche Apostolat, Innsbruck/Wien/München 1962
F. Klostermann 1968: Der Verkünder der christlichen Botschaft – Überlegungen zum Subjekt der christlichen Verkündigung, in: K. Rahner/B. Häring (Hrsg.) Wort in Welt, Frankfurt 1968, 218-251
F. Klostermann/R. Zerfaß 1974: Praktische Theologie heute, München/Mainz 1974
D. Knab 1982: Ergebnisse aus der Curriculumdisskussion für das Problem der didaktischen Vermittlung auf der Lehrplanebene, in: G. Biemer/D. Knab (Hrsg.) 1982, 55-71
D. Knab/G. Stapel 1975: Fachspezifische und fächerübergreifende Curricula und Curriculumprojekte: Katholische Religion, in: CHB III, 500-510
M. v. Kostnitz 1967: Ein Diskussionsbeitrag: Gruppenführer, Gruppenleiter?, in: Der Jungführer 19 (1967) 5, 15f.
F. Kreckl 1963: Theorie und Praxis des Wochenendkurses, in: dj 11 (1963) 463-468
S. Kripp 1973: Abschied von morgen, Düsseldorf 1973
KSJ-Plattform 1974: Katholische Studierende Jugend, Plattform Köln 1974
V. Lackas 1966: Über den Stil zukünftiger katholischer Jugendarbeit – Programm und Partnerschaft, in: Der Jungführer 19 (1966/67) 3, 1-5
W. Laqueur 1978: Die deutsche Jugendbewegung, Köln 1978
K. Lehmann 1974: Das Theorie-Praxis-Problem und die Begründung der Praktischen Theologie, in: F. Klostermann/R. Zerfaß (Hrsg.) 1974, 81-102
K. Lehmann 1976: Allgemeine Einleitung, in: Gem. Syn I, 21-62
K. Lewin 1963: Feldtheorie in den Sozialwissenschaften, Bern 1963
T. Listing 1977: Betr. Gruppenleiter, Wiesbaden 1977
F. Löslein 1957: Elite- und Führerbildung, in: LS 8 (1957) 53-58
H. Lüning 1964: Frohschararbeit als notwendige Erziehungshilfe, in: KatBl 89 (1964) 34 bis 43
Lumen gentium: Die dogmatische Konstitution über die Kirche, in: K. Rahner/H. Vorgrimler 1966, 123-197
E. Lutz 1962: Neue Wege in der Jugendarbeit, München 1962
R.F. Mager 1965: Lernziele und programmierter Unterricht, Weinheim/Basel 1965
J. Maier 1983: Schulkampf in Baden 1933-1945, Mainz 1983
W. Maschewsky/U. Schneider 1978: Anwendungsorientierte psychologische Forschung: Zum gegenwärtigen Stand der Methodendiskussion, in: C.W. Müller (Hrsg.), Begleitforschung, Weinheim/Basel 1978, 38-62
E. Meerten 1980: Der situationsorientierte Curriculumansatz, Königstein 1980
N. Mette 1978: Theorie der Praxis, Düsseldorf 1978
N. Mette 1979: Praktische Theologie als Handlungswissenschaft, in: Diakonia 10 (1979) 190-203
J.B. Metz 1969: Zur Theologie der Welt, München 1969
J.B. Metz 1977: Glaube in Geschichte und Gesellschaft, Mainz 1977
K.H. Minz 1982: Zu einer theologischen Reduktivformel für die religionsdidaktische Planung, in: G. Biemer/D. Knab (Hrsg.) 1982, 97-100
K.H. Minz 1983: Die Bedeutung einer Reduktivformel für die Strukturierung von Curricula, in: Religionspädagogische Beiträge 12/1983 46-65
C. Möller 1981: Die curriculare Didaktik, in: H. Gudjons u.a. (Hrsg.) Didaktische Theorien, Braunschweig 1981, 63-77

H. Moser 1974: Handlungsorientierte Curriculumforschung, Weinheim/Basel 1974
H. Moser 1975 a: Aktionsforschung als kritische Theorie der Sozialwissenschaften, München 1975
H. Moser 1975 b: Handlungsorientierte Curriculumforschung – Konzeption und Kritik, in: H. Haft/U. Hameyer (Hrsg.) 1975 113-131
H. Moser 1977 a: Praxis der Aktionsforschung, München 1977
H. Moser 1977 b: Methoden der Aktionsforschung, München 1977
C.W. Müller u.a. 1964: Was ist Jugendarbeit? – Vier Versuche zu einer Theorie, München 1964
P. Müller 1976: Leben und Arbeiten mit einem Kompromiß? in: KatBl 101 (1976) 237-246
P. Müller 1982: Methoden in der kirchlichen Erwachsenenbildung, München 1982
A. Müller-Schöll 1957: Die Ausbildung der ehrenamtlichen Jugendleiter, in: dj 5 (1957) 511-515
R. Münchmeier/E. Sander 1983: Curriculumtheorie im Bereich der Jugendarbeit, in: U. Hameyer u.a. (Hrsg.), Handbuch der Curriculumforschung, Weinheim/Basel 1983, 159-169
O. Neisinger 1955: Jungführerbildung, Düsseldorf 1955
O. Neisinger 1959: Jungführerbildung, Düsseldorf 1959 (2. neubearbeitete Auflage)
O. Neisinger 1982: Flugblätter – Katholische Jugend im Widerstand gegen den Nationalsozialismus, Würzburg 1982
P. Nettekoven 1962: Die pädagogischen und pastoralen Anliegen der neuen Bundesordnung, in: KatBl 87 (1962) 218-223
H. Neyer 1968: Zwischen Protest und Establishment – Ein neuer BDKJ, in: dj 16 (1968) 453-463
J.H. Newman AW IV: J.H. Newman, Polemische Schriften, hrsg. v. M. Laros und W. Bekker (Band IV der ausgewählten Werke), Mainz 1959
K.E. Nipkow 1982: Grundfragen der Religionspädagogik Band 3, Gütersloh 1982
K.E. Nipkow 1972: Politische Aspekte der Lernzieldiskussion, in: H. Hauke (Hrsg.) 1972, 73-98
F. Pauly 1950: Gedanken zur Jungführerschulung in: KatBl 75 (1950) 509-513
K. Pehl 1952: Wandlungen in unserer Jugendarbeit, in: KatBl 77 (1952) 81-90
U. Perle 1963: Erfahrungen aus Wochenendlehrgängen für Jugendgruppenleiter, in: dj 11 (1963) 457-462
H. Peukert 1978: Wissenschaftstheorie – Handlungstheorie – Fundamentale Theologie, Frankfurt 1978
T. Pfeifer 1958: Die Situation der Gruppenführerin, in: dj 6 (1958) 266-270
Planung für eine Führerschulung 1967: Planung für eine Führerschulung, in: Der Jungführer 19 (1967) 5, 9-16
F. Pöggeler 1957: Braucht der Bund eine Jugendakademie? in: Der Jungführer 10 (1957/58) 2, 31-35
F. Pöggeler 1962 a: Führung in der Jugendarbeit heute, in: KatBl 87 (1962) 494-502
F. Pöggeler 1962 b: Führerbildung in der Jugendarbeit heute, in: KatBl 87 (1962) 545-552
F. Pöggeler 1963 a: Das Bild des Jugendführers heute, in: KatBl 88 (1963) 35-45
F. Pöggeler 1963 b: Das Leitbild des Mädchens – Grundfragen der Führerinnenbildung, in: KatBl 88 (1963) 120-130/177-181
F. Pöggeler 1966: Theorie und Praxis in der Jugendarbeit, in: KatBl 91 (1966) 396-400
J. Pöppinghaus 1962: Führer und Führerbildung in der Neudeutschen Jungengemeinschaft, in: KatBl 87 (1962) 518f.
D. Pohlmann 1982: Offene Lernplanung in der Religionspädagogik, Göttingen 1982
W. Potthoff 1973: Curriculum – Entwicklung – Modelle und Strategien, Ravensburg 1973
Priester und Jugendarbeit 1961: Priester und Jugendarbeit, in: Werkblätter für Jugendpastoral, Heft 6, Düsseldorf 1961, 2-12
E. Raab/H. Rademacker 1980: Jugendarbeit im Schlepptau der Schule – Bildungspolitische Grenzen der Schul-Sozialarbeit, in: L. Böhnisch u.a. (Hrsg.) 1980, 168-183
Rahmen für die Ausbildung von Gruppenleitern 1976: Diözesanführungsrat des BDKJ Münster (Hrsg.), Rahmen für die Ausbildung von Gruppenleitern, Münster 1976
Rahmenkonzept für die Aus- und Weiterbildung von Leitungskräften im BDKJ 1977: Rah-

menkonzept für die Aus- und Weiterbildung von Leitungskräften im BDKJ und seinen Mitgliedsverbänden in Nordrhein-Westfalen, verabschiedet von: Landesarbeitsgemeinschaft BDKJ NW am 8. Dezember 1977, in: Themen 9 (1978) 3, 105-108
Rahmenkonzept Köln 1975: Diözesanverband des BDKJ im Erzbistum Köln (Hrsg.), Rahmenkonzept für die Schulung von Verantwortlichen der Mitgliedsverbände des BDKJ im Erzbistum Köln, Köln 1975
Rahmenkonzept Schleswig-Holstein 1979: Rahmenkonzept zur Aus- und Weiterbildung von ehrenamtlichen Mitarbeitern in der kirchlichen Jugendarbeit, in: Landesstelle der Katholischen Jugend Schleswig-Holsteins (Hrsg.) Handbuch für Jugendgruppenleiter, Kiel 1979, A 17-A 19
Rahmenplan Paderborn 1978: BDKJ-Diözesanstelle Paderborn (Hrsg.), Rahmenplan zur Ausbildung der Mitarbeiter in der kirchlichen Jugendarbeit im Erzbistum Paderborn, Paderborn 1978
K. Rahner 1966: Grundentwurf einer theologischen Anthropologie, in: HPTh II/1, 20-38
K. Rahner 1973: Nachwort, in: S. Kripp 1973, 165-199
K. Rahner/H. Vorgrimler 1966: Kleines Konzilskompendium, Freiburg 1966
J. Ratzinger 1983: Die Krise der Katechese und ihre Überwindung, Einsiedeln 1983
H. Reckmann 1981: Sozialisation und Erziehung im Jugendverband, Weinheim/Basel 1981
K. Reichle 1979: Handbuch für Gruppenleiter, Gelnhausen/Berlin/Freiburg 1979
E. Rickal 1976: Einleitung zum Synodenbeschluß „Ziele und Aufgaben kirchlicher Jugendarbeit“, in: GemSyn I, 277-287
K. Riedel 1975: Empirische Unterrichtsforschung und Curriculumentwicklung, in: CHB II, 58-68
C. Rittelmeyer u.a. 1980: Erziehung und Gruppe, München 1980
S.B. Robinsohn 1967: Bildungsreform als Revision des Curriculum Neuwied/Berlin 1967
S.B. Robinsohn (Hrsg.) 1972: Curriculumentwicklung in der Diskussion, Düsseldorf/Stuttgart 1972
J. Rogl 1976: Rekrutierungsmuster und Motivationsstrukturen bei ehrenamtlichen Mitarbeitern in der Jugendverbandsarbeit. Eine empirische Untersuchung zur Praxis der Jugendverbände in Bayern, unveröffentlichte Diplomarbeit, Regensburg 1976
W. Rolly 1975: Konsequenzen und Erwartungen nach dem Synodenbeschluß zur kirchlichen Jugendarbeit, in: KatBl 100 (1975) 601-604
U. Rüppel 1979: Ausbildung ehrenamtlicher Mitarbeiter in der evangelischen Jugendarbeit, Münster 1979
H. Rumpf 1975: Einführende Verdeutlichungen zur curricularen Fachsprache, in: CHB I, 60-69
W. Sachs/C. Th. Scheilke 1973: Folgeprobleme geschlossener Curricula, in: ZfPäd 19 (1973) 375-390
E. Scharl 1962: Das Milieu – ein entscheidender Gesichtspunkt der Verantwortlichenbildung in katholischer Jugendarbeit, in: KatBl 87 (1962) 367-371
W. Schefold 1972: Die Rolle der Jugendverbände in der Gesellschaft, München 1972
W. Schefold 1973: Jugendarbeit und reformiertes Schulsystem, in: L. Böhnisch (Hrsg.) 1973, 142-152
B. Schellenberger 1975: Katholische Jugend und Drittes Reich, Mainz 1975
J. Schilling 1982: Methodenbuch Jugendarbeit I, München 1982
J. Schilling 1983: Kursbuch Jugendarbeit, München 1983
W. Schindler 1976: Mitarbeiterbildung in der Jugendarbeit – eine empirische Untersuchung der Ausbildungssituation und Förderungspraxis in Bayern, unveröffentlichte Diplomarbeit, Regensburg 1976
E. Schönberger 1964: Ausbildungsordnung für die Führerinnen in der Katholischen Frauen-Jugendgemeinschaft, in: Die Jungführerin 1963/64 IV, 222-225
D. Schoeneich 1975: Wie macht man eine Tagung? Lernziele – Planung – Durchführung, München 1975
H.G. Schöpping 1982: Gruppenleitung und gruppeneigene Führung, Wiesbaden 1982

H.G. Schöpping 1983: Beratung von Mitarbeitern in der kirchlichen Jugendarbeit, München 1983
G. Schreeb 1957: Papstworte an die deutsche Jugend, Düsseldorf 1957
G. Schulz 1974: Gruppendynamisches Wochenende für Jugendleiter – Ein Weg zur „Reflektierten Gruppe" in: KatBl 99 (1974) 120-126
W. Schulz 1980: Unterrichtsplanung, München/Wien/Baltimore 1980
E. Schütz 1982: Überlegungen zu einer existential phänomenologisch ‚lebensweltlich' orientierten Didaktik und Curriculumarbeit, in: G. Biemer/D. Knab (Hrsg.) 1982, 27-35
K. Seidelmann 1971: Gruppe – soziale Grundform der Jugend, Band 2 – Quellen und Dokumente, Berlin/Darmstadt/Dortmund 1971
J. Seuffert 1965: Zwölf Grundsätze für die Jugendseelsorge in der Pfarrei, in: KatBl 90 (1965) 282-284
J. Seuffert 1966: Führerschulung in der Pfarrei, Düsseldorf 1966
J.B.P. Shaffer/M.D. Galinsky 1977: Handbuch der Gruppenmodelle, Band 2, Gelnhausen/Berlin u.a. 1977
U. Sielert 1974: Curriculum Emanzipation? – Überlegungen zu curricularen Planungsprozessen im Bereich Jugendarbeit, in: dj 22 (1974) 8, 347-356
U. Sielert 1976: Emanzipatorische Jugendarbeit, Rheinstetten 1976
U. Sielert 1978: Die Mitarbeiter in den Jugendverbänden, München 1978
H.P. Siller 1983: Unabgeschlossene Überlegungen zu einer theologischen Pragmatik des Vorbildes, in: G. Biemer/A. Biesinger 1983, 36-52
W. Sondermann 1983: Kirchliche Jugendarbeit in der Krise, München 1983
Y. Spiegel 1974: Sozialwissenschaftliche Forschungsmethoden in der Praktischen Theologie, in: F. Klostermann/R. Zerfaß 1974, 225-243
G. Stachel 1977: Lernen durch Vorbilder, in: KatBl 102 (1977) 613-620
Stammordnung der Mannesjugend 1952: Hauptstelle Haus Altenberg (Hrsg.), Die Stammordnung der Mannesjugend im Bund der Deutschen Katholischen Jugend, Düsseldorf 1952
H. Steinkamp 1973: Neue Akzente in der kirchlichen Jugendarbeit?, in: KatBl 98 (1973) 193-207
H. Steinkamp 1977: Jugendarbeit als soziales Lernen, München/Mainz 1977
H. Steinkamp 1982: Kirchliche Jugendarbeit – Antworten auf Sinn- und Zeitfragen?, in: Bensberger Protokolle Nr. 38: „Droht Spaltung der kirchlichen Jugendarbeit?", Bensberg 1982, 21-49
B. Stoeckle (Hrsg.) 1975: Wörterbuch Christlicher Ethik, Freiburg 1975
D. Stollberg 1982: Lernen, weil es Freude macht, München 1982
Synodenbeschluß „Ziele und Aufgaben kirchlicher Jugendarbeit" 1976: Beschluß „Ziele und Aufgaben kirchlicher Jugendarbeit", in: GemSyn I, 288-311
H. Tenhumberg 1979: Miteinander unterwegs – Bischöfliches Wort an die Mitarbeiter in der Jugendpastoral, Bonn 1979
S. Thiel 1973: Lehr- und Lernziele, Ravensburg 1973
G. Thoma 1975: Anwendung eines didaktischen Strukturgitters in der Entwicklung von Lehrplänen als Ausgangsbasis und Rahmen bei der Konzeption von Curriculumprozessen, in: CHB I, 463-468
K. Tilmann 1954: Was kann der Jungführer und die Jungführerin im Heimabend darbieten? in. KatBl 79 (1954) 231-238
K. Tilmann 1955: Kleine Fibel der Gruppenführung für Mädchen, in: Kat Bl 80 (1955) 290-294
W. Tzscheetzsch 1973: Möglichkeiten für ein Pfarrer-Jugend-Gespräch, in: unsere brücke 1973/5, 8
W. Tzscheetzsch 1978: Curriculare Jugendgruppenleiterausbildung – Zur didaktischen Strukturierung offener handlungsorientierter Curricula, in: KatBl 103 (1978) 516-525
W. Tzscheetzsch 1982: Jugendverbandsarbeit und Schule: Notizen zu einem gestörten Verhältnis, in: A. Biesinger/W. Nonhoff (Hrsg.), Religionsunterricht und Jugendpastoral München 1982, 77-88

W. Tzscheetzsch 1983: Am eigenen Glauben teilnehmen lassen – ein Praxisbericht aus der Ausbildung von Gruppenleitern, in: Diakonia 14 (1983) 57-61
W. Tzscheetzsch 1984: Handlungsforschung als Forschungsmethode in der kirchlichen Jugendarbeit, in: Religionspädagogische Beiträge 14/1984, 35-47
L. Veelken 1978: Einführung in die Identitätstherapie – Vorschläge für die Praxis identitätsentfaltender Jugendarbeit, Stuttgart 1978
M. Vollert 1974: Kirchliche Jugendarbeit und empirische Sozialforschung, in: KatBl 99 (1974) 75-84
N. Weber/W. Welzel 1966: Zu einer zeit- und sachgemäßen Jugendseelsorge, in: KatBl 91 (1966) 355-357
F.J. Wehnes 1966: Der Jugendführer als Erzieher, in: jugendwohl 47 (1966) 189-197
A. Wimmer 1955: Kontakt mit der Jungführerschaft, in: KatBl 80 (1955) 392
J. Wisdorf/H. Jäger 1957: Kernschararbeit, in: LS 8 (1957) 48-53
D.M. Woesler 1966: Führerbildung im BDKJ, in: Der Jungführer 19 (1966/67) 6, 62f.
H.R. Wohlrapp 1979: Handlungsforschung in: J. Mittlstraß (Hrsg.), Methodenprobleme der Wissenschaften vom gesellschaftlichen Handeln, Frankfurt 1979
L. Wolker 1928 a: Neisse, der 5. Meilenstein, in: W. Bokler (Hrsg.) 1958, 47f.
L. Wolker 1928 b: Jungführerdienst und Jungführerbildung, in: W. Bokler (Hrsg.) 1958, 50-57
L. Wolker 1950 a: Priesterliche Führung und Jungführertum, in: KatBl 75 (1950) 291-299
L. Wolker 1950 b: An unsere Jungführerschaft, in: Der Jungführer 1 (1950) 3
L. Wolker 1954: Die religiös-erzieherische Aufgabe des Jungführers, in: KatBl 79 (1954) 30-36
H. Wollenweber (Hrsg.) 1981: Außerschulische Jugendbildung und Jugendarbeit, Paderborn 1981
C. Wulf 1972: Heuristische Lernziele – Verhaltensziele in: S.B. Robinson (Hrsg.) 1972, 36-45
C. Wulf 1975: Funktionen und Paradigmen der Evaluation, in: CHB II, 580-600
R. Zerfaß 1974: Praktische Theologie als Handlungswissenschaft, in: F. Klostermann/R. Zerfaß (Hrsg.) 1974, 164-177
R. Zerfaß 1976: Inhalte der Praktischen Theologie, in: G. Biemer/A. Biesinger 1976, 95-107
R. Zerfaß/N Greinacher 1976: Einführung in die Praktische Theologie, München/Mainz 1966
E. Zillien 1977: Thesen zu einer Didaktik der Fortbildung für Gruppenleiter in der Jugendarbeit, in: dj 25 (1977) 63-68
P.M. Zulehner 1980: Es geht nicht Christ zu sein ohne Gemeinde. Es geht um geglücktes Leben,in: W. Dinger/R. Volk (Hrsg.) 1980, 85-100

6.5 Namensregister

6.6 Sachregister

Quellenverzeichnis

S. 107: H. Steinkamp, Jugendarbeit als soziales Lernen, Verlag Chr. Kaiser/Matthias-Grünewald-Verlag (München 1977) S. 67.
S. 173-175: Uwe Sielert, Emanzipatorische Jugendarbeit, Schindele-Verlag (Rheinstetten/Heidelberg 1976) S. 140-144.
S. 179, 180: Ludger Veelken, Einführung in die Identitätstherapie, Enke Verlag (Stuttgart 1978) S. 129, 133, 137. Mit freundlicher Genehmigung des Urhebers.
S. 182: Irene Klein, Gruppen leiten lernen. Didaktik der Ausbildung (München 1976) S. 85. Mit freundlicher Genehmigung der Urheberin.
S. 194: H. Moser, Handlungsorientierte Curriculumforschung. Beltz Verlag (Weinheim/Basel ^{2}1976) S. 83.

Bücher zur Jugendarbeit mit Werner Tzscheetzsch aus dem Verlag Herder

Anstiftungen

Ein Hoffnungsbuch für junge Menschen
Herausgegeben von G. Biemer/A. Biesinger/W. Tzscheetzsch

„Ein wunderschönes Buch, das – fern von jeder Theorie – Gedanken zu verschiedenen Problemen birgt. Die einzelnen Themen werden in Form eines Gedichtes, einer kurzen Notiz, als Meditation angesprochen. Die Texte sprechen unmittelbar, existentiell an, weil man dahinter engagiertes Menschsein spürt. Das persönliche Betroffensein ist unverkennbar und verrät die Sorge um den anderen. Mit Behutsamkeit und Einfühlungsvermögen wird der Weg zum Herzen des Menschen gesucht und dieses angestiftet, einen neuen Anfang zu setzen im Glauben. Die ausdrucksstarken Bilder verstärken diese Wirkung“ (Die Zeit im Buch).

4. Auflage. 120 Seiten mit zahlreichen Abbildungen, Paperback.
ISBN 3-451-19454-6

Wagnisse

Ein Lebensbuch für junge Leute
Herausgegeben von G. Biemer und W. Tzscheetzsch

„Dieses Buch will aus eigenem Erleben heraus anderen Mut machen, Leben zu wagen. Die Autoren sprechen eine Sprache, die verständlich und glaubwürdig ist. Da verhindern Einfühlungsvermögen und selbstgemachte Erfahrungen jene Aufdringlichkeit erhobener Zeigefinger, die jungen Leuten oft genug an der Kirche mißfällt. Die Texte sind Rand-Notizen am Leben, Ver-Dichtungen, in denen sich nicht nur Junge wiedererkennen können. Keine ‚Patentrezepte'. Vielmehr geht es um die Chance, diesen Gott in Jesus an sich heranzulassen, ihn als mutmachende Begleitung zuzulassen, sich selbst auf eine Veränderung des eigenen Lebens einzulassen“ (Badische Zeitung).

2. Auflage. 120 Seiten mit 15 Fotos, Paperback. ISBN 3-451-20085-6

Verlag Herder Freiburg · Basel · Wien

Günter Biemer

Katechetik der Sakramente

„Die Sakramente, wie wir sie kennen, sind im gläubigen Vollzug die sichtbaren Zeichen der Treue Gottes zu den Menschen. Zugleich wohnt ihnen ein zutiefst menschlicher Charakter inne, sie stellen Schlüsselereignisse des Menschseins in den Mittelpunkt. Das wird in Biemers Sakramentenkatechetik erfahrbar. Er bietet in seinem Buch das geistige Fundament für die praktische Hinführung zu den Sakramenten in der Seelsorgsarbeit einer Pfarrei." (Kirchlicher Anzeiger, Luxemburg)

„Die Sakramentenkatechetik Günter Biemers gehört eigentlich in die Hand aller an der Sakramentenkatechese Beteiligten; für alle, die für Katechese und Religionsunterricht ausbilden bzw. Kommunionmütter oder Firmhelfer anleiten, ist sie unverzichtbar. Das Buch schließt eine Lücke. Es ist ihm eine weite Verbreitung und eine interessante Leserschaft zu wünschen." (Bernhard Krautter in: rhs-Religionsunterricht an Höheren Schulen)

„Dieses Werk Biemers sollte sich in der Handbibliothek eines jeden an Sakramentenkatechese interessierten Theologen finden" (Grundseelsorge, Limburg).

VI und 216 Seiten, Paperback. ISBN 3-451-29557-7

Verlag Herder Freiburg · Basel · Wien